Gerontology

노년학

한경혜 최혜경 안정신 김주현 공저

신정

머/리/말

2000년을 전후로 우리 사회에서는 인구고령화나 노인문제, 노인의 삶의 질 등 노화, 노인 관련 키워드들이 사회의 주요 이슈를 선점해 왔으며, 이러한 경향은 조금씩 용어를 달리하면서 현재까지도 지속, 심화되고 있다. 이는 인구고령화라는 사회인구학적 현상이 전 사회 및 구성원들의 삶에 심대한 영향을 미치게 되며, 이와 더불어 개인적 차원에서는 자신은 비록 노인이 아니라 할지라도 노인이 된 부모나 조부모, 친지 등과 함께 살아가게 되고 어느 순간부터는 자신도 노화를 경험하면서 노년기에 이르게 된다는 것을 의미한다. 이러한 배경에서 볼 때 노화과정, 그리고 노인의 삶에 대한 이해는 이제 특정 전공분야의 사람들만이 공부하는 '전공과목'이 아니라 우리 모두가 어느 정도는 알아야 하는 '교양과목'의 하나가 되어야 하는 것이 아닐까 싶다.

약 20여 년 전 노년학이라는 과목을 개설할 때만 해도 학부수준의 수업 교재로 사용할 만한 국내 서서를 찾기가 쉽지 않았다. 노인복지학이나 성인 심리학 등의 책들은 있었지만, 노년학이라는 다학제적 학문으로서의 특성을 담고 있는 개론서가 거의 없었다. 그런 이유로 하나의 교재를 정하기보다는 인구학이나 노인복지학, 성인 심리학, 사회적 관계, 노인의학 등 다양한 분야의 국내외 저서와 논문들을 참고로 하면서 수업을 진행해야 했다. 수업을 준비하는 입장에서도 많은 품이 드는 일이었지만 무엇보다 수업을 듣는 학생들에게도 결코 편하지 않은 시간이었을 것이다. 아마도 그때부터였던 것 같다. 노년학이라는 다학제적이고 개론서 성격을 띠는 학부용 교재를 써야겠다는 생각을 하게 된 것이. 그러나 항상 마음만 있었지 바쁘다는 핑계로 미뤄오다 이제야 교재 작업을 마무리하게 되었다.

그사이 많은 상황들이 변화되었다. 노년학에 대한 한국말로 된 적절한 교재를 찾지 못해 책을 직접 써야겠다고 생각했던 과거와 달리, 이제는 인구고령화나 노년에 대한 많은 책들이 쓰이고 있다. 이렇게 좋은 교재와 저서들이 있음에도 불구하고 여전히 노년학 수업을 할 때마다 주 교재를 선정하지 못하고 다양한 책과 논문들을 짜깁기하듯 학생들에게 제공하는 것은 아마도 나의 욕심 때문일 것이다. 모두 훌륭한 책들이지만 어떤 책은 너무 국가의 정책이나 노인복지에 초점을 맞추는 것 같다고 생각이 드는가 하면 어떤 책은 너무 심리학적 혹은 의학적으로 접근하고 있다는 생각에 결국은 어느 하나를 선택하기가 힘들었다. 인구고령화에 대한 사회인구학적 이해와 노화의 생물학적, 심리적, 사회적 과정에 대한 이해, 그리고 하나의 학문으로서 노년학에 대한 연구방법과 이론들이 어느 한쪽에 치우치지 않고 골고루 녹아있는 교재를 완성하고 싶었다.

책을 완성하고 나니 너무 의욕만 앞섰던 것이 아니었는지 하는 걱정과 우려가 든다. 이 책으로 공부해야 할 학생들의 눈높이에 맞추기보다는 정작 나 자신의 욕심만 너무 앞세운 것은 아니었는지, 어떤 챕터는 너무 기본적인 내용을, 또 어떤 챕터는 너무 세세하게 다룬 것은 아니었는지, 그리고 이 책을 통해서 하고자 했던 이야기들이 충분히 전달되고 있는지, 독자들의 언어로 소통하지 못하고 나 자신만의 언어로 풀어낸 것은 아닐지 하는 걱정이 앞선다. 이러한 모든 부족함에도 불구하고 이 책이 노년학에 관심이 있는 학생들, 그리고 다학제적 학문으로 노년학을 수업하는 선생님들에게 조금이라도 도움이 될 수 있기를 기대하며, 부족한 부분들은 개정판을 통해 고쳐 나아가고자 한다. 덧붙여 바쁜 와중에도 각 챕터들에 대해 기꺼이 리뷰하고 조언을 해주신 여러 선생님들께 깊이 감사드리며, 오랫동안 인내하며 기다려주신 도서출판 신정의 최용구 대표님께도 감사드린다.

마지막으로 이 작업을 함께 해주신 공동 저자들께도 이 자리를 빌려 감사의 말씀을 드리고 싶다. 모든 공동 작업이 그러하듯 공동 저술은 각자가 저술할 부분을 나눔으로써 작업 분량이 줄어드는 긍정적 측면만이 있는 것은 아니다. 공동 저자로 참여하신 선생님들이 모두 노년학 분야에서 오랫동안 공부해 오신 분들이신 만큼, 노년학 교재에 대한 각자의 생각이 존재한다. 이러한 생각들이 때로는 충돌하기도 하지만, 서로 양보하고 배려하면서 참을성 있게 작업을 완료해 주신 공동 저자들께도 다시 한번 깊은 감사의 말씀을 전하고 싶다.

2019년 1월

대표저자 한경혜

CONTENTS

차/례

머리말 3

CHAPTER
01 노년학의 발달과 학문적 성격

1. 노년학의 성립과 발전 13
   1940년대 이전 노년학 분야의 연구 13
   1940년대 이후 노년학의 발전 15
   한국의 노년학 발전 16
   한국의 노년 관련 조사 및 통계 17
2. 노년학의 성격 20
   다학제적 학문으로서의 특성 20
   응용학문적 성격 21
3. 연령과 노인의 개념 22
   다양한 연령의 개념 24

CHAPTER
02 인구고령화와 노년기 발달

1. 인구의 변화와 인구고령화 32
   인구변천이론 33
   인구고령화의 지표 37
2. 한국 사회의 인구변천과 인구고령화 현황 41
   인구고령화의 속도 43
   인구고령화의 다양성(Diversity in Population Aging) 44
3. 인구고령화의 사회적 결과와 미래 48

CHAPTER
03 노년학의 주요 이론 및 관점

1. 메타이론(Metatheories) 54
   기계적 관점(The Mechanistic Perspective) 54

유기체적 관점(The Organismic Perspective) 55
맥락적 관점(The Contextual Perspective) 56

2. 전생애발달 모델과 생애과정 관점 56
전생애발달 모델(Life-span Developmental Model) 56
생애과정 관점(Life-course Perspectives) 60

3. 사회노년학 이론들 63
사회심리학 이론들: 분리이론, 활동이론, 지속이론 63
거시이론들 66
대안적 접근들 69

CHAPTER 04 노년학 연구방법

1. 연령차이의 해석 78
연령차이와 연령변화 78
연령효과, 코호트효과, 시기효과 79

2. 양적 연구방법 82

3. 질적 연구방법 90

CHAPTER 05 신체적 노화

1. 노화의 생물학적 설명 98
생의 길이 98
생물학적 노화이론(Theories of Biological Aging) 102

2. 노년기의 신체적 변화 107
외형상의 변화 107
내부기관계(Organ System)의 변화 110
감각기관의 변화 113

CHAPTER 06 심리적 노화 I: 인지적 변화

1. 지능 120
지능의 개념 120
지능의 발달적 변화 121
지능의 변화와 관련요인들 124
성인기 이전과 이후 지능의 질적 차이 126

2. 기억 127
기억의 개념 127
기억변화의 관련요인들 130
3. 지혜와 창의력 133
지혜의 개념 133
지혜의 발달과 관련요인들 134
창의성의 개념 135
창의성의 변화 136

CHAPTER 07 심리적 노화 II: 성격 및 정서

1. 성격발달 142
발달모델: 단계이론적 접근 143
특성모델: 성격 5요인 모델 148
맥락적 모델: 생애사건 접근 150
2. 성격의 변화와 안정성 152
성격의 변화 152
성격의 안정성 153
3. 자아발달 154
4. 정서의 변화 157
노년기 정서조절 157
노년기 정서표현 159
5. 노년기 적응 160

CHAPTER 08 사회적 노화 I: 중노년기 세대관계 및 친족관계

1. 노부모와 성인자녀 관계 165
세대관계를 설명하는 주요 이론 167
한국 가족 내 세대관계의 현주소 171
세대관계와 삶의 질 177
한국 사회 세대관계의 양계화 179
2. 조부모와 손자녀관계 181
조부모역할의 중요성 증가 181
조부모역할의 의미와 역할유형 182
조부모-손자녀 관계의 질 185

3. 노년기 형제관계 186
형제관계의 독특성 187
사회적 지원망으로서의 형제관계 188

CHAPTER
09 사회적 노화 II: 중노년기 부부관계

가족생활주기의 변화 194
1. 결혼, 부부관계의 중요성 196
결혼과 건강 196
결혼, 부부관계의 중요성에서 남녀 차이 201
2. 중·노년기 부부관계의 변화 205
중·노년층의 결혼상태 205
중·노년기 부부관계의 변화 206
3. 중·노년기 부부관계의 해체 214
중·노년기 이혼 214
사별 218
재혼 220

CHAPTER
10 사회적 노화 III: 친구 및 이웃관계, 사회 관계망

1. 가족 외부 비공식적 관계: 친구 및 이웃 226
친구관계, 이웃관계의 특성 226
노년기 친구 및 이웃관계 실태 229
2. 사회 관계망의 특성 232
사회 관계망의 구조적 특성 233
사회 관계망의 기능적 특성 235
노화와 사회 관계망의 변화 239
3. 사회적 관계와 건강 및 복지 간 연계 242
사회적 지원 제공 243
사회 참여의 촉진 244

CHAPTER
11 노년기 일과 은퇴

1. 노년기 일에 대한 사회적 인식 250
노년기 일의 의미 252

노인 일자리 관련 논쟁 254

2. 일로부터의 은퇴와 적응 258

은퇴제도의 역사 258

은퇴의 의미 260

은퇴준비 262

은퇴적응에 대한 이론 262

은퇴적응 관련요인 265

은퇴적응의 시간에 따른 변화 267

은퇴와 가족관계 269

3. 은퇴준비교육 270

지자체의 은퇴준비교육 271

공공기관에 의한 은퇴준비교육 272

기업체 은퇴준비교육 273

대학이 제공하는 은퇴준비교육 274

CHAPTER 12 노년기 건강

1. 신체건강 280

활동제한 280

만성질환 283

기타 건강 지표 286

2. 정신건강 289

우울 290

자살 296

3. 치매 299

CHAPTER 13 노년기 사회참여

사회참여와 삶의 질 311

노인교육 315

노인자원봉사활동 326

지역사회활동 330

CHAPTER
14 노인정책

1. 노인정책의 필요성과 현황 338
노인정책의 필요성 338
한국의 노인관련 정책 339
2. 소득 보장 340
공공부조 341
사회보험 344
기타간접소득보장제도 345
3. 건강 보장 347
국민건강보험 347
노인장기요양보험 353
4. 주거 보장 358
노인주거현황 358
노인주거보장정책 359

CHAPTER
15 노인과 지역사회

1. 노인과 환경 관련성에 대한 이론 366
2. 노인의 삶의 질과 지역사회 환경 특성 368
3. Aging in Place 373

■ 참고문헌 383
■ 찾아보기 423

CHAPTER

01

노년학의 발달과 학문적 성격

GERONTOLOGY

1. 노년학의 성립과 발전 / 2. 노년학의 성격 / 3. 연령과 노인의 개념

CHAPTER

01 노년학의 발달과 학문적 성격

노년학(Gerontology)이라고 하면 우리는 무엇을 떠올리게 될까? 많은 사람들이 노화와 함께 찾아오는 장애와 질환을 공부하는 분야, 혹은 아동복지와 같은 노인복지를 떠올릴 것이다. 결론부터 말하면, 이 두 가지는 모두 노년학의 일부분을 구성하지만 전부는 아니다. Gerontology라는 용어는 그리스어로 노인을 의미하는 'geron'과 연구를 의미하는 '-logia'가 결합된 것이다. 단어의 뜻으로 보자면, 노년학은 노인에 대해 연구하는 학문이라는 뜻인데, 노인이 되는 '노화과정(aging process)'과 '노인이라는 집단(aged)'에 대해 연구하는 학문이라고 할 수 있다. 이 장에서는 이름부터 생소한 노년학이 언제, 어떠한 과정을 통해 하나의 학문 분야로서 발전되어 왔는지, 어떠한 특성을 가지고 있는지를 살펴볼 것이다. 그리고 '노화과정' 및 노년학의 대상이 되는 '노인'이라는 범주가 어떻게 정의될 수 있는지에 대해 다양한 연령의 개념을 통해 살펴볼 것이다.

1. 노년학의 성립과 발전

1940년대 이전 노년학 분야의 연구

'노화', 혹은 '노년'이라는 주제와 관련된 오래된 테마로는 죽음, 장수, 영원한 젊음, 불로불사(不老不死), 회춘 등이 있다. 이러한 주제들은 고대 신화나 성경, 문학 작품 속에서 쉽게 발견할 수 있다. 중국을 통일한 진시황제의 불로초에 대한 이야기는 우리에게도 아주 친숙한 이야기이다. 자신이 구축한 막강한 권력을 다른 사람에게 넘기지 않고 영원히 누리고자 했던 진시황제는 사람을 늙지 않게 해준다는 불로초를 구하기 위해 많은 노력을 한 것으로 알려져 있다. 중국 전역에 사람을 보내고, 심지어 우리나라에까지 불로초를 구하기 위해 사람을 보내는 등의 노력을 하였으나, 결국은 50세경에 자신의 생을 마감하였다고 한다.

이처럼 인간의 노화 및 죽음에 대한 관심이나 불안은 인류 역사와 함께 존재해 왔다고 할 수 있지만, 노년학이 하나의 학문으로 발전하게 된 것은 역설적이게도 다른 학문들보다 훨씬 더 늦은 시기인 1940년대부터라 할 수 있다.

중국 진시황의 명을 받고 불로장생초를 구하러 왔던 서복(徐福)이라는 사람이 정방폭포 암벽에 새겨 놓았다고 전해지며, '서귀포'라는 지명도 여기에서 유래되었다.

❖ **그림 1-1** 제주 정방폭포-서불과지(徐市過之)

이 샘물을 마시면 젊어진다는 회춘의 샘. 궁정 화가로 활동한 루카스(Lucas Cranach the Elder, 1472~1553)의 작품(베를린 국립 회화관 보관)

❖ **그림 1-2** 회춘의 샘

1940년대 이전에 노년학과 관련된 연구들이 전혀 없던 것은 아니다. 노년학이 하나의 학문 분야로 정립되기 이전에 이루어졌던 노년학과 관련된 몇 가지 대표적인 연구들을 살펴보자. 이들 연구들은 대체로 생물학 분야를 중심으로 하여 죽음, 오래 사는 것, 혹은 신체적 기능에서의 연령별 양상을 다루고 있다. 우리나라에서는 모 회사에서 출시한 발효음료의 제품이름과 광고를 통해 널리 알려진 Élie Metchnikoff의 저서 『생명의 연장(The Prolongation of Life)』(1908)이 노년학 분야의 초기 연구 중 하나라 할 수 있다. 러시아의 동물학자이자 면역 분야 연구자인 Metchnikoff는 1903년 노년학이라는 용어를 처음으로 제안한 것으로 알려졌다. 그는 장 속의 부패물로부터 발생되는 독소들이 노화의 주요 원인의 하나라고 간주하고 발효우유가 장 내 해로운 미생물의 번식을 방지한다고 주장하였다(최신덕·김모란, 1998). 노화와 이로 인한 죽음의 원인에 대해 가설을 설정하고, 이를 입증하고자 시도한 것이다. 그 외에 5세에서 80세까지의 남녀를 대상으로 하여 17가지 항목의 신체 특성들을 측정함으로써, 제반 특징들에서의 연령 차이(age differences)를 제시한 Francis Galton(1884)이나, 가계 내 선조들의 수명에 대한 비교연구를 통해 유전이 장수의 중요한 요인이라고 주장한 Pearl의 『죽음의 생물학(Biology of Death)』(1922) 또한 노년학 분야의 초기 연구라 할 수 있겠다.

1940년대 이후 노년학의 발전

1940년대 이후 노화 및 노년 관련 분야를 전문적으로 다루는 연구소 및 학술단체들이 성립되면서, 노년학이 과학적 학문 영역으로 본격적으로 발전되는 데 크게 기여하였다. 1940년과 1941년 사이에 미국의 국립건강 연구소(National Institute of Health)가 노화 연구에 본격적으로 참여하기 시작하였고(홍숙자, 2010), 1945년에는 미국노년학회(the Gerontological Society in America)가 창설되었다. 1946년부터 노년학 관련 전문 학술지인 『노년학회지(Journal of Gerontology)』가 발간되기 시작하였다. 1950년 국제 노년학회(International Association of Gerontology: IAG)가 창설되었고 세계 각국의 노년학자들이 참여하여 연구결과를 발표하고 연구자 간 교류를 활성화할 수 있도록 국제학술대회를 개최하기 시작하였다. 1950년 제1차 국제학술대회를 시작으로 이후 1981년까지는 3년에 한 번씩, 그리고 1985년 이후에는 4년에 한 번씩 세계대회(World Congress of Gerontology)를 개최하고 있다. 1950년 창립 당시에는 회원국이 14개국에 불과하였지만, 현재 65개국이 참가하고 있으며 국제학회 산하에 대륙별로 5개 지역학회(아시아·태평양 지역, 유럽 지역, 북미 지역, 중남미 지역, 아프리카 지역)를 두고 있다. 2005년부터는 노년학 분야에서 노인의학(geriatrics) 부분의 중요성 인식 및 이 분야 연구자들의 참여를 더욱 활성화하기 위해 명칭을 국제 노년·노인병학회(International Association of Gerontology and Geriatrics: IAGG)로 변경하였다.

학문 분야로서의 노년학의 위상이 이처럼 높아진 데에는 위생, 영양상태, 그리고 의료기술의 발달로 수명이 연장되고 이에 따라 고령자들의 수가 많아지면서 노화 및 노인 관련 이슈가 사회적으로 가시화되었기 때문이다. 미국의 경우 1942년에 전체 인구 대비 65세 이상자의 비율이 7%에 달하였고, 프랑스(1865년), 스웨덴(1890년), 영국(1930년에) 등은 미국보다 훨씬 더 이른 시기에 65세 이상 인구비율이 7%에 달하는 고령화 사회(aging society)[1]에 진입하였다. 한국은 2000년에 고령화 사회에 진입하였고, 2018년에 14%를 넘

1) 65세 이상 인구비율에 따른 사회 구분에 대해서는 2장 인구고령화와 노년기 발달을 참고하시오.

어서면서 본격적으로 고령사회에 속하게 되었다. 노인 인구의 절대적 수 및 상대적 비율이 증가함에 따라 노년학을 전문적으로 하는 학술단체나 연구소의 성립뿐 아니라 다양한 학문 분야에서 노년 관련 분과를 설립하는 움직임들이 진행되었다. 예를 들면 미국 심리학회의 경우 1946년 이래 후기 성숙 및 노년 분과를 창설하여 노화의 심리학적 측면에 대한 연구를 촉진하게 되었다. 정부 차원에서도 노년학 분야 정책 수립을 위한 연구기관을 설립하는 등 적극적으로 지원이 이루어지고 있다. 미국의 가장 대표적인 노년학 관련 정부 기구는 1974년 창설된 국립 노화연구소(National Institute on Aging: NIA)와 노인청(Administration on Aging: AoA)이라 할 수 있다. 노인청(AoA)은 노인복지 관련 업무를 전담하며 미국의 고령화 관련 이슈에 대해 논의하고 미국 노인들의 삶의 질을 향상시키기 위해 1961년부터 10년에 한번씩 '백악관 노인문제회의(White House Conference on Aging: WHCOA)'를 개최하고 있다. 가장 최근에 열린 백악관 노인문제회의는 2015년 7월에 열린 6차 회의로 베이비부머의 은퇴준비에 대한 주제로 개최되었다.

한국의 노년학 발전

한국 사회에서 노년학에 대한 관심은 서구나 일본에 비하여 훨씬 늦게 시작되었다. 의학 분야에서 가장 먼저 노년학에 대한 학문적 관심이 시작되어, 1968년 대한노인병학회가 창설되었다. 노인문제를 사회적 이슈로 제기하면서 사회 노년학 분야의 발전을 도모한 것은 1973년 한국노인문제연구소가 설립되면서부터라고 할 수 있다. 1978년에는 한국노년학회가 발족되었고 1980년 "한국노인문제의 현황과 대책"이라는 주제로 학술 세미나를 개최하고 여기에서 발표된 논문을 정리하여 학회지 「한국노년학」 창간호(1980년 12월)가 발간되었다. 학회 초기에는 학회지 발간이 연간 1회에 불과하던 것이 1991년부터는 연 2회, 1997년부터는 연 3회, 그리고 2003년부터 연 4회로 발간 횟수가 증가되었다. 한국노년학회는 1981년 국제노년학회에 정회원국으로 가입하면서 국내 노년학 연구자들의 국제무대 진출에 기여하였다. 1993년 한국노년학회와 대한노인병학회, 그리고 한국노화학회가 '한국노년·노인병·노화학 연합학회'라는 이름으로 연합회를 결성하였고, 이후 1997년에는 '한국노인과학학술단체연합회(The Federation of Korean Gerontological Societies)'로 명칭을 개정하여 다학제적 협력이 본격화되었다. 이후 대한노인정신의학회와 노인간호학회, 그리고 한국장기요양학회가 추가 가입하여, 2018년 기준 6개 학술단체가 참여하는 명실

공히 노년학, 노인의학 분야를 대표하는 학술단체로 자리 잡았다. 한국노인과학학술단체연합회는 제6차 아시아·오세아니아 국제 노년학 대회(1999년 6월, 서울)와 제20차 세계노년학·노인의학대회(IAGG)(2013년 6월, 서울)를 개최하였다. 세계노년학·노인의학대회는 아시아에서 일본에 이어 한국이 두 번째로 개최한 것이다. 제20차 세계노년학·노인의학대회에는 전 세계에서 5,000여 명이 넘는 노년학자들이 참석하는 등 매우 성공적이었으며 한국노년학의 위상을 한 단계 높이는 계기가 되었다. 이외에도 한국노인복지학회(1998년), 한국노년교육학회(2014년)가 창설되는 등 노년학 관련 학회 및 학술지들이 다수 생겨나고 있다.

❖ **그림 1-3** 2013년 서울 삼성동 코엑스에서 개최된 세계 노년학 · 노인의학대회

출처: MICE Seoul Monthly Webzine(www.miceseoul.com).

이상에서 간단히 살펴본 바와 같이 우리나라의 경우 노년학이 하나의 학문 분야로서 발전되기 시작된 것은 1970년대 이후로, 초기에는 노년학에 대한 관심 및 연구들이 노인 '문제'를 연구하고 이에 대처하기 위한 것으로서의 성격이 강했지만, 이후 점차 노화과정 및 노인집단에 대한 이해, 그리고 개인 및 사회적 노화과정을 다루는 등 그 범위를 넓히면서 다학제적 학문으로서 모습을 갖추어 왔다.

한국의 노년 관련 조사 및 통계

현재 한국 사회에는 다양한 노화 및 노년 관련 학술단체와 정부 기관, 민간 및 공공 연구소 등이 존재하고 있고, 국가적 차원에서 노인에 대한 체계적인 실태조사 및 통계 산출을 통해 노인 집단에 대한 이해와 노년학 발전에 많은 기여를 하고 있다. 국가적 차원에서 진행되고 있는 노인에 대한 체계적인 조사 및 통계산출 중 가장 대표적인 것은 한국보건사회연구원에서 수행하고 있는 「전국 노인실태조사」와 통계청의 「고령자통계」이다. 노년학에 관심을 가지고 있는 사람들이라면 한번쯤은 들어보았을 「전국 노인실태조사」와 「고령자통계」에 대해 간단하게 살펴보자.

전국 노인실태조사

노인의 생활현황 및 복지욕구를 체계적으로 파악할 수 있는 자료의 필요성을 인식하여, 1994년 처음으로 노인에 대한 실태조사가 실시되었고, 이후, 1998년, 2004년에는 '노인생활실태 및 복지욕구조사'라는 명칭으로 조사가 실시되었다. 이후 노인 생활실태조사의 성격이나 조사 간격 등에 대한 논의들이 진행되어, 2007년 1월 노인복지법 제5조에서 노인실태조사 실시를 법제화함에 따라 2008년부터는 매 3년마다 조사가 실시되고 있다(2008, 2011, 2014, 2017). 조사의 성격과 관련하여 이전까지는 횡단조사로 실시되던 것이 2008년에는 종단조사[2)]로 설계되어 실시되었고, 2011년에는 2008년 조사에 대한 두 번째 주기(wave)조사이면서, 동시에 2011년 기준 65세 이상에 대한 통계를 산출하는 횡단조사의 성격을 모두 갖도록 설계되어 조사가 진행되었다. 노인실태조사의 경우 중간에 조사의 성격 및 조사 주기가 여러 차례 변경되는 과정을 거쳤고, 2014년부터는 3년 주기의 횡단조사로 진행되고 있다.

전국 노인실태조사 외에 전국 규모의 중·고령자를 대상으로 하는 대표적인 패널연구로 「고령화연구패널조사(Korean Longitudinal Study of Aging: KLoSA)」와 「국민노후보장패널조사(Korean Retirement and Income Study: KReIS)」가 있다.

고령화연구패널조사 2006년 전국의 45세 이상 중고령자 10,254명을 대상으로 조사를 시작하여 동일한 대상을 추적조사하는 종단연구로, 짝수년에는 기본조사를, 홀수년에는 기본조사에 포함되지 않은 특정 주제를 중심으로 부가조사를 실시하고 있다. 2006년 시작 당시에는 노동연구원에서 수행하였으나 현재는 고용정보원으로 수행주체가 변화되었고, 고령자들의 삶의 양상 및 노화과정에 따른 변화를 파악함으로써 고령사회에 대비

2) 종단조사에 대한 설명은 4장 노년학 연구방법을 참고하시오.

한 연구 및 정책수립에 기여하고자 하는 목적으로 수행되고 있는 대표적인 노화 관련 패널연구라 할 수 있다. 2014년에 제5차 기본조사가 실시되고 2015년에 특별조사가 실시되었다. 그리고 2016년에 제6차 기본조사가 실시되었다. 2016년 제6차 기본조사를 바탕으로 「2016 고령화연구패널(KLoSA) 기초분석보고서」가 2017년에 발간되었다.

국민노후보장패널조사 국민연금연구원에서 우리나라 중·고령층의 노후준비 및 노후생활을 지속적으로 파악하여 노후소득보장과 관련된 정책을 위한 체계적인 자료를 구축하기 위해 실시하고 있는 종단 조사이다. 2005년 전국의 만 50세 이상 가구원이 있는 가구와 그 가구에 속하는 만 50세 이상 개인을 대상으로 전체 5,109가구의 경제상황, 고용현황 및 퇴직, 건강, 가족관계, 노후보장 현황 등에 관한 내용을 조사하였다. 홀수년에는 기본조사를, 짝수년에는 기본조사에 포함되지 않은 특정 주제 중심으로 부가조사를 실시하고 있다. 이 연구의 경우 애초 50대 이상 가구원이 있는 가구를 추적조사하기 때문에 시간이 경과함에 따라 패널의 최저연령이 상승하여 이후 연구에서 50대가 공백이 되는 상황이 발생하게 된다. 이에 2013년 5차년도 본조사에서 50~57세 가구원이 있는 가구를 추가하였다. 2015년에 6차년도 본조사와 함께, 6차 부가조사가 실시되어 중·고령자의 비재무적 노후생활에 대한 실태 조사가 이루어졌다. 2017년에 7차년도 본조사가 실시되었다.

고령자통계

한국의 경우 2000년 65세 이상 인구가 총인구에서 차지하는 비중이 7.2%에 이르러 '고령화 사회'에 진입하게 됨에 따라, 고령화 관련 문제들이 사회적 이슈로 등장하게 되었다. 이러한 배경에서 고령인구 및 이들의 삶 전반에 대한 다양한 통계 수요가 증가하고 있다는 판단에서, 통계청에서 2003년부터 매년 '노인의 날(10. 2)'에 맞추어 고령자 관련 통계를 수집·정리한 「고령자통계」를 제공하고 있다. 「고령자통계」를 위해 별도의 조사를 실시하는 것은 아니지만, 인구·보건·복지 등 각 분야에 흩어져 있는 고령자 관련 통계를 수집하고 정리, 분석함으로써 다양한 영역에 걸쳐 고령자들의 삶을 한 눈에 파악할 수 있도록 통계를 산출하고 있다.

특정 인구집단에 대한 통계 산출은 여성에 대한 통계지표(1997년부터 매년 「통계로 보는 여성의 삶」을 작성, 제공하고 있다)와 청소년에 대한 통계지표(2002년부터 매년 「청소년통계」를 작성, 제공하고 있다)가 이미 제공되고 있었는데, 2003년부터는 고령자들에 대한 통계를 산출함으로써 이들 인구집단 관련 정보에 대한 접근성과 활용성을 향상시키고 있다. 「고령자통계」에서 통계산출의 대상이 되는 고령자는 대체적으로 65세 이상 인구를 지칭하고 있지만, 모(母)통계의 특성 및 통계 산출 목적 등에 따라 고령자의 범위가 약간씩 다르게 정의되어 있다.

2. 노년학의 성격

다학제적 학문으로서의 특성

노년학의 성격을 한마디로 정의하기는 쉽지 않다. 앞서 노년학을 노화과정 및 노인집단을 다루는 학문이라고 정의한 바 있다. 그런데 '노화'를 바라보는 사회적 인식이 변화되면서 노년학의 주된 패러다임의 변화와 외연의 확대가 이루어지고 있다. 일반적으로 '노화과정'이라고 할 때 주름살이 생기고 시력과 청력이 저하되며 근력이 약해지는 등의 신체적이고 생물학적인 측면에 대해서만 생각하기 쉽다. 그러나 성인기 이후 연령이 증가하면서 태도, 지능, 정서 등과 같은 심리적 측면의 변화가 발생하며, 가족이나 직장, 타인과의 관계 등과 같은 사회적 삶에서도 변화를 경험하게 된다. 인간의 노화는 개체에 내재된 고유한 측면도 존재하지만, 인간이 살아가는 사회적 맥락 속에서 이루어진다. 즉 노화과정은 생물학적 과정인 동시에 심리적이며 사회적 과정으로서 통합적으로 이해할 필요가 있다. 다양한 측면의 노화현상과 노화과정 및 결과에서 나타나는 개인적, 가족적, 사회적, 경제적 및 문화적 모든 측면의 변화와 대책을 다루는 학문이라는 점에서 노년학은 다학제적이고 종합적인 학문이다.

종합하자면, 노화란 세포수준에서부터 유기체에 이르기까지 다양한 수준에서 발생하는 생물학적 과정인 동시에, 개인의 성격과 지능, 태도, 감정 등의 변화를 동반하는 심리학적 과정이기도 하다. 또한 은퇴와 같이 연령이 증가함에 따라 고용상황이 변화되고 경제적 조건이 변화되거나 가족이나 지역사회 혹은 사회구조 속에서 이전과는 다른 상황,

다학제적 성격의 노년학과 핵심질문들

노년학이란 무엇인가? 노년학 연구의 목적은 무엇인가?

신체적 측면의 노화

인간은 왜 나이가 드는가?(신체적 노화의 기제는 무엇인가?)
연령의 증가가 어떤 신체적, 심리적 변화를 가져오는가?
연령의 영향을 완화할 수 있는가?

사회적 측면의 노화

사회적 맥락이 노화와 생애과정의 발달경로에 어떻게 영향을 미치는가?
역사적 맥락, 문화, 그리고 개인의 삶의 경로가 어떻게 교차하는가?

정책적 측면

노년층의 욕구와 삶의 주된 이슈는 무엇인가?
노년층의 욕구와 주요 이슈의 형성에는 어떤 기제가 작동하는가?
이의 해결을 위해 어떤 접근이 필요한가?

❖ **그림 1-4** 노화의 다측면적 성격과 노년학 연구

출처: Wilmoth & Ferraro(2007).

경험들을 하게 되는 사회적 과정이기도 하다. 또한 노년에 적절한 규범이나 행동 등에 대한 문화적 각본(cultural script)이 제공되며 따라서 어떻게 나이 들어 가는가에 대한 문화적 기대가 문화권별로 차이가 난다는 점에서 문화적 과정이기도 하다. 즉, 인간의 노화과정은 어떠한 한 가지 측면만이 아닌 생물학적, 심리적, 사회적, 문화적 측면들에 발생하는 총체적인 과정이며, 따라서 노화과정을 이해하고자 하는 노년학은 의학, 생물학, 심리학, 사회학, 가족학, 인류학 등의 여러 학문 분야를 포괄하는 다학제적 학문(multidisciplinary)의 성격을 갖는다.

응용학문적 성격

노년학은 사회가 발전함에 따라 수명이 연장되고 노인집단의 수가 많아지면서 '노인문제'를 해결하기 위한 실용적 동기에서 시작된 학문이라 할 수 있다(박재간·최성재, 2008). 즉 관찰되는 문제 해결을 위해서는 노화과정을 이해하는 것에서 그치지 않고 노화과정

에 따라 개인과 가족, 그리고 사회에 미치는 변화와 영향에 대해 바람직한 방향으로 개입하는 응용 학문적 성격을 가진다. 노화과정에서 발생하게 되는 신체적 변화들을 가능한 한 지연시키고 개인이 적응할 수 있도록 하고, 심리적 노화과정에 대해서는 개인과 가족이 잘 이해하고 대처할 수 있도록 개입하고자 하는 성격을 갖는다. 또한 나이 들어 가면서 직업에서 퇴직하고 사회적 역할을 상실하게 되는 변화가 노화과정에 내생되어 있는 자연스러운 과정이라기보다는 사회문화적 상황에 의해 강요되는 측면이 크다는 점에 주목하여, 사회의 경제시스템과 정책, 문화 등의 거시적 차원에서 접근하고 이에 개입하고자 노력한다. 노화과정 및 노인인구집단에 대해 이해하는 것이 이론 지향적 성격을 갖는다면, 이러한 지식을 바탕으로 하여 현실에 개입하여 노인들의 삶의 질을 향상시키고자 하는 응용학문으로서의 성격을 갖는 것이다.

노년학의 이러한 다학제적, 그리고 응용학문적 성격으로 인해, Hugman(1994)은 노년학을 "인류학, 생물학, 경제학, 지리학, 역사학, 정치학, 심리학, 사회학, 그리고 이외에도 법률, 임상의학, 간호, 물리치료요법과 사회사업 등의 분야를 함께 동원하여 고령화와 노년에 대하여 연구하는 학문"으로 정의하고 있다. 이렇듯 다양한 학문적 접근을 필요로 하는 노년학의 성격으로 인해, 노년생물학(Biological Gerontology), 노년심리학(Psychological Gerontology), 노년사회학(Social Gerontology), 노인의학(Geriatrics) 등의 영역별 세부 명칭이 사용되기도 하며, 최근에는 금융노년학 등과 같이 재정적 분야에 초점을 두는 신조어들도 생겨나고 있다.

요약하면 노년학은 노인과 노화과정에 대한 정확한 이해를 제공하기 위한 과학적 연구를 수행하는 종합학문이며 실용학문이다. 학문적 성과가 축적되면서, 노인과 노화과정에 대한 부정적 편견과 잘못된 신화(myth)가 사라지도록 하는 것이 궁극적 목표라고 하겠다.

3. 연령과 노인의 개념

일반적으로 '노인'이란 노화과정이 어느 정도 진행된 사람을 가리키는 말이다. 인간의 노화과정이란 특정 연령부터 시작하는 것이 아니라, 출생과 함께 시작되어 죽음에 이를 때까지 진행되는 전생애에 걸친 과정이라 할 수 있다. 다만, 출생에서부터 성인기에 이르는 인생 초반부에 발생하는 과정은 대체적으로 보다 복잡해지고 정교해지는 상승적 변화의 성격을 갖기 때문에 '발달(development)', 혹은 '성장(growth)'이라는 용어를 사용하고, 성인기 이후에는 쇠퇴, 감소와 같은 하강적 변화의 성격이 강하기 때문에 '노화(aging)'라는 용어를 사용하는 경향이 있다. 이러한 맥락에서 유명한 노년학자인 Bromley(1985)는 우리는 인생의 1/4은 성장하는데, 그리고 3/4은 노화하는 데 보낸다고 이야기한다.

노화가 전 생애에 걸친 과정이라면, 어느 시점부터를 '노인'이라고 규정할 수 있을까? 다양한 노인 관련 통계나 정부 정책 등에서는 통상적으로 65세 이상인 사람들을 '노인'으로 지칭하고 있다. 이는 우리나라를 비롯하여 미국이나 일본 등 많은 나라에서 통용되고 있는 기준으로, 이 기준은 서구의 노령수당(연금)의 지급개시연령과 관련성이 깊다. 1889년 독일의 비스마르크 재상이 노령연금을 도입하면서 65세를 연금 개시 연령으로 제정하였다. 이와 유사하게 미국의 경우에도 1935년 사회보장법(the Social Security Act)에서 65세를 사회보장 지급금을 받을 적정 연령으로 정하였다. 이에 미국의 고용주들은 사회보장 혜택이 시작되는 시기와 은퇴시기를 맞추기 위해 65세를 법정 은퇴 연령으로 사용하기 시작하였다(최신덕·김모란, 1998). 즉 일(work)에서 물러나야 하는 시기를 정하고 이에 따른 반발을 막고 생계보장을 위해 연금개시연령을 규정하는(혹은 반대로 사회보장 혜택을 받을 수 있는 연령이 규정되고 이에 맞추어 은퇴 연령이 정해지게 되는), 사회적 맥락 속에서 '노인'이 정의되어 온 것이다. 유엔에서도 1950년대에 65세 이상인 사람들을 '노인'으로 정의하면서 우리나라를 비롯한 대부분의 나라에서 공식적으로 '노인'의 기준을 65세로 사용하고 있다.

그런데 우리가 노화과정을 경험하고 있는, 혹은 일정 수준 이상으로 경험한 사람들을 노인이라고 한다면, 노화의 다양한 측면, 즉 생물학적 노화와 심리적 노화, 사회적 노화들이 발생하기 시작하는 시기와 속도 등은 서로 다를 수 있다. 인간의 노화과정이 생물학적 측면뿐 아니라, 심리적, 사회적 측면 등 다방면에서 진행되는 총체적 과정인 만큼, 우리가 연령에 의해 노인을 개념화하고자 한다면 역연령뿐 아니라 생물학적 연령, 심리적 연령, 사회적 연령 등도 고려해 볼 필요성이 있는 것이다. 일반적으로 연령(age)이라 할 때 태어난 순간부터 경과된 시간(달력상의 시간)을 의미하는 역연령(chronological age)을 떠올리게 되지만, 실제로 일상생활에서는 다양한 연령의 개념이 사용되고 있다. 구체적으로 어떠한 연령 개념이 있는지 살펴보자.

다양한 연령의 개념

역연령(chronological age) 역연령이란 태어난 후 경과된 시간을 달력상의 시간의 흐름에 따라 계산하는 연령으로 '달력 나이(calendar age)'라고도 부른다. 우리나라의 경우 태어난 순간을 바로 1살이라고 칭하고 이후 해가 바뀔 때마다 한 살씩 증가하는 연령과, 만연령(현재 연도에서 출생연도를 뺀 숫자에서 생일이 지났으면 그대로, 만약 생일이 지나지 않았으면 1을 빼고 세는 연령)을 함께 사용하는데, 역연령은 만연령을 의미하게 된다.

생물학적 연령(biological age) 생물학적 연령이란 개인의 생물학적 발달 혹은 퇴화과정이 진행되는 정도를 의미하는 것으로, 신체의 활력 정도를 따지는 나이라 할 수 있다. 우리가 매스컴을 통해 자주 접할 수 있는 '신체 나이', '건강 나이', '피부 나이' 등의 용어는 바로 이러한 생물학적 연령에 기반한 것이라 할 수 있겠다.

사회적 연령(sociological age) 사회적 연령이란 사회의 규범과 기대에 따라 부여되는 역할이나 지위 등과 결합된 나이를 의미한다. 대부분의 사회는 학업이나 취업, 결혼, 부모됨, 조부모됨 등과 같은 중요한 사회적 역할 및 지위를 획득하고 상실하는 연령에 대한 사회적 기대가 존재하며, 이러한 기대가 개인에게 내재화된 것이 바로 사회적 연령규범이라 할 수 있다. 특히 학업, 결혼, 출산, 취업, 은퇴 등과 같이 많은 사람들이 인생을 살아가면서 경험하게 되는 이정표적 사건들에는, 해당 사건을 경험하는 '적절한 시기'가 있다는 생각을 하게 된다. '결혼 적령기'라는 용어나, 40대에 조부모가 되는 경우 너무 이르다고 보는 것 등이 바로 이러한 사회적으로 공유하고 있는 '적절한 시기'에 대한 개념과 관련된 것이라 할 수 있다. 즉 사회적 역할이나 지위와 관련된 중요한 사건들이 언제 경험되어야 한다고 미리 각본화되어 있는 일종의 '사회적 시계(social clock)'가 존재하여, 개인이 경험하는 사건의 시기가 적절한지(on-timing) 혹은 너무 이르거나 늦은 것인지(off-timing) 판단하게 되는 것이다. 이러한 사회적 시계는 고정되어 있는 것이 아니라 사회문화에 따라, 그리고 시대의 변천에 따라 변화된다.

심리적 연령(psychological age) 심리적 연령이란 정신 기능이나 심리적 성숙도를 나타내는 연령을 의미한다. 심리적 연령이란 역연령이 동일한 사람들과 비교하여 환경변화

실제 나이보다 젊다고 느끼는 사람, 뇌도 덜 늙는다

서울대 연구팀이 59~84세 성인남녀 68명을 대상으로 한 연구를 통해 주관적 연령이 뇌의 노화와 관련이 있어, 자신의 나이를 실제보다 어리다고 느끼는 사람들의 뇌는 실제로 노화가 덜 진행됐음을 확인했다. 이 연구는 국제 학술지 「프론티어스 인 에이징 뉴로사이언스(Frontiers in Aging Neuroscience)」 최신호에 발표되었다. 연구팀은 68명의 참가자들에게 "난 내 실제 나이보다 어리다"와 "난 내 실제 나이와 같다", 그리고 "난 내 실제 나이보다 나이가 많다"라는 세 가지 답변 중에서 선택하도록 한 후 이들의 뇌를 자기공명영상(MRI) 장치로 촬영하여 세 집단 간 비교를 하였다. 그 결과, 주관적 연령을 어리게 지각하는 참가자들은 청력과 감정, 의사결정, 그리고 자기 통제와 관련한 뇌 부위의 회백질 양이 비교집단보다 더 많으며, 기억력이 더 좋고 우울해질 가능성도 낮은 것을 확인하였다. 연구에 참여한 최진영 서울대 심리학과 교수는 "우리는 실제연령보다 스스로 더 어리다고 느끼는 사람들이 더 어린 뇌의 구조적 특징을 지니고 있음을 알아냈다"고 언급하고, 그 메카니즘에 대해서는 다양한 해석이 가능하다고 보았다. 자신이 실제 나이보다 늙었다고 느끼는 사람들은 회백질 손실 때문에 의사결정 등 일상적인 일을 수행하기가 더 어려웠을 가능성이 있고, 혹은 건강한 생활 방식을 끌어내는 동기가 낮아 인지적 건강이 나빠진 것일 수도 있다는 것이다. 이러한 결과에 대해 연구팀은 '실제 나이보다 더 나이 들었다고 느낀다면 뇌의 노화를 가져올 수 있는 생활 방식과 습관, 그리고 신체 활동을 점검하고 뇌 건강을 더 잘 관리하려는 노력이 필요하다'고 제안하였다.

출처: 서울신문(2018. 7. 5.).

에 얼마나 잘 적응하며 예기치 않은 생활사건이 주는 스트레스에 얼마나 잘 대처하는가에 의해 측정된다(정옥분, 2000).

주관적 연령(subjective age) 주관적 연령은 역연령과 상관없이 개인이 느끼는 연령으로 자각 연령(self-awaring age)이라고도 한다. 일반적으로 사람은 자신의 나이보다 젊게 느끼는 경향이 있다고 하며, 주관적 연령은 개인의 생각과 행동 등에 영향을 미치는 것으로 알려져 있다.

기능적 연령(functional age) 기능적 연령이란 개인이 사회에서 기능하는 능력과 관련된 개념으로, 생물학적, 심리적, 사회적 나이가 함께 반영된 것이라 할 수 있다(김애순, 2012). 일본의 경우 기능적 연령을 다양한 체력검사와 지능검사를 통해 측정하는데, 역연령이 증가할수록 기능적 연령의 편차가 커진다고 한다(예를 들어 역연령 25세인 사람들의 기능적 연령은 23~27세 정도로 기능적 연령의 편차가 4세 정도이지만, 역연령 75세인 사람들의 기능적 연령은 66~84세로 편차가 18세로 상당히 크다). 개인 간 노화의 차이를 감안한다는 장점이 있는 반면, 기능적 연령의 판단기준이 복잡하고 측정에 시간이 많이 걸리는 등 편의성이 약하다는 단점이 있다.

일반적으로 '연령'이라고 이야기할 때 대부분 역연령을 떠올리게 되고, 또한 앞서 언급한 바와 같이 '노인'에 대한 기준 역시 역연령을 사용하고 있다. 그렇다면 이러한 역연령은 다른 연령 개념들과 얼마나 밀접하게 관련되어 있고, 노화과정의 진행 정도를 얼마나 잘 나타내 주고 있을까?

역연령은 생의 초반부에는 인간발달의 진행선상에서의 위치를 추정하는 데 비교적 정확한 정보를 제공한다. 생후 2년이 되었다고 할 때 우리는 그 아이의 발달상태가 어떠할 것이라는 점을 어느 정도는 추정할 수 있고, 이러한 추정은 질환 등과 같은 특별한 경우가 아니라면 대체적으로 들어맞는다. 그러나 역연령이 인간발달, 혹은 노화의 진행정도를 나타낼 수 있는 정도는 생의 후반부로 갈수록 그 정확성이 떨어지는 것으로 나타난다. 이는 연령이 증가할수록 개인 간 차이가 커질 뿐 아니라, 신체와 심리, 그리고 사회적 측면 등에서의 노화과정이 동일하게 진행되지 않기 때문이다. 즉, 연령이 증가하여 생의 후반부로 갈수록 역연령과 신체적 연령, 기능적 연령, 사회적 연령, 심리적 연령, 자각 연령 간 격차(gap)가 커질 수 있다는 것이다. 또한 어느 한 개인의 생물학적 노화에만 초점을 맞춘다 할지라도 시력이 쇠퇴하는 시기와 폐의 기능이 감소하는 시기, 심장, 청력, 근력 등이 저하되는 시기가 서로 상이하다. 이러한 점을 고려해 볼 때, 역연령인 65세를 기준으로 '노인'으로 규정하는 것은 노화의 진행정도에 따른 분류가 아닌, 사회가 인위적으로 설정한 결과로 이해할 수 있겠다.

우리가 편의상 65세 이상인 사람들을 통틀어 노인이라 지칭하지만, 노인을 하나의 범주로 보기에는 내부에 매우 큰 다양성이 존재한다. 예를 들어, 65세 노인과 85세 노인 간에는 외모에서부터 신체적 능력, 지적 능력 등에서 커다란 차이가 있을 수 있다. 노인 내부의 이러한 이질성에 주목하여 노년학에서는 노인을 연소노인(young-old)과 중간노인(middle-old), 그리고 고령노인(old-old)으로 구분하여 접근하고 있다. 일찍이 Neugarten(1974)은 55~64세를 연소노인, 65~74세를 중고령 노인, 그리고 75세 이상을 고령노인으로 구분할 것을 제안한 바 있다. 평균수명이 연장되면서 범주 자체도 그에 맞추어 변화되고 있어서, 85세 이상을 초고령 노인(oldest-old)으로 별도 범주로 추가하게 되었다. 현재는 고령자 통계 등에서 100세 이상 노인을 '백세인(centenarian)'으로 세분화하는 국가들이 늘고 있다.

이렇게 노인을 세분화하는 것은, 노인집단의 숫자가 증가하였을 뿐 아니라 초고령기까지 생존하는 사람들의 수가 많아지면서, 노년기가 20년 혹은 30년 이상의 긴 시간을 포괄하게 되었기 때문이다. 노인 내부에서도 연령에 따라 세대경험, 건강상태 등에서 큰 차이가 존재할 가능성이 커진 것이다. 그런 점에 주목하여, 노인을 동질적인 하나의 집단으로 보는 것 자체가 젊은 층의 연령차별적 태도라고 주장하는 관점도 존재한다. 노인집단을 연령에 따라 세분화하여 다양성을 포착하는 것은 노인의 다양한 욕구를 파악하기 위해 반드시 필요하다.

신노년학(New Gerontology)

'장수 혁명(Longevity Revolution)'이라고 칭해지는 급격한 수명의 증가와 함께, 노년기의 부정적 측면만이 아닌 노년기의 생산성과 긍정적인 측면을 바라봐야 함을 강조하는 신노년학이 제안되었다. 기존의 노년학이 쇠퇴와 질환, 취약집단 등 노화와 노인의 부정적 측면에만 초점을 맞춘다는 문제의식에서 Butler 등 일군의 노년학자들이 주장한 패러다임의 전환(paradigm shift)이라고 할 수 있다. 신노년학은 정상적 노화(normal aging)와 병리적 노화(pathological aging)를 구별할 필요성에 주목한다. 예를 들어 치매가 정상적이고 필연적인 나이듦의 과정이 아니라 질환이라는 점을 상기시킨다. 이들의 주장은 질환과 노화를 구별하지 않고 노년층에 대한 관찰을 바탕으로 수행된 연구들이 노화 및 노인에 대한 왜곡과 편견을 생성한다는 점을 지적하였다.

Butler(1988)는 '신노년학'이 부상하게 된 주요한 요인으로 첫째, 의학, 과학, 산업의 발달로 노년기 쇠퇴 및 장애를 완화·통제할 수 있는 다양한 의학적, 사회적 개입수단이 개발되었다는 점을 지적한다. 둘째, 1940년대 근대 노년학과 노인병학의 초기단계에 형성되었던 노화에 대한 고정관념과 신화(myth)가 노년학 연구들이 축적되면서 수정되기 시작하였다는 점이다. 초기 연구는 노인 집단 내에 존재하는 이질성(heterogeneity)을 간과한 채 노인을 하나의 동질적 집단으로 접근하면서 노화에 대한 왜곡된 관점을 형성하는 결과를 가져왔다. 그러나 후속연구들이 축적되면서 노인이 무성욕의 존재(sexless)라는 고정관념이나 불가피한 노화의 한 측면으로 보던 많은 양상이 실제로는 질환이라는 점을 밝혀주면서 부정적 시각이 완화되게 되었다. 노화에 대한 왜곡된 고정관념을 바로잡음으로써 연령차별을 완화시키고 노인을 동질적으로 보는 관점에서 벗어나야 할 필요성에 대한 인식이 확산되었다. 세 번째 요인으로는 노인이 강력한 힘을 가진 집단으로서 부상하게 되었다는 점이다. 예를 들어 우리나라를 포함하는 많은 선진국에서 노인은 투표권 행사를 통하여 막강한 정치적 세력으로서 부상하고 있다. 즉, 노인인구 자체가 증가할 뿐 아니라 건강하고 자원을 가진 노인의 숫자가 증가하면서 문화적, 정치적, 사회경제적 측면을 포함하는 포괄적이고, 강화된 임파워먼트(empowerment)가 현실화되었다.

CHAPTER

02

인구고령화와 노년기 발달

GERONTOLOGY

1. 인구의 변화와 인구고령화 / 2. 한국 사회의 인구변천과 인구고령화 현황

3. 인구고령화의 사회적 결과와 미래

CHAPTER 02

인구고령화와 노년기 발달

현재의 인구현상이 지속된다면 앞으로의 한국 사회는 어떻게 될까?

인구학자 조영태 교수가 예측한 한국 미래 연표

2020년	2021년	2023년	2024~25년	2025년	2027년	2028년	2030년	2035년	2039년	2040년 이후
예상 출생아 수 30만6000명 영유아 시장 규모 2016년(40만6000명) 대비 4분의 1 축소	**61년생 은퇴자 수 90만명 육박** 교육 수준 높은 세대여서 창업 인구 급증 예상	**18세 인구 약 43만명** 대학(50만명 모집)들, 신입생 충원 위해 등록금 인하 경쟁	어린 자녀 둔 젊은 층 줄면서 지방 대형마트 철수 도미노	65세 이상 고령자 중 75세 이상 비율 41% 웃돌아	큰손 고객인 '50대 사모님' 고령화로 지방 백화점 중심의 상권 몰락 시작	**90대 인구 50만명 돌파**	생산과 소비 시작인 20대 인구 500만명 이하로	여성 3명 중 1명이 65세 이상인 '할머니 대국'	20~40세 남성 41%가 입대해야. 정상 사회 유지 어려워	**인구 4명 중 1명이 75세 넘어** 사회보장 비용 급증

출처: 조선일보(2018. 3. 26.).

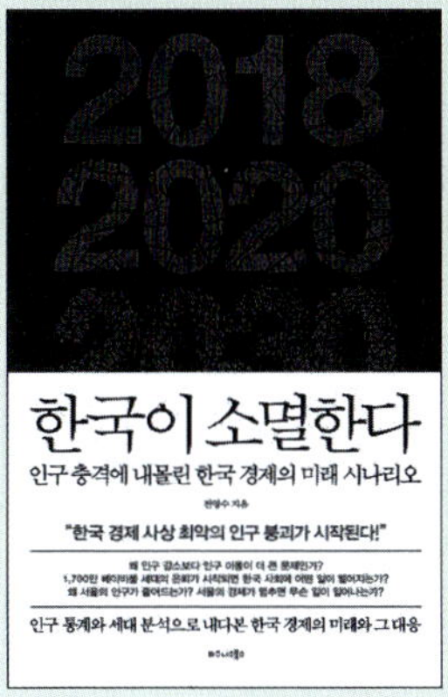

주요 선진국들은 출산율 감소와 고령화로 인구 감소가 사회문제가 된 지 오래다. 가와이 마사시가 인구 감소 사회의 충격적 결말을 예고하며 일본 사회에 큰 파장을 몰고 온 『미래 연표』. 일본은 2017년 여성 3명 중 1명이 65세 이상 고령자가 되면서 할머니 대국이 되고, 2018년에는 신입생 부족으로 도산 위기에 몰리는 국립대가 나오기 시작한다. 2020년에는 여성 2명 중 1명이 50세 이상이 되며, 2022년에는 혼자 사는 가구가 3분의 1을 넘어 홀로 생활하는 고령자 문제가 본격화된다. 2033년에는 세 집에 한 집 꼴로 빈집이 즐비해진다. 문제는 우리나라도 유사한 경로를 따라가고 있다는 점이다.

노년학은 다른 학문분야에 비해 최근에 발달된 '신생학문'이라 할 수 있다. 60세만 되어도 오래 살았다고 축하하며 잔치를 열던 시절에는 '노년학'이라는 것이 학문적으로나 실용적 의미에서 별다른 의미를 가지지 않았을 것이다. 개개인이 더 오래 살게 되고, 사회적으로도 노인들의 수가 많아지면서 노년기에 대한 사회적, 그리고 개인적 관심이 증가하게 되고 '노년학'이라는 학문 또한 발달하게 된 것이라 볼 수 있다.

이 장에서는 노년학의 발달을 가져온 인구학적 현상, 즉 인구고령화에 대해 살펴볼 것이다. 이 책을 읽는 학생들의 대부분은 형제자매가 한 명 혹은 두 명 정도겠지만, 불과 50~60년 전만 해도 한 가족의 형제자매들의 수는 5~6명 정도였다. 한편, 사망률도 높아서 한국 사회는 많은 아이들이 태어나고 동시에 많은 수의 사람들이 사망하던 다산다사(多産多死)의 인구학적 패턴을 가지고 있었다. 산업화 및 의료기술, 생활수준의 향상과 함께 영아사망률을 비롯한 사망률의 저하가 나타나고 이어서 출산율이 낮아지면서 현재와 같이 출산율도 낮고 사망률도 낮은 소산소사(小産小死)의 패턴으로 변화하면서 한국 사회의 고령화가 진행된 것이다. 즉, 사회적 고령화는 기본적으로 인구학적 현상이다. 사회의 인구구조가 어떠한 과정을 통해 변화되는지, 인구고령화의 근본적 원인인 사망률 저하와 출산율 저하가 어떠한 사회경제적 맥락 속에서 발생되었는지를 인구변천이론을 통해 살펴볼 것이다. 이어 20세기 들어 한국 사회에서 관찰되는 인구변천과정을 간단히 살펴본 후, 한국 사회 인구고령화의 현 주소와 미래상에 대해 살펴볼 것이다. 끝으로 인구고령화가 전 세계적으로 진행되고 점차 심화될 것으로 예측되고 있는 현재의 상황에서 과연 우리의 미래 모습은 어떠할지, 인구고령화라는 커다란 도전 앞에서 우리가 직면하고 있는 과제는 과연 무엇인지에 대해 생각해 볼 것이다.

1. 인구의 변화와 인구고령화

'인구고령화(population aging)'는 전체 인구 중 노인층이 차지하는 비율이 증가하는 것을 의미한다. 우리는 흔히 인구고령화라고 할 때 사람들이 더 오래 살게 되었기 때문이라고 생각지만, 이것은 정확한 설명이라고 할 수 없다. 인구고령화라는 현상이 왜 발생하게 되는지 간단하게나마 이해할 필요가 있다.

인구고령화는 출산율(fertility), 사망률(mortality), 그리고 이주(migration)의 세 가지 인구학적 현상에 의해 발생하게 된다(Geroge, 2011). 첫째, 출산율(fertility)이 감소하게 되면 전체 인구 중 젊은 인구가 차지하는 비중이 감소하고 그 결과 노인인구 비중이 상대적으로 증가하면서 인구고령화가 나타나게 된다. 둘째는 사망률(mortality) 감소이다. 사망률 감소는 인구의 연령 구성에 영향을 미치게 되는데, 영양 및 위생상태가 좋아지고 의료기술이 발전하면서 이른 나이에 사망하는 사람들이 줄고 점차 노년까지 생존하는 사람들이 많아지게 되는 것이다. 인구고령화에 영향을 미치는 세 번째 요인은 이주(migration)이다. 나라, 지역 간에는 수많은 이주가 발생하는데, 이주자들이 주로 어떤 연령층인지, 그리고 이들의 출산율이 얼마나 높은지에 따라 이주자들을 받아들인 나라의 인구고령화가 영향을 받는 것이다. 많이 관찰할 수 있는 이주 양상은, 젊은이들이 일자리를 얻기 위해 이주하는 것이지만 최근 한국 사회에서 관찰된 '은퇴이주'처럼 나이든 사람들도 이주를 하는 추세가 나타나고 있다.

이상의 세 가지 요인들은 각기 별개의 사건이 아니다. 예를 들면 사망률 감소로 인해 인구가 성장하게 되면, 인구 압력이 높아져 출산율 저하 및 인구이동이 발생하게 된다. 국가 간 인구 이동이 한국 사회의 고령화에 미치는 영향은 상대적으로 크지 않으므로, 이 장에서는 인구고령화의 가장 근본적인 요인이라 할 수 있는 출산율과 사망률의 변화에 대해 살펴보기로 한다.

인구변천이론

지금과 같이 의학기술이나 보건 위생이 좋지 않고 농업에 의존하던 전통적인 사회를 생각해보자. 전통사회의 인구는 전형적으로 많이 낳고 많이 죽는, '고출산, 고사망'을 특징으로 한다. 이러한 사회에서는 당연히 노년기까지 생존하는 사람들의 수가 많지 않기 때문에 전체 인구에서 노인인구가 차지하는 비율이 낮을 수 밖에 없다. 그렇다면 어떤 변화가 노인이 적은 사회에서 노인이 많은 사회로 변화시키는 가장 중요한 요인일까? 사람들이 오래 살기 시작했기 때문인가? 이러한 질문에 답하기 위해서는 인구학적 변천(demographic transition) 개념을 이해할 필요가 있다.

1차 인구학적 변천

인구학적 변천은 산업화 이전 사회에서 산업화된 경제 체계로 발전됨에 따라 높은 출산율과 높은 사망률에서 낮은 출산율, 낮은 사망률로 변화되는 것을 말한다. 이러한 인구변천이론은 1929년 인구학자 Warren Thomson에 의해 처음으로 제안되었다. 국제연합의 인구국에서 작성한 인구변천의 5단계를 살펴보면 다음과 같다(George, 2011).

Ⅰ. 전통적인 높은 출산율과 높은 사망률

Ⅱ. 높은 출산율, 떨어지기 시작하나 아직도 높은 사망률

Ⅲ. 떨어지기 시작하나 아직도 높은 출산율, 상당히 낮아졌으나 계속 떨어지는 사망률

Ⅳ. 떨어지고 있는 출산율, 상당히 낮은 사망률

Ⅴ. 낮은 출산율, 낮은 사망률

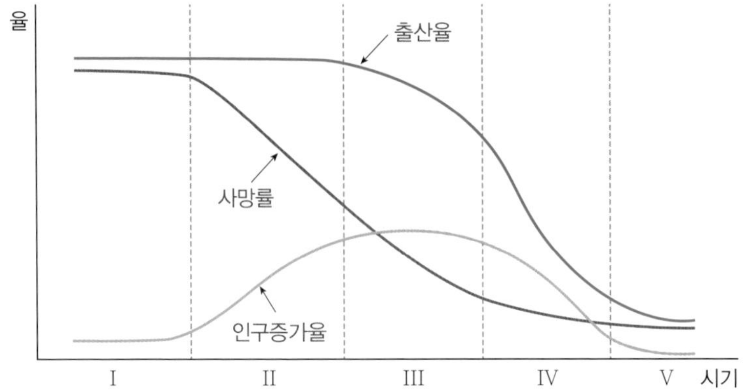

❖ 그림 2-1 인구변천의 단계

출처: 권태환·김두섭(1990). 인구의 이해.

Ⅰ단계는 산업화 이전, 즉 인구변천이 시작되기 이전의 사회에서 전형적으로 발견되는 유형이다. 출산율이 높은 만큼 사망률도 높기 때문에 인구규모는 크게 성장하지 않고 안정적으로 유지된다. 이후 인구학적 변천이 시작되면 먼저 사망률이 감소하기 시작하는데, 그 결과 사망률과 출산율 사이의 격차가 벌어져 인구가 크게 증가하게 된다(Ⅱ단계). Ⅲ단계는 출산율이 감소하기 시작하지만 사망률 역시 여전히 (이전보다는 감소 정도가 느리지만) 감소하는 단계로, 여전히 사망률보다 출산율이 더 높기 때문에 인구 증가가 진행된다. 인구변천이 완료되는 Ⅴ단계에 이르게 되면 출산율과 사망률 모두 낮은 수준으로 유지되면서 인구규모가 안정적으로 유지된다.

이상의 인구변천은 통상적으로 산업화의 진행과 맞물려 설명된다. 산업화 이전 농업에 의존하던 시기에는, 전통적으로 많은 아이를 낳았고 동시에 사망하는 사람들도 많았다. 경제 발전 초기 산업화가 되지 않은 시기에는 자녀가 곧 노동력이기도 할 뿐 아니라 피

임 등과 같은 출산조절기술 수준이 낮기 때문에 출산율이 높다. 동시에 위생과 영양상태가 좋지 못하고 의료기술 수준 역시 낮기 때문에 사망률 또한 높다. 즉, 아이를 많이 낳았지만, 동시에 많은 사람들이 사망하기 때문에 인구규모는 큰 폭으로 변동되지 않으며, 인구구조의 측면에서 보면 전체 인구 중 노인인구가 차지하는 비율은 낮을 수밖에 없다. 이후 경제 발전이 진행됨에 따라 사망률이 감소하게 되는데, 출산율이 높은 상태에서 사망률이 감소되면 인구가 크게 성장하게 되고, 인구성장은 곧 인구에 대한 압력(토지 등 자원에 대한 압력 등)을 증가시키게 된다. 따라서 사망률 감소가 어느 정도 진행되고 지속되면 높아진 인구 압력으로 인해 출산율이 감소된다. (이 장에서는 주로 출산과 사망의 변화에 초점을 맞추지만, 인구압력은 인구이동도 촉발시키는데, 인구이동은 일자리를 얻기 위해 혹은 증가된 토지에 대한 압력으로 인해 농촌에서 도시지역으로 향하는 도시화를 가져오게 된다.) 사망률 감소가 먼저 이루어지기 시작하고 이것이 어느 정도 이루어진 후에 출산율 감소가 뒤따르기 때문에, 사망률과 출산율 간의 격차가 유지되는 II, III, IV 단계에는 인구 성장이 이루어진다. 마지막으로 사망률과 출산율이 모두 낮은 수준으로 유지되는 단계에 들어서면 인구가 안정적으로 유지되거나 약간 증가한다.

인구변천과정에서 사망률 감소는 영양상태의 개선과 더불어, 상하수도 정비, 예방접종 등 공중보건 향상과 의료기술 발전 등에 기인하는데, 이 과정에서 사망의 주요 원인이 급성, 전염성 질환에서 만성, 퇴행성 질환으로 변하게 되는 소위 '역학적 변천(epidemiologic transition)'(Omran, 1971)이 이루어지게 된다. 즉 사망의 주요 원인이었던 급성, 전염성 질환이 효과적으로 제거, 예방되면서 영유아나 젊은 사람들의 사망위험이 크게 감소하고 더 많은 사람들이 노년기까지 생존하여 전체 인구 중 노인인구가 차지하는 비율이 증가하는 것이다. 더불어 사망률 저하 이후에 뒤따르는 출산율 저하로 인해 줄어든 어린 아이들은 노인인구의 '상대적' 비율을 증가시키게 된다. 인구변천이론에서는 사망률의 지속적인 저하가 있은 후에야 출산율 저하가 일어나게 된다고 가정한다. 사망률 저하가 출산율 저하의 필수조건이라는 전제에 대해서는 일부 지역의 경우 사망률이 떨어지기 이전에 이미 출산율이 감소하는 현상이 발견되는 등 논란의 여지가 존재하지만, 이러한 비판에도 불구하고 인구변천을 겪고 있는 사회의 경험과, 이 이론이 제시하고 있는 변천의 양상이 대체로 일치하고 있는 것으로 평가되고 있다(권태환·김두섭, 1990).

2차 인구학적 변천

앞서 살펴본 인구변천이론의 경우, 사망률 저하에 이은 출산율 저하는 인구대체수준(인구를 현상유지하는 데 필요한 출산율 수준)을 유지하는 정도에서 더 이상 감소되지 않고 유지되면서 인구변천이 완료될 것으로 예측한다. 그러나 1960년대 유럽사회에서는 합계출산율이 인구대체 수준에 도달한 이후에도 계속 저하되는 현상이 관찰되었고, 이러한 현상을 설명하기 위해 '제2의 인구학적 변천(The Second Demographic Transition)'이라는 개념이 사용되고 있다. 두 가지 인구학적 변천의 성격이 상이하기 때문에 구분을 위해 '1차 인구학적 변천'과 '2차 인구학적 변천'이라는 용어를 사용하는데, 통상적으로 인구변천이라는 용어는 '1차 인구학적 변천'을 지칭한다.

2차 인구학적 변천의 개념은 유럽의 인구학자인 Lesthaeghe와 Van de Kaa에 의해 제시된 개념으로, 1960년대 이후 유럽에서 전개된 결혼 및 가족제도의 변화 그리고 이로 인한 출산에 관한 가치, 태도, 행위의 변화를 설명하고 있다. Lesthaeghe와 Van de Kaa는 근대화가 어느 수준까지 이루어진 유럽사회의 가치관이 삶의 질, 자율성의 확대 및 자기실현을 중시하는 방향으로 변화되었다는 점에 주목하였다. 당대에 신분이나 사회적 지위 상승을 이루기 힘든 사회에서는 자식에게 모든 것을 투자하여 다음 세대에 신분이나 사회적 지위 상승을 꾀하게 되지만 20세기 후반에는 당대에 사회적 지위 상승을 이룩하는 일이 가능하게 되면서 더 이상 자식들에게만 투자하지 않고 자신의 사회적 상승이동을 위해 노력하게 되었다(은기수, 2005). 즉, 자녀가 아닌 자기 자신의 실현, 삶의 질과 자율성이 중시되는 방향으로 변한 시대적 변화가 인구대체율 이하로 지속적으로 출산력이 하락되는 배경으로 작용하게 되었다는 것이다.

2차 인구학적 변천이론에서는 1차 인구변천이론에 의해 예측되었던 것보다 더 심각하게 인구가 고령화될 것으로 전망한다. 2차 인구변천의 경우 그 개념이 모호하고 1차 인구변천이론과 달리 변화의 형태가 단일하지 않고 지역, 국가에 따라 다양하게 전개되고 있다는 점에서 인구학적 변화를 설명하는 완결된 이론으로 받아들이기에는 무리가 있다는 지적도 있다. 그럼에도 불구하고 많은 나라에서 출산율이 인구대체율 수준에서 안정되지 않고 지속적으로 저하되는 현상을 가족과 관련된 태도나 행위의 다양한 측면과 연계하여 검토하는 데 중요한 시각을 제공하는 것으로 평가되고 있다(정성호, 2009).

전 세계적으로 확산되는 인구학적 변천 현상은 세계인구의 고령화(global population aging)를 가져오고 있다. 인구 고령화는 일본, 미국 및 북유럽 국가와 같은 선진국 위주로 시작되었으나 점차 아시아 전역, 남미 전역으로 확산되고 있다. 세계인구 고령화는 환경오염 문제와 함께 현 인류가 당면하는 가장 큰 도전인 것으로 지적된다([그림 2-2] 참조).

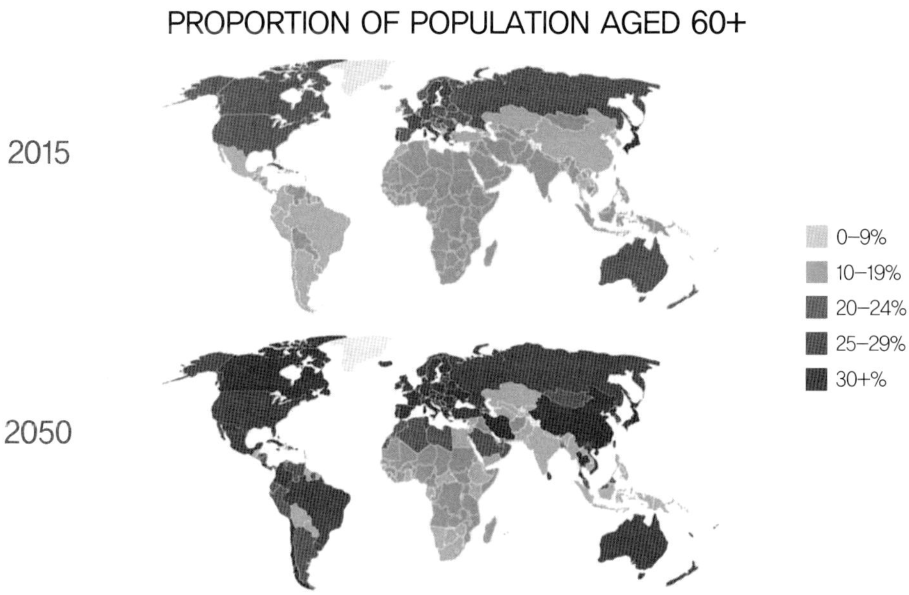

❖ **그림 2-2** 세계인구의 고령화(global aging) 현황과 예측

출처: HelpAge International(2015). Global Age Watch Index 2015.

인구고령화의 지표

한 사회의 인구고령화를 이해하고 관련 지표들이 의미하는 바를 알기 위해서는 먼저 사회의 인구구조를 파악하는 것이 필요하다. 사회의 전반적인 인구구조는 인구피라미드로 쉽게 파악할 수 있다. 인구피라미드란 한 사회의 인구구조를 성과 연령별로 시각화하여 나타낸 것으로, 왼쪽과 오른쪽에 각기 남성과 여성 인구의 수를 각 연령별, 혹은 5세 간격으로 나타낸다. [그림 2-3]에서 볼 수 있는 것처럼, 2017년 한국 사회의 인구피라미드는 종(bell)형의 모습을 띤다. 즉 젊은 사람들에 비해, 어린아이와 노인들의 수가 작은 것이다. [그림 2-4]는 한국 사회의 1960년과 2060년 인구피라미드를 비교한 것이다. 왼쪽의 1960년의 것은 피라미드라는 말에 부합하게, 전형적인 삼각형의 모습으로 출산율이 높고 사망률도 높은, 앞서 인구변천이론에서 보았던 Ⅰ단계에 있는 사회의 전형적인 모습이다.

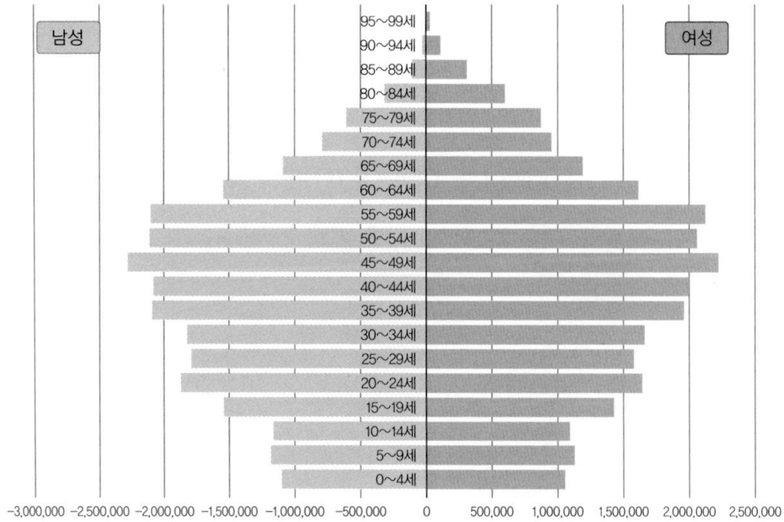

❖ **그림 2-3** 2017년 한국의 인구피라미드

출처: 통계청(2017). 장래인구추계 시도편 자료를 활용.

오른쪽의 2060년 한국 사회의 인구피라미드는 젊은 연령층의 수가 작고 노년층으로 갈수록 인구가 많아지는 모습을 보인다. 100년이라는 기간 동안 한국 사회의 인구구조가 얼마나 극적으로 변화될 것인지를 보여준다. [그림 2-5]의 미국의 인구피라미드와 비교할 때 한국 사회의 인구구조 변화가 훨씬 더 극적임을 알 수 있다.

한 사회의 인구고령화 정도는 가장 기본적으로는 전체 인구 중 65세 이상인 사람들이 차지하는 비율을 통해 파악된다. 일반적으로 65세 이상 인구가 전체 인구 중 차지하는 비율이 7% 이상 14% 미만인 경우 고령화사회(aging society), 14% 이상 20% 미만은 고령사회(aged society), 그리고 20% 이상은 초고령사회(super-aged society)로 분류된다. 참고로 일부 문헌의 경우 65세 이상 인구가 21% 이상인 사회를 초고령사회라고 분류하기도 하지만, 20% 이상을 초고령사회로 분류하는 경우가 더 많다(최성재, 2012). 다만 최성재(2012)는 14%, 20%라는 수치는 특별한 근거에 기반하여 사용되는 것이 아닌 만큼, 7%의 배수 개념을 적용하여 21% 이상을 초고령사회로 보는 것이 더 논리적이라고 평가하고 있다. 이러한 노인인구비 외에 노년부양비, 노령화지수(고령화지수라는 명칭으로 사용되기도 함) 등이 인구고령화를 파악하는 데 사용되고 있다.

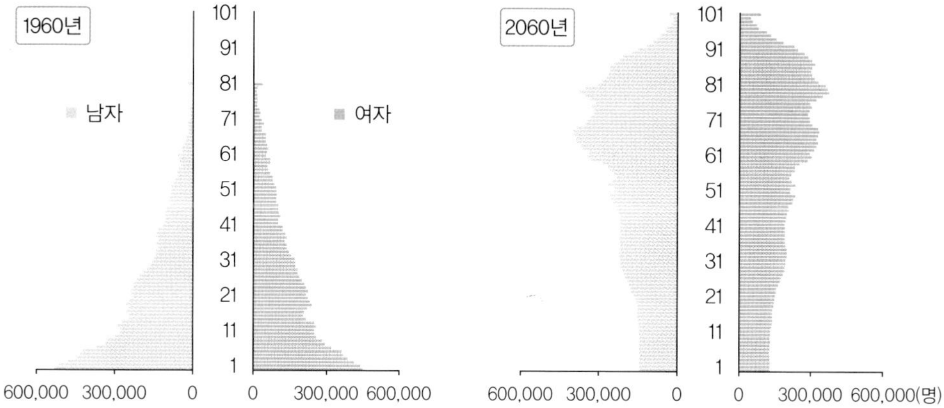

❖ 그림 2-4 한국 사회의 인구피라미드 변화: 1960, 2060

출처: 통계청(2017). 2017 한국의 사회지표.

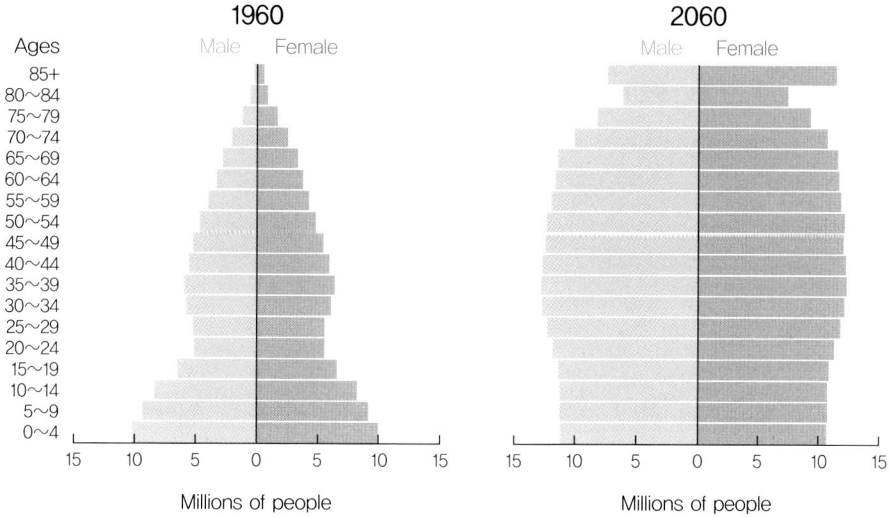

❖ 그림 2-5 미국의 인구피라미드 변화: 1960, 2060

출처: U.S. Census Bureau(2018).

노년부양비(old-age dependency ratio)

총부양비란 사회 전체적으로 볼 때 생산 가능한 인구가 비생산 인구를 부양하는 비율을 나타낸 것이다. 통상적으로 생산가능 인구는 15~64세까지의 연령집단을, 그리고 피부양 인구는 유소년층(0~14세까지의 연령집단)과 노년층(65세 이상 연령집단)을 일컫는다. 유소년 부양비는 생산가능인구 100명당 0~14세 인구의 비율이며, 노년부양비는 생산가능인구 100명당 65세 이상 노인인구의 비율이다.

이러한 부양비 계산방식은 국제적으로 널리 통용되고 있어 국제 간 비교 등이 가능한 반면, 각각의 사회문화적 맥락을 반영하지 못해 개별 사회의 정확한 부양비율을 파악하기에는 제한점이 존재한다(최성재, 2012). 즉 많은 선진국들에서 관찰되는 것처럼 고등학교 진학이 일반적이고 심지어 의무교육인 나라들도 있는 상황을 고려할 때, 15세부터 생산가능 연령인구로 분류하는 것이 과연 적절한지에 대한 이의도 존재하는 것이다. 유사한 맥락에서 최성재(2012)는 평균 퇴직연령이 60세에도 이르지 못하는 상황에서 노년 피부양 인구를 60세 이상으로 보는 것이 현실적일 수 있다고 지적하며, 부양인구와 피부양인구의 범위를 사회의 일반적 취업연령과 법정 또는 관행적 퇴직연령에 따라 다르게 분류하여 제시하는 것이 현실적이라고 논의하고 있다.

총부양비: 유소년부양비 + 노년부양비

유소년부양비: 0~14세 인구 / 생산가능 연령인구(15~64세 인구) × 100
노년부양비: 65세 이상 인구 / 생산가능 연령인구(15~64세 인구) × 100

노령화지수(Aging Index)

15세 미만 인구 100명당 65세 이상 노인인구의 비율로, 인구의 노령화 정도를 나타내는 지표이다. 노령화 지수가 높아진다는 것은, 장래에 생산가능 연령층으로 유입될 인구에 비해 부양해야 할 노년인구가 상대적으로 많아짐을 의미한다.

노령화지수: 65세 이상 인구 / 0~14세까지의 유소년 인구 × 100

기타 지수

그외 평균연령, 중위연령을 통해서도 인구의 연령특성을 파악하여 인구고령화 정도를 짐작할 수 있다. 평균 또는 중위연령이 낮은 인구, 대체적으로 중위 연령이 25세 이하인

인구를 '어린 인구'라고 하며, 중위연령이 높은 경우, 대개 30세 이상이면 '나이든 인구'로 본다(권태환·김두섭, 1990). 권태환과 김두섭(1990)에 의하면, 중위연령이 25세 이하인 '어린 인구'는 출생율과 사망률이 높은 사회에서 주로 발견되며, 중위연령이 30세 이상인 '나이 든 인구'는 인구학적 변천이 완료되어 출생율과 사망률이 낮은 사회에서 주로 발견된다고 한다.

기대수명(출생시 기대여명)은 주어진 시점의 사망률 수준이 지속된다고 가정할 때, 그 당시 태어난 아이가 평균 몇 살까지 생존하게 될 것인지를 나타내는 지수이다. 이때의 사망률 수준은 연령 및 성별 사망률 양상을 함께 고려하게 되며, 일반적으로 여성이 남성보다 기대수명이 더 높다. 기대수명의 경우 사망률과 관련된 지수들(조사망률, 표준화 사망률 등)을 사용하는 데 따른 단점들로 인해 여러 사회의 사망력 비교의 지표로 많이 사용되고 있다.

2. 한국 사회의 인구변천과 인구고령화 현황

우리나라는 조선시대 말까지는 높은 출생률과 높은 사망률이 균형을 이루어 안정상태를 보이는 인구변천 이전의 전통적인 시기였다. 조선시대 말기부터 서구식 보건제도와 의료, 교육 등이 도입되기 시작하였고 그 영향으로 1920년경부터 사망력 감소가 이루어졌다. 새로운 보건제도와 의약의 도입, 방역 및 예방접종 실시 등으로 인해 사망률이 떨어지면서 인구가 빠르게 성장하여, 1910년에는 3.5이던 조사망률이 1940년에는 2.4 정도로 감소되었다. 이와 같이 사망력 감소는 20세기 초반부터 진행되었지만 일제강점과 해방, 전쟁 등의 사회적 상황으로 인해 1950년대 중반 무렵까지 인구현상은 상당한 부침을 거듭하였고, 인구성장이 이루어진 것은 전쟁 이후부터라 할 수 있다. 전쟁이 끝난 후에는 그동안 미뤄왔던 혼인 및 출산이 이루어지면서 많은 아이들이 태어나게 되는 소위 베이비붐 현상이 나타나게 된다. 1960년 기순 합계출산율은 6명으로 상당히 높았고 당시 인구성장률은 연평균 3%로 인구규모가 급격하게 증가하였다(〈표 2-1〉 참조). 급속한 인구성장에 따른 인구압력은 소자녀에 대한 압력으로 이어짐과 동시에 국가주도의 강력한 출산제한정책(가족계획사업)이 맞물려 이후 출산율의 급속한 저하가 이루어졌다. 1960년 6.0에 이르던 총출산율은 1980년대 중반 무렵에는 2명 정도로 인구재생산 수준으로까지 감소되어 1차 인구변천은 완료되었다. 인구변천이 완료되면서 한국인구의 고령화가 진행되기 시작하였다. 1차 인구학적 변천 이후로도 출산율의 지속적인 저하가 진행되는 소위 '2차 인구변천'이 진행되고 있으며 세계적으로도 유래가 없는 급속한 속도의 인구 고령화가 이루어지고 있다.

2018년 기준 한국의 고령화 정도를 보면, 전체 인구 중 노인인구가 차지하는 비율 14.3%, 노년부양비 19.6명, 그리고 노령화지수는 110.5명이다(통계청, 2018). 여기에 더해 거대인구집단을 구성하고 있는 한국의 베이비붐 세대(1955~1963년 출생집단)가 노년기에 진입하기 시작하는 2020년을 기점으로 고령화가 더욱 심각해질 것으로 전망되고 있다.

❖ 표 2-1 한국의 인구고령화 지표

년도	총출산율 (자녀수)	평균수명 (세)	인구성장률 (%)	총부양비 (%)	노년 부양비	노인 인구비 (%)	노령화 지수	중위연령 (세)
1960	6.0	55.3	3.0	82.6	5.3	2.9	6.9	19.0
1970	4.5	61.9	2.2	83.8	5.7	3.1	7.2	18.5
1980	2.7	65.7	1.6	60.7	6.1	3.8	11.2	21.8
1990	1.6	71.3	1.0	44.3	7.4	5.1	20.0	27.0
2000	1.47	76.0	0.8	39.5	10.1	7.2	34.3	31.8
2010	1.23	80.8	0.5	37.3	15.2	11.0	68.4	37.9
2015	1.24	81.7	0.4	37.0	17.9	13.1	94.1	40.8
2020	1.33	82.6	0.3	40.7	22.1	15.7	119.1	43.4
2030	1.45	84.3	0	58.6	38.6	24.3	193.0	48.5
2040	1.54	86.0	-0.4	77.0	57.2	32.3	288.6	52.6
2050	1.60	87.4	-0.8	89.8	71.0	37.4	376.1	55.9

출처: 1960년 통계는 권태환(2001)에서 선택적으로 재인용, 1970년 이후의 통계는 통계청 장래인구추계 사용(2015년 이후의 추계자료는 중위가정 사용)하여 작성함.

유소년부양비와 노년부양비를 합친 총부양비는 2015년 37.0명에서 2037년에 70명, 2059년에는 100명을 넘어서 2065년에는 108.7명에 이를 전망이다. 유소년부양비는 유소년인구와 생산가능인구가 동시에 감소함에 따라 2015년 18.8명에서 2065년 20.0명으로 소폭 증가에 그치면서 현 수준을 유지할 것으로 보인다. 노년부양비는 고령인구의 빠른 증가로 인해 2015년 17.9명에서 2036년에 50명을 넘고, 2065년에 88.6명 수준으로 2015년 대비 5.1배 증가할 것으로 예측된다.

인구고령화의 속도

한국 사회의 인구고령화와 관련하여 특히 주목할 만한 점은 인구고령화가 매우 급속하게 진행되고 있다는 것이다. 프랑스의 경우 고령화사회에서 고령사회로의 진전은 114년이 걸렸으며, 고령사회에서 초고령사회로의 진전은 41년이 소요될 것으로 예측되고 있다. 영국의 경우 프랑스보다는 상대적으로 짧지만 전체 소요 기간은 96년으로 거의 한 세기 동안 서서히 진행되는 양상을 보인다. 반면 일본의 경우 프랑스의 1/3 정도의 상당히 단기간 내에 초고령사회로 진전되었는데 한국 사회의 경우 일본보다도 더 짧은 기간 동안 인구고령화가 진행될 것으로 예측되고 있다. 이러한 한국 사회의 급속한 인구고령화는 세계적으로도 유래가 없을 정도라고 평가되고 있다. 인구고령화는 개인이 더 오래 살게 되는 것 이상으로 가족, 노동시장, 연금 및 의료보험제도, 노인을 위한 사회적 서비스, 그리고 문화 등 사회 전반에 영향을 미치고 이를 뒷받침할 수 있는 변화를 필요로 한다. 따라서 인구고령화의 속도가 빠르다는 것은 인구고령화에 따른 개인, 가족, 사회차원의 제반 문제들에 대응하기 위해 준비할 시간이 매우 짧다는 것을 의미한다.

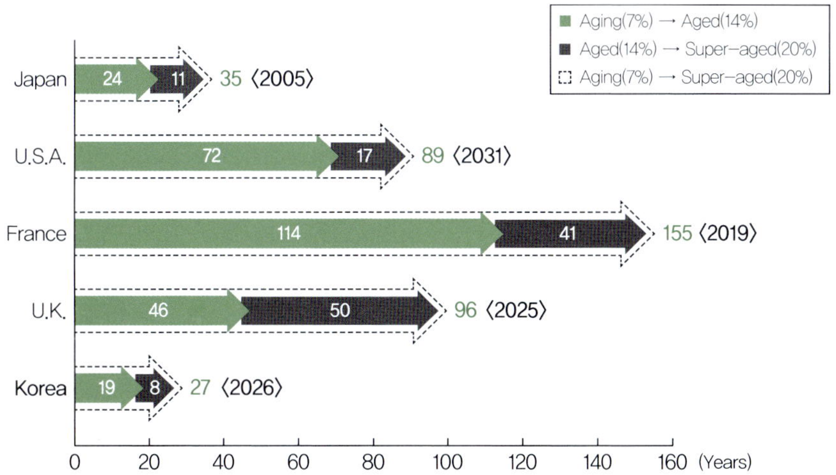

❖ 그림 2-6 주요 국가들의 인구고령화 속도

출처: 통계청(2014). Exploring Korea through Statistics.

인구고령화의 다양성(Diversity in Population Aging)

성비

여자인구 100명당 남자의 수를 나타내는 '성비(sex ratio)'에서의 불균형이 인구고령화 현상의 중요한 특성이다. 2018년 기준 우리나라 65세 이상 고령자의 성비는 74.6명으로 65세 이상 여성노인 100명당 남자노인은 74.6명이라는 의미이다. 출생 시 성비는 100~105 정도로 남성과 여성의 숫자가 비슷한데, 남성과 여성의 사망률 차이로 인해 노년층에서 이렇게 성비 불균형이 나타나며 초고령층으로 갈수록 그 정도가 심하다. 고령층 성비는 1990년 59.8명에서 2000년 62.0명, 2010년 69.2명으로 지속적으로 개선되고 있다. 이는 사망수준의 개선이 남성에게서 더욱 현저하게 진행되면서 남녀간 기대수명의 격차가 좁혀진 현상에 기인한다. 그럼에도 불구하고 2018년 현재 65세 이상 노인 중 여성의 비율은 57.3%로 남성(42.7%)보다 훨씬 높다. 성비 불균형은 우리나라에서만 나타나는 것이 아닌 보편적 현상이지만, 미국과 비교해 보았을 때, 우리나라가 불균형 정도가 더 심한 것을 알 수 있다([그림 2-7] 참조). 그 이유로는 우리나라의 초고령 집단의 경우 전쟁으로 인하여 희생된 남성이 많았다는 점을 우선 요인으로 생각해 볼 수 있다. 보다 젊은 연령층에서 나타나는 성비 불균형은 긴 업무시간과 과도한 스트레스 등으로 한국의 중년남성의 사망률이 매우 높다는 점을 생각할 수 있다.

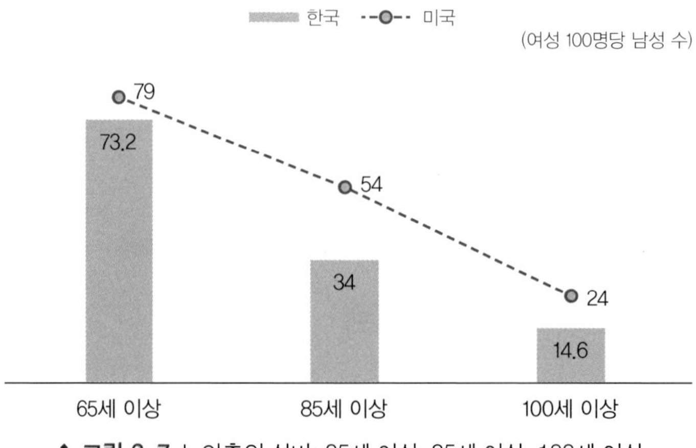

❖ **그림 2-7** 노인층의 성비: 65세 이상, 85세 이상, 100세 이상

출처: 한국 자료는 통계청(2016)의 인구총조사(전수부분), 미국 자료는 Vespa et al.(2018)의 2017 National Population Projection을 사용하여 재구성함.

지역적 차이

인구고령화에 대한 시각을 전 세계적으로 넓혀보자. 유엔인구기금(UNFPA)에서 발간한 「State of World Population 2017」에 의하면, 2017년 세계 인구 중 유소년층의 비율은 26.0%, 생산가능연령층 65%, 그리고 노년층은 9%이다. 이러한 수치에 비추어 보면, 한국 사회는 세계 인구 평균보다 인구고령화 정도가 더 심각한 것으로 볼 수 있다. 일반적으로 선진국일수록 인구고령화 정도가 심해서, 2017년 기준 일본이 27%로 가장 높고, 그외 덴마크, 스웨덴, 핀란드, 프랑스, 독일 등이 20~21% 정도로 높은 반면, 아프리카 지역의 경우 3% 정도로 상당히 낮다. 2015년 전체 201개국(2012년 기준 인구 9만 명 이상인 국가의 수) 중 노인인구 구성비는 51번째, 노년부양비는 54번째로 한국 사회의 인구고령화 정도는 그리 심하지 않은 상태라 할 수 있다. 그러나 한국의 노인인구 구성비는 2030년에는 15위, 2060년에는 2위에 달할 것으로 예측되고 있다(통계청, 2015). 베이비부머와 같이 출산율이 높던 시기에 태어난 사람들이 노년층으로 편입되고 현재의 초저출산 추세가 지속된다면 인구고령화 정도는 세계에서도 한 손에 꼽힐 정도로 심각한 수준이 될 것으로 전망되고 있다.

인구고령화의 속도와 정도는 한 국가 내에서도 지역별 편차가 크다. 산업화 및 도시화로 인해 젊은 층의 도시이주 현상이 증가하고 이에 따라 농촌지역의 노인인구비가 도시지역보다 훨씬 더 빠르게 증가하는 것은 전 세계적 추세이다. 이러한 젊은 인구의 도시집중화, 그리고 지방의 고령화는 지방의 많은 지자체들의 소멸로 이어질 수 있다는 점에서 그 심각성이 크다. 일본의 경우 인구 65세 이상 노인의 비율이 50% 이상으로 고령화가 진행되어 공동체의 기능 유지가 한계에 도달한 마을을 '한계집락(限界集落)'이라고 하는데, 과소지역이나 조건이 불리한 지역의 75,662 마을을 조사한 결과 15,568 마을이 한계집락으로 분류된다고 한다(사사키 노리코, 2017). 일본의 인구사회보장정책 전문가 가와이 마사시는 2040년 일본의 전국 지방자치단체 절반 가까이가 소멸될 것이라고 예측한다(가와이 마사시, 2017).

전반적인 인구고령화 및 젊은 인구의 도시집중으로 인해 인구가 감소되면서 마을 혹은 지자체가 소멸될 위험성이 있는 것은 비단 일본의 문제만은 아니다. 우리나라의 경우에도 전반적인 인구고령화와 함께 1960년대 이후 젊은 인구 중심의 이촌향도현상이 맞물리면서 농촌지역의 인구가 감소되는 동시에 농촌지역의 고령화가 매우 급속하게 진행되었다. 2018년 기준 전남, 경북, 전북, 강원의 경우 65세 이상 노인인구비가 18% 이상으로 상당히 높다.

초고령노인의 급속한 증가

인구고령화와 관련하여 주목할 현상의 하나는 노인 인구 중 80세 혹은 85세 이상 초고령노인(oldest-old)의 비율이 급속히 증가하고 있다는 점이다. 85세 이상 초고령 노인은 다른 어느 연령집단보다 급속하게 증가되고 있어, 미국의 경우 2007년 65세 이상 인구집단은 1990년에 비해 21.9% 증가한 반면, 85세 이상 초고령노인집단은 75% 증가되었다(Hooyman & Kiyak, 2011). [그림 2-8]에서 볼 수 있는 것처럼, 우리나라의 경우에도 85세 이상 초고령노인이 매우 가파르게 증가하고 있다. 초고령노인의 경우 다른 어느 연령집단보다 건강상의 문제를 경험할 가능성이 높고, 배우자나 동년배의 사망 등으로 인해 사회적 관계 또한 급격하게 감소될 위험성이 높다. 즉 사회적, 의료적 보호 요구가 매우 높은 집단이라는 점에서 이들 인구집단의 급속한 증가에 주목할 필요가 있다.

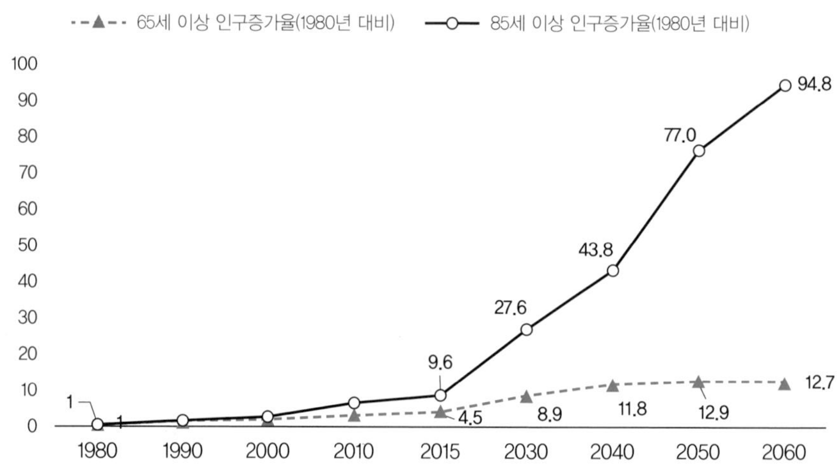

❖ 그림 2-8 1980년 대비 노인인구 증가율: 65세 이상, 85세 이상

출처: 통계청 자료를 재구성함.

백세인 현상

초고령 노인의 증가 중 주목할 부분은 100세 이상 노인의 증가세가 급격하여 '백세인 현상(centenarian phenomenon)' 혹은 '호모 헌드레드(homo hundred)'라는 신조어가 생겨날 정도이다. 이웃나라 일본은 세계 최고의 장수국가로 100세인의 절대적 숫자가 클 뿐 아니라 증가세도 가파르다. [그림 2-9]에서 볼 수 있듯이 백세인의 증가는 남성보다 여성에게 더욱 현저하게 나타나는 현상이다. 일본의 경우 정부

에서 100세를 맞은 노인에게 축하 선물로 은컵을 증정하였는데, 백세인의 숫자 증가가 워낙 급격하여 은컵의 크기와 두께를 줄인 것으로 알려지고 있다. 백세인 현상의 중요한 특징은 건강한 백세인이 증가하고 있다는 점이다.

Stanislaw Kowalski, 104세

❖ 유럽 최고령 100m 주자

Mieko Nagaoka, 100세

❖ 백세인 세계 최초 1500m 수영 완주

출처: Japan times(2015. 4. 5.).

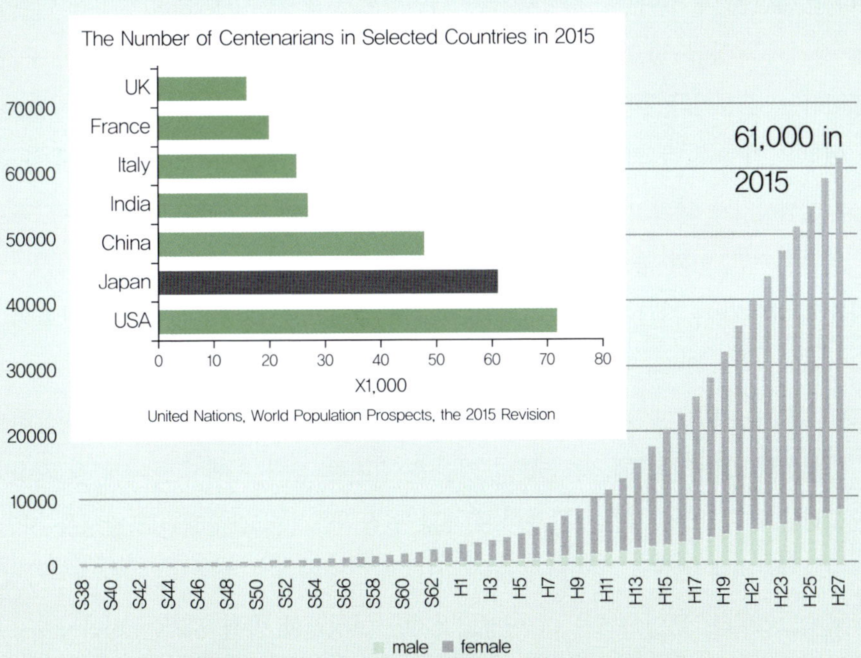

❖ 그림 2-9 일본 백세인의 증가 패턴(1963~2015)

출처: 박상철(2018)에서 재인용.

3. 인구고령화의 사회적 결과와 미래

인구고령화 및 노년기 삶의 길이의 연장으로 인해 일, 가족, 여가, 연금 등 다양한 측면에서의 변화가 진행 중이다. 이에 대해서는 이 책 전반에 걸쳐 다룰 것이고, 여기에서는 인구고령화가 지속된다면 우리 사회가 과연 인구고령화를 감당할 수 있을 것인가에 대해 생각해 보자.

노년학자 House(1953, 1994)는 "우리는 생애기간을 추가시키는 데 성공했다. 이제는 이 늘어난 시간에 삶을 추가시켜야(add life into the added life) 할 때이다"라고 언급한 바 있다. 사망수준이 개선되면서 수명이 연장되었지만, 이 연장된 기간이 단순히 아픈 기간의 연장을 가져오지 않도록 하기 위해서는, 증가된 기간의 삶의 질(quality of life)을 향상시키는 데 관심을 가져야 한다는 의미이다. 이 기간이 활력 있고 의미 있는 기간이 되도록 노력해야 한다는 점을 강조한 것이다.

현재 인류가 직면하고 있는 수명연장은 과연 노인 개인 및 사회전반에 어떠한 결과를 가져올 것인가? 이에 대해서 학자들 간에는 두 개의 시나리오가 존재한다. Verbrugge(1984)는 수명 증가는 '길어진 삶과 나빠지는 건강'이라는 모순적인 상황을 만들게 될 것이라고 예견한 바 있다. 수명의 증가는 필연적으로 중풍, 치매 등 만성질환 이환율 증가 및 장기적 부양을 필요로 하는 와상노인의 증가를 가져오며 사회적 부담이 증가하게 될 것이라는 주장이다. 이환율의 확대가설(extension hypothesis)이다. 반면, Fries(1989)는 수명 연장을 가능케 한 의료기술의 향상 및 사회적 환경 개선이 건강수준 역시 향상시켜 질환의 발생시기가 삶의 마지막 기간으로 압축되며 늦추어질 것이라고 주장한다. 즉 노년기가 연장되지만, 이와 동시에 질병 발생의 시기가 점차 생의 후반부로 지연되면서 질병을 가지고 살아가는 기간이 더 길어지지는 않을 것이라는 주장이다. 이를 이환율의 압축(compression of morbidity)이라고 한다.[1)]

[그림 2-10]을 보면, 제일 위의 그림은 평균적으로 60세 정도에 만성질환이 발생하고 75세에 사망한다고 가정할 때, 약 15년의 기간을 질병과 장애 속에서 보내게 될 것을 보여주는 그림이다. 두 번째 그림은 수명이 80세로 연장되었지만, 만성질환의 발생을 지연시키지 못하고 첫 번째 그림과 동일하게 60세 정도에 만성질환이 발생하는 경우를 가정하여 보여주는 그림이다. 수명이 5년 더 연장되었지만 만성질환 발생 시기는 지연시키지 못함

1) 5장 신체적 노화를 참고하시오.

으로써 수명 연장이 아픈 기간의 연장을 가져오게 된다는 견해이다. 위에서 설명한 '확대가설'을 나타내는 그림이다. 반면 세 번째 그림은 만성질환에 걸리는 시기를 68세 정도까지 지연시킨다면, 수명이 80세로 연장되더라도 질환과 장애로 고통 받는 기간이 12년 정도로 오히려 감소되는 것을 가정하는 것이다. '압축가설'을 보여주는 그림이다.

수명 연장이 건강한 시기의 연장이 될 것인지 혹은 아픈 기간의 연장이 될 것인지는 앞으로 이환 및 장애의 발생과 사망을 나타내는 두 화살표의 상대적인 움직임이 어떻게 될 것인지에 따라 다를 것이다. 건강수명을 늘리고 만성질환의 시작 시점을 뒤로 보내기 위해 다양한 연구와 학문적 노력이 이루어지고 있기 때문에 수명연장의 미래에 대해 지나치게 비관적일 필요는 없다는 것이 노년학자들의 공통된 의견이다. 우선, 질병 이환 시기가 이미 조금씩 늦추어지고 있다. 학문적으로는 건강 증진 요인 및 위험 요인들에 대한 많은 지식이 축적되고 있으며 위험요소를 효과적으로 제거하려는 개인 및 사회 정책적 노력 또한 이루어지고 있다. 이를 통하여 사망시기와 질병 시작 시점간의 간극을 줄이는 것이 궁극적 목표이다. 그렇지만 노인인구의 비율 및 절대적 숫자가 증가하면 결국은 장애의 기간(그림에서는 삼각형에 해당되는 기간)을 경험하게 되는 노인의 수 자체가 많아지므로, 사회적으로 이러한 부담을 과연 어떻게 감당할 것인지의 이슈는 여전히 우리 사회가 직면하고 있고 앞으로도 지속적으로 해결해 나가야 할 이슈이다.

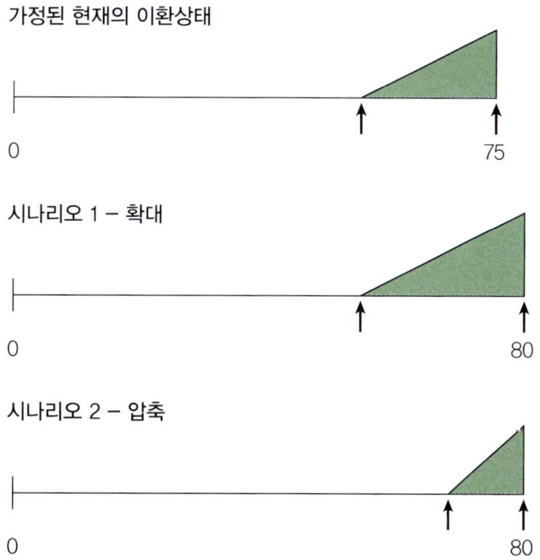

❖ **그림 2-10** 이환상태의 압축 또는 연장

출처: Fries(1989). The Compression of Morbidity: Near or Far?

길어진 노년, 관점의 전환이 필요: 제3기 인생(Third Age) 개념의 등장

영국의 역사인구학자 Peter Laslett은 노인으로 분류되기에는 건강한 은퇴자들이 대거 몰려나오는 현상을 관찰하고 역사적으로 처음 직면하는 이러한 인구학적 현상에 부합하도록 생애단계를 바라보는 시각 자체가 변화되어야 한다고 주장하였다. 그는 『인생을 바라보는 새로운 지도』라는 책에서 은퇴를 노년기의 진입으로 보지 말고 은퇴 후 건강한 생애단계를 '제3기 인생'이라고 부를 것을 제안하였다.

성인이 되기 위한 교육과 준비를 하는 첫 25년을 제1단계(1st age), 직장과 가정에서 직장인으로서의 역할과 가족원으로서의 역할과 같은 사회적 역할을 수행하는 단계가 제2의 단계(2nd age)라면, 그러한 사회적 역할로부터 벗어난 시기를 제3기 인생으로 보자는 것이다.

사회적 역할수행에 몰입했던 1, 2기와 달리 3기는 자신의 성숙, 자기성취를 위한 시기로 규정하고 있다. 3기는 정해진 기간이 있는 것이 아니라 건강이 악화되고 쇠약해져 의존적이 되는 제4기 진입 전까지의 시기를 칭하는 용어로 제안한 것이다. 수명연장으로 은퇴 후 기간이 연장되면서 이 시기의 삶의 질이 중요하다는 인식과 아직 건강한 이들이 은퇴 후 시간을 사회에 기여할 수 있도록 활용할 필요성도 함께 언급되고 있다.

CHAPTER

03

노년학의 주요 이론 및 관점

GERONTOLOGY

1. 메타이론(Metatheories) / 2. 전생애발달 모델과 생애과정 관점

3. 사회노년학 이론들

CHAPTER

03 노년학의 주요 이론 및 관점

플라톤의 저서 『the Republic』에는 소크라테스와 셀파루스와의 만남이 묘사되어 있다. 셀파루스는 예전에 하던 활동이나 흥미로부터 물러나서, 예전만큼 시티(city)에 나가지 않으며 즐기던 오락을 추구하지도 않는다. 시티에 더 자주 가고 싶긴 하지만 직접 실행에 옮길 만큼 가고 싶은 것은 아니라고 말한다. 셀파루스는 자수성가해서 많은 부를 쌓은 사람임에도 불구하고, 그가 소크라테스와 하는 대화에는 더 이상 사업이나 돈벌기에 대한 흥미를 보이지 않는다. 행복한 노년의 비밀을 알려달라고 하자, 셀파루스는 세속적인 성취가 아닌, 마음의 절제와 평정을 통해 노령의 많은 고통스러운 면들을 초월할 수 있게 되었다고 말 하였다.

출처: McKee, P. & Barber, C. E.(2001). Plato's Theory of Aging.

셀파루스처럼 나이가 들어 사회로부터 거리를 두고 내적인 생의 목표와 관심을 가지는 것이 노년의 바람직한 모습일지, 아니면 평생 축적한 경험이나 자원을 활용하여 적극적으로 사회에 기여할 방법을 찾는 것이 바람직한 모습일지 생각해보자.

노년학 연구에서 과거에는 노인이나 노화과정에 대해 부정적인 관점이 지배적이었다. 생의 전반부에는 양적인 확대, 성숙, 복잡성의 증가와 같은 발달의 특성을 보이다가, 성숙기 이후 생애 후반부에는 점차 쇠퇴하여 죽음에 이른다는 견해를 가졌었다. 그러나 그동안 축적되어 온 경험 연구의 결과들이나 사례들은 생의 후반부에 나타나는 신체적, 심리적, 사회적 변화가 반드시 퇴화나 소멸만을 포함하는 것은 아니라는 사실을 보여준다.

연구자들이 발달과 노화에 대해 어떠한 관점을 가지고 있느냐에 따라 연구결과의 해석이나 노년기 삶의 본질에 대한 견해가 달라진다. 노년기 삶의 본질에 대한 견해는 다시 노인들의 사회적 위치, 사람들의 노인들에 대한 태도나 자신의 노화과정에 대한 태도에 영향을 미치게 된다. 그러므로 노화를 바라보는 관점은 학문적으로뿐 아니라 개인의 삶과 사회문화적 측면에서 중요한 의미를 가진다. 이 장에서는 나이 듦과 노년의 삶을 어떻게 바라볼 것인가라는 질문에 답을 주는 노년학 관점들과 이론들을 소개하고자 한다.

1. 메타이론(Metatheories)

개인 또는 사회수준의 특정 현상을 바라보는 관점은 사회마다, 시대마다 다를 수 있다. 연구자들이 노년을 설명하는 관점 역시 연구자가 속한 사회, 시대의 영향을 받기 때문에 비슷한 문화와 비슷한 시기에 제기된 노년학 이론들은 특정한 관점을 공유하게 된다. 노년학 분야의 다양한 이론들이 공유하는 관점들을 메타이론(metatheories)이라고 부른다. 메타이론은 세상이 어떻게 돌아가는가에 대한 폭넓은 가정으로서, 메타이론은 연구자들이 던지는 질문, 사용하는 방법론, 추구하는 증거의 종류, 그리고 결과를 해석하는 방식에 영향을 미친다(Lemme, 2006; Papalia et al., 2007).

노년학의 다양한 이론 및 관점들은 인간이 환경과 어떻게 상호작용하면서 노화하는가를 둘러싼 근본적인 이슈에 대해 견해 차이를 보인다. 메타이론들은 '나이와 관련된 변화는 양적인가, 질적인가? 나이를 먹어가는 과정에 영향을 미치는 환경적 요인들의 영향력은 어느 정도인가? 개인 및 사회수준에서 바람직한 노년의 모습은 어떠해야 하는가?' 등과 관련된 연구자들의 관점을 안내한다. 노년학 분야에서 주목할 만한 메타이론으로 인간행동에 대한 유전(nature)과 환경(nurture)의 상대적인 영향을 바라보는 세 가지 상이한 관점이 있다.

기계적 관점(The Mechanistic Perspective)

이 관점은 인간행동을 기계의 관점에서 이해하고 설명한다(Papalia et al., 2007). 기계는 세부 장치들로 구성되며 각 장치의 기능을 연결하여 작동된다. 또한 기계는 스스로의 의지로 움직이는 것이 아니라 물리적인 힘(예를 들어, 전력 등)에 대해 반응하는 것이다. 따라서 기계적 관점에서는 인간을 환경적인 영향에 반응하는 수동적인 존재로서, 인간의 모든 행동은 외적인 자극, 즉 경험에 의해 학습된다고 본다. 기계적 관점에서는 나이와 관련된 인간행동의 양적인 변화를 주로 다룬다. 예를 들면 연령증가에 따른 기억력 감퇴 정도에 주목하지만 젊은 사람들과 나이 든 사람들의 지적기능에서의 질적인 차이에는 별 관심이 없다. 이 관점에 기반을 둔 노년학 이론들은 성인기 후반의 행동변화를 신체적, 지적 쇠퇴로 보는 전통적인 견해를 반영한다. 대표적인 예가 노년기의 생물학적 변화를 설명하는 이론들[1)]과 지적변화를 설명하는 정보처리모델(information-processing model)[2)]이다. 정보처리모델에서, 인간의 뇌는 컴퓨터처럼 들어오는 정보를 등록하고, 기호화하고, 저장한 다음, 올바른 단서가 들어오면 그것을 인출한다. 오래 사용한 컴퓨터가 작동이 원활하지 않게 되듯이, 인간 뇌의 정보처리도 연령과 함께 느려지는 것으로 본다. 대신 기계적 관점에서는 교육이나 다른 중재적 접근을 통해 노년기의 쇠퇴를 예방하거나, 쇠퇴한 행동적 기능을 수정할 수 있다고 본다.

유기체적 관점(The Organismic Perspective)

유기체적 관점에서는, 인간을 다른 유기체들과 마찬가지로 유전적으로 정해진 발달패턴에 따라 성장하고, 성숙하는 존재로 본다(Papalia et al., 2007). 환경은 발달에 요구되는 필수적인 요소들을 제공하면서 발달을 촉진하거나 억제하는 정도의 영향을 미칠 뿐이며, 인간의 발달은 종 고유의 시간표를 따라 진행된다고 본다. 이 관점에서는 인간행동은 연령에 따라 일련의 질적인 변화를 보이고, 모든 사람들은 같은 순서로 같은 단계를 거쳐 변화해 가는 것으로 본다. 그리고 각 단계마다 서로 다른 종류의 과업을 수행하면서 다른 종류의 능력을 발달시키는 식으로, 이전 단계에 성취한 능력을 기반으로 더 진보된 단계로 나아가는 것이다. Erikson의 8단계 생애주기 이론이 대표적 예이다.

1) 5장 신체적 노화의 생물학적 노화 이론을 참고하시오.

2) 6장 심리적 노화 I: 인지적 변화를 참고하시오.

맥락적 관점(The Contextual Perspective)

이 관점은 인간의 발달과 노화에서 유전과 환경의 상호작용적 본질을 강조한다(Papalia et al., 2007). 인간의 능동적 역할을 가정한다는 점에서 유기체적 관점과 유사하지만, 인간과 환경 간의 상호작용에 더 강조점을 둔다는 점에서 차이가 있다. 인간은 끊임없이 변화하고, 환경을 변화시키며, 변화하는 환경은 다시 인간의 행동을 변화시킨다. 인간은 특정한 맥락에서 목표를 설정하는 한편 새로운 맥락이 되면 새로운 목표를 선택한다. 그래서 발달은 연속적으로 이루어지더라도, 맥락이 변화하면 목표가 바뀌면서 불연속적으로 이루어질 수도 있다.

이 관점에서는 인간의 연령에 따른 행동변화에서 양적인 측면과 질적인 측면을 다 고려한다. 그러나 진행의 방향성 보다는 개인 간 차이를 강조한다. 인간은 서로 다른 방향으로 진행할 수 있으며, 어떠한 방향도 다른 방향보다 더 우위가 아니다. 나이를 먹어가는 과정에서 주어진 맥락에 얼마나 적절한 행동인가가 중요하다.

2. 전생애발달 모델과 생애과정 관점

최근에는 맥락적 관점에서 노년을 설명하는 이론들이 강세를 이루고 있다. '전생애발달 모델(life-span developmental model)'이나 '생애과정 관점(life-course perspectives)'은 인간의 탄생에서부터 죽음에 이르기까지 생애과정을 규명하고, 인간 삶의 모든 영역과 영향요인을 망라하여 통합적으로 설명하고자 시도함으로써 패러다임, 관점, 또는 모델이라고 불리기도 한다(Alwin, 2012).

전생애발달 모델(Life-span Developmental Model)

인간이 태어나서 사망할 때까지의 전생애에 걸친 발달을 다룬 심리학적 이론들 중, '전생애발달 모델'은 맥락적인 관점에서 발달과 노화를 설명하고 있다. 전생애발달 모델은 태어나서 사망할 때까지의 인간의 전생애에 걸친 발달을 연구하는 데 중요한 이론적 틀이다. 이 모델은 인간의 발달은 평생에 걸쳐 진행된다고 가정하며, 행동의 항상성(연속성)과 변화에 관심을 둔다. 전생애발달 모델의 5가지 주요 전제는 다음과 같다(Baltes, 1987; Lemme, 2006; Papalia et al., 2007; Perlmutter, 1992).

첫째, 발달은 평생에 걸쳐 이루어지는 과정이다(Development is a lifelong process). 생의 초기에서만 발달과정이 시작되는 것은 아니며, 노년기를 포함하여 생애 언제든지 새로운 측면의 발달이 시작될 수 있다.

둘째, 발달에는 획득과 상실이 모두 포함된다(Development includes both gains and losses). 전생애 모든 시점에서, 발달은 성장과 쇠퇴를 포함한다. 이 두 번째 전제는 발달과 노화를 분리해서 발달은 아동기와 청소년기 동안에만 이루어지고 노화를 성인기와 관련된 감소와 상실의 과정으로 간주해 온 전통적인 견해와 다르다. Baltes(1997)는 인간발달의 궁극적인 목표는 모든 연령 동안 획득과 상실 간의 긍정적인 균형을 이루는 것이라고 하였다. 생의 전반부에는 대부분 크기와 능력에 있어서 향상이라는 한 가지 방향으로 성장하지만, 성인기에는 성장과 쇠퇴 간의 균형이 점진적으로 바뀐다. 예를 들어, 어휘와 같은 어떤 능력들은 계속 증가하지만, 익숙치 않은 문제들을 해결하는 능력은 줄어들며, 대신 특정 영역에서의 전문성이 생겨나기도 한다. 그렇기 때문에, 노년에는 획득을 최대화하고 상실을 관리하거나 보상하는 방식으로 최소화하는 것이 중요하다고 하였는데, 이는 성공적인 노화의 방식을 설명하는 SOC 모델과 연결된다.[3)]

셋째, 발달은 여러 차원에서, 여러 방향으로 이루어진다(Development is multidimensional and multidirectional). 일생을 통해 신체적, 인지적, 정서적, 사회적 차원 등 많은 차원에서 연령과 관련된 행동변화가 발생한다. 각 차원에서의 연령과 관련된 변화는 그 자체의 발달궤도와 시간표를 따라 이루어진다. 개별 차원에서의 연령과 관련된 변화는 다른 차원에서의 변화와 서로 연관이 있으며, 개인의 전생애 동안 생애단계마다 중요한 발달영역이 다를 수 있다.

넷째, 발달은 가소성을 지닌다(Development is plastic). 발달은 수정하거나 변화시킬 수 있다. 생애 후기에도 훈련과 연습을 하면 기억력, 힘, 지구력과 같은 많은 능력들을 증진시킬 수 있다. 그러나 변화할 수 있는 잠재력에는 한계가 있어서 개인의 발달은 제한된 범위 내에서 수정할 수 있다.

다섯째, 발달은 역사적, 문화적, 사회적 맥락에서 이루어진다(Development is embed-

3) 7장 심리적 노화 II: 성격 및 정서를 참고하시오.

ded in historical, cultural, and social contexts). 개인의 일생동안 발달의 모든 측면에 작용하는 영향요인들이 있다. [그림 3-1]에서 보듯이, 이 영향요인들의 기저에는 개인의 생물학적 특성과 개인을 둘러싼 환경적 특성 간의 끊임없는 상호작용이 있다. 전생애를 걸쳐서 발달적 변화에 영향을 주는 영향요인들은 비슷한 연령집단에 속한 대부분의 사람들에게 비슷한 방식으로 영향을 미치는 규범적인 요인과 특정 개개인에게만 이례적으로 중요한 영향을 미치는 비규범적 요인으로 구분된다. 규범적 요인은 다시 비슷한 연령집단에 있는 사람들에게 유사한 영향을 미치는 연령규범적 영향요인과 특정한 코호트(동년배집단)에게 공통적으로 영향을 미치는 역사규범적 영향요인으로 나뉜다, 이 세 가지 요인들은 서로 상호작용하여 사람들의 행동에 영향을 미치며, 변화를 가져온다.

연령규범적 영향요인(Normative Age-Graded Influences) 연령과 관련된 생물학적이고 사회문화적인 영향을 의미한다. 이 요인들은 개인의 연령과 밀접하게 연결되어 있고 같은 문화권에 있는 비슷한 연령대의 대부분의 사람들에게 영향을 미친다. 유전 또는 생물학적 영향에 의해 대부분의 사람들은 비슷한 시기에 사춘기에 도달하고, 여성들 또한 비슷한 시기에 폐경을 경험한다. 우리 사회에서는 일정 연령이 되면 취학, 졸업, 취업, 결혼, 자녀출산 등의 사회적 역할을 하도록 압력을 받게 된다. 이런 식으로 연령규범적 영향요인은 비슷한 연령대의 사람들 간의 유사성을 증가시키는 경향이 있다. 연령규범적 영향요인의 영향력은 생의 초기에 가장 크며, 성인기 동안 감소하다가 노년기에 약간 증가한다.

역사규범적 영향요인(Normative History-Graded Influences) 특정한 역사적 시기에 존재하는 상황을 의미한다. 역사적 사건은 정치, 경제, 사회, 문화적 상황을 변화시키기 때문에, 서로 다른 역사적 상황에 처한 사람들은 발달경로가 달라질 수 있다. 여권운동 등을 통해 여성의 역할에 대한 가치와 태도가 변하면서, 현대사회의 여성들은 교육, 진로, 사회참여 등에서 과거의 여성들보다 폭넓은 기회를 가지게 된 것이 한 예이다. 같은 역사적 사건이라 하더라도 개인의 연령에 따라 영향을 미치는 정도가 달라진다. 정보통신기술의 발전은 노인보다 젊은이에게 더 영향을 미쳐서, 노인들에 비해 젊은이들은 스마트기기나 소셜미디어를 더 자연스럽게 활용하게 되었다. 이 역사규범적 요인의 개념은 코호트(cohort) 효과의 개념과 유사하다. 코호트는 같은 장소에서 같은 시기에 성장해 가는, 유사한 경험을 공유하는 사람들의 집단을 의미한다. 동일 코호트에 속하는 사람들은 생애과정에서 비슷한 연령대에서 비슷한 사회역사적 사건들을 경험한다는 점에서 역사규범적 영향요인에 의해 영향을 받는 정도는 비슷할 것이다. 역사규범적 영향요인은 성인기 초에 가장 큰 영향을 미치는데, 이 시기에는 직업, 결혼, 생활양식 등에 대한 중요한 결정을 내리는 시기로서 이러한 결정들이 사회적, 문화적, 경제적 요인들에 의해 크게 영향을 받기 때문이다.

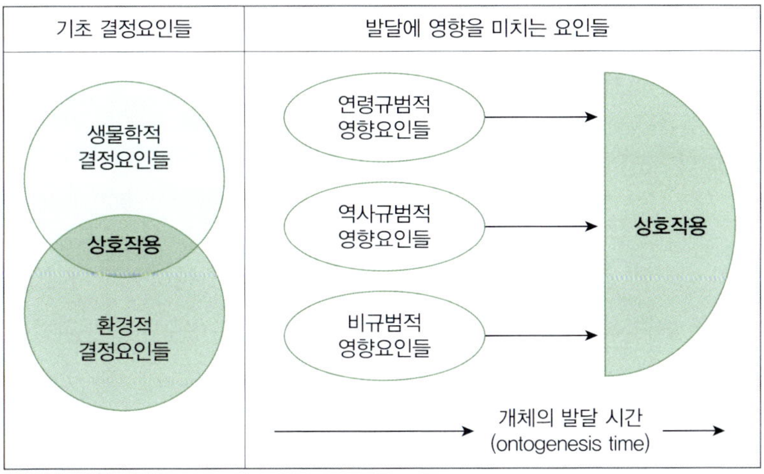

❖ 그림 3-1 Baltes 등이 제시한 전생애발달에 영향을 미치는 요인들

출처: Švancara, J. (2012). The emergence of life span developmental psychology: approaches, theories, models, methods, implementation.

비규범적 영향요인(Nonnormative Influences) 특정 사회나 역사적 시기의 모든 성원에게 해당되는 것이 아니며, 연령과 관련되어 나타나는 것도 아닌, 개인에게 국한되는 영향요인이다. 사회문화적 규범에 기초하여 기대되는 사건이 아니라, 복권에 당첨이 되거나, 교통사고를 당하는 것과 같이 많은 사람들에게 보편적으로 적용되지는 않지만 개인의 삶에 중요한 영향을 미치는 생애사건을 의미한다. 사람이 나이를 먹음에 따라 개인적으로 경험하는 사건들도 더 누적되는데, 그렇기 때문에, 나이가 많을수록 사람들 간의 다양성도 증가하는 경향이 있다.

생애과정 관점(Life-course Perspectives)

생애과정 관점에서 생애과정(life course)이란 시간의 흐름에 따라 사회가 규정한 일련의 사건과 역할들을 개개인들이 시행해가는 경로를 의미한다(Smith & Antonucci, 2009). 이 관점에서는 사회의 구성원이 결혼, 부모됨, 취업과 같은 중요한 사회적 역할에 언제 진입하거나 퇴각할지를 선택하는데 지침이 되는 로드맵(road map)을 사회가 설정하는 방식에 관심을 둔다. 즉, 생애과정 관점에서는 개인의 생애과정이 해당 역사적, 문화적 상황에서 규정된 사회적 역할로 구성되는 것이며, 개인은 나이를 먹어가면서 이 과정을 따라가도록 기대된다고 주장한다. 생애과정 관점에서 중요한 4가지 전제가 있다(Alwin, 2012; Riley, 1979; Fuller-Iglesias, Smith & Antonucci, 2010).

첫째, 발달과 노화를 출생부터 사망에 이르기까지 성장하고 늙어가는 전생애 과정으로 보고, 생의 어떠한 단계도 이전이나 이후의 단계들로부터 분리시켜 이해할 수는 없다고 전제한다. 생애과정적 관점은 생애를 별개의 단계로 구분하지 않고 통합적이고 연속적인 과정으로 바라본다는 점에서 생애주기 이론(life cycle theory)들과는 다르다. 또한 아동기의 경험이 사춘기나 성인기의 특징을 결정짓는 것으로 보는 결정론적 관점에 문제를 제기하면서, 아동기의 경험이 이후의 경험들에 의해 지속적으로 변화할 가능성을 주장한다.

생애과정 관점에서는 생애를 일련의 과정으로 설명하기 위해 발달, 사회화, 그리고 적응의 개념을 사용한다(Clausen, 1985). 발달 개념은 유기체의 전형적인 성장과정을 포함하며, 성장의 양상은 생애 초기에 가장 뚜렷하게 나타난다. 사회화는 개인들이 사회 안에서 기능하는 법을 배워가는 과정을 의미한다. 개인은 사회가 기대하는 방향으로 행동, 가치, 감정을 만들어 가는데, 이러한 과정은 전생애에 걸쳐 일어난다. 적응은 습관화된 행동을 변형하여 물리적, 사회적 환경에 반응하는 것을 의미한다. 적응은 변화하는 상황에 대처하기 위해 개인이 활용할 수 있는 선택범위를 나타낸다.

둘째, 인간을 사회적 또는 역사적 상황이 주는 기회와 제약 속에서 선택과 행동을 통해 자신의 생애과정을 만들어가는 적극적인 행위자로 전제한다. 생애과정이론에서 중요한 개념으로 '생애전이(life transition)'와 '생애궤적(life trajectories)' 개념이 있다. 생애전이는 단기적이며 한시적인 변화를 나타내는 개념으로서, 학생에서 직장인 또는 직장인에서 은퇴자로의 지위상의 변화를 예로 들 수 있다. 생애궤적은 생애전이들이 누적되면서 나타나는 장기적인 삶의 패턴을 나타내는 개념이다(George, 1993). 개인은 자기 삶에서 지속적으로 특정한 방향의 선택을 하며 살아간다. 개인의 생의 특정 지점마다 결혼, 취업, 자녀, 은퇴, 노후생활과 관련한 선택을 하며 생애전이를 경험한다. 그리고 이러한 선택들은 정신건강 등 삶의 질에 영향을 미친다.

셋째, 노화를 생물학적, 심리적, 사회문화적 과정 등의 복합체로 바라본다. 이들 3가지 과정은 개인의 생애과정을 따라 체계적으로 상호작용을 하며, 개인에게서 새로운 속성을 끌어낸다. Neugarten과 Datan(1973)은 이들 세 가지 과정의 상호작용 체계를 세 가지 시간 차원으로 설명한다. 첫째, 개인적 시간(life time)은 개인의 연대기적 연령을 의미하며 성장, 성숙, 나이를 먹어가는 생물학적인 변화와 대체적으로 일치하는 시간 차원이다. 둘째, 사회적 시간(social time)은 사회가 각 연령 또는 생애 단계에 주는 의미, 역할기대 등을 나타내는 시간 개념으로 사회문화적 과정과 연결된다. 셋째, 역사적 시간(historical time)은 개인의 삶에 영향을 미치는 일련의 사회적, 정치적, 경제적, 환경적 사건들을 나타낸다. 생애과정에 대한 견해가 역사적 시기에 따라 상이하고, 따라서 나이 먹음과 노년에 대해서도 상이한 태도를 가진다. 세 가지 시간차원은 서로 상호작용하여 개인의 생애과정의 경험에 영향을 미친다. 개인은 생애단계를 통해 움직여 가며(life time), 사회는 각 생애단계와 단계별 역할을 정의하고(social time), 사회가 규정하는 정의는 역사적 시점에 의해 영향을 받는다(historical time). 예를 들어, 아동기는 산업화를 거치면서 아동의 노동력이 불필요해지고 불법이 되기 전까지는 독자적인 생애단계로 존재하지 않았다. 은퇴기 역시 기대여명이 충분히 증가하여 많은 사람들이 은퇴할만큼 충분히 오래 살게 되었을 때 나타난 생애단계이다.

그래서 생애과정적 관점은 사회가 연령을 기준으로 사회를 조직하는 방식에 관심을 둔다. 이 관점에 의하면, 모든 사회는 연령과 관련하여 두 가지 구조적 요소들을 가진다.

연령계층(Age strata) 어떤 사회에서 비슷한 연령집단에 속한 사람들은 그 사회에서 같은 연령계층에 속한다. 이들은 같은 연령계층 혹은 동시대 집단(cohort)으로 거의 같은 시기에 동일한 역사적 사건을 경험하며, 다른 연령집단과 다른 자신들만의 독특한 하위문화를 이룬다.

연령과 관련된 역할구조(Age structure of roles) 대부분의 사회에서 어느 연령에 역할을 취득하고, 어느 연령에 역할을 포기하는지를 다루는 사회적 기대와 규범이 있다. 선거권을 갖는 연령과 같이 명확한 연령기준이 제시될 수도 있고, 결혼하기에 적합한 나이와 같이 연령기준이 유동적일 수도 있다. 유동적이든 그렇지 않든, 사회 구성원들은 개인의 주어진 역할을 취득하거나 포기하는 것이 "on time"인가 "off time"인가에 대한 규준을 갖고 있다(Neugarten & Datan, 1973).

이 두 가지 구조적 요소를 바탕으로 사회의 연령규범(age norms)이 정해진다. 연령규범이란 특정한 연령의 사람이 어떻게 행동해야 하는지를 안내하는, 연령과 관련된 행위 지침과 기대를 의미한다. 연령규범은 법, 정책, 제도 등을 통해 공적으로 작용할 수도 있고, 일상의 상호작용에서 나타나는 일단의 기대를 통해서 비공식적으로 작용할 수도 있다.

넷째, 개인의 생애과정의 패턴은 사회적, 또는 환경적 변화에 의해 영향을 받지만, 또한 노화의 새로운 패턴이 사회에 변화를 가져올 수 있다고 본다. 개인의 생애과정은 사회적, 환경적인 변화에 의해 수동적으로 영향을 받기만 하는 것이 아니다. 같은 역사적 세대의 구성원들의 변화된 집합적 삶이 다시 사회의 변화를 초래하게 된다. 전쟁, 경제공황, 천재지변 등과 같은 중대한 사건들을 거치면서 사회는 기존의 연령계층화 방식을 재조정하고 연령에 적절한 역할행동에 대해 새로운 정의를 내린다. 동시에, 같은 코호트가 생애주기를 따라 이동하면서 새로운 생애경험을 쌓은 다른 코호트 집단에 의해 대체됨에 따라, 사회도 변화하게 되는 것이다.

생애과정 관점과 전생애발달모델은 각기 사회학과 심리학에 뿌리를 두고 있으나 인간의 발달과 행동의 변화에 대한 분석과 해석에서 중요한 많은 부분을 공유한다. 때로는 생애과정(life course) 개념을 생애주기, 생애단계, 또는 인간발달이라는 의미로 사용하면서 생애과정과 생애단계(life span)의 개념이 혼용되어 사용되기도 한다. 그러나 이 이론들 간에 중요한 차이가 있다(Fuller-Iglesias, Smith & Antonucci, 2010). 전생애발달모델은 전생애에 걸친 인간발달을 유전적, 유기체적 특성에 기반을 두고 있는 기능적 역량의 변화로서 그리고 행동적 적응으로서 바라본다. 반면 생애과정적 관점은 제도적 제약과 사회구조적 힘에 의해 생애과정이 전개되는 부분을 이해하는 데 더 강조점을 둔다는 점에서 커다란 차이가 있다.

3. 사회노년학 이론들

앞서 소개한 전생애발달 모델과 생애과정 관점은 다루는 범위가 매우 커서 실증연구를 통해 이론적 전제와 가설을 검증하는 데 한계가 있어, 노년학 연구에서는 조금 더 범위가 구체적인 이론들을 많이 적용하고 있다. 노년학 분야에서는 생물학, 심리학, 사회학 등에 기반한 다양한 이론들이 존재한다. 생물학, 심리학 이론들이 개인내에서 나타나는 노화과정에 초점을 맞춘다면, 사회학에서 제시하는 사회노년학 이론들은 맥락적인 관점에서 사회생활이 조직되는 방식과 그것이 노인들의 행동과 행위에 영향을 주는 방식을 규명하는데 관심이 있다. 사회노년학 이론들은 개인의 행동에 관심을 두는 미시적 개인 수준에서부터 사회체계와 관련된 현상을 설명하는 거시적 사회적 수준까지 폭넓게 관심을 가진다. 여기에서는 보편적으로 잘 알려진 사회노년학 이론들을 각 이론의 주요관심과 가정(assumption)을 중심으로 간단하게 소개한다.

사회심리학 이론들: 분리이론, 활동이론, 지속이론

사회노년학의 초기 이론들은 서구세계에서 노인인구의 증가가 가져올 문제들에 대한 관심과 함께 등장하였다. 이들 이론들은 사회심리학에 기원을 두고 사회적 요소들이 개인의 적응에 미치는 영향을 다룬다. 분리이론과 활동이론이 노년기의 활동과 생활만족도의 관계를 중심으로 서로 반대되는 입장을 주장하였고 이러한 이론적 논의는 사회노년학의 발전에 크게 기여하였다. 지속이론은 훨씬 이후에 나온 이론이기는 하지만, 활동과 생활만족도의 관계에 대한 또 다른 대안적 설명을 제시하면서 분리이론, 활동이론과 함께 자주 소개되고 있다.

분리이론(Disengagement Theory)

분리이론은 사회노년학에서 가장 오래된 이론 중의 하나이다. 분리이론에서는 노인이 나이를 먹으면서 주류의 사회역할로부터 철회하는데, 이는 자연스럽고, 정상적이며, 보편적인 결과라고 주장한다(Quadagno, 2008). 개인적 수준의 적응에 초점을 맞춘 활동이론과 달리 분리이론은 노화에의 적응을 개인적 수준과 사회적 수준 양쪽 모두의 차원에서 설명하면서 왜 사회로부터의 분리가 적응적인지를 설명한다.

분리이론은 노화를 노인과 사회 간의 점진적인 철회의 과정으로 보면서, 개인적 분리(individual disengagement)와 사회적 분리(social disengagement)를 설명한다(Morgan & Kunkel, 2007). 모든 사회는 세대를 이어 사회가 계속 기능할 수 있도록 노인 세대에서 젊은 세대로 지식, 자본, 파워를 질서 있게 이전하기 위한 사회적 기제를 가지고 있다(Quadagno, 2008). 노인들은 미래가 제한적이고 죽음과 더 가깝기 때문에, 조직이나 그룹의 원활한 작동을 방해하게 되므로 사회는 이러한 방해를 방지하기 위해 노인들의 공헌에 대한 관심과 기회를 철회한다는 것이다(사회적 분리). 한편 노인도 역할 상실에 적응하고 사회적 위치를 유지하기 위해 스스로를 덜 동기화한다. 노인들은 자신의 활동수준이나 다른 사람과의 접촉을 감소시키고, 보다 수동적인 역할을 추구하며, 내적 삶에 보다 몰두함으로써 스스로의 자존감을 유지할 수 있게 된다(개인적 분리). 따라서 개인과 사회, 상호 간의 철회 또는 분리는, 형태나 시기에 있어 개인과 사회에 따라 다양하게 나타나기는 하지만, 나이를 먹어가는 것과 함께 발생하는 보편적 과정으로서 모든 문화권에서 나타나고, 사회와 노인 모두에게 만족스러운 과정이라고 주장한다.

활동이론(Activity Theory)

활동이론은 노후의 적응에 관해 분리이론과 반대되는 가정을 제시한다. 활동이론은 잘 늙기 위해서는 사회적 역할과 상호작용을 유지해야 한다는 입장이다(Havighurst, 1968). 활동이론에서는 노년기의 활동성 수준은 비교적 높게 유지되기 때문에, 나이가 들어감에 따라 역할과 사회적 상호작용의 수가 감소하는 것은 노인 스스로가 아닌 사회와 외적 환경 때문이라고 주장한다. 그렇기 때문에, 나이가 들면서 그동안 은퇴 등 유지해 왔던 중요한 역할들을 상실하게 되더라도 가능한 한 오랫동안 중년기의 활동을 유지해야 된다고 본다. 예를 들면 정년퇴직으로 직업역할 수행을 계속할 수 없을지라도, 자원봉사 등 대체안을 발견하는 것이 바람직하다는 것이다.

활동이론의 견해를 잇는 최근의 학자들은 '대체'보다는 '통합(consolidation)'을 강조한다(Atchley, 2000). 상실한 역할에 대한 대체역할을 찾기보다는 자신이 계속 유지하고 있는 역할과 활동 간에 시간, 에너지, 그리고 정서적 헌신을 재분배함으로써 자신의 활동을 통합하는 것이 중요하다는 주장이다. 은퇴 후에 직장활동에 투여했던 시간들을 은퇴 후에도 계속하는 교회참여, 자원봉사, 향우회모임 등의 다른 활동으로 재분배하는 것이다. 그러나 특정 개인에게 상실한 역할이나 활동이 매우 중요한 것이었거나, 다른 활동의 유지가 의미가 없다면 통합은 만족스럽지 않을 가능성이 크다. 이런 경우에는 비슷한 의미를 지닌 대체활동이나 역할을 찾는 것이 필요하므로, 노인의 상황에 따라 대체와 통합의 적절한 안배가 필요하다고도 하였다(Atchley, 2000).

지속이론(Continuity Theory)

지속이론에서의 중요한 가정은 나이를 먹어간다고 해서 사람이 극적으로 변화하는 것이 아니고, 그들의 성격과 행동은 전생애에 거쳐 일관성 있게 존재한다는 것이다(Atchley, 1989). 개인은 나이를 먹어가면서 상실한 역할에 대해 유사한 유형의 역할을 대체하고 자신의 전형적인 환경적응방식을 유지하는 등 일관성 있는 패턴의 행동을 유지하는 경향이 있다. 구체적으로, 노인들은 자신의 과거 경험과 연계한 전략들을 채택함으로써 자기 라이프스타일에 일관성을 유지하고자 노력하기 때문에, 일반적으로 생애의 이전 단계에서 지녔던 것과 같은 행동, 관계, 활동을 유지한다. 그러므로 노년기의 삶의 질은 현재의 활동이나 생활양식이 노년기 전의 경험과 얼마나 일관성 있느냐에 달려있다는 것이다.

지속성은 내적, 외적으로 가능하다(Atchley, 1989). 내적 지속성(internal continuity)은 개인의 기질, 정서, 경험과 같은 성격의 측면들로서, 현재의 개인을 과거의 자신과 연결시켜 준다. 외적 지속성(external continuity)은 개인을 둘러싼 물리적, 사회적 환경으로부터 오며, 개인이 관여하는 역할과 일을 포함한다. 내적 지속성의 견지에서 얼마나 성공적인 노화를 하느냐는 나이를 먹어가는 동안 얼마나 성숙하고, 통합된 성격을 가지느냐에 달렸다. 은퇴를 준비하면서 가족, 친구, 이웃들과 더 많은 시간을 보내거나 자원봉사나 취미활동 시간을 점차 늘림으로써 일로부터 단계적으로 철수하는 것이 외적 지속성을 유지하는 방안일 수 있다.

거시이론들

분리이론과 활동이론, 그리고 지속이론은 개인의 행동이나 사회체계·구조를 강조하는 정도에 차이가 있으면서도 서로의 주장에 대한 대안을 제시하고 있다. 그러나 어느 것도 노년기의 적응이나 개인의 삶이 이루어지는 사회구조, 문화, 역사적 맥락을 적절하게 설명해주지 못하는 제한점이 있다. 이러한 제한점에 주목하여 이후에 발달한 이론들은 노인을 집단적 범주로 보고 개인보다는 거시적 구조적 상황에 초점을 맞추기 시작하였다.

노인하위문화이론과 낙인이론

노인하위문화이론과 낙인이론은 사회심리학이론인 상징적 상호작용론에 기원을 두고 있다(Bengtson, Burgess, & Parrott, 1997). 상징적 상호작용론(symbolic interactionism)은 개인과 그 개인을 둘러싼 환경, 그리고 그 둘 간의 조우가 개인의 삶의 경험에 커다란 영향을 미친다고 전제한다(Blumer, 1969). 이 관점에서는 노년기 적응과 관련하여 노인이 활동의 의미를 어떻게 고려하는가가 중요하다고 보았다. 활동의 의미는 건강, 자산과 같은 노인의 개인적 자원과 그 활동을 해석하는 사회의 규범에 따라 달라진다. 그래서 어떤 노인들에게는 활동이 가치가 있지만, 어떤 노인들에게는 가치가 없을 수 있다. 이런 관점에서 본다면 노인들의 사회활동이 감소하고 만족도가 낮아진다면, 이는 노화의 불가피한 결과가 아니라 노인과 노인이 속한 사회 간의 상호작용의 결과라는 것이다. 상징적 상호작용론은 노인과 사회 모두 노년의 삶에 대한 새로운 대안을 제시할 수 있으며, 따라서 노인의 욕구와 노년에 부과되는 환경적 제약은 바뀔 수 있다는 낙관적인 견해를 지니고 있다.

노인하위문화이론(subculture of aging theories) 노인하위문화이론은 노인들은 자발적 또는 비자발적으로 다른 연령대의 사람들보다는 같은 연령의 사람들과 상호작용하는 경우가 더 많다는 전제에서 시작한다. 노인들은 은퇴자 커뮤니티로 자기 격리를 하거나, 젊은이들의 이농현상으로 비자발적으로 격리됨으로써 다른 연령집단과의 상호작용에서 배제될 수도 있다. 노인하위문화이론은 이러한 과정에서 비슷한 연령대의 사람들이 가지는 공유된 배경, 문제, 흥미를 통해 노인들 특유의 하위문화가 형성되고, 이 문화에 속함으로써 노인들은 자아개념과 사회정체감을 유지하게 된다고 본다(Hooyman & Kiyak, 2011에서 재인용). 노인 하위문화의 형성은 긍정적 측면과 부정적 측면을 동시에 가질 수 있다. 노인들이 스스로를 늙었다고 정의하여 나머지 젊음 지향적인 사회로부터 거리를 둠으로써 노인 하위문화가 형성되는 경우는 사회통합의 차원에서 부정적인 측면이라고 할 수 있다. 한편 노인들이 동일한 하위문화 속에서 상호 이해하고 기회를 주고받으며 서로를 지지할 수 있는 집단의식을 성장시켜서 정치적 영향이나 사회적 행동의 가능성을 낳게 되는 긍정적인 효과도 기대할 수 있다.

노인하위문화의 형성은 긍정적 측면과 부정적 측면을 동시에 가질 수 있다.

❖ **그림 3-2** 노인하위문화의 두 가지 모습

상징적 상호작용론에 기반한 또 다른 이론이 낙인이론(labeling theory)이다(Hooyman & Kiyak, 2011). 우리는 다른 사람들과의 상호작용 과정에서 다른 사람들이 우리를 어떻게 정의하는가에 영향을 받아서 자신을 생각하고 다른 사람들에게 반응한다. 다른 사람들이 우리를 특별한 범주로 정의하면, 그 범주화에 기반하여 반응하고 다른 사람들의 행동에 영향을 받아 자아개념과 행동이 변화한다. 예를 들어, 지하철에 술 냄새를 풍기는 청년이 타면 사람들은 그 청년이 오늘 기분이 좋거나, 나쁜 일이 있어 술을 과하게 먹었을지도 모른다고 생각한다. 그러나 술 취한 노인이 타면, 할 일 없는 노인네가 술이나 먹고 다닌다고 생각하며 표정이나 행동에서 거부감을 보이게 되고, 그 노인은 주변 사람들의 반응에 주눅이 들거나 오히려 화를 내면서 나이 먹으면 쓸모가 없다는 생각을 하게 된다.

연령계층화 이론(Age Stratification Theory)

연령계층화 이론은 노인 개인의 적응보다는 사회의 연령구조에 관심을 둔다. 이 이론은 생애과정 관점의 후기 발달에 많은 영향을 미쳐서(Bengtson et al., 1997), 생애과정 관점과 연령구조에 관한 아이디어를 공유한다. 연령계층화 이론은 사회가 연령등급에 따른 연령층으로 구분되고 서열화되어 있다는 전제를 가지고 있다(Riley, Johnson, & Foner, 1972). 연령집단은 사회체계 내의 계층집단으로서, 연령층에 따라 사회가 부여하는 권리와 특권도 각기 다르고 이로 인해 청소년, 청년, 중년, 노년층 등 서로 다른 연령층의 사람들이 행동하고, 생각하고, 결과적으로 사회에 기여하는 방식에 차이가 있다. 각 연령층에 위치한 성원들은 현재의 생애단계도 다를 뿐 아니라 각각이 경험하는 역사적 맥락도 다르다. 특정 연령층의 성원들은 같은 시대를 통해 유사한 경험들을 거치면서 비슷한 가치, 태도, 행동방식을 공유하는 동년배 코호트로서 다른 연령층과 구별되기 때문이다. 그러므로 오늘날의 노인집단은 과거나 미래의 노인집단과 매우 다르며, 노화의 경험도 다를 수 있다. 이에 기반해서 Riley(1987)는 미래 또는 과거의 코호트가 현재 연구대상인 노인 코호트와 같은 방식으로 나이를 먹어갈 것이라고 잘못 가정하는 '코호트 센트리즘의 오류(fallacy of cohort-centrism)'를 경고한다(Morgan & Kunkel, 2007에서 재인용).

한편 연령계층화 이론은 노인을 변화하는 사회의 적극적 참여자로 바라본다. 노화와 노령에 대해 다른 기대를 가지고 있는 서로 다른 코호트 집단이 나이를 먹어가면서 그 사회의 기존 연령계층에 변화를 가져올 수 있다는 점에 주목하는 것이다. 예를 들어, 한국 사회의 베이비부머들은 대규모의 인구집단으로 높은 교육 및 소득수준을 가지고 노년기로 진입하고 있으며, 이들은 노인의 역할과 노년기 삶에 대해 과거의 노인들과 다른 견해를 가지고 있다. 베이비부머들이 노년층으로서 기대하는 유용한 역할을 한국 사회가 제공해주지 못한다면 구조적 지체를 경험하게 되고 베이비부머들은 기존의 연령계층화 패턴에 도전할 것이다. '구조적 지체(structural lag)'는 사회구조가 인구 및 개인의 삶에서의 변화와 보조를 맞추지 못할 때 발생한다(Hooyman & Kiyak, 2011에서 재인용). 건강한 노인의 증가, 일하고자 하는 욕구, 적극적이고 활발한 삶과 현재의 정년퇴직제도 간의 적합성에 대한 논의가 증가하는 이유이기도 하다.

사회교환이론(Social Exchange Theory)

사회교환이론은 자원에 대한 접근성에서의 불균형으로 인해 개인과 연령집단의 사회적 지위와 기회가 결정된다고 주장하면서, 연령과 함께 사회적 상호작용과 활동이 감소하는 이유를 사회참여의 경제적 비용-이득 모델을 적용하여 설명한다(Dowd, 1980). 이 이론에 따르면, 사람들은 자신의 보상을 극대화하고 비용을 최소화하는 교환관계를 유지하려 하기 때문에, 이익이 비용보다 큰 경우에만 사회적 상호작용에 참여한다(Burgess, & Parrott, 1997). 나이를 먹을수록 건강, 소득 등 교환에 사용할 자원이 감소하기 때문에, 노인들은 교환관계에서의 파워를 잃게 되고 사회적 상호작용의 기회도 줄어들게 된다. 그렇기 때문에 노인의 사회적 고립은 사회체제의 요구나 개인의 선택의 결과가 아니라 노인과 다른 사회성원 간의 투입과 보상에서 불균등한 교환과정의 결과라는 것이다. 반면, 노후에까지 많은 자원을 보유한 노인들은 사회적 상호작용에 계속 참여하는 모습을 보여준다. 사회교환이론은 사람들 간의 상호작용에서 파워관계를 설명하는 미시적 경제이론에 기초를 두고 있다. 그러나 다른 한편으로 일의 연령구조, 연령집단에 대한 사회의 인식, 자원의 사회분배와 같은 거시적 차원에서 교환관계를 설명하기 때문에 거시적 이론으로 분류되기도 한다. 사회교환이론은 사회적 상호작용 중에서도 특히 가족 및 친족관계에서 세대 간의 사회적 지원과 이동을 설명하는 데 많이 적용된다.[4]

대안적 접근들

최근의 이론들은 노년기 경험의 다양성과 자기주도적이고 긍정적인 측면에 주목한다. 사회노년학 분야에서 또 다른 경향은 질적 연구방법에 기반한 이론들의 등장이다(Hooyman & Kiyak, 2011).

정치경제적 관점(Political Economy of Aging)

정치경제적 관점은 경제적 힘과 정치적 힘 간의 역학관계가 사회자원이 배당되는 방식을 결정한다고 전제함으로써, 노화와 노년의 경험을 정책적, 경제적, 사회구조적 요인들과 관련지어 설명하고자 한다(Bengtson et al., 1997에서 재인용). 파워, 자율성, 영향력의 상실과 같은 노화의 경험은 개인적 요인이 아니라 사회경제적이고 정치적인 제약에 의해 만들어지는 것이며, 이 사회구조적인 제약들은 사회정책에 의해 제도화되고 강화되는 것으로 본다.

4) 8장 사회적 노화 I: 중노년기 세대관계 및 친족관계를 참고하시오.

정치경제적 관점은 노인의 개인적인 문제들이 사회정책의 대상인 공적인 문제가 되는 과정에서 어떻게 노년의 기회와 선택과 경험이 제한되는지를 설명한다(Quadagno, 2008에서 재인용). 정치경제적 관점에 의하면, 사회정책은 사회의 지배계급이 계급불평등을 영속시킴으로써 자신의 통제권을 유지하려는 이해관계를 반영하는 것이다. 그렇기 때문에 사회보장, 의료보장 같은 노인정책들은 오히려 노인들의 '사적인' 문제를 공적 영역에 영속시킴으로써 지배계급의 지배욕구를 충족시키는 사회통제의 수단이라는 것이다(Estes, Linkins, & Binney, 1996). 예를 들어, 노인들에게 혜택을 주기 위한 노인정책 관련 안건들을 구성하는 과정에서도 사업적인 이해관계가 개입되어 노인들에게 주는 혜택보다는 사업적인 이해관계에 더 중점을 두게 된다. 결국, 노인문제에 대한 정책적 해결은 노인문제에 깔려있는 사회적이고 경제적인 상황을 근본적으로 변경하려는 노력보다는 노인들이 그들의 지위에 적응하도록 통합하고 사회화하는 데 더 초점을 맞추는 경향이 있다고 본다(Estes et al, 1996). 이러한 이유로 정치경제적 관점에서는 노화의 과정에 대한 개인의 적응방식이 문제가 아니라 노화에 대한 거시사회적인 개념화를 비판적으로 바라봐야 한다고 주장한다.

사회구성주의(Social Constructionism)

사회구성주의는 사람들이 '실재(reality)'를 사회적으로 구성해가는 현상을 탐색한다. 사람들이 자연스럽고 당연하게 '실재'라고 받아들이는 많은 것들이 특정 사회, 특정 시대에 사람들에 의해 선택되어 인위적으로 만들어진 사회적 구성(social constructs)이라는 관점이다(Berger & Luckmann, 1966). 사람들은 자신의 일상의 삶에 적극적으로 참여하고, 자신과 주변사람들을 위한 사회적 의미를 창조하고 유지함으로써 자신이 사는 사회를 만들어 가는 적극적인 창작자이다. 누구도, 연구자든 연구대상자든, '실재'를 직접적이거나 객관적으로 볼 수 없으며, 오히려 그 '실재'라고 생각하는 것에 영향을 미치는 의미(meaning)를 적극적으로 구성해 간다. 그래서 사회구성주의에서는 객관적인 대상이나 사실보다는 사람들과 사회가 그것들에 부여하는 의미와 해석을 중요하게 생각한다.

사회구성주의에서 볼 때, 사회에 존재하는 어떤 명칭이나 분류는 자연스럽게 발생하는 것이 아니라 구성원들이 만들어 낸 범주이다. 예컨데, 개인의 연령을 분류하는 방식은 각 연령집단의 역할이나 행동방식을 규제하는 사회적 규범에 의해 영향을 받는다. 노년기라는 생애단계는 특정 연령 이상의 사람들을 지칭하도록 결정된 사회적으로 구성된 현상이라는 것이다. 노화와 노년에 대해 우리가 객관적 사실이라고 믿는 것들이 실은 사회적으로 구성되는 믿음이며 진실에 대한 해석이라고 주장한다(Lynott & Lynott, 1996).

사회적으로 구성된 세계는 자기 자신의 세계를 적극적으로 구성하는 행위자들에 의해서 뿐 아니라, 그들의 세계에 영향을 미치는 다른 사람들, 기관, 제도 등에 의해서도 만들어진다. 그렇기 때문에 노년의 사회적 의미와 노인으로서의 자아개념이 사회에서 협상과 담론을 통해 어떻게 형성되는지를 검토하고 재해석할 필요가 있다고 주장한다(Quadagno, 2008에서 재인용). 예를 들어, 현대사회에서 노년을 부정적으로 바라보는 사회적 구성은 노인의 자존감, 세대관계, 정책적 관점 등에 영향을 미친다. 사회구성주의에서 볼 때, 우리는 노인, 노년에 대한 개념을 재해석 또는 해체하고, 노령의 사회적 구성이 노화의 과정과 노령의 경험을 어떻게 형성하는가를 인식해야 한다(Hooyman & Kiyak, 2011).

사회구성주의 접근법의 장점은 노년층을 수동적 대상이 아니라 사회 세계의 건설에 참여하는 능동적 주체로 보는 것이다. 또한 대상이나 사실보다는 노인들과 사회가 그것들에 부여하는 의미와 해석을 중요하게 생각한다. 그렇기 때문에 사회구성주의는 대체적으로 양적, 실증적 연구보다는 구술사, 민족지기법 등 질적, 심층적 사례연구에 적용되고 있다. 사회구성주의는 이후의 비판이론 및 여성주의이론에도 영향을 미치고 있다.

비판이론(Critical Theory)

노년학분야에서 비교적 최근의 이론적 접근은 비판노년학이다. 사회구성주의의 영향을 받아, 비판이론에서는 연구의 절차나 대상의 객관적인 상태 자체가 아니라 주체와 객체간의 관계가 소외된 존재로 변형되는 것을 비판한다.

비판이론은 크게 '구조적(structural) 관점'과 '인간주의적(humanistic) 관점'으로 나뉜다(Hooyman & Kiyak, 2011). '구조적 관점'은 정치경제적 관점과 연결된다. 정치경제적 관점은 지배계급의 지배욕구가 노령의 정의와 노화의 경험을 관리하고 통제하는 것으로 가정하며, 노화의 경험은 사회계층이나 약자로서의 지위와 같은 구조적 제약을 반영하는 것이라고 주장한다. '인간주의적 관점'은 기존의 실증주의적 이론들이 노화를 문제적으로 보는 입장에 반대하며, 노화에 대한 보다 비판적이고 인간적인 접근은 노인들 스스로가 연구문제를 정하게 하는 것이라고 주장한다. Moody(1993)는 인간주의적 관점을 따르면서,

비판노년학의 4가지 목표를 제시하였다. 첫째, 노화의 주관적이고 해석적인 차원을 이론화한다. 둘째, 기술의 진보보다는 실천(praxis)에 초점을 맞추어, 공공정책과 같은 실무적인 변화에 적극적으로 참여한다. 셋째, 학문분야와 실무자를 연계한다. 넷째, (바람직한 노령의 모습에 대한 긍정적인 비젼을 제시해 주는) 해방적 지식(emancipatory knowledge)을 산출한다(Hooyman & Kiyak, 2011에서 재인용). 이 4가지 목표를 고려할 때, 노년학에서 비판이론은 전통적인 실증주의적 접근을 단순히 비판하는 것이 아니라, 강점과 다양성을 강조하는 노화에 대한 긍정적인 모델을 만드는 것이라고 할 수 있다.

여성주의이론(Feminist Theory)

노화에 관한 여성주의이론들은 다른 이론적 접근법들에 비해 덜 형식적인 이론들이다. 성별 관계가 주된 주제이며, 남성성 또는 여성성의 개념이 사회적으로 구성되었다고 가정하고, 노화가 남성과 여성에 따라 다르게 진행된다는 것에 중점을 둔다면 이는 여성주의이론으로 분류할 수 있다(Arber & Ginn, 1991). 여성주의이론은 기존의 이론과 연구들이 여성의 관점에서 충분한 설명을 제공하지 못하거나 여성의 노화를 남성 노화의 일탈된 모습으로 접근하기도 하고, 남성의 은퇴나 여성의 배우자사망 경험 등 남자노인과 여자노인에게 성역할 고정관념에 기반을 둔 서로 다른 주제를 관련시킨다는 비판에서 시작한다.

노년학 분야에서 여성주의적 접근은 우선 거시적 수준에서 남자노인과 여자노인의 경제적 파워관계에 초점을 맞춘다. 미시적 수준에서는 젠더가 가지는 사회적 의미의 맥락(여성됨의 의미, 여성으로서의 사회화 등)에서 여성노인의 노화경험을 탐구해야 한다고 주장한다. 이 수준에서의 접근은 사회구성주의 접근과 매우 유사한 면이 있다. 또한 여성주의이론들은 미시적 접근과 거시적 접근을 통합하여, 노년을 설명하는 데 개인과 사회구조 또는 개인적 문제와 공적 반응을 연계시켜 설명하고자 한다. 특히, 생애과정 동안 젠더에 기반한 파워관계에 초점을 맞추고 양적 연구와 질적 연구방법을 병합하여 활용한다(Hooyman & Kiyak, 2011).

여성주의이론에서는 연령이 높은 집단일수록 여성의 비율이 증가하기 때문에 노령과 노화과정을 이해하는 데 젠더가 우선적으로 고려되어야 한다고 주장한다. 젠더는 생애과정동안 사회적 상호작용 방식에 영향을 미치고, 남성과 여성은 노화를 다르게 경험하기 때문이라는 것이다. 여성주의 이론들을 적용하는 연구들의 관심범위는 매우 넓지만, 노년학 연구에서는 자본주의와 가부장적 사회에서 살아가면서 여성노인이 열등한 지위에 처하게 되는 과정(Arber & Ginn, 1991)에 초점을 맞춘다. 여성주의 이론가들은 '왜 여성들은 남성들보다 더 낮은 임금을 받는가? 여성의 가족에 대한 책임감이 이들의 고용에 어떤 영향을 미치는가? 빈곤율은 모든 생애 과정 단계에서 왜 남성보다 여성에게서 높게 나타나는가?' 등과 같은 질문을 꾸준히 제기하고 있다.

CHAPTER

04

노년학 연구방법

GERONTOLOGY

1. 연령차이의 해석 / 2. 양적 연구방법 / 3. 질적 연구방법

CHAPTER

04 노년학 연구방법

우리는 노인에 대해 매우 잘 알고 있다고 생각하는 경우가 많다. 우리의 조부모님, 늙어가는 부모님, 길에서 마주치는 어르신 등 노인들은 우리가 익숙하게 접하고 최소한 몇 번쯤은 함께 말을 나누거나 행동할 기회가 있다. 그래서 우리는 노인에 대한 인식이나 태도가 어느 정도 형성되어 있다. 그러나 우리가 노인들에 대해 알고 있다고 생각하는 것들이 사실이라고 확신할 수 있는가? 노년학은 우리에게 노인, 노년에 대한 과학적 정보를 제공하고 정확히 이해할 수 있도록 돕는 학문이다. 이를 위하여 다양한 연구방법이 활용된다.

노년학자들은 나이를 먹는다는 것이 어떤 과정(process)을 거치는지에 대한 질문에서부터 연구를 시작한다. 예를 들면, '나이가 들면서 인지적 능력은 어떤 패턴을 보이면서 변화하는가? 노년기 정서경험은 젊은 시절에 비하여 축소되는가? 부부관계는 나이가 들면서 젊은 사람들의 부부관계와 어떤 유사점 또는 차이점을 보이는가?'와 같은 질문에 대한 답을 구하고자 한다. 이렇게 다양한 주제와 영역에서의 노년기 발달의 궤적을 이해하고 과학적으로 설명하려는 것이 노년학 연구이며, 이러한 작업은 두 가지 핵심질문으로 요약할 수 있다. 하나는 연령의 증가에 따른 '개인내적 변화(intra-individual change)'의 패턴이 어떠한지를 파악하려는 것이다. 두 번째는 '개인내적 변화에서의 개인차(interindividual differences in intra-individual change)'를 가져오는 요인이 무엇인지를 밝혀내고자 하는 것이다. 연구자들은 이러한 질문에 답하기 위해 연구를 수행한 후, 연구결과를 바탕으로 노년기 현상에 대해 설명한다. 그리고 설명을 검증하기 위해 반복적으로 연구를 수행함으로써 해당 현상을 설명하는 과학적 이론으로 발전시키고자 한다. 그런가 하면 노인을 위한 개입 프로그램 개발이나 공공정책에 활용하기 위한 목적으로 연구를 수행하기도 한다. 노년기 인지능력의 저하를 최소화할 수 있는 노인대상 프로그램이나 노년기 부부관계의 질을 향상시키기 위한 부부관계증진 프로그램들을 제안할 수도 있고, 연금제도나 이혼법과 같은 정책적 개입을 위한 제안을 할 수도 있다. 이 장에서는 이렇게 다양한 목적에서 수행되는 노년학 연구에서 특별히 고려해야 할 연구 방법론적 이슈와 그 이슈들을 해결하기 위해 노년학자들이 고안한 연구디자인에 대해 소개한다.

1. 연령차이의 해석

노년학의 역사는 다른 학문 분야에 비해 비교적 짧기 때문에 노년기를 연구하기 위해 사용한 연구방법은 주로 기존 학문분야의 연구방법에서 빌려온 것들이다. 그러나 최근에는 노년학 분야에서 고유하게 제기되는 문제들이 발생하고 이를 해결하기 위한 독자적인 방법들을 발전시키려는 노력이 있어 왔다. 연령(age)을 개인특성을 나타내는 다양한 변수들 중의 하나로 다루는 다른 학문분야와 달리, 노년학 분야에서 연령은 노화와 노년의 경험을 나타내는 핵심 개념이다. 연령을 어떻게 해석하느냐에 따라 인간의 노화과정과 노년의 의미에 대한 견해가 달라질 수 있기 때문에, 연령의 해석에 주의를 기울여야 한다.

연령차이와 연령변화

노년기 연구들은 종종 노년기의 특성을 설명하기 위해 다른 연령대와 비교하여 무엇이 다른지를 보여주는 방법을 사용하고 있다. 그러나 이들 연구들이 보여주는 결과가 연령차이(age difference)인지 연령에 따른 변화(age change)인지를 구분하는 것이 중요하다 (Verbrugge, Gruber-Baldini, & Fozard, 1996).

동일한 시기에 서로 다른 연령의 사람들을 비교한 연구라면 그 연구의 결과는 '연령차이(age difference)'를 보여주는 결과이다. 예를 들어, 한국 사회에서 20대, 40대, 60대 사람들의 신장을 비교한 연구에서, 20대의 평균 신장은 175센티미터, 40대는 170센티미터, 60대는 165센티미터로 나타났다고 가정하자. 이 연구로부터 우리가 알 수 있는 것은 연령이 높은 집단이 낮은 집단에 비해 신장이 작다는 사실이다. 이 연구결과에서 나이를 먹을수록 신장이 줄어드는 연령변화를 보인다는 결론을 내릴 수 있는가? 결론을 내리기 전에 우리는 연령만큼 노화의 경험에 영향을 미치는 중요한 요인들을 고려해야 한다. 지난 수십 년간 경제발전과 함께 개인의 삶도 풍요로워지면서 한국인들의 영양상태가 과거에 비해 훨씬 좋아졌다. 신장은 성장기의 영양상태에 의해 크게 좌우되므로, 신장에서의 연령차이는 영양상태를 결정하는 환경적 요인들에 기인한 것일 수도 있다. 따라서 이 연구결과는 서로 다른 연령집단 간에 신장에 차이가 있다고 결론을 내릴 수 있어도 나이를 먹을수록 신장이 줄어든다는 사실을 보여주는 것은 아니다.

같은 연령집단의 대상을 시간의 경과에 따라 계속 조사한 연구라면 그 연구의 결과는 '연령변화(age change)'를 보여주는 결과이다. 20대 때의 신장을 측정하고, 20년 후에 같은 연구대상이 40대가 되었을 때의 신장을 측정한 후, 다시 20년 후에 그들이 60대가 되었을 때의 신장을 측정한 연구라면, 연구결과는 연령이 증가함에 따라 신장이 어떻게 변화하는지를 보는 연령변화를 보는 연구이다.

일반적으로 연령변화를 보는 연구는 시간과 노력과 비용을 요구하기 때문에, 연령차이를 보는 연구에 비해 드물다. 노년학 분야에서 대부분의 노년기 연구들은 연령차이를 보는 연구들로 동일시기에 서로 다른 연령집단 간의 차이를 보여주는 것이지 같은 연령집단의 시간의 경과에 따른 변화를 보여주는 것은 아니다.

연령효과, 코호트효과, 시기효과

시간의 흐름을 나타내는 연대기적 연령은 노년기를 설명해 주는 절대적인 변수라기보다는 여러 요인들 중의 하나이다.[1] 그러나 시간의 흐름에 따라 변화하는 생물학적, 심리적, 사회적 특성들을 무시할 수는 없으며, 시간의 흐름이 개인의 경험, 사회문화적 규범들과 상호작용하여 노년기의 특성이 만들어진다고 보아야 할 것이다. 20대와 40대는 분

1) 다양한 연령 개념에 대해서는 1장을 참고하시오.

명히 연령 차이를 보일 것이다. 그러나 이들 간의 연령차이에는 교육수준, 직업적 성취도, 가족적 책임, 인생경험 등에서의 차이도 함께 반영되어 있다. 노년기의 특성을 본질적으로 이해하기 위해서는 연령 외에도 생애과정을 통해 영향을 미치는 다양한 요인들을 이해할 필요가 있다. 노년기 연구에서는 노년기의 특성을 설명하기 위해 고려해야 할 세 개의 상호 관련된 영향요인들을 규명하고 서로 구분할 것을 강조한다. 이 요인들은 연령효과, 코호트효과, 시기효과이다(Morgan & Kunkel, 2007).

연령효과(age effects) 출생으로부터 시간이 경과되면서 개인이 겪는 내적변화로 발생하는 행동상의 차이를 나타낸다. 연령이 서로 다른 사람들이 보여주는 행동상의 차이들 중에는 나이를 먹어가면서 모든 사람들이 겪는 변화패턴의 결과로 나타나는 차이들이 있을 수 있다. 예를 들어, 피부의 탄력성은 확실히 나이를 먹으면 떨어지며, 암산능력의 저하나 조심성의 증가 등 역시 나이를 먹으면서 누구나 보이는 현상이다. 이렇게 연대기적 연령의 증가에 따라 나타나는 변화를 연령효과 또는 성숙효과라고 하며, 연령효과는 '연령변화'와 연결되는 개념이다.

코호트효과(cohort effect) 비슷한 시기에 태어난 사람들은 비슷한 연령대에서 각 생애단계를 거치고 비슷한 사회적, 역사적 경험을 하면서, 생애과정을 통해 그들만의 독자적인 사회문화적 흐름을 만들어 간다. 그렇기 때문에 이들 출생코호트는 이들이 만든 사회문화적 흐름 이전에 살아간 출생코호트나, 그 이후에 살아가는 출생코호트와는 다른 특성을 지닌다. 오늘날 한국사회에서 북한이나 미국에 대한 태도가 젊은이들과 노인들 간에 다르다면, 이는 전쟁경험, 성장기의 이념교육 등 나이 든 세대가 가진 사회적, 역사적 경험이 젊은 코호트와 다르기 때문이라고 해석할 수 있다. 코호트 효과는 '연령차이'와 연결되는 개념이다. 다만 코호트 효과를 측정하는 어려움 중의 하나는 출생코호트를 어떻게 구분할 것인가에 대한 기준이 명확하지 않다는 점이다. 1년 단위로 구분할지, 10년 단위 또는 20년 단위로 구분할지에 대해 학자들 간에 명확한 답이 정해져 있지 않다.

시기효과(period effects) 연구가 이루어지는 시점에서 당시의 사회문화적 요인들이 연구대상에게 미치는 영향을 의미한다. 은퇴연구가 경제 불황기에 이루어지느냐, 호황기에 이루어지느냐에 따라 그 결과는 다를 수 있다. 예를 들어, 한국 사회에서 경제적 위기를 경험했던 1997년 IMF 때의 연구는 다른 시기의 조사결과에 비해 평균 은퇴연령도 낮고 자발적 은퇴에 비해 비자발적 은퇴의 비율이 훨씬 더 높은 연구결과를 보여줄 것이다. 이렇게 연구가 수행되는 시기에 따라 연구결과가 달라지는 경우 이를 시기효과라고 한다. 특정 시기를 어느 연령대에서 경험하느냐에 따라 시기효과의 정도에 차이가 있을 수 있다. 예를 들면, 경제불황은 젊은층이나 노년층보다는 부모역할과 직업적 역할을 수행하던 중장년층에 더 많은 영향을 미친다. 40대나 50대는 경제불황으로 인한 퇴직이나 감원의 대상이 될 가능성이 더 높을 뿐 아니라 가족부양의 의무를 가지고 있기 때문에 다른 연령층보다 더 부정적인 경험을 하게 될 것이다.

이 세 가지 요인들이 복합적으로 작용하여 노년기 특성을 결정하기 때문에 연령효과, 코호트효과, 시기효과를 이해하고 구분하는 노력이 노년학 연구에서 매우 중요하다. 노화의 과정과 노년의 경험에 이러한 복합적인 영향요인들이 작용한다는 사실을 인지함으로써 노화의 현상을 제대로 설명하여야 할 것이다.

노년학 연구의 일반화와 표집

많은 학문분야에서와 마찬가지로 노년학 분야에서 실증연구의 가장 큰 걸림돌은 연구결과를 모든 노인 또는 모든 노화과정에 적용하기가 어렵다는 점이다. 그렇기 때문에 어떤 목적으로 연구를 하든 연구결과를 연구대상이 아닌 다른 노인들에게도 적용할 수 있는가, 즉 **일반화**의 가능성을 고려해야 한다. 우리는 노년의 경제적 욕구에 대해 우리의 조부모와의 대화를 통해 알아볼 수 있고, 길을 가다 만난 노인에게 질문을 할 수도 있다. 또는 매일 사직공원에서 시간을 보내는 노인을 관찰함으로써 노인들의 경제적 욕구를 유추할 수도 있다. 그러나 우리의 친족이, 우연히 그 시간에 그 길을 가던 한 명의 노인이, 또는 특정 장소에서 시간을 보내는 노인이 다른 사람의 친척이거나, 다른 시간에 길을 가는 노인이거나, 백화점 옥상의 카페에서 시간을 보내는 노인들의 경제적 욕구도 대변해 줄 수 있다고 보기는 어렵다. 다른 문화권에서 이루어진 연구결과를 우리 한국 문화권에 일반화하는 것도 매우 주의해야 한다. 나이를 먹어가는 과정은 개인이나 집단이 포함된 사회문화적 환경에 의해 영향을 받는다.[2] 우리나라는 오랜 역사 동안 노인과 노년에 대한 접근이 서구사회와는 달랐기 때문에 노년을 경험하는 개인들의 인식이나 행동도 다를 수 있다는 점을 고려해야 한다.

연구대상 외의 다른 사람들에게 일반화할 수 있는가를 의미하는 연구결과의 **외적타당도**(external validity)(Lemme, 2006)는 연구에서 사용한 표본이 어느 정도 대표성을 가지느냐에 의해 크게 좌우된다.

오늘날 노년학에서 비판받고 있는 점은 이론 및 설명 중 많은 부분이 대표성 있는 표본으로부터 얻어진 것이 아니라는 사실에 기인한다. 과거 노인연구는 표집의 편의성 때문에 종종 시설에 거주하는 노인들을 대상으로 이루어져 왔는데, 시설노인들은 지역사회에 거주하는 노인들에 비해 건강이나 경제적인 측면에서 취약하고 정서적, 사회적 상황이 열악한 상태에 있었다. 반대로 최근에는 더 건강하고, 더 부유하며, 더 활동적인 노인들이 증가하면서 교회, 노인단체 등에 속한 노인들에게 접근하기가 용이해졌다. 이로 인해 연구의 표본에 따라 노화의 부정적 혹은 긍정적인 영향이 과대평가되었다는 주장이 제기될 수 있다.

연구결과를 대상이 아닌 다른 노인들에게도 일반화할 수 있도록 연구결과의 외적 타당도를 담보할 수 있는 가장 확실한 방법은 모든 노인들을 대상으로 연구하는 것이다. 그러나 우리 사회의 모든 노인들을 대상으로 연구하려면 막대한 시간과 노력과 돈이 드는 작업이라 연구의 실현가능성이 희박하다. 그래서 대부분의 연구는 연구를 실현가능한 규모이면서 모집단(population)인 노인인구집단을 대표할 수 있는 표본(sample)을 표집하여 연구를 수행한다. 양적 연구에서는 대표성이 있는 표본(representative sample)을 표집하기 위한 다양한 표집방법을 고민해 왔다(최명선·조선화·정유진, 2008).

특정 연구목표에 따라 표본의 대표성보다는 특수한 경험을 중요하게 여기는 경우도 있다. 질적 연구에서는 적은 표본을 대상으로 하여 참여대상의 독특한 경험의 본질과 심층적 분석에 초점을 맞추기 때문에 표본의 대표성을 중요하게 여기지 않는다(질적 연구에 대해서는 이 장의 마지막 부분에서 소개할 예정이다). 질적 연구가 아니라 해도 많은 연구들이 엄격한 표집방법을 적용하여 표본의 대표성을 확보하기는 어려운 것이 현실이다. 그러므로 연구결과를 모든 노인인구에 일반화하는 데 주의해야 한다.

2. 양적 연구방법

노년학 연구에서 연령효과, 코호트효과, 시기효과가 복합적으로 작용한다는 사실을 인지하고 있더라도 이들 효과를 구분해서 설명하기는 매우 어렵다. 노년학 연구자들은 이들 효과를 서로 분리하여 노년기 특성이 연령에 의한 것인지, 코호트 차이에 의한 것인지, 연구한 시점의 특성 때문인지를 파악하기 위한 연구디자인을 고민하고 이에 따라 연구하려고 노력한다(Kozma, Parker, & Thorslund, 2007).

일반적으로 많이 쓰이는 양적 연구방법으로 횡단적 연구(cross-sectional designs), 종단적 연구(longitudinal designs), 시간차이연구(time-lag designs), 그리고 계열연구(sequential

2) 3장 맥락적 관점 참고.

design)가 있다(Lemme, 2006; Papalia et al., 2007). 각 연구디자인이 연령효과, 코호트효과, 시기효과의 혼재를 구분하는 데 어떻게 적용될 수 있으며 어떤 제한점이 있는지를 이해하는 것이 중요하다.

횡단적 연구, 종단적 연구, 시간차이연구

횡단적 연구디자인(cross-sectional design) 같은 특성에 대해 서로 다른 연령의 사람들을 비교하는 연구디자인이다. 연령이 노인들의 신체, 인지, 또는 사회적 기능에 미치는 영향을 연구하는 방법 중에 젊은 연령집단과 나이든 연령집단의 기능 정도를 비교한다면 이는 횡단적 연구디자인을 사용하는 것이다. [그림 4-1]에서 보면, 1990년도에 50, 60, 70세 연령집단을 비교한 것이 횡단적 연구의 기본 실계이다. 마찬가지로 2000년도에 60, 70, 80세 연령집단을 비교하거나, 2010년도에 70, 80, 90세 연령집단을 비교하는 연구 또한 횡단적 연구이다.

횡단적 연구디자인을 사용하는 연구는 '연령차이'를 보여주는 연구로서 '연령변화'를 설명하지는 못한다. 즉 서로 다른 연령집단 간 차이를 보여줄 뿐 연령의 증가에 따른 변화를 설명하지는 못한다. 그 이유는 연구결과에서 보여주는 연령차이에 '연령효과'와 '코호트효과'가 혼재되어 있기 때문이다(Kozma, Parker, & Thorslund, 2007; Morgan & Kunkel, 2007; Papalia et al., 2007). 연구에서 대상으로 하는 서로 다른 연령집단의 사람들은 또한 서로 다른 코호트에 속하므로, 연령차이가 나이 먹음의 결과인지 서로 다른 사회문화적, 역사적 경험 때문인지를 분리할 수가 없다. 코호트효과가 혼재됨으로써 야기되는 또 다른 문제는 현재의 노인코호트를 대상으로 한 연구결과를 일반적인 노년기 특성으로 일반화할 수 있는가 하는 것이다.

그럼에도 많은 노년학 연구들이 횡단적 연구를 수행하는데, 그 이유는 다른 연구디자인에 비해 횡단적 연구디자인의 장점이 크기 때문이다. 횡단적 연구는 많은 사람들로부터 데이터를 빨리 얻을 수 있어서 신속하게 연구를 수행할 수 있다. 다른 연구디자인에 비해 연구 수행에 시간과 비용이 적게 드는 것이다. 그리고 일회에 연구를 하기 때문에 종단적 연구디자인에서 고민하는 문제, 즉 연구대상자의 수가 감소한다거나 반복적인 측정으로 인해 연구대상자가 조사내용을 학습하는 문제를 피할 수 있다.

횡단적 디자인

출생연도 \ 측정년도	1990	2000	2010
1940	50세	60세	70세
1930	60세	70세	80세
1920	70세	80세	90세

❖ **그림 4-1** 횡단적 디자인

종단적 연구디자인(longitudinal design) 개인 또는 다수의 연구대상을 연구기간 동안 일정 간격을 두고 여러 번 반복하여 측정하는 연구디자인이다. [그림 4-2]에서 1930년에 출생한 사람들을 1990년, 2000년, 2010년 3회에 걸쳐 자료를 수집하는 연구디자인이 종단적 연구디자인이다. 횡단적 연구가 연령집단 간의 차이에 대한 정보를 제공한다면, 종단적 연구는 같은 사람의 시간의 경과에 따른 변화, 즉 '연령변화'에 대한 정보를 제공한다. 종단적 연구는 동일한 연구대상에 대해 서로 다른 시기에 걸쳐 수집된 자료들을 비교하여 시간의 경과에 따른 변화를 보여주기 때문에, 연령효과를 추적하는 데 유리하다. 또한 노년기에 나타나는 특성의 원인을 찾기 위해 이전 시기에 측정한 데이터를 분석할 수 있다는 점에서 인과관계를 규명하는 데에도 유리하다. 예를 들어, 80세 노인들의 건강의 결정요인을 찾기 위해 이들의 60세 또는 더 거슬러 올라가 20세 때의 특성에 관한 정보를 분석할 수 있는 것이다.

그러나 종단적 연구는 연령효과와 시기효과가 혼재된다는 문제점이 있다(Kozma, Parker, & Thorslund, 2007; Morgan & Kunkel, 2007; Papalia et al., 2007). 종단적 연구는 측정시기가 다수이므로 서로 다른 측정시기에 발생한 사회문화적 변화가 연령효과와 혼재되어 나타날 수 있다. 또한 특정 코호트의 노년기 특성에 미치는 연령효과는 보여주지만 다른 코호트도 같은 방식으로 나이를 먹어갈 것으로 확신하기는 어렵기 때문에, 특정 코호트의 연구로부터 얻은 결론을 다른 코호트에게 적용할 수 없다.

또한 종단적 연구는 오랫동안 연구대상을 추적해야 하기 때문에 시간이 많이 걸리고 비용이 많이 든다는 단점이 있다. 그리고 시간이 흐르면서 연구대상자들이 질병이나 사망, 이사, 무관심 등의 이유로 연구에서 빠져나갈 수 있어 나중에는 샘플의 크기가 줄어들 수 있다. 이는 표본의 대표성 문제로 연결되어, 최종까지 남은 연구대상을 바탕으로 한 연구결과를 일반화하는 데에도 문제가 있을 수 있다. 대부분 종단연구에서 끝까지 남아있는 연구대상들은 중간에 탈락한 다른 사람들에 비해 신체적 건강, 지적 기능, 사회경제적 지위 등에서 평균 이상인 경향이 있기 때문이다(Lemme, 2006). 그러므로 최종 연구대상을 바탕으로 한 연구에서는 이러한 표집오류(sampling bias)으로 인해 실제 노인인구에 비해 신체 건강이나 지적기능, 심리, 사회적 특성에서 더 긍정적인 결과를 보여줄 가능성을 조심해야 한다.

측정년도 / 출생연도	1990	2000	2010
1940	50세	60세	70세
1930	60세	70세	80세
1920	70세	80세	90세

종단적 디자인 (1930 행)

❖ 그림 4-2 종단적 디자인

그 외에도 동일 대상을 일정기간에 따라 반복적으로 측정하기 때문에, 연구대상이 질문이나 절차에 익숙해짐으로써 점점 더 좋은 결과를 보이는 일종의 학습효과(practice effect)가 생길 수도 있다(Papalia et al., 2007). 아동 지능검사와 성인 지능검사 도구가 다른 것처럼 연구대상자의 연령에 따라 적합한 측정도구가 달라서 발생하는 문제도 있다. 서로 다른 측정도구를 사용하여 얻어진 조사 결과를 같은 수준에서 비교할 수 있을 것인가를 고민해야 한다.

시간차이 연구디자인(time-lag design) 서로 다른 시기에 동일한 연령의 집단을 조사하여 비교하는 연구이다. [그림 4-3]에서처럼 1990년에 70세 노인들의 특성을 연구하고, 2000년에 다시 70세 노인들을, 그리고 2010년에 다시 70세 노인들을 연구하는 방식이다. 이렇게 서로 다른 연구시기의 연구대상의 연령을 70세로 고정시킴으로써 연령효과를 배제하는 디자인이다. 시간차이 디자인은 개인의 특성 변화보다는 코호트 특성, 즉 사회문화적 변화에 더 초점을 맞출 때 사용한다. 예를 들어, 노년기의 부부관계가 과거 세대에 비해 현재 세대에는 어떠한 차이를 보이는지에 관심을 가지고 있다면, 1990년에 70대 노인들의 부부관계의 특성을 연구하고, 2000년대에도 70대 노인들의 부부관계 특성을 다시 연구하는 것이다. 이렇게 함으로써 나이먹음의 효과가 아닌 두 시기에 노인들의 부부관계 특성만을 볼 수 있는 것이다.

시간차이 연구디자인의 제한점은 단지 한 연령집단의 특성에 대해서만 얘기를 해주고, 코호트효과와 시기효과를 분리시키지 못한다는 점이다(Kozma, Parker, & Thorslund, 2007; Papalia et al., 2007). 1990년에 연구한 70세 노인들은 1920년생 코호트이고 2000년에 연구한 70세 노인들은 1930년생 코호트이다. 이들은 서로 다른 역사적 경로를 겪어 온 서로 다른 코호트이다. 그런데 한국 사회가 1997년도에 심각한 경제위기를 경험하는 등 1990년과 2000년은 서로 다른 정치적, 경제적, 문화적 상황에 있었다. 그렇기 때문에 2000년에 조사한 70세 노인들의 부부관계에는 1997년도 경제위기가 영향을 미쳤을 가능성이 있다. 그러므로 발견한 연구결과가 특정 코호트의 특성 때문인지, 연구시기의 사회문화적 환경의 결과인지를 명확히 결론을 내릴 수가 없다. 그 외에도 시간차이 연구디자인을 적용하여 연구를 수행할 때 종단적 연구와 마찬가지로 비용과 시간이 많이 든다는 제한점이 있다.

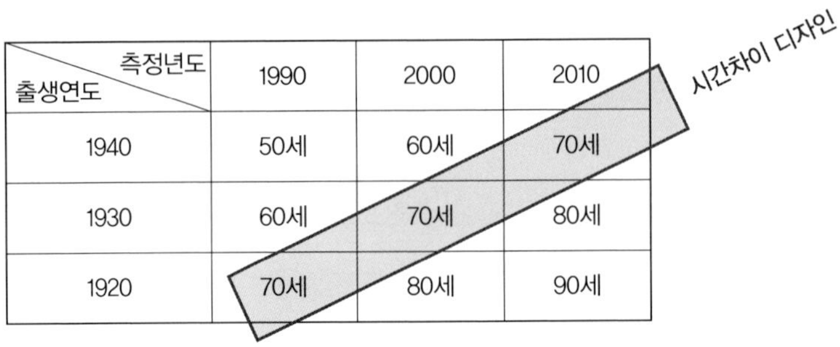

❖ 그림 4-3 시간차이 디자인

디자인	측정대상	고정값	연구결과에 혼재되는 효과
• 횡단적	• 연령집단 간 차이	• 측정시기	• 코호트효과와 연령효과
• 종단적	• 연령에 따른 변화	• 코호트	• 연령효과와 시기효과
• 시간차이	• 역사적인 영향	• 연령	• 측정시기와 코호트효과

❖ 횡단 / 종단 / 시간차이 디자인

계열 연구디자인(sequential design)

횡단적, 종단적, 시간차이 연구디자인은 연령효과, 코호트효과, 시기효과를 적절하게 통제하는데 각기 제한점이 있다. Schaie(1965)는 연령효과, 코호트효과, 측정시기 효과 등이 혼재하는 것을 최소화하기 위한 노력으로서, 횡단연구, 종단연구, 시간차이 연구를 결합하여 세 가지 계열 연구디자인을 제안하였다(Papalia et al., 2007에서 재인용).

코호트 계열분석법 서로 다른 시기에 동일 연령집단을 조사하는 시간차이 디자인과 특정 코호트 집단을 반복적으로 조사하는 종단적 연구 디자인을 혼합한 연구디자인이다. 두 개 이상의 코호트 집단을 대상으로 같은 연령기간 동안 종단적 연구를 반복함으로써, 서로 다른 코호트 집단에서의 연령변화를 측정하여 그 변화패턴을 비교할 수 있도록 해주는 것이다. 하나가 아닌 여러 코호트에서의 연령변화를 비교하기 때문에, 연령효과와 코호트효과를 분리할 수 있다는 장점이 있다. 연구자가 60에서 70세 사이에 어휘력이 어떻게 변화하는지를 보고자 한다고 가정하자. [그림 4-4]의 (a)에서 보면, 코호트 계열분석법은 1930년생 코호트가 60세일 때(1990년도)와 70세일 때(2000년도)에, 그리고 1940년생 코호트가 60세일 때(2000년도)와 70세일 때(2010년도)에 어휘력을 측정하도록 설계한다. 1950년생 코호트가 60세일 때(2010년도)와 70세일 때(2020년도)에 측정하는 등, 연구대상 코호트와 측정시기를 계속 확장해 갈 수도 있다. 이렇게 두 개의 코호트에서 60세부터 70세 사이의 10년 동안 어휘력 점수가 증가하는지, 감소하는지, 또는 안정적인지를 보는 것이다. 만일 (b)처럼 두 코호트에서 10년간 똑같이 증가하는 패턴을 보인다면, 연령이 증가하면서 어휘력이 증가한다고 할 수 있을 것이다. 하나의 종단 연구만 사용한다면, 이 10년간의 변화가 연령 효과인지 코호트 효과인지를 알 수가 없지만, 서로 다른 코호트에서 동일하게 증가하므로 어휘력의 증가를 연령 효과라고 결론을 내릴 수 있다. 이 방법은 측정시기를 다변화함으로써 시기효과는 최소화된다고 가정하고 있으나, 측정시기 효과를 효과적으로 통제하지 못하는 제한점이 있다.

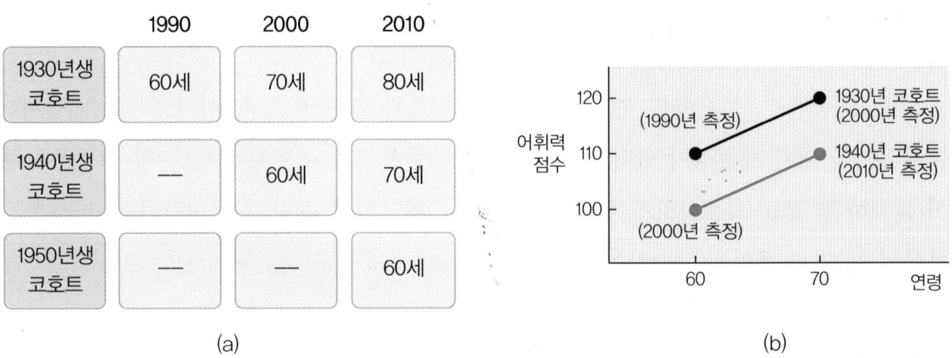

❖ **그림 4-4** 코호트 계열 연구디자인

단기횡단 계열분석법 여러 코호트를 한 시점에 연구하는 횡단적 연구와, 한 코호트를 여러 시점에서 연구하는 종단적 연구를 결합하여 여러 코호트를 여러 시점에서 연구하도록 설계하는 방식이다. 이 분석기법은 서로 다른 연령코호트를 조사하고, 이들 복수의 연령코호트를 장시간에 걸쳐 다시 반복적으로 조사해 나가기 때문에 코호트효과와 시기효과를 분리하는 데 유리하다. 이 연구디자인은 어떠한 연령효과도 가정하지 않는 특성에 대해 코호트 효과와 측정시기 효과를 찾아내려고 할 때 유용하다(Papalia et al, 2007에서 재인용). 예를 들어, 한국 사회에서 1997년의 경제위기로 인해 서로 다른 생애단계에 있던 코호트들의 국가관이 어떻게 변화했는지 그리고 이 변화가 코호트마다 다른지에 관심이 있다면 단기횡단 계열분석법을 활용할 수 있다. [그림 4-5] (a)에서 1935년생 코호트와 1945년생 코호트의 국가에 대한 신뢰도를 각각 1990년, 2000년에 조사하였다(마찬가지로 연구대상 코호트와 연구시기를 계속 확장해 나갈 수 있다). 조사결과 (b)에서처럼 양 코호트 모두 1990년에 비해 2000년에 국가에 대한 신뢰도 점수가 더 낮아졌다고 가정하자. 그러나 1935년생 코호트에 비해 1945년생 코호트의 국가에 대한 신뢰도 점수가 더 크게 하락하였다. 이러한 연구결과는 첫째, 1997년의 경제위기로 인해 양 코호트의 성원들이 국가에 대한 신뢰가 하락하였다는 사실과, 둘째, 1997년에 이미 60세 이상으로서 은퇴를 했거나 은퇴를 앞두고 있던 1935년생 코호트에 비해 50세 전후의 직업활동이 활발한 생애단계에 있던 1945년생 코호트에 더 부정적인 영향을 미쳤다는 사실을 보여주는 것으로 해석할 수 있다. 이 방법은 코호트효과와 시기효과에 비해 연령효과는 무시하는 제한점이 있다.

	1990	2000	2010
1935년생 코호트	55세	65세	75세
1945년생 코호트	45세	55세	65세
1955년생 코호트	35세	45세	55세

(a)

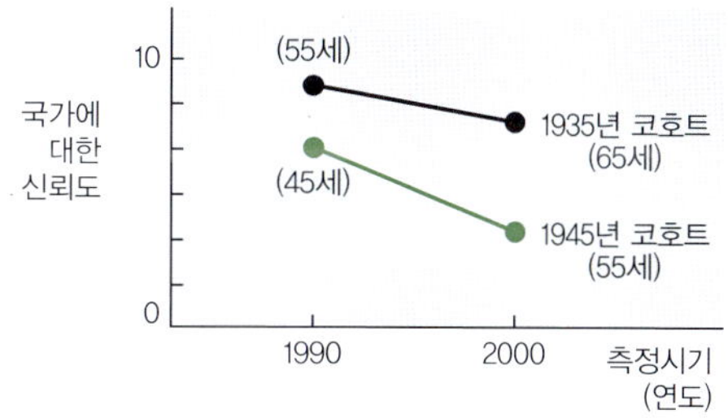

(b)

❖ **그림 4–5** 단기횡단 계열 연구디자인

시기 계열분석법 한 시기에 서로 다른 코호트를 비교하는 횡단적 연구디자인과 서로 다른 시기에 동일연령집단을 조사하는 시간차이 연구디자인을 결합하여, 한 시기의 연령집단 간 차이를 다른 시기에도 똑같이 조사하는 방법이다. [그림 4-6]의 (a)처럼 2005년에 40세, 60세, 80세를 비교했다면 2015년에 40세, 60세, 80세를 비교하고, 2025년에 당시의 40세, 60세, 80세 집단을 비교하는 방법이 시기 계열분석법이다. 이 분석법은 서로 다른 시기에 동일 연령집단을 대상으로 해야 하기 때문에, 같은 연구대상을 반복 측정하는 것이 아니라 측정 시기마다 연구대상이 매번 다르다는 특성이 있다. 이렇게 두 개 이상의 연령집단을 서로 다른 시기에 비교함으로써, 연령효과와 시기효과를 구분하려고 시도한다.

이 디자인은 특히 다양한 연령집단에 시기효과가 미치는 영향을 조사할 때, 예를 들어 의료제도와 같은 노인에 대한 정책적 개입의 효과를 파악하는데 유용하다. 예를 들어, 2008년도에 장기요양보호제도를 도입한 후 이 정책이 정책대상인 고령 노인들의 지각된 삶의 질을 향상시키는데 기여하였는지에 관심이 있다고 가정하자. 2005년에 삶의 질에 대한 지각이 40세 연령집단에 비해 80세 연령집단이 훨씬 낮았다. 2008년에 장기요양보호제도를 도입하여 실행한 후, 2015년에 삶의 질 지각 점수에서의 연령집단간 차이가 달라지지 않았다면 장기요양보호제도는 적어도 2015년까지는 효과가 없었던 것으로 판단할 수 있다. 그러나 만일 [그림 4-5]의 (b)처럼 2015년에 삶의 질 지각 점수에서 40세와 80세 연령집단 간의 차이가 유의미하게 줄어들었다면 장기요양보호제도가 고령노인의 삶의 질을 향상시키는 데 기여했다고 판단해도 될 것이다. 시기 계열분석법은 연령효과와 시기효과는 규명할 수 있으나, 여전히 코호트 효과가 혼재되어 있는 제한점이 있다.

계열 연구디자인은 횡단적, 종단적, 시간차이 연구디자인의 한계를 부분적으로 극복하고 연구목적에 따라 유용하게 활용할 수 있다는 장점이 있지만, 여전히 시간과 노력을 상당히 요구하고 연구결과가 복잡하여 보편적으로 널리 사용되지는 못하고 있다. 계열 연구디자인은 막대한 수의 연구대상을 필요로 하고, 오랜 기간에 걸쳐 상당한 양의 데이터를 수집하고 분석해야 한다.

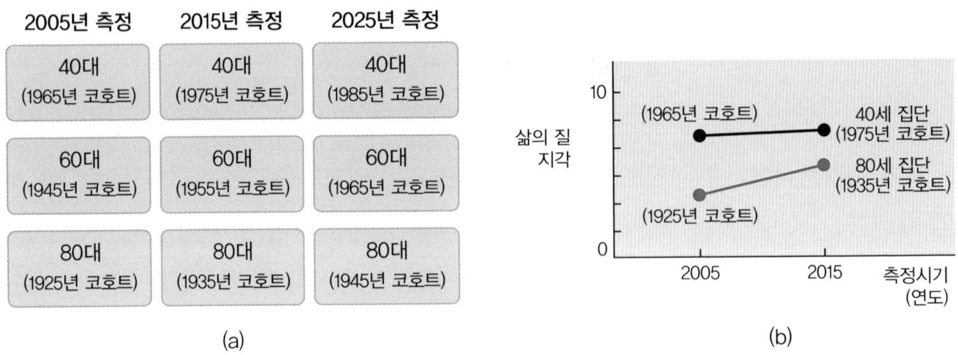

❖ **그림 4-6** 시기 계열 연구디자인

3. 질적 연구방법

최근까지 노년학을 포함한 대부분의 학문분야에서 양적 연구가 강세였으나, 과거 몇 년 동안 연구자들이 질적 연구를 요구하는 많은 중요한 질문을 던지기 시작했다. 양적 연구가 연령효과, 코호트효과, 측정시기효과를 분리하여 노화과정에 대한 객관적이고 정확한 사실들을 발견하는데 초점을 맞추는 가운데, 개인의 생애과정과 노년기 삶에 대한 통합적(holistic)인 접근이 필요하다는 비판이 제기되었다(Hagestad & Neugarten, 1985). 통합적 접근에서는 개개인의 삶이 변수로 분해되지 않고 전체적으로 이해되어야 할 필요성에 주목한다. 나이 듦의 과정을 이해하기 위해서는 삶의 구체적 맥락(context)에 대한 이해가 필요한데 양적 연구에서는 이에 대한 충분한 고려가 부족하다는 비판도 제기되었다. 이러한 측면에서 양적 연구의 대안으로 주목을 받게 된 연구방법이 질적 연구이다.

질적 연구는 양적 연구방법으로는 설명하기 힘든 참여자의 행위, 경험세계, 삶의 본질 등을 참여자 자신의 목소리를 통해 이해하고 해석하기 위한 연구방법이다(유기웅, 2012). 유사한 경험을 공유한 소수의 사람들을 대상으로 해서 그들의 관점에서 그들의 삶을 조망하고, 연구자가 그들과 함께 '실재(reality)'를 구성해 가는 방법이다(Cobb & Forbes, 2002; Erlingsson & Brysiewicz, 2013). 질적 연구는 대개 소규모 샘플을 대상으로 하여 이들의 삶의 광범위한 맥락에도 주의를 기울이려고 노력한다. 양적 연구가 다수의 대상자들의 삶의 제한된 면을 파악하는 데 주력한다면, 질적 연구는 소수의 연구참여자들의 포괄적인 삶의 경험들을 다룬다고 할 수 있다. 질적 연구에서는 노인들을 연구의 '대상'으로 보다, 연구자와 함께 자기 삶의 실제를 구성해 가는 '참여자'로 접근한다(Erlingsson & Brysiewicz, 2013). 그래서 노인들의 삶에서 그들의 이야기를 듣고, 그들의 견해를 이해하며, 그들이 자신의 경험과 삶에 부과하는 의미를 이해하는 데 초점을 맞춘다. 이렇게 하여 가능한 한 온전하게 노인들의 경험을 이해하고자 하는 것이다(Cobb & Forbes, 2002).

질적 연구는 연구의 관심 주제에 대한 정보가 부족한 경우에 탐색적 연구를 위해 사용되면 효율적일 수 있다. 또한 연구주제가 복잡한 인간정서나 사회적 맥락에서의 상호작용처럼 양적 측정으로는 완전하게 설명할 수 없을 때 많이 활용된다(Hendricks, 1996).

노년학 분야에서 자주 사용되는 질적 자료수집 방법은 심층인터뷰(또는 비구조화된 인터뷰)나 '참여관찰' 방법이다. '심층인터뷰'는 노인들과 넓은 범위의 비구조화된 대화를 하여 자료를 모으는 방법이다. 질적 연구의 심층인터뷰에서는 노인들이 미리 정해진 구조화된 질문에 응답하는 것이 아니고 연구자가 최소한만 관여하고, 연구자와 연구참여자인 노인들간의 대화로 이어지는 상호작용을 통해 자료를 모은다. 심층인터뷰에서는 순환적 질문법(recursive questioning)을 종종 사용한다. 순환적 질문법이란 같은 질문을 반복해서 묻거나, 같은 방향의 질문을 계속 던지는 기법이다. 연구자의 질문에 대해 노인들은 초기에는 사회적으로 수용될만한 피상적인 답변을 하는 경향이 있지만 연구자와 라포(rapport)가 형성되고 유사한 질문이 반복되면 점점 더 내면 깊이로부터 답변을 가져오게 되는 이점이 있다.

'참여관찰'은 연구자가 노인들을 관찰하는 수단으로 노인들의 상황에 적극적으로 참여하는 방법이다. 참여의 수준은 다양하지만, 연구자들이 연구 상황에 사적으로 참여하는 것이 연구 상황을 이해하는 중심 수단이다. 조사도구를 사용하는 대신, 연구자가 참여하는 관찰자가 되는 것이 중요한데, 이는 관찰이 상황에서의 언어적, 비언어적 커뮤니케이션을 포함한 많은 것을 파악하기에 유리하기 때문이다. 노인복지관이나 경로당, 종묘와 같이 노인들이 모이는 공간에 대한 참여관찰 연구가 종종 수행되고 있다.

질적 연구에는 서로 다른 연구전략을 구사하는 많은 다양한 연구방법들이 있다. 이 중 노년학 분야에서 보편적으로 사용되는 질적 연구로는 민족기술지(ethnography)연구, 근거이론(grounded theory)연구, 현상학적(phenomenological) 연구, 그리고 내러티브(narrative)연구가 있다.

민족기술지[3](Ethnography) 민족기술지는 인간의 행동은 의미에 기반하고 있고, 상황과 맥락에 따른 해석을 기반으로 하는 행동을 통해 모든 인간 집단은 일정 시간이 지나면 그들의 상호작용 안에서 "문화"라고 불릴 수 있는 것들을 생산해 낸다는 가정에 기반한다(Hendricks, 1996). 따라서, 민족기술지는 특정한 집단이나 사람들이 보이는 행동을 사회문화적인 맥락에서 이해하고, 외부에서의 시각과 상관없이 자신의 삶의 방식에 대해 그들이 지니는 타당한 의미를 발견하고자 하는 질적 탐구유형이다(유기웅, 2012). 이 방법은 사회적 상호작용에 참여하고 있는 보통사람들이 그 상호작용의 과정을 통하여 사회를 형성, 유지, 변용시키고 있다는 점에 착안하여, 사회현상을 당연시하지 말고 상호작용 과정 자체의 본성에 주목해야 된다는 입장을 견지한다. 민족기술지는 최대한 자연스러운 상황에서 연구 참여자를 탐구하는 것을 중요하게 생각한다. 연구자가 연구의 맥락에 자연스럽게 동화됨으로써 연구자가 더 이상 '외부자'가 아니게 될 때, 민족기술지가 지향하는 집단의 삶의 방식과 문화에 대한 이해를 얻을 수 있다고 본다. 그래서 민족기술지 연구는 참여관찰방법을 많이 활용한다.

근거이론(Grounded Theory) 직접적인 관찰, 인터뷰, 현지조사를 통해 얻은 자료를 근거로 하여 이론적 체계, 과정, 실행 등을 설명하는 일반적이고 추상적인 이론을 개발하는 데 사용하는 질적 연구방법이다(Creswell, 2012). 근거이론 방법은 이미 개발된 이론 및 이론에서 비롯되는 개념적 틀을 가지고 연구문제나 가설을 검증하기보다는 참여자의 관점에 근거하여 어떤 과정 혹은 행위에 대한 이론을 구축하고자 한다(Hendricks, 1996). 즉 양적 연구방법으로는 설명하기 힘든 참여자의 행위, 경험세계, 삶의 본질 등을 참여자 자신의 목소리를 통해 이해하고 인간을 해석하려는 연구방법이다. 또한 근거이론은, 상징을 해석하는 주체로서 인간은 사물이나 인간 행위의 의미를 해석하고 이해하는 힘을 가지

3) '문화기술지'라는 용어로 사용되기도 한다.

고 있다는 상징적 상호작용론에 기반을 두고 있다. 그래서 연구 참여자가 타인들과의 상호작용에서 어떻게 경험하고 느끼며, 그들의 행위가 어떻게 사회적으로 구조화되는지를 밝히기 위한 연구에서 많이 사용한다.

현상학적(Phenomenological) 연구 현상학 연구는 인간의 체험을 있는 그대로 살펴보고, 그 체험 속에 존재하는 본질적인 요소나 구조를 밝히는 데 목적이 있다(김영천, 2013). 인간이 인지하는 현상을 있는 그대로 드러내는 것을 통해 사물의 본질을 탐구하고자 노력하면서, 연구 대상자들의 주관적 경험에서 더 나아가 이들 경험의 본질이 무엇인가 하는 물음에 대한 답을 추구하는 것이다. Van Maanen(1990)은 현상학적 연구의 특징을 아래와 같이 제시하였다(신경림·안규남 공역, 1994). 먼저, 현상학적 연구는 우리의 체험을 연구하며, 체험적 의미를 우리가 겪은 대로 기술한다. 그리고 우리의 의식에 나타나는 대로의 현상을 해명하고자 한다. 또한 현상학적 연구는 현상의 본질을 연구하는 데, 이때의 본질이란 '현상이 현상이 되게 하는 것 그리고 이것이 없으면 현상이 될 수 없는 현상'이다.

내러티브(Narrative) 연구 연구참여자가 진술하는 이야기를 통해 참여자의 경험을 탐구하는 질적 연구의 방법이다. 내러티브 안에는 연구참여자의 전반적인 인생의 모습이 담겨있기 때문에, 연구참여자의 내러티브를 연구하는 것은 내러티브에 영향을 미치는 삶 전체에 대해 관심을 두는 것을 의미한다. 연구 참여자의 내러티브 안에 존재하는 많은 인물, 사건, 배경 등은 무질서하게 존재하는 것이 아니라, 처음부터 끝까지 줄거리로 연결되어 있다. 줄거리는 결국 내러티브를 전달하는 사람의 의도에 의해 결정되며, 대부분 자신이 그 경험을 통해서 어떠한 변화를 경험했는지를 보여준다(유기웅, 2012).

내러티브 연구는 첫째, 시간적 순서에 의해 일어난 사건에 대한 연구일 때, 둘째, 한 개인의 삶의 변화와 관련된 연구일 때, 셋째, 연구 참여자의 경험의 맥락에 대한 강조가 요구될 때 유용하다는 점에서 다른 질적 연구방법들과 구별된다(유기웅, 2012에서 재인용).

그래서 내러티브 연구는 제일 먼저 관심주제가 내러티브연구에 적합한지를 판단하는 것부터 시작한다. 그리고 어떤 스토리(또는 생애경험)를 이야기해 줄 참여자를 대상으로 스토리를 모은다. 이렇게 모은 스토리를 시간, 장소 플롯, 장면 등의 요소들로 분석한 후에, 마치 소설처럼 역경, 갈등, 투쟁, 해결, 주인공과 같은 소설적 요소를 연대기적으로 배치한 storyline으로 재구성한다. 그리고 나서 스토리의 의미를 상세하게 논할 수 있도록 스토리의 세부적인 테마를 도출한다.

질적 연구방법은 엄밀한 의미에서 제한점들이 있다. 신뢰도와 타당도의 어려움이 있고 회상의 편견 등이 있을 수 있다. 그러나 연구의 목표가 생애와 노년의 경험에 대한 노인들의 주관적인 이해를 얻기 위한 것일 때 질적 연구방법을 유용하게 사용할 수 있다. 질적 연구는 또한 양적 측정 및 조사도구를 개발할 때도 유용해서, 양적 연구와의 통합적 연구방법을 시도하는 연구자들도 있다.

노년기 특성을 연구하는 데 다양한 연구방법을 사용할 수 있지만, 각기 노년기 특성의 설명요인을 규명하는데 장점과 제한점을 가지고 있기 때문에, 연구의 목적에 적합하며 실현가능성이 있는 방법을 선택하여 사용해야 한다. 또한 사용하는 연구방법의 장단점을 잘 파악하여 발견한 연구결과를 해석하는 데서 오류를 범하지 않도록 주의해야 한다.

CHAPTER

05

신체적 노화

GERONTOLOGY

1. 노화의 생물학적 설명 / 2. 노년기의 신체적 변화

CHAPTER

05 신체적 노화

'2001년 이전에 태어난 누군가가 150세까지 살 수 있을 것인가'

인간의 최대수명은 도대체 몇 살일까 하는 점이 흥미로운 과학적 논쟁거리가 되고 있다. 두 명의 미국 학자들이 이를 두고 내기를 하였다.

이들의 내기는 2000년에 미국의 한 과학 학술지의 논문에 "최초의 150세 노인이 될 사람이 이미 태어나 있다"는 노화 생물학자인 스티브 오스태드(왼쪽 사진)의 다소 도전적인 발언이 인용되면서부터 시작하였다. 이에 대해 생물 인구통계학자인 제이 올샨스키(오른쪽 사진)는 인간의 유전 프로그램으로 인해 어떠한 약물이 개발된다 해도 수명을 2~3년 연장시키는 데 그칠 뿐 인간의 최대수명은 130세를 넘길 수 없다고 주장하며 반대하였고, 두 사람은 내기에 돈을 걸기로 한 것이다. 내기의 조건은 2150년에 150세 노인이 생존해있으며 또한 정신이 멀쩡할 경우에 한해서 오스태드 교수가 승리하는 것이고 그렇지 않은 경우는 올샨스키 교수가 승리하는 것이다. 2000년 9월 15일에 두 사람은 투자펀드에 각각 150달러씩 넣어 두고, 2150년에 승자 또는 승자의 후손이 그 돈과 이윤을 가져가기로 하였다.

오스테드 교수가 예측한 인류 최초의 '150세 인간'

출생연도: 1990년대 중반~2000년(현재 10~15세)

국적: 일본

성별: 여성

외모: 키 150cm 군살 없는 아담한 체형

성격: 밝고 낙천적

학력: 대졸이상, 석박사 혹은 전문직 학위 있을 가능성 큼

가족: 대대로 장수하는 집안

계층: 경제적으로 유복하고 사회적 지위 높은 편

특징: 초경 연령 등 성적(性的) 발육이 또래보다 약간 늦을 수 있음

- 30~40대에 노화 늦추는 약 복용 시작
- 80~90대 고령이 되도 운동능력 유지

출처: Nature(2016. 10. 18); 조선일보(2011. 1. 3).

1. 노화의 생물학적 설명

인간의 가장 큰 열망 중 하나가 불로장생일 것이다. 단순히 수명을 증가시키는 것뿐만 아니라 오래, 건강하고 가치 있는 삶을 살고자 하는 관심이다. 이러한 관심에 대한 답변을 신체적 노화를 설명하는 생물학적 설명들에서 찾을 수 있다. 신체적 노화는 보통 생물학적인 감퇴와 동일시되어 왔다. 그러나 신체적 노화의 과정은 생리적 기능의 효율성이 감소하는 것 뿐 아니라 경험, 환경 등 다른 상황적 요인에 의해서도 영향을 받는다. 또한 생리적 기능은 꽤 늦은 나이에까지 상당 정도 지속되고, 감소 속도는 개인마다 다르다. 즉, 인간은 유사한 방향으로 늙어가지만, 똑같은 비율로 늙는 것은 아니다. 노화의 생물학적인 설명들은 왜 우리가 늙고, 무엇이 그 과정을 지연시킬 수 있는가를 이해하는 데 도움이 된다.

생의 길이

최대수명과 평균수명

유전적, 환경적 요인에 의해 결정된, 인간이 살아가는 연수를 수명이라고 한다. 수명은 최대수명과 평균수명의 두 가지 개념으로 설명된다. 최대수명(maximum life span)은 특정 종에서 어떤 개체가 생존하는 최고 연령을 의미한다(Papalia, Sterns, Feldman, & Camp, 2007). 종의 평균 생존연령을 나타내는 평균수명(average life span)의 개념과 대조된다.[1] 또한 질병, 사고, 자살, 타살, 영양, 건강관리, 위험환경과 같은 상황적 요인에 의해 영향을 받는 평균수명과 달리, 최대수명은 상황적 요인이 아닌 종의 생물학적인 특성을 반영하며 일부 진화의 과정을 거쳐 연장될 수 있다.

노화의 생물학적 과정을 연구하는 학자들은 인간의 최대수명은 얼마이며 어느 정도까지 연장될 수 있는지에 관심을 가지고 연구를 해왔다. 현재 기네스 기록과 노년학 분야에서 공식적으로 인정하고 있는 최고령 인물은 Jeanne Calment(1875~1997)이라는 프랑스 여성으로 122세까지 생존한 것으로 알려져 있다(NYT, 1997). 역사적으로 더 오래 살았다고 주장하는 사람들이 있었지만, 이들의 주장은 과학적으로는 입증이 되지 않았다(Fries

1) 다양한 수명 개념에 대해서는 2장과 12장을 참고하시오.

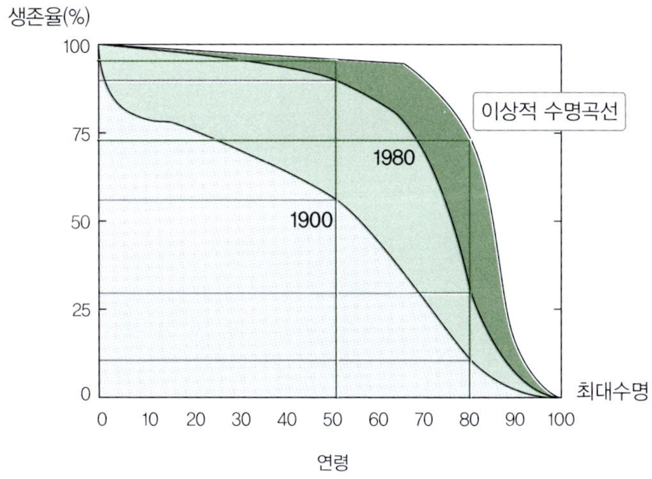

❖ **그림 5-1** 평균수명, 최대수명, 생존곡선

출처: Fries & Carpo(1981). Vitality & Aging, p. 73.

& Crapo, 1981). 평균수명이 높고 100세 이상의 노인들이 많다고 알려진 러시아, 파키스탄, 에콰도르의 외딴 마을 세 곳을 연구한 학자들은 마을 주민들의 수명이 알려진 것과 다르다는 사실을 발견하였다. 이 마을들은 산이 높고 고립된 지역으로서 현대의 체계적인 기록문화가 늦게 전파된 곳이다. 나이든 사람들의 공식적인 출생기록이 없어 연령을 확인할 객관적인 근거가 없는데다, 근친결혼이 일반적이고 아이가 죽으면 새로 태어난 아이에게 죽은 아이의 이름을 지어주는 등 많은 이름들이 중복되어 실제 연령보다 과장되는 경우가 많았다. 더구나 노인이 갖는 권위가 상당했기 때문에, 나이 든 사람들이 자신의 연령을 보다 더 높게 주장했을 가능성도 있다. 그러나 이 마을의 노인들은 고령에도 불구하고 여전히 활동적인 모습을 보였다. 이들의 건강한 식사, 활동적 생활스타일, 적절한 음주 등의 절제되고 융통성 있는 생활습관은 장수를 하는 방향을 찾는 데 도움이 되고 있다.

그렇다면 인간은 122세를 넘어서까지 살 수 있는가? 이 장의 도입부에 소개한 신문기사에서처럼, 현재 인간의 최대수명은 더 연장할 수 있다는 주장과 인간의 최대수명은 고정되어 있어 한계가 있다는 주장 간에 논의가 매우 활발하게 진행되고 있다. 한국사회에서 의료기술, 공중위생 수준이 향상되면서 평균수명이 연장되었고, 늘어난 평균수명은 점차 최대수명에 보다 더 가깝게 이동하고 있다. 평균수명과 최대수명이 어떻게 함께 진행되는가를 이해하는 다른 방법은 생존곡선을 보는 것이다. 생존곡선 그래프는 각 연령에서 생존하는 인구비율을 보여준다. [그림 5-1]처럼 평균수명이 증가하면 그래프는 점점 더 직각에 가까워진다. 이제 다음 질문은 어떻게 평균수명을 최대수명까지 연장시킬 수 있는가 하는 질문이다.

일차적, 이차적, 삼차적 노화

현대사회에서 쇠약한 상태가 되는 시기가 점차 뒤로 연기되면서 건강한 노인인구가 활동적인 성인기의 기간을 연장시키고, 질병의 발병 시기를 최대수명의 끝 지점 가까이 지연시키려면 어떻게 해야 할 것인가? 이 질문에 대한 답변으로 Perlmutter와 Hall(1992)은 전형적인 노화(typical aging)를 구성하는 세 가지 노화개념을 제시하였다. 이들은 전형적인 노화에는 일차적 노화, 이차적 노화, 그리고 삼차적 노화가 있으며, 노화의 생물학적 과정을 이해하고 예방이나 치료 등의 개입을 하기 위해서는 이 세 가지 노화과정을 구분할 필요가 있다고 주장한다.

일차적 노화(primary aging) 우리 모두에게서 발생하는 보편적이고, 평생 지속되며, 불가피한 노화과정이다. 인간이라면 누구나 경험할 수밖에 없는 점진적이고 나이와 관련된 변화이다. 일차적 노화에는 머리가 희어지거나 빠지는 것, 움직임이 느려지는 것, 시력 및 청력이 약해지는 것 등 가시적인 과정도 있고, 온도변화에 대한 반응이 느려진다거나 면역체계 효율성이 감소하는 등 비가시적인 과정도 있다. 일차적 노화는 세포에서 기관에 이르기까지 모든 신체 수준에서 일어난다.

이차적 노화(secondary aging) 대부분 사람에게서 나타나기는 하지만 보편적이거나 불가피한 노화과정이 아니다. 이차적 노화는 질병, 남용, 불용의 결과로 발생하는 경우가 많은데, 다만 연대기적 연령과 상관관계가 높기 때문에 마치 일차적 노화처럼 오인될 수도 있다. 연구가 누적되면서 그동안 일차적 노화로 알려졌던 현상들이 이차적 노화에 기인한 변화로 밝혀지기도 한다. 오랫동안 일차적 노화의 결과로 알려져 왔던 피부주름은 대부분 태양광선으로 인해 야기된 피부손상이 오랜 시간 누적되면서 나타나는 것이라는 사실이 이제는 매우 잘 알려져 있다(Perlmutter & Hall, 1992에서 재인용). 일차적 노화는 개입의 가능성이 매우 적지만, 이차적 노화과정은 지연시키거나, 정지시키거나, 심지어 되돌릴 수도 있다. 예를 들어, 70대 남녀노인들이 규칙적인 운동과 식이요법으로 구성된 26일간의 프로그램에 참가한 후 건강과 작업능력이 향상되었다는 연구결과가 있다(Perlmutter & Hall, 1992에서 재인용).

노인들은 다른 연령집단에 비해 만성질환을 경험하는 비율이 높다. 신체가 노화하면서 질병에 대한 저항력이 감소하게 되기 때문에 연령과 질병의 관계는 매우 높다. 질병은 다시 노화와 관련된 변화를 일으키는데, 일단 만성적 질환이 발달하면 신체기관과 기능에서 쇠퇴를 가져오게 된다. 신체를 쓰지 않으면 모든 신체 체계에서 이차적 노화를 일으킬 수 있다. 예를 들면 운동부족은 근육을 쇠퇴시킨다. 운동을 하지 않는 많은 노인들은 운동을 하기가 어렵다고 하지만, 운동을 하지 않으면 오히려 이차적 노화를 촉진시키게 된다. 질병은 운동을 할 의지나 능력을 제한함으로써 노인의 활동을 감소시킨다. 또한 술, 담배, 비만, 영양불량, 과도한 자극 등 여러 형태의 남용은 이차적 노화를 가져온다. 청력상실은 보통 일차적 노화에 속하지만, 시끄러운 소음에 과도하게 노출되면 청력이 더 이른 시기에 심각한 정도로 나빠질 수 있다.

삼차적 노화(tertiary aging) 생의 마지막을 알리는 최후 급속한 쇠퇴를 나타내는 노화로 종말적 강하(terminal drop)와 유사한 개념이다. 건강, 인지, 사회적 능력에서의 급속한 변화이며, 이 변화들은 양적, 질적으로 정상적 노화과정의 변화와는 다르다. 질병을 피할 수 있는 능력은 사라지고, 대부분의 시간 잠을 자게 된다. 이런 시기는 아주 짧을 수도 있고 몇 달 또는 몇 년 정도 지속될 수도 있다.

세 가지 유형의 노화는 서로 상호작용하여 노화의 과정에 영향을 미친다. 생물학적 측면에서 이상적인 모델은 노화라는 강물이 처음에는 약하고 느리게 흐르기 시작하다가, 힘과 속도가 모아져 급물살처럼 흐른 후, 마침내 폭포처럼 떨어지는 모습을 보이는 것이다(Birren & Cuningham, 1985). 질병, 불용, 남용을 피하는 건강한 생활습관을 바탕으로, 건강한 노인은 수십년의 일차적 노화를 거치다가, 생애마지막 단계에서는 매우 짧은 삼차적 노화의 기간을 경험하게 될 것이다.

생물학적 노화이론(Theories of Biological Aging)

전형적인 노화 중 이차적 노화를 예방하거나 되돌리기 위한 노력은 건강관리의 측면에서 많이 연구되고 있다.[2] 한편 생물학적 노화이론들은 일차적 노화의 원인을 규명하는 데 초점을 맞추고 있다. 이 세션에서 소개하는 생물학적 노화이론들은 오랜 시간에 걸쳐 노년학계에서 타당성을 인정받고 수용된 이론들이지만, 노화의 생물학적 과정의 일부만 설명해 줄 뿐 완전히 설명해 주지는 못한다는 제한점이 있다. 현대 생물학적 노화이론들은 크게 '프로그램 이론'과 '손상·오류 이론'의 두 개의 범주로 구분된다(Jin, 2010).

프로그램 이론들(Programmed Theories)

프로그램 이론들은 노화가 미리 정해진 생물학적 시간표에 따라 이루어진다고 전제하는 이론들이다. 생물학적 시간표는 유전적으로 유지, 보수, 그리고 방어반응을 관장하는 생리적 체계를 통제한다.

내분비이론(Endocrine Theory) 생물학적 시계가 호르몬을 통해 작용하여 노화의 속도를 통제한다는 아이디어에 기반을 둔다(Magalhaes, 2011에서 재인용). 내분비체계는 내분비샘으로부터 호르몬을 합성, 분비하여 각 세포들에 정보 및 지시사항을 전달한다. 뇌하수체, 갑상샘, 부갑상샘, 부신, 췌장, 생식샘 등의 내분비샘(endocrine gland)이 호르몬을 합성·분비하는 기관이다. 호르몬은 혈관을 타고 이동하는 신체 내의 화학적 메신저로서, 세포들은 몸을 순환하는 많은 호르몬들로부터 특정한 정보를 받아들이도록 프로그램이 되어 있다. 이 이론에 따르면, 내분비계의 호르몬의 생성과 순환능력은 연령과 함께 감소하면서 노화가 진행된다는 것이다. 스트레스나 감염 등도 호르몬 수준에 영향을 미쳐 노화를 촉진할 수 있다.

면역이론(Immunological Theory) 우리 몸의 면역체계가 시간이 지남에 따라 점진적으로 감퇴되도록 프로그램 되어 있고 이로 인해 전염병에 대한 취약성을 증가시켜 결국 노화와 죽음을 초래한다는 주장이다(Effros, 2009). 면역체계는 감염, 곰팡이, 기생충, 바이러

---

2) 건강관리에 대한 내용은 12장을 참고하시오.

스, 기타 독극물들로부터 우리의 신체를 보호하는 정교한 방어체계로서, 우리 몸 전체에 걸쳐 기관, 세포 등에 배치되어 정상적인 신체물질과는 다른 이물질을 인식하고 대항하여 싸우도록 활성화된다. 면역체계는 '자기' 몸의 분자가 가지고 있는 특별한 표식을 기준으로 자기 몸과 이물질을 구분하여, 이물질로부터 자기 몸을 보호한다. 면역체계의 효율성은 사춘기 때 절정에 달하고, 그후에는 점진적으로 감소한다는 것이 일반적인 견해다. 노인의 면역 체계는 효율성이 떨어져서 외부의 침입물질에 대항하는 능력이 부족해지고 결과적으로 질병과 사망에 이르게 된다.

복제노화이론(Replicative Senescence Theory) 인간 세포는 분열을 통해 스스로를 재생산하는 능력에 한계가 있고, 이 분열횟수가 수명과 관련이 있다는 이론이다(Timiras, 2007). 인간은 세포의 분열을 통해 성장한다. 하나의 모세포가 두 개의 자세포로 분열할 때, 모세포의 유전정보를 가진 DNA를 복제하여 자세포에 전달하기 때문에 자세포의 DNA는 모세포와 동일한 유전정보를 가지게 된다. 그러나 인간세포의 분열횟수에는 한계가 있어, 더 이상 DNA를 복제할 수 없는 지점에 다다르게 되어 세포분열능력이 사라지는 복제노화 상태가 된다. 이 현상은 최초로 이 가설을 주장한 학자의 이름을 따서 'Hayflick 한계'이론이라고 불리기도 한다(Cavanaugh & Blanchard-Fields, 2015에서 재인용).

대부분의 과학자들은 세포분열에서 Hayflick 한계를 결정하는 것이 텔로미어(telomere)라고 믿는다(AFAR, 2011). 텔로미어는 염색체 말단에 붙어있는 DNA 조각으로서 세포분열시 중요한 유전자정보를 지닌 DNA가 상실되지 않도록 보호한다. 대신 염색체가 스스로 재생산 할 때마다 텔로미어가 짧아지는데, 텔로미어가 40~60회 나눠지고 이것이 매우 짧아지면 세포는 더 이상 분열을 하지 못하고 멈추게 된다. 이렇게 되면 세포는 점차 중요한 기능을 잃게 되고 노화한다는 것이다. 과학자들은 텔로미어 연구를 통해 인간의 노화과정을 가속화시키거나 지연시킬 수 있을 것으로 생각하였다. 그러나 인간의 모든 생리조직에 이 가설을 적용할 수 있을지 여부는 아직 논의가 진행되고 있다. 그럼에도 불구하고, 복제노화이론의 텔로미어 가설은 노화의 생물학적 과정을 설명하는 가장 강력한 이론 중의 하나이다.

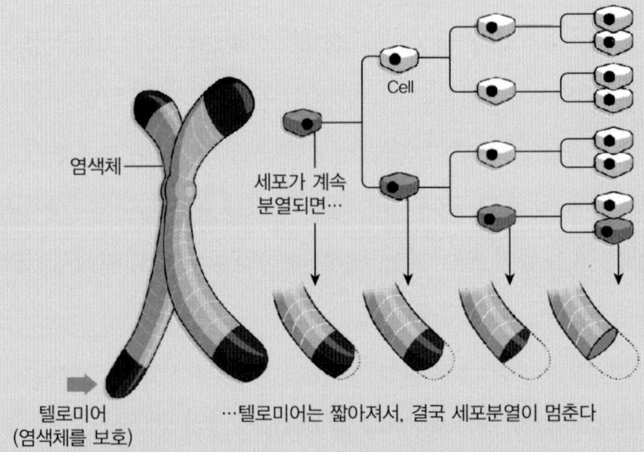

❖ 그림 5-2 인간의 수명과 텔로미어의 역할

Blackburn, Greider와 Szostak는 텔로미어와 텔로미어를 생성하는 텔로메라제 효소가 어떻게 염색체를 보호하는지를 발견한 공로로 2009년에 노벨 생리/의학상을 수상한다. 이들은 세포의 노화와 암이 어떻게 진행되는지를 발견했을 뿐 아니라, 세포의 수명(lifespan)을 결정하는 데 중요한 역할을 하는 메카니즘을 발견하였다.

출처: Journal of Cancer Biology & Therapy(2009). Blackburn, Greider, and Szostak win Nobel prize in physiology or medicine. 8(Issue 20); Making Cells Live Forever in Quest for Cures(2010). Wall Street Journal.

손상/오류 이론들(Damage or Error Theories)

손상/오류 이론들은 신체에 손상의 누적을 가져오는 환경적 공격을 노화의 원인으로 강조한다.

마모이론(Wear and Tear Theories) 1882년에 독일의 생물학자인 Dr. Weismann에 의해 처음 소개된 초기의 생물학적 노화이론이지만, 오늘날까지도 타당한 것으로 받아들여지고 있다(Jin, 2010). 이 이론은 삶이 생물학적 체계를 손상시킨다고 믿는다. 독성물질, 방사선, 자외선과 같은 자극요인들로 인해 신체의 세포, 조직, 기관에 손상이 온다. 생물학적 체계는 스스로를 복구하는 능력이 있어 그 손상이 초기에는 잘 나타나지 않으나, 복구가 완전하거나 충분하게 이루어지지 않고 살아가는 동안 계속 누적된다고 한다. 결국 손상의 누적은 유전자에 있는 DNA를 해치면서, 조직과 기관을 파괴하고, 궁극적으로 신체 모두를 파괴하게 된다.

교차연결이론(Cross-Linkage Theory) 인간이 나이를 먹어가면서, 어떤 화학적 반응에 의해 단백질의 분자들이 서로 과도하게 연결되어(교차연결, cross links) 노화가 진행되는 것으로 설명한다(Hoyer & Roodin, 2003). 교차연결은 분자들을 변화시켜 분자구조가 더 이상 똑같은 방식으로 기능할 수 없게 만들고, 분자구조의 이동성과 탄력성을 감소시킨다. 교차연결은 우리 몸의 모든 조직에서 계속 누적되어, 피부 주름, 동맥경화, 백내장, 신장 기능의 저하, 관절의 경화 등의 노화현상을 가져오는 것으로 알려져 있다(Papalia et al., 2007). 교차연결이 일어나는 주요 방식 중 하나는 포도당 분자로 인해 단백질 분자구조들이 연결되는 '당화(glycation)'라고 불리는 과정이다. 그러나 학자들은 교차결합이 노화를 가져오는 생화학적 원인 중의 하나이기는 하지만 가장 중요한 요인은 아니라고 생각한다. 또한 교차연결과 노화와의 관계는 아직도 과학적으로 밝혀야 할 부분이 많이 남아 있다.

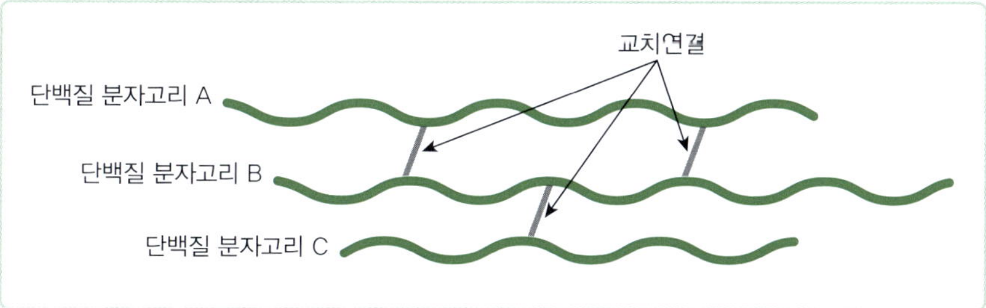

❖ 그림 5-3 교차연결

자유기이론(Free-Radical Theory) 자유기라고 불리는 고도로 불안정한 원자 또는 분자가 신체 내에서 과도하게 증가하거나 계속 누적될 때 노화가 진행된다고 설명한다(Cavanaugh & Blanchard-Fields, 2015). 보통 전자는 한 쌍일 때 안정된 배열구조를 유지하는데, 자유기는 원자핵을 둘러싼 전자가 쌍을 이루지 못한 상태여서 매우 활동적이 되어 다른 원자 또는 분자의 전자를 공격하게 된다. 전자를 뺏긴 다른 원자나 분자는 다시 쌍을 이룰 전자를 찾아 공격하는 연쇄적인 반응이 일어나면서 신체에 손상을 입히게 된다. 최근의 자유기이론에서는 여러 종류의 자유기 중에서도 활성산소로 불리는 자유기에 가장 관심을 둔다(AFAR, 2011; Shringarpure & Davies, 2009). 그 이유는 산소는 인체의 대사 활동에 필수적인 생화학적 물질이면서, 동시에 산소의 전자구조상 두 개의 전자가 서로 쌍을 이루지 않고 별도로 원자핵을 돌고 있어 자유기가 될 가능성이 높기 때문이다.

활성산소는 정상적인 신진대사 과정에서 생성되는 부산물로 세포의 유지와 기능성에 중요한 역할을 한다. 그러나 자외선, 열, 오염물질에의 노출 등 환경적 스트레스가 있으면, 활성산소가 극적으로 증가하여 세포구조에 손상을 가져온다. 세포구조의 손상이 누적되면 심장질환, 뇌 기능의 퇴화, 암, 대사성 면역억제 등 연령과 관련된 병리학적 증상들을 초래한다. 우리의 신체는 효소 형태로의 천연 항산화제(antioxidants)를 가지고 있는데, 이 항산화제가 활성산소를 흡수하고 중성화하여 신체를 해치지 못하게 한다(Sitte & Zglinicki, 2003). 그러나 나이를 먹어가면서 신진대사의 부산물이 누적되고 환경적 스트레스에 의한 손상도 누적되기 때문에, 몸에서 발생하는 산화물질과 이에 대응하는 항산화 물질 사이의 균형상에 산화비율이 높아지면서 노화가 진행된다고 설명한다.

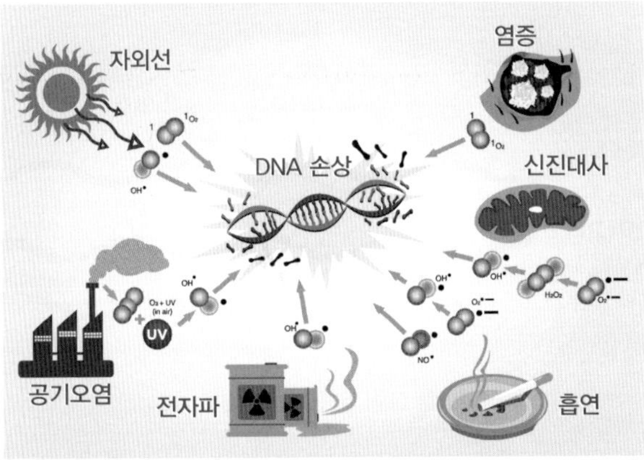

❖ **그림 5-4** 자유기의 생성에 영향을 미치는 요인들

DNA 손상이론(Somatic DNA Damage Theory) 자연적으로 발생하는 DNA 손상이 복구되지 않고 축적된 결과 노화를 초래한다고 보는 이론이다(Jin, 2010). 여기에서 DNA 손상은 DNA가 변형되어 비정상적인 구조를 가지게 되는 것을 의미한다. 이 이론은 특히 핵 DNA(nuclear DNA)에 초점을 맞추는데, 핵 DNA의 손상은 세포자살(apoptosis)이나 세포노화를 증가시킴으로써 간접적으로 노화를 초래할 수도 있고, 세포의 기능손상을 증가시킴으로써 직접적으로 노화를 초래할 수도 있다. 이 이론은 DNA 손상이 노화를 촉

진시키므로 DNA 손상을 복구하는 능력을 증가시키면 수명을 증가시킬 수 있다는 사실을 시사한다. DNA 손상에 대한 반응의 복잡성에 대해 아직 밝혀지지 않은 부분들이 많지만, 이 이론은 노화의 생물학적 과정에 대한 강력한 설명으로 받아들여지고 있다.

2. 노년기의 신체적 변화

오랫동안 신체적 노화와 관련된 많은 정보들은 대체적으로 노인 연령집단과 젊은 연령집단의 횡단적 비교 연구로부터 구한 결과들이었다. 이러한 연구들은 신체적 기능에서의 연령차를 과장되게 보여주는 경향이 있다. 그후에 종단적 연구 등 노년학 연구방법의 발전으로 횡단적 연구 결과들이 수정되면서 노년기 신체적 변화에 대한 좀 더 객관적인 정보들이 제공되고 있다(4장 노년학 연구방법 참고).

외형상의 변화

신체적 변화의 인식은 외형상의 변화에서부터 시작한다. 머리가 희어지고 눈가에 주름이 생기는 등 외형상 변화는 점진적으로 천천히 누적되어, 처음에는 이를 인식하지 못하다가 어느 순간 더 이상 무시하지 못하게 된다. 일반적으로 우리가 늙었다고 인식하게 되는 계기는 스스로 지각하게 되는 경우보다는 오히려 우리의 외형상의 변화에 대한 타인의 반응에서 비롯된다. 젊음을 지향하는 현대사회에서 늙었다는 사실을 인식하게 되면 자아에 손상을 받거나 자기 확신이 줄어들 수 있다. 그래서 요즘 남녀 모두 이 노화의 신호들을 바꾸고 지연시키려는 희망으로 화장품, 피부관리, 성형외과수술 등에 많은 돈을 소비한다. 외형상의 변화는 머리카락, 피부, 체성분, 골격의 변화 등과 관련되어 나타난다.

머리카락의 변화 색상과 굵기, 밀도에서 현저하게 변화가 나타난다(Quadagno, 2008). 머리카락은 2~7년 주기로 새로운 머리카락으로 대체되는데, 나이를 먹으면서 머리카락을 만들고 성장시키는 모낭의 기능과 효율성이 떨어진다. 그 결과, 나이가 들면 머리카락이 많이 빠지고, 가늘어지고, 머리카락이 자라는 속도도 느려진다. 모낭의 기능이 감소하면서 멜라닌 색소의 생산도 느려져 머리카락의 색상이 옅어지기 시작하고 흰색 또는 무색이 된다. 그래서 굵고, 빽빽하고, 짙었던 머리카락은 나이가 들면서 가늘고, 성글고, 옅은 색상의 머리카락이 되는 것이다. 남성은 남성호르몬인 테스토스테론(testosterone)의 작용에 의해 대머리가 되기도 한다. 여성의 경우 머리카락의 밀도가 감소하면서 두피가 보이는 '원형탈모증'을 보이기도 한다. 연령과 관련된 머리카락의 변화는 주로 유전적 요인에 기인하는데(Perlmutter & Hall, 2007), 개인차가 커서 어떤 사람들은 꽤 많은 나이가 될 때까지 머리카락 색이 짙고, 어떤 사람들은 꽤 젊은 나이에 머리카락이 하얘지기도 한다.

피부의 변화 노화를 나타내는 가장 가시적인 표시가 피부의 변화이다. 피부는 표피, 진피, 피하조직의 세 개의 층으로 구성되고, 각 피부층마다 콜라겐 섬유를 가진 결합조직(connective tissues)이 있어 피부의 탄력성과 강도를 지탱해준다(Wilkinson & Millington, 2009). 피부변화는 유전, 기후, 환경, 영양, 흡연 등 여러 요인들의 영향을 받지만, 가장 중요하고 큰 영향을 미치는 요인은 태양이다(Timiras, 2007). 피부에는 자연 색소가 있어 태양으로부터 피부를 보호해주는 기능을 하는데, 연령의 증가와 함께 색소세포의 수가 감소하는 한편 남아있는 색소세포의 크기가 커지면서 '검버섯'이 된다. 검버섯은 태양에 노출되는 부위에 많이 나타난다. 태양에의 노출로 피부의 결합 조직에도 변화가 생겨 피부의 강도와 탄력성이 감소한다. 또한 연령과 함께 피하지방에 있는 기름이 적어지면서 피부의 보습성을 유지하는 데 어려움이 생기고 피부 건조와 가려움증이 생긴다(Perlmutter & Hall, 2007). 그리고 피하지방층이 얇아져 체온을 유지하는 능력도 떨어지게 되는데, 추운 날씨에 노인이 동사할 위험성이 더 큰 이유이다. 땀샘으로부터 땀의 분비가 감소하고 그로 인해 발한(땀이 식은 땀의 형태로 증발하는 현상)능력이 떨어져 체온을 낮추기가 어려워진다(Perlmutter & Hall, 1992). 그래서 노인들은 열사병에 걸릴 가능성도 높다.

체성분(body composition)의 변화 연령의 증가와 함께 체성분의 변화가 나타난다. [그림 5-5]에서 보듯이, 몸무게에서 수분이 차지하는 비율은 연령에 따라 감소한다. 그리고 근육의 크기와 강도가 감소하면서, 근육조직의 비율이 감소하고 대신 지방이 증가하는 '근감소증(sarcopenia)'이 노년기에 많이 나타나는 신체적 현상이다(Hooyman & Kiyak, 2014)([그림 5-5] 참조). 근육 자체의 탄력성과 유연성도 감소하고, 크기도 감소한다. 복부를 제외한 다른 신체부분에서 지방비율이 증가하는 것은 주로 순수 근육부피가 감소하기 때문이다(Atlantis, Martin, Haren, Taylor, & Wittert, 2008). 체성분에서 근육과 수분을 상실하고 지방조직이 증가하게 되면, 노인들이 약물을 대사할 수 있는 능력이 떨어져서, 방향감각을 상실하거나, 낙상하거나, 약물을 과잉복용하는 등의 행동을 보일 수 있다. 복부는 지방이 주로 축적되는 신체부분으로서 복부에 지방이 쌓이면 심혈관계 질환이나 당뇨를 발달시킬 위험성을 높인다(Hooyman & Kiyak, 2014).

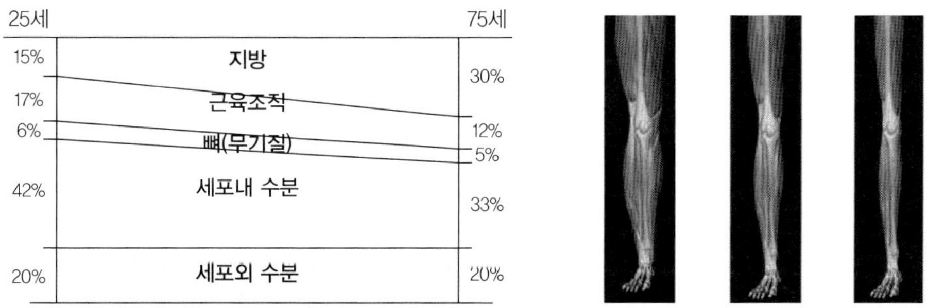

❖ 그림 5-5 연령에 따른 체성분의 변화와 근감소증

출처: Hooyman & Kiyak(2014). p. 49에서 재인용.

골격과 관절의 변화 근육양의 감소와 함께 골격과 관절의 변화가 자세와 걸음걸이에 영향을 미친다. 자세와 걸음걸이의 변화는 피부변화만큼이나 연령과 관련된 흔한 변화이다.

골격뼈는 신체를 지탱해 주고 구성해 준다. 연령의 증가와 함께 뼈는 칼슘과 다른 미네랄을 상실하면서 골질량이나 골밀도가 감소하게 되는데(Hoyer & Roodin, 2009), 특히 폐경기의 여성들에게 흔하게 나타난다. 척추를 구성하는 각 척추뼈 사이에는 디스크라고 불리는 젤 타입의 쿠션이 있다. 척추뼈들이 미네랄 성분을 잃고 디스크도 그 안의 수핵을 잃으면서 가늘어짐에 따라 몸통이 짧아지고, 척추가 굽어진다. 팔다리의 골격도 미네랄 상실을 겪지만 짧아지지는 않기 때문에 노인들의 모습은 줄어든 몸통 대비 팔다리가 긴 것처럼 보인다(Hooyman & Kiyak, 2014). 한편 노인들, 특히 여성 노인들의 뼈는 질량과 밀도가 감소하기 때문에 골절에 취약해지는데, 심해지면 약간의 자극에도 쉽게 부러지거나 부서지는 '골다공증'을 보인다.

관절은 뼈들이 서로 만나는 지점이다. 관절의 연골이 가운데에서 쿠션역할을 해주기 때문에 뼈들은 직접 서로 접하지는 않고 유연하게 움직일 수 있게 되는 것이다. 연령의 증가와 함께, 관절에 염증이 생기거나, 변형되거나, 뻣뻣해지거나, 통증이 생길 수 있다. 관절의 노화는 경미한 정도에서 '골관절염'까지 다양하게 나타난다. 골관절염은 무릎관절이 연골을 잃게 되는 퇴행성 변화로서, 관절 질환 중에 가장 많이 발생한다(오지현·이명선, 2014). 골관절염은 나이가 들면 발생하는 병으로 인식되고 있지만, 비만이나 과격한 운동 등 무리하게 관절을 사용하면 젊은 나이에 일어날 수도 있다. 미네랄이 관절에 축적되는 '석회화'가 일어나기도 하는데, 특히 어깨에 많이 발생한다(Hooyman & Kiyak, 2014). 나이 들면서 어깨의 석회성 건염이나 오십견의 고통을 호소하는 사람들이 많은 이유이다.

이러한 골격과 관절의 변화로 인해 노인들의 움직임이 달라진다(Hooyman & Kiyak, 2014). 걸음걸이가 느려지고, 불안정해지며, 걸을 때 양팔을 적게 움직이며, 보폭이 짧아진다. 걸을 때 균형을 잡기가 어려워서 노인들은 더 쉽게 피곤해하고, 낙상을 할 가능성이 크다. 더구나 뼈가 약해져서 부상의 정도가 더 커질 수 있다. 골격과 관절의 변화는 일부 자연스러운 노화과정이기도 하지만, 많은 경우 식이요법과 운동으로 예방하거나 지연시킬 수 있다고 본다.

내부기관계(Organ System)의 변화

사람이 얼마나 겉으로 나이가 들어 보이는가는 그 사람의 내부 기능들이 얼마나 노화되어 있는가와 상관관계가 있다. 그러므로 건강하게 늙어가기 위해서는 내부기관계의 건강을 유지하는 것이 중요하다. 여기에서는 연령과 관련해서 뚜렷한 변화를 보이거나 중요한 영향을 미치는 기관계를 중심으로 내부기관계의 변화를 기술한다.

심혈관계 심혈관계의 구조와 기능은 연령의 증가와 함께 변화한다. 동맥의 내벽과 다른 혈관에 지방과 지질이 축적되면서 동맥의 유연성이 감소되고, 혈관벽이 약해진다. 특히 동맥에 지방과 지질의 축적이 과도하게 나타나면서 혈관이 좁아지고 결과적으로 혈액의 흐름을 방해하게 된다. 이러한 증상은 너무 많은 포화지방을 섭취하여, 혈액 속에 콜레스테롤이 지나치게 많을 때 발생한다. 심장은 혈액을 심방에 가득 채우기 위한 이완과 혈액을 몸 전체로 내보내기 위한 수축 작용을 반복한다. 심장이 박동하면서 혈액이 혈관벽을 따라 흐르며 혈관 벽에 규칙적으로 압력을 가하게 되는데, 혈관은 유연성이 있어서 그 압력을 일정하게 유지할 수 있다. 그러나 혈관에 지방이나 지질이 쌓이면 혈관이 좁아

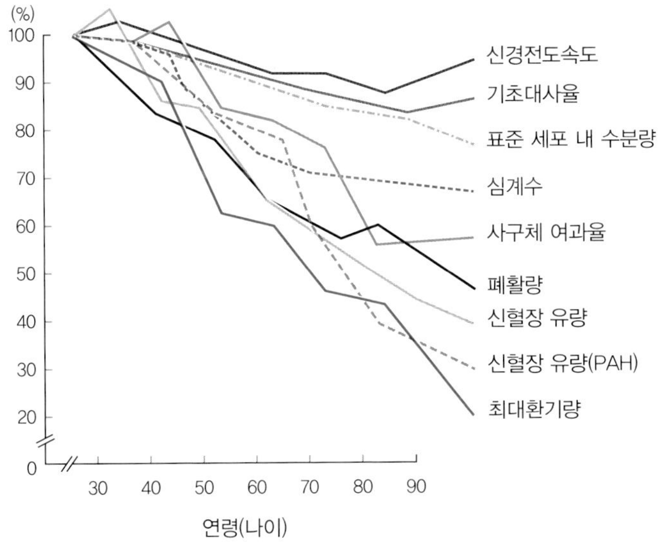

그림 5-6 노화에 따른 생리기능의 변화(30세의 생리기능을 100으로 기준)

출처: 박상철(2018)에서 재인용.

지고 유연성을 잃게 되어 압력을 통제하기 어려워지고, 이로 인해 혈압과 관련된 질환을 경험하게 될 수 있다.

호흡계 호흡계도 연령에 따른 변화를 보인다(Timiras, 2007). 연령의 증가와 함께 폐를 조종하는 근육이 유연성을 잃고 효율이 떨어져서, 호흡을 할 때 흉벽이 확장되지 않아 폐 안으로 적은 양의 공기가 들어가게 된다. 특히 나이를 먹으면서 자세가 굽어지면서 더 악화될 수 있다. 이런 변화에도 불구하고, 노인들은 들이쉬는 공기 양과 내 뱉는 공기 양이 비슷하다. 다만, 한 번 호흡에 공기를 최대한 들이쉬고 또 내뱉을 수 있는 '폐활량'은 대개 20대부터 매년 천천히 감소한다. 나이가 들면서 깊은 숨을 쉬기가 어려워진다는 의미이다. 그래서 노인들은 운동 후나 산을 오른 후 계단 등에서 가쁜 숨을 쉬고, 더 천천히 움직이고, 더 빈번하게 쉬어야 한다. 그리고 폐렴에 걸릴 위험성이 크다.

심혈관계와 호흡계의 노화 모두 잘못된 생활습관에 의해 촉진된다. 노인들의 다양한 폐 질환은 일차적으로는 흡연에 의해, 그리고 환경오염 등에 의해 영향을 받는다. 심혈관계의 기능 저하는 건강하지 못한 식사습관, 비만, 비활동적인 생활양식과 관련이 있다. 그러므로 생활습관을 바꿈으로써 혈압을 낮추고 폐활량을 증가시킬 수 있다.

비뇨기계 신장은 혈액을 필터링해서 이온과 미네랄의 균형을 맞춰주는 몸 내부의 화학적 반응에 중요한 역할을 한다. 이 과정에서 나온 요소(urea)는 방광으로 모아져서 몸 밖으로 나간다. 나이가 들면서 신장의 이러한 기능이 저하되고 방광의 기능 또한 나이가 증가하면서 약화된다. 나이가 들어가면서 점차 방광의 용량이 감소하고 방광을 충분히 비우지 못하게 되기 때문에, 점차 소변의 빈도가 증가하여 대부분의 노인들은 소변을 보기 위해 밤에 일어난다. 또한 노인들은 방광이 거의 차오를 때까지 자극을 못 느끼기 때문에, 요의를 느끼는 즉시 즉각적으로 화장실을 가야만 한다. 특히 여성들은 웃음, 재채기, 기침으로 인해 압력이 증가했을 때 발생하는 피로요실금을 자주 호소한다.

신경계 신체의 조직들이 신경계(nervous system)의 지배를 받기 때문에 신경계의 노화는 신체기능에 치명적일 수 있다. 그러나 다행히 중추신경계에서의 변화는 일반적으로 다른 기관계들에 비해 낮은 수준에서 이루어진다(Perlmutter & Hall, 2007). 나이를 먹으면서 자연적으로 뇌의 뉴런이 손실되는 등 구조적인 변화를 보인다(Perlmutter & Hall, 1992). 그러나 뇌의 구조적인 변화로 인해 신경전달물질의 분비가 원활하지 못하고 뉴런간의 정보교환이 느려지더라도, 약간의 인지기능과 운동기능의 저하만 있을 뿐이다. 건망증이 생기거나 반응속도가 느려지더라도 생활에 지장이 있을 정도는 아니다. 그러나 뇌 손실이 심각하면 치매나 파킨스병 같은 뇌 관련 질환을 일으킬 수 있다. 예를 들어 한 신경 전달물질인 도파민의 전달 경로 파괴는 파킨슨병과 관계가 있다. 뇌의 변화는 음주, 흡연, 공기오염 등에 의해 더 가속화될 수 있다.

노화와 수면

성인기의 수면패턴을 조사한 연구에서 수면시간 및 수면 효율성, 뇌파의 패턴과 수면 단계에서 연령과 관련한 변화를 발견하였다(Hooyman & Kiyak, 2014에서 재인용). 노인들의 총 수면시간은 젊은 사람들보다 크게 짧지 않으나, 그럼에도 잘 자지 못한다는 불평을 한다. 이는 나이를 먹으면서, 숙면을 잘 하지 못하기 때문이다([그림 5-7] 참고). 노인들의 수면 중에는 REM 상태(깊게 잠들지 못하고 눈이 빠르게 움직이는 수면단계)의 주기가 반복되어 나타난다. 그래서 노인들은 젊은 사람들보다 더 쉽게 깨어나고 조그만 환경적 자극에도 금방 깨어난다. 이러한 수면패턴의 변화는 연령과 관련된 생리적 변화에 기반을 두는데, 수면무호흡증(잠자면서 코를 골다가 10초 정도 숨이 멈추는 증세), 다리경련, 속쓰림, 소변마려움과 같은 생리적 현상으로 인해 잠에서 깬다(Hooyman & Kiyak, 2014). 대부분 노인들은 밤에 자주 깨어나서, 부족한 밤잠을 낮잠으로 보충한다. 낮잠을 자면 다시 밤에 잠들기가 어려워지는 수면장애의 악순환이 반복된다. 수면장애로 인해 낮 시간동안의 활동에 제약을 받고, 불안, 우울의 정서 상태가 되거나 수면제 같은 약물이나 주류를 남용하게 될 수 있다(Hooyman & Kiyak, 2014).

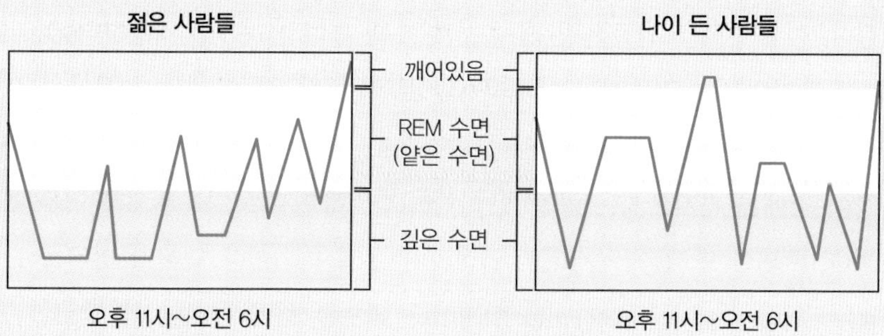

❖ 그림 5-7 수면패턴의 연령비교

출처: U.S. National library of medicine.

감각기관의 변화

시각, 청각, 미각, 후각, 촉각 등의 감각은 우리에게 세상에 대한 정보를 제공한다. 감각기관을 통해 환경으로부터 받은 감각정보는 신경신호로 전환되어 뇌로 전달된다. 감각기관이 감각적 자극을 인식하기 위해서는 일정 수준의 자극이 주어져야 하는데, 나이가 들수록 더 높은 수준의 자극을 요구하게 된다(Quadagno, 2008). 나이를 먹으면서 감각이 무뎌지면 주변 세상에 대한 세부사항을 감지하는 데 어려움을 겪게 된다. 그래서 감각기관의 변화는 노인들이 다른 사람들과 교류하고 활동을 즐기는 데 제약을 주고 심한 경우 고립을 초래할 수도 있다. 노화와 함께 모든 감각기관이 영향을 받지만, 특히 청각과 시각이 가장 영향을 받는다. 감각기관의 변화는 생활방식의 변화나 안경, 보청기 등의 외부 보조를 통해 통제할 수 있다.

눈의 구조는 나이와 함께 변화하며 시각에 영향을 미친다(Hooyman & Kiyak, 2014). 각막의 민감성이 떨어져 눈에 손상을 입어도 잘 의식하지 못하게 된다. 동공은 크기가 줄어들고 수정체는 유연성이 감소하며, 어둠이나 밝은 빛에 대한 반응이 느려진다. 눈을 둘러싼 근육이 약해지면서 눈을 여러 방향으로 돌리는 데 어려움을 겪고, 이로 인해 시야가 좁아진다. 눈이 노화되면 눈물샘이 마르면서 눈이 건조해진다. 안구건조증은 인공눈물과 같은 적절한 조치를 취하지 않으면 감염, 염증, 각막손상 등을 초래할 수 있다.

시력이 점차 감소하는데, 가장 보편적인 문제는 눈을 가까운 물체에 집중하기 어려운 '노안'이 발생하는 것이다. 또 노인들은 어둠이나 밝은 빛에 잘 적응하지 못하고 쉽게 눈이 부셔한다. 이로 인해 노인들은 밤에 운전하는 데 특히 어려움을 경험한다(Quandagno, 2008). 눈의 유리체가 수축하면서 날파리처럼 보이는 조그만 물체들이 시야에서 움직이는 것처럼 보이는 현상도 노인들에게서 보편적으로 나타나지만, 정상적인 노화에서는 이러한 현상이 장애를 가져오지는 않는다. 시력이 감소하면서 노인들은 작은 글씨를 잘 읽지 못하거나, 주위의 방해물을 제대로 인식하지 못해 다치거나 넘어질 위험성이 높아진다. 그러나 이러한 수준의 시력감소는 안경이나 렌즈를 끼거나 의료적으로 처치를 받음으로써 보완할 수 있다.

노년기에 보편적으로 나타나는 심각한 시각적 장애로는 백내장, 녹내장, 황반변성을 들 수 있다(Hooyer & Roodin, 2009)([그림 5-8] 참조). '백내장'은 수정체의 손상으로 사물이 안개가 낀 것처럼 흐리게 보이는 증상이다. '녹내장'은 시신경이 손상되어 시야가 비정상적으로 좁아지는 증상으로 시력을 잃을 위험성을 증가시키는 심각한 질환이다. '황반변성'은 망막의 중심인 황반에 여러 가지 변화가 생기면서 시력이 저하되는 증상이다. 황반은 망막 중에도 시각정보를 가장 잘 파악할 수 있는 부분으로 미세한 부분을 관찰할 때 쓰인다. 황반에 문제가 생김으로써 집중해서 보고자 하는 부분이 어둡거나 왜곡되게 보이는 것이다.

백내장 녹내장 황반변성

❖ **그림 5-8** 노년기의 심각한 시각적 장애

출처: 이데일리(2018. 10. 8.). 녹내장, 황반변성 등 실명 질환 급증... 조기 발견이 중요.

연령의 증가와 함께 귀 내부의 구조가 변하기 시작하고 소리를 받아들이는 능력이 줄어들면서 청력이 감소한다(Quadagno, 2008). 연령과 관련된 청력손실을 '노인성난청'이라고 한다. 특히 노인들은 고주파음을 듣는 능력이 감소한다. 노인들은 소리 간의 차이를 구분하는 데에도 어려움을 경험할 수 있다. 그래서 대화를 할 때 소음이 있으면 상대방의 소리를 잘 듣지 못한다. 청각과 관련하여 노인들에게 자주 나타나는 증상이 '이명'이다. 이명은 외부로부터의 자극이 없는데도 머릿속에서 고음의 소리가 계속 맴도는 현상을 말한다. 시각과 달리 청각에서의 상애는 환경적 원인에 의해 크게 영향을 받는 것으로 보인다(Perlmutter & Hall, 1992). 도시에 거주하거나, 소음에 노출된 환경에서 작업하는 사람들이 농촌지역이나 저소음 환경에 사는 사람들에 비해 중년 및 노년기에 더 큰 청력감소를 보인다.

후각과 미각은 함께 작용한다. 대부분의 미각은 냄새와 관련되기 때문이다(Hooyman & Kiyak, 2014). 미각과 후각은 우리에게 음식을 즐길 수 있도록 해주는 한편 부패한 음식, 가스, 연기 등 위험을 감지할 수 있도록 해줌으로써 안전에 중요한 역할을 한다. 나이와 함께 달고, 짜고, 시고, 매운 맛을 느끼게 해주는 혀의 미뢰가 감소하기 시작하여, 노인이 되면 맛에 대한 민감성이 감소한다. 그러나 일부 연구들은 노화가 미뢰를 줄이기는 하지만, 미각에까지는 영향을 주지 않으며 맛의 종류에 따라 영향을 다르게 미친다고 주장한다(Permutter & Hall, 2007). 그래서 맛의 종류 중 어떤 미각이 유지되고, 어떤 부분이 감소하는지에 대한 연구관심이 일고 있다. 후각은 미각보다 연령의 영향을 더 크게 받는다(Perlmutter & Hall, 1992에서 재인용). 코에서 콧물은 말초신경이 냄새를 감지할 수 있을 만큼 충분한 시간 동안 냄새를 코에 머무르게 해준다. 연령의 증가에 따른 말초신경의 상실과 콧물분비의 감소로 인해 후각이 감소된다(Hooyman & Kiyak, 2014). 일반적으로 미각과 후각의 쇠퇴는 정상적이고 점진적인 노화이기는 하지만, 질병, 흡연, 공기 중의 유해입자에 노출되면서 급속히 진전될 수도 있다.

촉각은 고통, 온도, 압력, 진동 등을 인식할 수 있게 해준다. 피부, 근육, 힘줄, 관절, 내부기관들은 말초신경을 통해 이러한 촉각을 감지한다. 전달된 정보를 바탕으로 뇌가 촉각이 불쾌한 것인지, 좋은 것인지, 중립적인 것인지를 해석한다. 생리적 변화로 인해 말초신경이나 척추 및 뇌까지 혈액순환이 잘 되지 않으면 촉각 기능이 감소하게 된다(Hooyman & Kiyak, 2014). 촉각에서 온도에 대한 민감성이 감소하면 서늘한 것과 추운 것, 따뜻한 것과 뜨거운 것을 구분하는 데 어려움을 겪게 되어 동상, 저체온증, 화상을 입을 위험성이 커진다. 사람들이 고통을 느끼면 그 고통을 피하기 위해 노력하는데, 고통에 대한 민감성이 줄어들면 위험한 상황을 제대로 인지하지 못해 스스로를 보호하지 못할 가능성이 증가한다. 촉각의 변화는 생리적 변화뿐 아니라 영양불량이나 뇌와 관련된 손상에 기인할 수도 있다.

CHAPTER

06

심리적 노화 Ⅰ: 인지적 변화

GERONTOLOGY

1. 지능 / 2. 기억 / 3. 지혜와 창의력

CHAPTER

06 심리적 노화 Ⅰ: 인지적 변화

영국의 유명한 배우인 Laurence Olivier는 20대에 매우 특출한 기억력을 가지고 있어서 한 가지 배역을 연기하면서 동시에 다른 작품의 주연역을 일주일도 안 걸려 완벽하게 암기하는 뛰어난 능력을 보였다. 그러나 연기경력의 최고인 57세 즈음에 그는 무대공포증을 경험하게 되면서 대사를 한 줄도 외울 수 없을 지경이 되었다. 그의 나이 62세 때 "한 장면을 외우는 데 삼 주나 걸려… 내가 젊었을 때는 로미오 역을 단 이틀만에 다 외웠는데…"라고 투덜거렸다. 그 이후 그는 계속해서 기억력의 쇠퇴를 경험했고 영화나 텔레비전에서 대사가 매우 적은 역만을 소화했다. 그러나 57세 이전의 기억력은 유지되어 73세 때 연극평론가와 대화하던 중에 50년 전에 했던 작품인 햄릿의 대사를 줄줄 외웠다. 그의 나이 76세 때 그는 단 한 줄의 대사도 정확하게 기억하지 못하게 되었지만 60년 전의 일화에 대해서는 매우 생생하게 말할 수 있었다.

위에서 언급한 유명배우의 기억력의 변화를 볼 때, 지능과 기억은 연령에 따라 어떠한 변화를 보이는 걸까? 왜 오래 전 학습한 기억은 생생한데 최근의 새로운 학습을 기억하는 것이 어려운 걸까?

출처: Papalia, Sterns, Feldman, & Camp(2002)에서 발췌.

심리적 노화는 외부 환경이나 발달에 대한 개인의 적응능력과 문제해결능력의 발달 또는 변화를 포함하는 것으로, 지능이나 학습능력 등 인지적 요소와 성격, 동기나 욕구 등 비인지적 요소, 그리고 정서적 변화가 함께 작용하여 나타난다. 심리적 노화의 기본전제는 정상적인 노화와 성공적인 노화 그리고 병적인 노화 사이에 중요한 차이가 있으며, 개인에 따라 유전적 요인, 환경적 요인, 개별화의 효과, 그리고 다양한 질병 등에 의해 커다란 차이와 다양성이 존재한다는 것이다. 또한 노화의 진전에도 불구하고 대부분의 노인은 상당한 정도의 잠재력을 유지하고, 경험에 의해 축적된 지식과 기술을 통해 연령에 따른 인지기능의 쇠퇴를 상쇄시킬 수 있으며, 자아를 탄력성 있게 유지할 수 있다. 노화가 진행됨에 따라 상실의 경험이 상대적으로 증가하지만 자원의 재분배나 사회적 구조의 개선 등을 통해 상실을 최소화할 수 있다. 그러나 수행 잠재력의 한계수준까지 수행할 것이 요구되는 상황에서는 연령에 따른 수행의 차이가 상당히 커지게 된다(Baltes & Baltes, 1990). 이번 장에서는 심리적 노화의 영역 중 지능과 기억능력 등의 인지적 요소의 변화를 살펴보고자 한다. 이를 위해 지능과 기억에 대한 전반적인 개념설명과 동시에 연령에 따라 어떠한 인지적 변화가 나타나는 지를 살펴보고, 연령증가에 따른 인지적 변화에 대한 부정적 고정관념에도 불구하고 나이든 노인에게서 볼 수 있는 긍정적 인지변화의 예로 지혜와 창의성에 초점을 두고자 한다.

1. 지능

기존의 노년기 지능에 대한 연구들은 횡단연구 중심으로 연령에 따른 쇠퇴를 강조하였다. 이후 종단연구와 계열설계법 등의 다양한 연구방법으로 접근한 결과, 지능의 종류별로 변화의 방향성이 다르다는 것을 확인하였다. 또한 노년기 지능의 변화에 영향을 미치는 요인들에 따라 지능의 유연성을 유지할 수 있는 방법에 대한 접근을 하였고, 근래에는 노년기 지능이 학령기 지능과 질적으로 다르기 때문에 기존의 지능검사로 측정할 수 없는 일상생활능력 등 노년기에 필요한 지능에 대한 접근등이 강조되었다(김애순, 2012). 다음에서는 지능이 무엇인지에 대한 설명과, 지능의 변화를 횡단연구와 종단연구 결과 중심으로 설명하고자 한다. 또한 지능의 변화에 영향을 미치는 요인들을 중심으로 노년기에도 지적능력을 유지할 수 있는 방법에 대해 알아보고자 한다. 마지막으로 노년기 지능은 질적으로 다르다는 것을 강조하면서 학업능력이 아닌 일상생활과 관련된 지능에 대한 접근이 필요하다는 입장을 살펴보고자 한다.

지능의 개념

지능(intelligence)은 이해하기는 쉽지만 정의 내리기는 어려운 개념으로, 어원은 '사이에서 고르다'와 '현명한 선택을 한다'라는 라틴어에서 왔다. Binet(1905)는 잘 판단하고 이해하고 추론하는 것이 지능의 핵심이라고 하였고(Hooyman & Kiyak, 2011에서 재인용), Wechsler(1958)는 지능을 '유목적으로 행동하고, 합리적으로 사고하며, 환경을 효과적으로 다루는 개인의 종합적 능력'이라고 정의하고 있다. 그러나 지능에 대한 정의가 어려웠던 이유는 지능을 단일 능력이냐 아니면 여러 요인들로 구성된 능력으로 보느냐에 대한 학자들의 의견불일치 때문이었다. 예를 들어 Spearman(1927)은 지능을 '일반적 능력'이라는 단일요소로 본 반면, Sternberg 등(1981)은 지능을 '문제해결능력, 언어성 능력과 사회적 유능성'으로 보았다. 지능의 다요소적 측면을 강조한 연구자들 중 Snyderman과 Rothman(1987)은 심리학, 교육학, 사회학, 생물학자 등 다학제적 학자들에게 지능의 요소로 13가지를 제시하고 그중에서 지능의 핵심요소를 선택하게 하였다. 연구결과 학자들은 공통적으로 추론능력과 지식습득 능력 그리고 문제해결능력을 선택하여 지능의 다중요소적 측면이 강조되었다. 이후부터 현재까지는 지능의 다면적 요소를 강조하는 입장이 받아들여지고 있다.

지능의 종류는 측정방법에 따라서도 매우 다양한 접근이 있는데, 대표적인 것은 결정화된 지능 vs 유동적 지능, 언어성 지능 vs 비언어성 지능에 대한 접근이 있다. 결정화된 지능은 지식과 경험, 판단력, 추론적 사고 등과 관련된 것으로 주로 언어적 의미, 단어조합, 수, 그리고 사회적 판단 등으로 측정하는 것이지만, 유동성 지능은 다양한 기초정보에 대한 개인의 순수한 능력으로 공간지각, 추상적 사고, 언어유창성, 그리고 귀납적 사고 등을 가지고 측정한다(Cattell, 1963; Horn, 1982). 성인지능 검사로 가장 많이 쓰이는 Wechsler Adult Intelligence Scale(WAIS)(Wechsler, 1958)의 경우에 언어성 지능의 측정도구는 속담에 대한 해석, 단어와 개념의 유사성 설명하기 등으로 구성되었고 동작성 지능의 측정도구는 그림완성, 그림배열, 블록디자인, 물체조립, 그리고 숫자상징 대체 등으로 이루어져 있다. 정리하면, 현재까지는 지능을 다면적인 개념으로 접근하고 종류별로 다르게 측정한다.

지능의 발달적 변화

연령의 증가와 지능의 변화에 대한 초기 입장은 성인기 이후부터 지능이 점진적으로 쇠퇴한다는 견해가 주를 이루었다(Wechsler, 1958). 그러나 연령증가에 따른 지능의 쇠퇴가 거의 없거나 매우 적다고 주장하는 학자들도 있고 지능의 쇠퇴가 지능의 종류에 따라 변화정도가 다르다는 견해들도 나오고 있다. 학자들의 주장을 정리해 보면, 지능의 발달적 변화는 지능의 종류에 따라 그리고 연구방법에 따라 다르게 나타나며 이러한 변화들도 모든 영역에서 똑같이 나타나는 것은 아니다.

지능의 종류에 따라 연령에 의한 변화가 다르다는 입장은 결정화된 지능 vs 유동성 지능의 변화에서 가장 잘 나타난다. 결정화된 지능은 교육이나 경험에 의존한 것으로 언어 이해력이나 어휘력, 추론능력 등이 해당되고, 유동성 지능은 훈련되지 않은 능력으로 인지하고 기억하는 것으로 수, 공간, 지각속도 등과 관련된 것이다. 연령증가에 따라 결정화된 지능은 계속 발달하고 유동성 지능은 감소한다([그림 6-1] 참조).

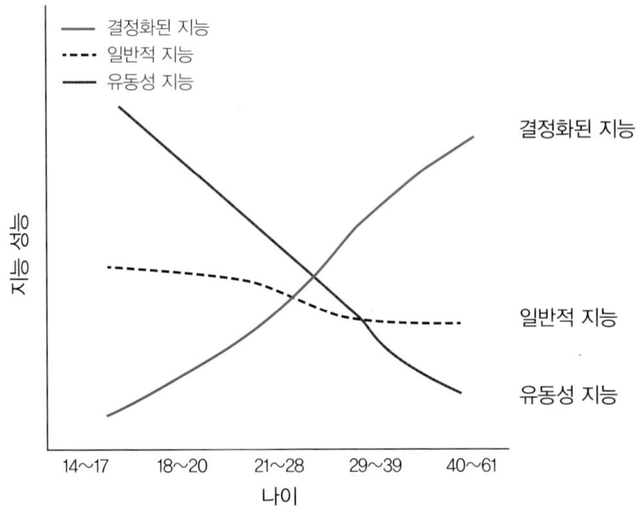

❖ **그림 6-1** 청소년기부터 성인기까지 결정화된 지능, 유동성 지능과 일반적 지능의 연령관련 변화

출처: Hoyer & Roodin(2003).

또한 연구방법에 따라 지능의 발달적 변화에 대한 결과들이 다르다. 예를 들어, Shaie와 Willis(1993)의 횡단연구에서는 연령에 따른 지능은 쇠퇴하는데, 다만 쇠퇴의 속도가 능력별로 다르고 그중 언어능력은 연령에 의해 가장 적게 영향을 받는다는 것을 보여주었고, 그 외의 대부분의 연구에서는 연령증가에 따른 지능의 쇠퇴 속도 차이가 크지 않았다(Schaie, 1996, 2005). 종단연구들은 횡단연구와 상이한 결과들을 보여주는데, Owens(1966)의 연구에서는 성인기 이후에도 50세까지 계속 지능검사 점수가 증가하였고, 그 이후에도 유지 또는 약간의 쇠퇴가 나타났다(Cunningham & Owens, 1983). 통합적으로 Shaie와 Willis(1986)는 횡단연구와 종단연구 결과 모두를 비교하였는데, 횡단연구에서는 성인의 언어지능이 35세 이후 쇠퇴하는 것을 보여주지만 종단연구에서는 언어지능이 65

세에 절정에 이르는 것으로 나타나 연구방법에 따라 지능의 변화에 대한 결론이 다르다는 것을 제시하였다([그림 6-2] 참조).

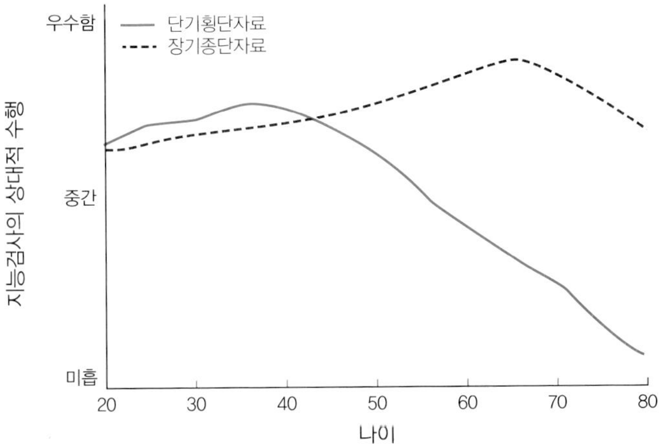

❖ **그림 6–2** 언어성 지능의 단기횡단 VS 장기종단 연구결과 비교

출처: Hoyer & Roodin(2003). Schaie and Willis(1986) 결과를 재구성함.

마지막으로 지능의 쇠퇴를 보이는 개인들의 비율이 생각보다 높지 않으며 지능의 영역별로 변화가 다르게 나타난다. Schaie(1990)의 연구에서는 53세부터 81세까지의 성인들의 언어적 의미, 공간지각력, 귀납적 추론, 수, 언어유창성에 대한 연령의 영향을 종단자료를 통해 살펴보았는데, 연구결과 81세까지 나이가 들어도 연구참여자들의 약 30~40% 정도만이 지능의 쇠퇴를 보였다. 또한 지적능력의 쇠퇴를 경험하는 영역도 모든 영역에서의 쇠퇴가 아닌 한두 개의 영역에서만 나타났다. [그림 6-3]에서 나타나듯이 노인의 지적 능력의 쇠퇴가 연령이 증가하면서 한 가지 지능의 쇠퇴를 보이는 비율은 60대까지 꾸준히 증가하였고 그 이후부터는 80대까지도 큰 차이가 없었다. 두 가지 이상의 지적능력의 쇠퇴를 보이는 비율은 성인초기부터 시작하여 80대까지 점진적으로 증가하는 것으로 나타났지만 세 가지 이상의 지적능력의 쇠퇴를 보이는 비율은 매우 적게 나타나, 지능에 미치는 연령의 영향이 절대적이지는 않고 영역별로 다르며, 모든 영역에서의 변화가 동일한 비율로 일어나기보다는 한두 개의 영역에서만 쇠퇴가 나타난다는 것을 알 수 있다.

지능의 발달적 변화에 대한 연구들을 종합해 보면 지능의 쇠퇴는 인생의 후반기에 나타나며, 소수의 개인들이 경험하는 것이고, 생각보다 적은 영역의 지능에서만 쇠퇴가 나타난다는 것을 알 수 있다(Hoyer & Roodin, 2003).

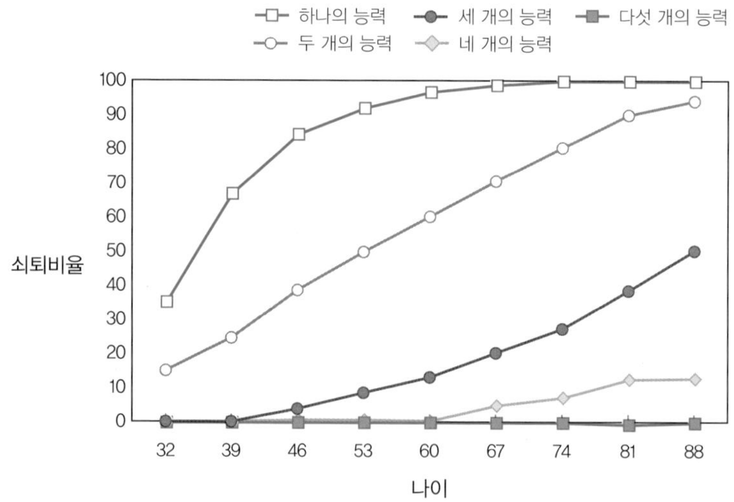

❖ **그림 6-3** 연령에 따라 지적능력의 쇠퇴를 보이는 비율

출처: Cavanaugh(1997).

지능의 변화와 관련요인들

연령에 따른 지능의 변화에 대한 학자들의 주장을 종합해 보면 연령증가가 지능변화에 영향을 미치지만, 개인 간 차이와 영역별 차이가 존재한다는 것이다. 이러한 차이와 관련 있는 요인들로는 주로 코호트차이, 교육수준, 사회적 요인들, 성격, 건강과 생활습관, 그리고 과제의 적합성 등이 있다. 예를 들어, Schwartzman 등(1987)은 지능검사 점수에 영향을 주는 요인에 대해서 연구한 결과, 지능은 시간이 지나도 안정적인 편이고, 교육수준, 활동수준 및 생활방식 등에 영향을 받는다는 점을 밝혀냈다. 다시 말하면 이러한 요소들이 연령에 따른 지능의 변화를 유연하게 할 수 있다는 것이다.

코호트는 개인들이 태어나서 속한 세대 또는 태어난 해를 말하는 것으로, 개인들이 속한 세대에 따라 지능변화에 차이가 있다(Schaie & Willis, 1996; Willis & Schaie, 2006). [그림 6-4]에 나타난 Gerstorf 등(2011)의 연구결과에 의하면, 보다 늦게 태어난 세대가 이전 세대보다 언어의미와 공간지각력 그리고 귀납적 추론에 있어 더 높은 점수를 보인다. 이는 늦게 태어난 세대들의 교육기간, 생활습관, 그리고 건강 등이 반영된 결과로 볼 수 있다. 즉, 늦게 태어난 세대는 이전 세대보다 교육도 오래 받았고 보다 건강한 생활습관을 가지고 있으며 그 결과 건강상태도 좋으므로 지적인 능력 역시 보다 건강하게 유지할 수 있다는 것이다.

교육수준 역시 노년기까지 지능을 유지하는 데 중요한 요소이다. 교육기간은 코호트 차이의 주요 원인으로 여겨지는데, 교육수준이 높은 성인들이 노년기까지 지적능력을 더 잘 그리고 오래 유지하였다(Inouye et al., 1993). 또한 결혼지속기간, 자극적인 직업환경(Van der Else, Van Boxtel, & Jolles, 2012), 문화적인 자원의 이용 등 사회적 요인들(MacKinnon et al., 2003; Schooler, Mulatu, & Oates, 2004)과 자기효능감 및 통제감, 유연성 등의

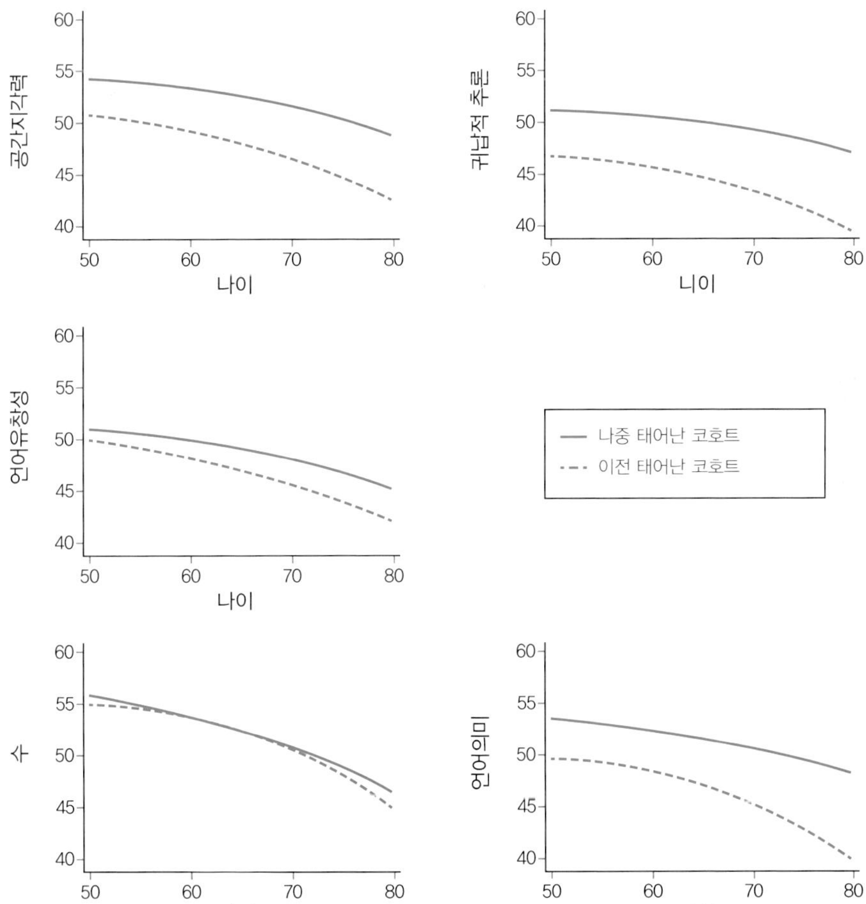

❖ 그림 6-4 기본능력의 변화양식의 코호트 차이(50세~80세)

출처: Gerstorf, Ram, Hoppmann, Willis, & Schaie(2011), Whitbourne & Whitbourne(2014)에서 재인용.

성격요인들 역시 노년기 지능에 영향을 미친다. 일반적으로 건강상태가 나빠지면 지능도 쇠퇴하는데, 특히 알츠하이머나 뇌출혈 등은 뇌의 기능을 떨어뜨리므로 지능에 영향을 미친다(Elisas et al., 2004; Rosnick et al., 2004). Schaie(1990)의 연구에서는 유동성 지능의 하나인 귀납적 추론능력의 쇠퇴와 심혈관질환 간의 연관성이 높음을 보여주고 있어 건강상태와 지능 간의 상관이 높은 것을 알 수 있다. 특히 임종 전 마지막 몇 년간 경험하는 생물학적 및 심리적 능력의 급속한 감퇴를 보이는 종말적 강하의 경우 지능의 쇠퇴 역시 동반하게 되므로, 노인의 지능검사 점수에 반영되는 경향이 있다(Bosworth et al., 1999). 예를 들어 White와 Cunningham(1988)은 개인들이 사망하기 바로 전 해에 어휘력 점수가 급격히 떨어지는 것을 발견하였다.

마지막으로 무슨 행동을 하는지 별로 자각하지 않고 수동적으로 무심한 수준에서 인지과정이 이루어 질 때 인지검사 점수가 더 낮게 나온다는 연구(Langer, 1989)와 인지검사의 과제 자체가 너무 학업중심으로 되어 있어 성인이나 노인에게 적합하지 않으므로 수행점수가 낮다는 주장도 있다(Scheidt & Schaie, 1978).

성인기 이전과 이후 지능의 질적 차이

일반 지능검사(IQ)는 주로 학령기 아동들의 학업성취를 예측하는 것이 목적이었으므로 성인들의 지적능력을 측정하는 데에는 한계가 있다는 지적이 있다. 성인기 지능의 개념이 어떻게 다른가에 대한 연구들을 살펴보면 성인기 지능의 개념은 성인기 이전과 다르다는 것을 알 수 있다. 예들 들면 Sternberg 등(1981)은 25세에서 75세의 성인들에게 30대, 50대, 70대에 지능이 매우 뛰어난 사람들의 특성을 물었을 때, 30대는 열린 마음이 있는 사람이 지능이 뛰어난 사람이라고 묘사했으며, 50대는 학습의욕이 있고 경력을 잘 관리하고 권위가 있는 경우 지능이 뛰어난 사람이라고 묘사했다. 70대는 사회적으로 활동적이고 변화를 수용하며 시사문제를 잘 아는 경우 지능이 뛰어나다고 하였다. 이러한 결과를 볼 때, 뛰어난 지적 능력의 개념이 연령별로 다르다는 것을 알 수 있다.

또한 일반지능검사의 일부 수행항목들이 속도와 관련이 있어 불안수준이 증가함에 따라 수행수준들이 떨어지며 동기부여도 떨어지는데, 노인은 불안수준이 높아 전통적인 IQ점수로는 노인의 지적능력을 정확히 예측하기 불충분하다. 예를 들어 Cornelius와 Caspi(1987)는 연령과 일상생활 문제해결목록과 언어성 의미검사, 그리고 글자연속검사와의 관계에 대한 연구를 실행하였다. 연구결과는 일상생활 문제해결목록과 결정화된 지능인 언어성 의미 검사는 연령에 따라 증가하는 반면, 유동성 지능인 글자연속검사는 연령에 따라 감소하는 것으로 나타났다([그림 6-5] 참조). 따라서 노년기에 필요한 능력인 일상생활에서의 문제해결은 전통적인 지능검사 측정방법으로 접근하기에 다소 거리가 있으므로, 성인기 이후의 지적 능력은 질적으로 다른 차원으로 접근해야 한다.

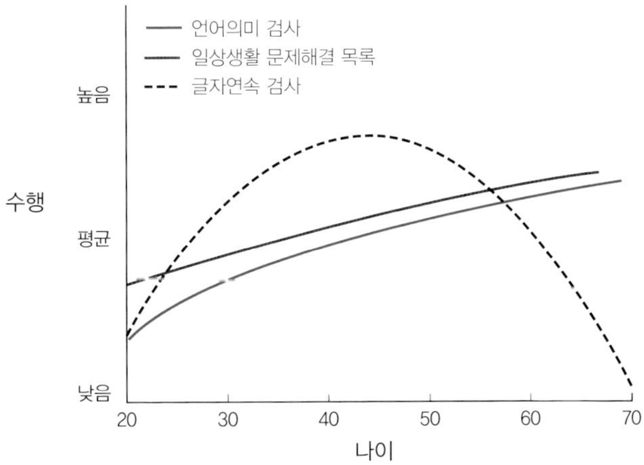

❖ **그림 6–5** 언어의미검사, 일상생활 문제해결 목록과 글지언속검사의 연령관련 변화

출처: Cornelius & Caspi(1987), Hoyer & Roodin(2003)에서 재인용.

2. 기억

기억의 개념

기억은 경험의 저장물이다. 저장된 경험들을 불러내는 것이 기억과 문제해결의 주요열쇠로, 전 생에 과정동안 기억력은 인간이 환경으로부터 학습할 수 있고 지식을 활용할 수 있게 만들어준다. 이러한 주요능력들의 쇠퇴로 중년기나 노년기 성인들은 많은 어려움을 겪는다. 특히 사소한 기억력의 문제도 성인들에게 치매가 아닐까 하는 두려움을 만들기도 한다. 하지만 사실 전 생애 발달과정에서 기억력 문제는 일반적인 정신능력의 쇠퇴와는 달리 연령으로 인해 손실되는 영역도 있지만 그대로 유지되거나 나아지는 영역도 있다.

기억에 대한 학문적 접근은 크게 정보처리과정 연구(information-processing research)와 생물학적 연구(biological research)로 나누어 볼 수 있다. 정보처리과정 연구들은 기억과 관련된 정신적 작동에 초점을 두어 부호화, 저장, 검색, 인출 등 컴퓨터과학의 개념들을 사용하여 기억의 소프트웨어적인 면들에 초점을 두었다. 반면 생물학적 연구들은 신체적 구조와 생화학적 기제들 그리고 뇌나 신경구조 등 기억의 하드웨어적인 면에 접근하는 연구들로 주로 동물연구, 뇌손상 있는 사람들의 관찰, 뇌활동 기록 등을 통해 다양한 기억기능과 연결구조들의 실제 위치 등을 파악한다.

정보처리과정 접근

정보처리과정 연구들은 사람들이 정보를 인식하는 순간부터 이를 사용할 때까지 정보로 무엇을 하는지를 밝히고자 하는 것으로, 전 생애과정 동안 일어나는 기억의 변화를 설명하기에 유용하다. 이는 인간이 필요한 정보를 추구하며, 주어진 시간에 제한된 양의 정보만 다룰 수 있고, 감각으로부터 얻은 정보를 저장하거나 나중에 회상하기에 적당한 형태로 전환하는 일련의 과정을 거친다는 가정을 한다(Lovelace, 1990).

정보는 입력, 저장, 인출의 세 단계를 통해 기억으로 전환된다. 입력은 정보를 저장하기 위해 코드나 이름표를 붙이는 것으로, 필요할 때 쉽게 찾기 위한 것이다. 다음으로는 정리된 정보를 자료철 안에 있는 파일에 넣어두는 저장단계를 거쳐, 마지막으로 필요할 때 정보를 꺼내오는 인출과정을 거친다. 이러한 과정들은 상황이나 정보의 종류, 그리고 정보가 어떻게 사용되는지에 따라 달라지기도 하는데, 이 단계 중 어느 하나에라도 문제가 생기면 기억력에 손상이 생길 수 있다(Zacks, Hasher, & Li, 2000).

정보처리과정 연구자들은 정보의 저장소를 크게 감각기억과 단기기억, 그리고 장기기억으로 구분한다([그림 6-6] 참조). 감각기억은 일차적 저장소로, 보거나 듣거나 냄새를 맡거나 만지거나 하는 감각적 정보를 일시적으로 등록하는 것이다. 이는 별도의 정보처리과정을 거치지 않으면 몇 초만에 희미해진다. 단기기억은 작업기억 또는 중간단계 기억으로 불리운다. 감각기억은 잠시 동안 부호화나 인출을 위해 기억하려는 정보를 저장하는 단기기억 창고로 볼 수 있다(Papalia et al., 2002). 작업기억은 보통 숫자나 글자 또는 단어와 같은 정보를 한 번에 7±2개 정도를 기억하는데, 7을 매직넘버라고 한다. 이는 더 큰 분류화를 통해 기억할 수 있는 용량이 증가될 수도 있다. 숫자로 7개나 문장으로 7개나 같은 7개이기 때문에 덩어리를 만들어 기억하는 것이 더 많은 양을 기억할 수 있다. 예를 들어 전화번호를 5-1-0-2-8-9-0의 각각의 숫자로 기억하기보다는 510-28-90의 세 덩어리로 구분하는 것이 더 쉽게 기억할 수 있다. 정보를 단기기억 내에서 보다 오래 보존하기 위해서 중앙집행통제(central executive control)를 통해 의식적으로 반복(rehearsal)한다. 장기기억은 유휴저장소라고도 하는데 저장의 범위가 무제한이라고 알려져 있다. 조작화나 정교화 등의 전략적 부호화방법을 사용하여 장기기억 내에 저장하게 되는데, 조작화는 충분히 반복한 정보를 장기기억으로 전환되도록 정보를 분류하거나 일관성 있게 정리하는 방법이고 정교화는 기억하고자 하는 것들의 관계를 찾아서 이들 간의 연관을 만드는 방법이다.

그러나 사람들이 어린 시절 자전거를 타고 오랜 시간이 지난 후에도 타는 방법을 쉽게 기억하는 반면 오랫동안 만나지 못했던 사람들의 이름을 기억하거나 거의 사용하지 않았던 사실들을 기억하는 것은 그리 쉽지 않은 경향이 있다. 이는 장기기억 저장소가 각각 다른 종류의 내용들을 저장하고 있고 연령은 종류에 따라 다르게 영향을 미치는 것으로 설명된다. 장기기억은 크게 진술기억(declarative memory)과 비진술기억(nondeclarative memory)으로 분류한다. 진술기억은 주로 이름이나 날짜, 단어의 의미, 경험의 기억들과 같은 의미기억과 과거 발생한 일들에 대한 친숙한 느낌, 감각 등의 정보들로 구성된 일화기억으로 분류된다. 정보처리모델에 의하면(Lovelace, 1990), 진술기억들은 중앙집행통제에 의해 작업기억 과정을 거쳐 의식적 채널을 통해 장기기억에 이르지만, 비진술 기억은 자전거타기 기술 등과 같이 기술이나 습관 등으로 주로 감각적 기억에서 바로 장기기억으로 넘어온 정보가 많다. 따라서 인출도 의식적 노력 없이 가능하다. 예전에 했던 과업이나 자료를 기억하는 능력을 증가시키는 발화(priming)는 진술기억과 비진술 기억 모두에 영향을 줄 수 있다([그림 6-6] 참조). 예를 들어 질문지를 미리 본다면 더 빨리 질문에 답을 할 수 있도록 지식을 불러 일으킬 수 있다. 장기기억에 저장된 정보는 주로 여러 개의 대안을 주고 선택하게 하는 재인(recognition)과 아무런 단서 없이 기억하도록 하는 회상(recall) 측정으로 접근한다. 노인의 경우 재인보다는 회상에 의한 정보인출에 어려움을 더 겪는다.

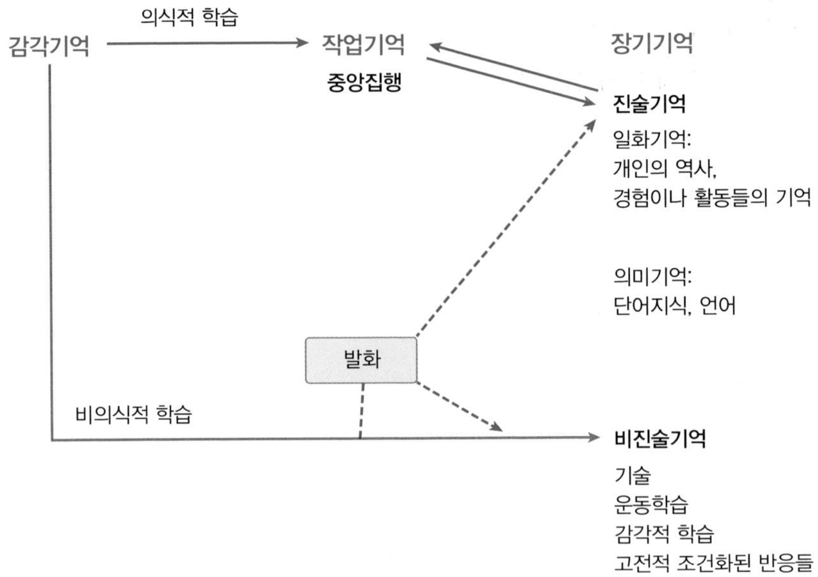

❖ **그림 6-6** 정보처리과정 모델

출처: Papalia et al.(2002).

생물학적인 접근

만약 노인이 정보를 부호화하고 기억을 인출하는 데 어느 특정 부분에서만 어려움을 느낀다면 이는 기억의 구조적인 측면 즉 뇌의 변화에서 기인된 것이다. 생물학적 접근은 의식적 기억을 조절하며 진술적 정보를 기억하는 주요 기관인 해마와 부호화나 인출의 전략을 생각하는 기능을 하는 전두엽 등에 대한 연구에 초점을 둔다. 무의식적 기억을 조절하는 기관들 중 지각과 운동기술들을 조절하는 선조체, 근육조건화와 관련된 소뇌, 정서조건화와 관련된 편도체, 직접적 점화와 피질 간의 관계 등의 연구를 통해 기억에 접근을 한다.

기억변화의 관련요인들

정보처리과정 접근

연령이 증가하면서 기억의 변화는 다양하게 나타난다. 우선 감각기억은 연령에 따라 크게 변화하지 않는 것으로 보인다. 선행연구들은 연령이 증가하면서 감각기능이 쇠퇴하지만 감각기억 자체는 상당히 잘 유지되고 연령차가 크지 않다고 한다. 그러나 약간이라도 감각기억에 손실이 생기면 단기기억과 장기기억에 커다란 장애가 생길 수 있다(Craik & Jennings, 1992).

단기기억의 능력은 연령에 따라 쇠퇴하는 것으로 알려져 있지만, 숫자를 단순히 암기하는 실험에서는 노인의 반응시간이 조금 더 걸리기는 해도 연령에 크게 영향을 받지 않는 것으로 나타났다. 다만 숫자를 반대로 기억하도록 하는 과제에서는 노인이 젊은 사람만큼 수행하지 못하였다. 이러한 차이는 과제의 복잡성에 따라 단기기억의 능력이 달라지는 것으로 해석된다. 단순반복과 같이 수동적으로 정보를 유지하는 과제에서는 연령에 따른 쇠퇴가 거의 없지만, 재조직화나 정교화, 또는 다른 정신적 조작이 요구되는 과제에서는 연령의 효과가 나타난다(Craik & Jennings, 1992; Lovelace, 1990). 또한 노인의 경우 나이가 들면서 정신적 에너지나 주의력이 떨어지기 때문에 과제에 집중하기 어려워서 조직화나 정교화 등의 효과적인 부호화 전략을 덜 사용하는 것으로 여겨진다(Salthouse, 1991). 노인에게 기억할 필요가 없는 것으로 생각되는 소재이거나 또는 과제에 에너지를 쓰고 싶지 않는 등의 동기 역시 기억력 변화에 대한 연령효과의 주요원인으로 밝혀졌다(Craik & Byrd, 1982).

단기기억에서의 연령의 효과는 비언어적 정보보다 활동기억을 통해 저장되는 진술적 정보를 기억하는데 더 많은 장애를 불러일으킬 것으로 여겨지지만, 장기기억의 연령에 의한 변화는 보다 복잡한 양상을 보인다. 우선 진술기억은 일화기억과 의미기억으로 나뉜다. 일화기억은 과거 개인적 경험이나 활동, 사건들과 관련된 특정한 세부사항에 대한 기억이다. 의미기억은 역사적 사건이나 지리적 위치, 사회규범이나 단어의 의미 등과 같은 것에 대한 일반적 지식이다. 진술기억 중 일화기억은 연령에 의해 크게 영향을 받지만 의미기억은 크게 좌우되지 않는 것으로 보인다(Smith & Earls, 1996). 일화기억을 측정하는데 주로 사용되는 재인과 회상의 연구들을 살펴보면, 회상은 연령의 증가와 함께 쇠퇴하지만 재인은 상대적으로 크게 영향 받지 않는다는 것을 보여준다. 반면, 기술, 지각능력, 운동학습 등의 비진술 기억은 주로 무의식적 학습에 의한 것으로 연령에 크게 영향을 받지 않는 것으로 나타난다.

연령과 기억력의 관계는 각 단계와 차원에 따라 다른 양상을 보인다([그림 6-7 참조]). 장기기억 중 진술기억에서 의미기억의 세상에 대한 지식과 단어는 연령에 따라 증가하고,

감각기억과 단기기억/작업기억 중 숫자 앞뒤로 기억하기와 비진술기억 등은 연령에 크게 영향을 받지 않거나 아주 조금 쇠퇴하는 것으로 나타났다. 그리고 일화기억과 의미기억 중 단어 찾기, 작업기억 중 조직화와 정교화는 연령 증가에 따라 중간 또는 많이 쇠퇴하는 것으로 나타났다(Papalia et al., 2002).

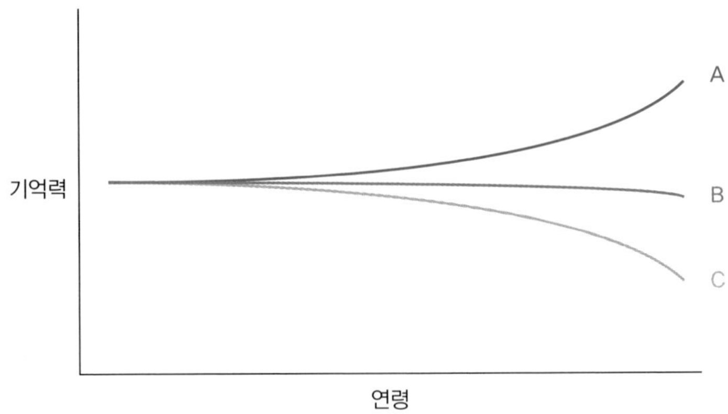

A 연령에 따라 증가: 의미기억 중 세계에 대한 지식, 단어
B 변화없거나 약간 쇠퇴: 비진술기억, 감각기억, 작업기억 중 숫자 앞으로, 거꾸로
C 중간 또는 많이 쇠퇴: 일화기억, 의미기억 중 단어찾기, 작업기억 중 조직화, 정교화

❖ **그림 6-7** 연령에 따른 기억력의 변화

생물학적 접근

생물학적 접근에서는 기억의 변화와 연령과의 관계를 뇌기능의 쇠퇴로 설명한다. 연령이 증가하면서 뇌신경에 구조적 변화들이 나타나고 신경전달물질도 줄어들면서, 뇌세포의 상실과 기능저하로 인해 기억력의 상실이 일어난다는 것이다. 예를 들면 연령이 증가하면서 뇌세포의 손실이 전반적으로 나타나는데 특히 전두엽 피질에서 나타나, 건강한 노인도 전두엽 손상 환자들과 유사한 유형의 기억력 손상을 경험한다(Papalia et al., 2002). 즉 노인은 전두엽의 쇠퇴로 인해 진술기억의 감소를 보인다고 설명한다. 따라서 연령이 증가하면서 노인의 기억력이 쇠퇴하는 것은 해마나 전두엽, 선조체, 소뇌, 편도체, 뇌의 피질 등의 기능이 쇠퇴하기 때문으로 보고 이들 하드웨어적인 구조의 노화를 지연시킨다면 기억력의 쇠퇴속도를 늦출 수 있다고 설명한다.

3. 지혜와 창의력

노년기 지적능력에 대한 연구들은 주로 쇠퇴에 초점을 두었지만, 최근에는 연령에 따른 지적능력의 긍정적 변화에 대한 관심이 증대되고 있다. 지혜와 창의성은 그 대표적인 예로, 노년기에 더 발달되거나 또는 쇠퇴하지 않는 지적능력이다. 다음에서는 지혜와 창의성의 개념과 연령에 따른 발달, 그리고 관련 요인들에 대해 알아보고자 한다.

지혜의 개념

지혜는 쉽게 정의내리거나 측정할 수 있는 개념은 아니지만 인지적 발달과 연령에 의한 자각이 필요한 것으로 보인다(Cohen, 2005; Levitt, 1999). 지혜는 연륜과 자기성찰, 반영과 공감능력, 직관력 등의 복합체로 다른 사람들이 지혜로운 사람이라고 평가할 때는 [그림 6-8]에 있는 다섯 가지의 삶의 근본적 화용론과 관련된 기준으로 접근할 수 있다(Baltes & Kunzman, 2003). 삶의 다양한 상황들과 이와 관련된 주제들에 대해 일반적이고 구체적 정보를 가지는 것이 사실적 지식이고, 의사결정 전략의 사용과 계획, 주어진 상황에 대해 인생경험의 해석 등이 과정의 지식이다. 어떤 사건이 발생했을 때 맥락과 그 사건들 간의 관계를 고려하는 맥락주의는 인생과 사회변화의 맥락에 대한 지식이다. 다른 사람들의 가치와 우선성을 고려하고 존중해 주는 상대주의는 삶의 목적과 가치에 대한 지식이다. 마지막으로 외부 요인에 의해 개인의 수행에 방해가 생기면 다른 대안이나 전략을 만들어 내고 불확실성을 고려하는 지식으로 구성되어 있다.

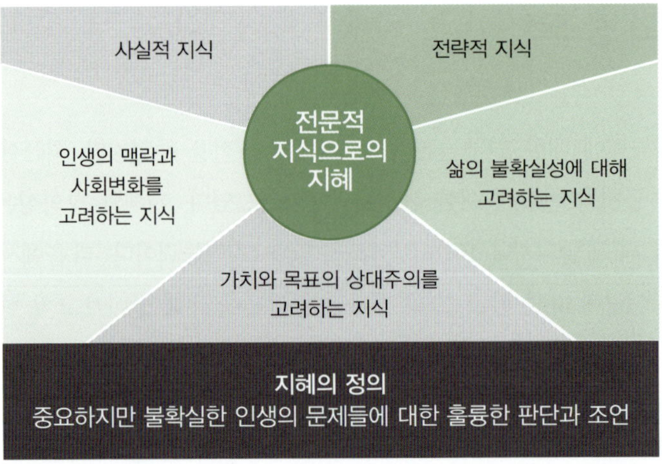

❖ **그림 6–8** 인생의 근본 화용론에서 전문적 지식과 행동체계로서 지혜의 베를린모델

출처: Hoyer & Roodin(2003).

또한, 지혜는 인지적으로 높은 안목과 통찰력, 탁월한 판단력을 갖추고, 관계적으로는 타인을 향한 긍정적 관심과 애정을 가지고 있으며, 개인 내적으로는 자아의 균형 잡힌 통합과 조화를 이루고 있는 것을 의미한다(이수림·조성호, 2012). 지혜의 균형이론에서는 지혜로운 사람을 실제적, 분석적, 그리고 창의적 지능의 각각 다른 요소들의 균형을 이루고, 이를 사회에 공헌할 수 있는 문제해결에 사용하는 사람이라고 설명한다(Hooyman & Kiyak, 2011).

지혜의 발달과 관련요인들

일반적으로 지혜는 노년기에 얻는 것으로 여겨진다. 연령에 따라 지혜의 수준이 달라진다는 연구결과들도 있지만 이들은 지혜에 대한 구분이 명확하지 않은 한계가 있다. 예를 들어, Baltes(1993)는 노인이 지혜를 발달시키는 경험들을 많이 해서 지혜점수가 가장 높을 것으로 예측을 했지만, Labouvie-vief(1990)의 연구에서는 중년 성인들의 지혜점수가 가장 높게 나타났다. 한국노인을 대상으로 한 김민희와 민경환(2010)의 연구에서는 중년과 노년층의 지혜가 청년층보다 높게 나타났다. 이러한 차이들은 지혜에 대한 연구자들의 정의의 차이 때문으로 볼 수 있다. [그림 6-9]에서와 같이 김민희와 민경환(2010)의 연구에서는 인지적 역량을 제외한 공감적 대인관계나 긍정적 생의 태도, 절제와 균형과 같은 지혜의 차원들이 청년층보다 중년과 노년층이 높게 나타났고, 특히 공감적 대인관계나 절제와 균형 등은 노년층이 가장 높은 점수를 보여 지혜와 연령간의 정적 상관관계를 보여주었다. 다만 Baltes나 Labouvie-vief의 연구에서처럼 지혜의 정의를 어떻게 내리고 그 구성요소를 무엇으로 개념화 하느냐에 따라 연령과의 관련성이 달라질 수도 있다.

지혜의 발달과 관련된 요인들로 인지적 능력, 교육수준, 경험 등이 있다. 예를 들어, Baltes와 Smith(2010)는 지혜의 선행조건으로 인지적 메커니즘과 문화적 학습, 효율감 등과 삶의 경험, 체계적 훈련, 동기적 기질 등이 있다고 하였고, 이들을 촉진하는 요인으로 연령, 교육, 전문가의 지위, 지도자로서의 경험 등이 지혜의 발달과 관련된다고 하였다(김애순, 2012에서 재인용).

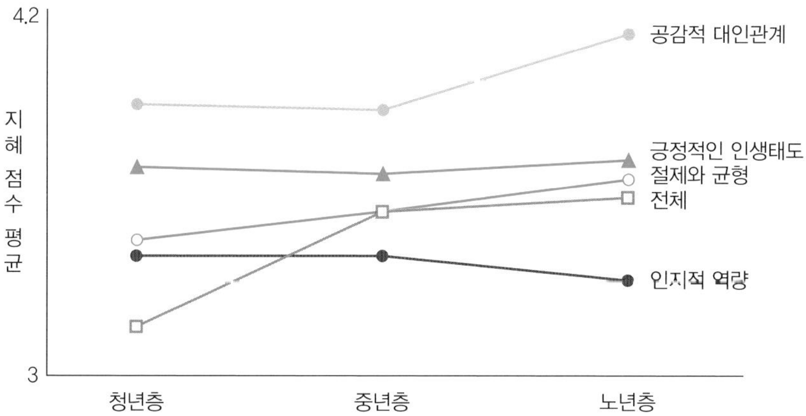

❖ **그림 6-9** 지혜의 차원에서 연령집단 간 차이

출처: 김민희·민경환(2010): 김애순(2012)에서 재인용.

창의성의 개념

창의성의 사전적 정의는 '새롭고 독창적이고 유용한 것을 만들어 내는 능력' 또는 '전통적인 사고방식을 벗어나 새로운 관계를 창출하거나 비일상적 아이디어를 산출하는 능력' 등이다. Sternberg(2001)는 창의성을 질 높고 수행 적절한 새로운 아이디어를 만들어내는 능력이라고 하여 인지능력과는 완전히 다른 개념으로 정의하였다. 많은 심리학자들은 창의성을 다양하게 분류하여 접근하였다. 예를 들면, Ausubel(1968)은 역사적으로 천재라고 불리어지는 피카소나 퀴리부인, 셰익스피어, 에디슨 등과 같이 사회에 독특하고 독창적인 공헌을 한 사람들의 창의성을 창의적 천재 또는 특출한 창의성으로 정의하였다. Weisberg(1986)는 평범한 성인들이 일상의 실제 삶의 상황에서 보이는 창의적인 행동을 일상적 창의성으로 구분하였고, Guilford(1967)는 지능의 한 차원인 확산적 사고 즉 하나의 질문에 여러 다양한 답을 만들어 내는 능력 역시 창의성의 일종이라고 지적하였다. 그러나 Rebok(1987)은 독창적 아이디어(확산적 사고)를 만드는 것이 창의성의 필수 조건이지만 충분조건은 아니라고 주장하였다. Csikszentmihalyi(1997)는 창의성을 이해할 때 순수하게 그 행동을 즐기는 행동, 즉 자발적 활동이어야 한다는 것을 강조하였다. Torrance(1988)는 여러 연구문헌들을 통해 창의성의 여러 정의에 대한 체계적 개관을 하여, 창의성을 새로운 무언가를 생산하고 일반적 관행을 따르지 않는 태도를 가지며 진실에 대한 모험적 추구를 하는 일련의 능력과 과정들을 거치는 것이라고 하였다. 정리하면 창의성은 새로운 것을 만들어 내는 것으로 사회에 독창적인 공헌을 하는 특출한 창의성과 일상 삶에서의 창의성 등으로 구분하여 볼 수 있다.

창의성의 변화

특출한 창의성은 연령에 크게 영향을 받지 않는 것처럼 보인다. 주로 창의성은 성인기에 발달하기 시작해서 중년기까지 매우 높고 노년기까지도 유지되거나 더 높아질 수 있는 것으로 여겨진다. Lehman(1953)은 매우 창의적 작품을 만든 노인들의 연령을 도표화하였다. 〈표 6-1〉에서 보듯이 많은 천재들이 인생의 후반기에 창의적 성취를 이룬 것을 볼 수 있다.

❖ **표 6-1** 노인들의 창의적 성취

- 조지번스는 80세에 아카데미상을 수상했고 90대 후반까지도 작품활동을 계속 함
- 마하트마 간디는 72세의 나이에 독립운동을 시작함
- 넬슨 만델라는 75세에 노벨평화상을 수상함
- 그랜마 모지스는 90대 중반에 그림을 시작하였고 100세에도 계속 그림을 그림
- 파블로 피카소는 92세까지도 계속 그림을 그림
- 버트랜드 러셀은 89세에 카네기홀에서 공연함
- 알버트 슈바이쳐는 89세에 아프리카 병원으로 떠남
- 조지 버나드 쇼는 48세에 첫 작품을 썼고 93세에도 계속 작품을 써나감
- 프랭크 로이드 라이트는 91세에 구겐하임 박물관 디자인을 완성함

출처: Hoyer & Roodin(2003).

Dennis(1966)는 예술, 인문학, 자연과학 분야에서 뛰어난 작품들과 동시에 전체적인 생산성을 연구하여 창조적 생산성이 절정에 이르는 시기가 학문분야에 따라 다르다는 것을 확인하였고([그림 6-10] 참조), 또한 최소 80세까지 생존한 유명한 학자, 과학자, 예술가 등의 작품을 연구하였을 때, 평균적으로 가장 창의적인 시기가 60대인 것으로 결론지었다(Dennis, 1968).

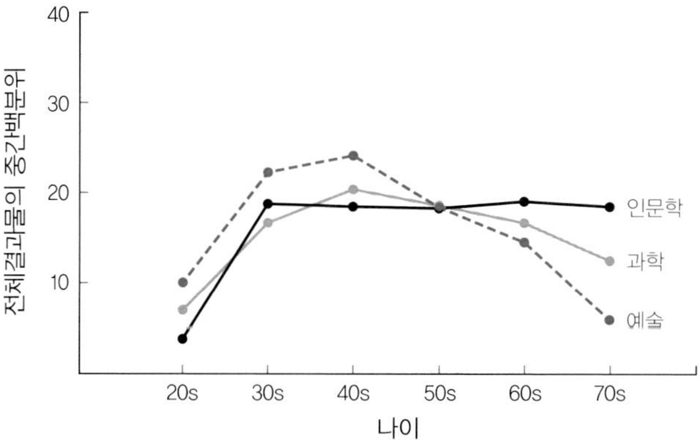

❖ **그림 6-10** 연령별 인문학, 과학, 예술의 영역에서 전체결과물의 비율

출처: Hoyer & Roodin(2003)에서 재인용.

일상적인 창의성에 대한 횡단연구들의 결과는 주로 30세 전후에 창의성 점수가 감소하는 것으로 나타났으나(Alpaugh & Birren, 1977; Dixon & Hultsch, 1999; Ruth & Birren, 1985), 종단연구 및 패널연구(McCrae, Arenberg, & Costa, 1987)에서는 창의성이 연령의 증가에 따라 다소 감소하긴 하나 그 정도가 미미한 수준이며 창의성 측정 시 시간을 제한한 문제를 지적한다. 또한 사람들은 나이가 들어가면서 새로운 아이디어를 창조하는 것에 관심이 적어지는 것처럼 보이는데 이에 대해 Simonton(1990)은 나이가 들수록 창의적이 되고자 하는 욕망은 현명해져야 할 필요성으로 대체될 수도 있다고 설명하였다(윤경자·이기숙·김은경, 2001에서 재인용). 창의성은 쉽게 정의되지는 않지만 천재적인 창의성을 가진 사람들은 인생의 후반기까지 상당수 자신들의 창의성을 활용할 수 있는 것처럼 보이고, 일상적인 창의성의 경우는 내외적 요인들에 의해 연령에 영향을 받는 것처럼 보인다.

종합하자면 인지발달은 전생애에 걸쳐 일어나는데 아동기와 청소년기는 지식을 습득하는 시기이며 성인초기는 이를 성취하는 시기이다. 중년기에는 책임을 지고 리더로서 경영을 하며 노인초기부터 서서히 인지적 구조의 재편성을 경험하게 된다. 노년후기에는 재통합을 통해 유산을 창출하게 되므로 인간의 인지발달은 전생애에 걸쳐 일방적 쇠퇴가 아닌 질적인 변화의 과정이라 볼 수 있겠다([그림 6-11 참조]).

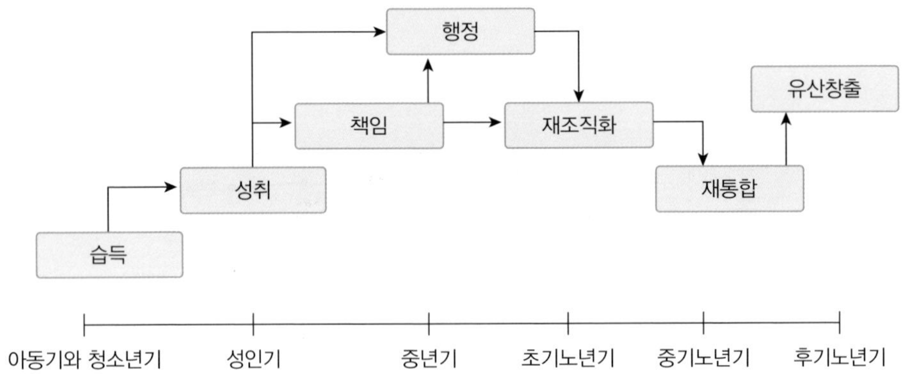

❖ **그림 6-11** 성인기 인지발달단계

출처: Papalia et al.(2002).

이러한 변화는 지능과 지혜, 그리고 창의성의 비교를 통해서 더 잘 설명된다. 지능은 회상, 분석, 지식과 관련되어 있고, 과정의 자동화에 초점을 둔다. 또한 모호성과 장애물을 제거하고, 알고 있는 지식을 이용하며, 이해의 너비와 정도가 중요하다. 지혜는 가정들과 의미, 그리고 제한점과 관련된 것으로, 무엇이 자동적이고 왜 그러한지에 대해 이해하는 과정이며 모호성과 제한점에 대해 이해하고 지식과 그 의미를 이해하고자 한다. 창의성은 가능한 것 이상의 것을 추구하는 것으로, 새로운 과제를 선호하고, 모호성을 용인하며 장애물을 재정의하고, 지식을 넘어서고자 하며, 현재 이해되지 않는 것을 넘어서고자 한다. 따라서 아동기와 청소년기에는 지식을 얻고 성취하며, 중년기에는 책임지고 경영하는 단계로 창의성이 다른 발달 시기보다 더 많이 요구된다고 볼 수 있다. 마지막으로 노년기에는 기존지식의 재편성과 재통합을 통해 후세에 유산으로 남겨줄 지혜가 창출될 가능성이 높으며, 따라서 지능과 기억, 지혜와 창의성의 변화는 전 생애에 걸쳐 이루어지고 이는 각 발달단계별로 요구되는 인지능력에 따라 질적인 변화의 과정을 거치는 것으로 볼 수 있다.

CHAPTER

07

심리적 노화 II: 성격 및 정서

GERONTOLOGY

1. 성격발달 / 2. 성격의 변화와 안정성 / 3. 자아발달

4. 정서의 변화 / 5. 노년기 적응

CHAPTER

07 심리적 노화 II: 성격 및 정서

"엄마는 아버지가 옆에 있는 한 그다지 말을 많이 하지 않았다. 늘 미소를 띤 얼굴에 아버지가 농담을 하면 소리 내어 웃는 게 전부였다. 엄마는 남들과 엮이지 않고 조용히 그림자처럼 살아온 분이었다. 나는 그게 나름 엄마가 선택한 삶의 방식이라고 생각했다. 그저 원래 잘 웃고 관찰하는 걸 좋아하는 분이라 생각했다. 한데 지금의 엄마는 내가 알던 엄마와는 사뭇 달랐다. 수줍어 하지만 할 말은 다 하는 엄마, 자동차 딜러에게 농담을 하는 엄마."

연령이 증가하면서 성격이 변했다고 보고하는 사람들이 있지만, 타고난 성격은 변하지 않는다는 사람들도 있다. 이들이 말하는 성격은 같은 것일까? 어떤 요인들이 성격의 변화와 안정성에 영향을 미치는 것일까?

심리적 노화 중 비인지적 노화는 성격, 정서적 측면, 자아개념들을 포함한다. 개인들마다 성격이 다르다고 하는데 성격은 무엇일까? 또 성격의 변화는 타고난 것일까 아니면 환경의 변화에 따른 것일까? 노인의 내적 자아는 연령증가에 따라 변화할까? 나이가 들면 정서적 변화가 있을까? 다음에서는 노년기의 자아발달과 더불어 성격이 변화하는지 아니면 평생 그대로 안정적인지에 대한 연구들과 노년기 정서에 대해 살펴보고자 한다.

1. 성격발달

성격이란 개인이 가지고 있는 고유한 행동, 사고, 정서의 양식을 말하는 것으로 개인의 가장 독특한 특성을 말한다(Hoyer & Roodin, 2003). 성격은 시간과 상황적 변화에 상관없이 상대적으로 계속해서 나타나는 개인의 고유한 특성이다(Mischel & Shoda, 1995). 한편 성격은 신체적으로 성장하면서 바뀌기도 하고 성숙하게 변하기도 한다. 기존의 연구들은 성격을 연구할 때 주로 발달모델과(development model), 특성모델(traits model), 그리고 맥락적 모델(contextual model)을 중심으로 접근하였다. 발달모델은 인간의 성격은 내적 외적 요구에 따라 변화하고 적응하며 성장한다고 보는 것으로(Erikson, 1963) 에릭슨, 레빙거, 레빈슨 등과 같은 단계이론이 대표적인 발달모델이다. 그러나 특성모델은 타고난 성향적 행동 특성과 성격을 동일시하며 성인기 이후에는 성격이 고정된다고 본다(Costa & McCrae, 1994). 맥락적 모델은 성격이 맥락의 영향에 의해 변화한다고 설명하는 것으로 생애사건이론이 대표적이다.

성격에 대한 연구들은 주로 성격의 구조와 내용, 역동, 발달을 중심으로 연구되어져 왔다. 자기역동은 자기규제 등과 같은 성격의 역동과정을 중심으로 연구되어 왔고(Carver & Scheier, 1998), 역동의 혼합체로서의 성격은 전생애발달과정 심리학 쪽에서 자아발달 중심으로 연구되어 왔는데(Baltes et al., 1998), 이들은 개인의 생물학적 요인과 사회문화적 요인들의 상호작용에 의해 개인의 자아가 계속해서 발달한다고 보며 성인기 이후에도 이러한 발달이 계속 이루어지면서 성격이 변화한다는 입장이다(생애사건모델도 주로 성격의 역동을 중심으로 연구가 진행되어 왔다). 성격구조와 내용은 5요인 모델과 같은 성격특성에 대한 것과 자아구조에 대한 연구들을 중심으로 이루어졌고 성격의 안정성을 강조한다(Costa & McCrae, 1994).

최근에는 성격에 대한 모델들을 기반으로 한 선행연구결과들을 통합하면서 점차 성인기 이후 인간의 성격은 안정과 변화 유형을 모두 보인다고 한다(Staudinger & Kunzmann, 2005).

발달모델: 단계이론적 접근

에릭슨의 이론

Erikson(1963, 1968)의 이론은 전생애에 걸쳐 사회적 환경과 문화적 맥락 안에서 성격이 발달한다고 설명한다. 에릭슨은 발달단계별로 인간이 생활하는 사회적 환경이 더 넓어지는데, 그 안에서 인지적·정서적으로 상호작용이 가능해지며, 이는 선천적 계획에 따라 발달한다는 후생적 원리를 강조하였다. 인간의 자아발달은 각 단계별로 발달의 갈등을 통해 성취해야 할 과업이 있고, 과업의 성취는 다음 단계의 발달에 기초가 된다. 따라서 다음 단계로 자아가 발달하기 위해서는 이전단계보다 인지적, 정서적 발달이 더 요구된다. 다음 세대를 돕고 멘토링하고 싶어 하는 중년기 발달과업인 생성감은 노년기 발달과업을 이루는 데 매우 중요한 것으로 여겨지는데(Cheng, 2009; James & Zarrett, 2006), 이는 상담, 멘토링, 후원, 유산 남기기, 메모나 편지기록, 지역사회에서 리더십 발휘하기 등의 형태를 띤다(Hooyman & Kiyak, 2011). 에릭슨 이론에서 노년기의 발달과업은 자아통합 대 절망이다. 자아통합은 자기 인생의 예전 경험들을 통합하고 자기 삶의 의미를 찾는 것인데, 죽음에 대해 수용하고 지혜와 새롭게 통합된 관점을 얻거나 아니면 자기의 죽음을 받아들이지 못하고 자아통합을 이루지 못해서 절망한다.

처음 에릭슨이 심리사회발달이론을 제안하였던 시기는 인간의 평균수명이 60대인 1960년대였지만(1963), 에릭슨이 후기노년기를 보내면서 수명이 연장됨에 따라 발달의 다음 단계의 가능성에 대해 언급하였다(1998). 그는 자아동질적(syntonic) 대 자아이질적(dystonic) 갈등의 변증법적 발달단계를 제시하면서 영유아기부터 노년기까지 신뢰 대 불신, 자율성 대 수치심, 주도성 대 죄책감, 근면성 대 열등감, 자아정체감 대 자아혼란, 친밀감 대 고립, 생성감 대 자기침체, 자아통합감 대 절망의 발달 위기를 경험하게 된다고 하였다(〈표 7-1〉 참조).

❖ **표 7-1** 에릭슨의 심리사회적 단계

단계	목표
신뢰 대 불신	부모에 대한 신뢰를 통해 세상에 대한 기본적인 신뢰 형성하기
자율성 대 수치심	부모와 다른 자아와 자율성을 형성하기, 자기 능력에 대한 자기통제 형성하기
주도성 대 죄책감	정서적 욕구에 대한 죄책감 없이 부모의 통제안에서 주도감 형성하기

근면성 대 열등감	학교상황에서 근면성 형성하기, 열등감이나 실패에 대한 두려움 없이 필요한 기술을 배우기
자아정체감 대 역할혼란	자신과 사회적 역할에 대한 혼란없이 더 큰 지역사회 안에서 자기개념과 역할, 정체감을 형성하기
친밀감 대 고립감	자아상실의 두려움 없이 다른 사람들과 친밀함과 소속감을 형성하기
생성감 대 침체감	미래 세대들의 웰빙에 대해 관심과 돌봄정서 형성하기, 미래를 바라보고 과거에 침체되지 않기
자아통합 대 절망	삶을 낭비했다는 비통한 절망을 느끼는 대신 자기 삶의 의미를 형성하기, 절망감 없이 자신과 자기 삶을 받아들이기

출처: Erikson(1963).

그러나 노년 후기에는 이러한 자아이질적 갈등 위기 중 어느 것이든 경험할 수 있는데 이를 극복하고 성취하는 과제로 초월(transcendence)을 제시하였다. 초월은 세상을 바라보는 시각이 우주적이고 초월적인 상위관점으로 전환되는 것을 의미한다. Tornstam(2011)은 이를 우주, 자아, 관계의 세 차원으로 나누어 제시하였다. 초월을 성취한 노인은 삶의 만족이 증가하고 우울이 감소하며 덜 자기중심적이고 타인이나 다른 세대들과의 연결성을 느끼는 특징을 보였다(안정신, 2015; Tornstam, 2005, 2011; Wang et al., 2011). 또한 시간이나 삶, 죽음 등에 대해 재정의를 내리며 명상을 하는 등의 특성을 보였다. Tornstam(2005)이 제시한 노년초월은 자신을 넘어서는 방향으로 그리고 앞을 바라보는 초월이라면, Erikson과 Erikson(1998)이 제안한 노년초월은 일생을 정리하는 자아통합단계와 맞물려 회고적인 특징이 있다.

레빙거의 이론

Loevinger(1976, 1997, 1998)는 자아발달이란 자신에 대한 차별화되는 인식이 점차 증가하여 자기 자신과 타인들과의 관계에 대해 보다 정확한 이해가 발달하는 것이라고 강조하였다. 자아는 경험들을 합성하고 터득하며 해석하고자 하는 성격의 구조로서, 자신의 충동을 조절하고 타인과 관계를 형성하며 자기이해를 성취하고 자기 주변에 일어나는 일에 대해 생각하는 능력과 관련된다. 에릭슨은 성인기 발달을 두 단계를 중심으로 제시하였는데, 레빙거는 인간이 개인의 사고와 가치를 형성하는 환경과 상호작용한다는 것을 강조하면서 성인기 발달단계를 확장시켜 제시하였다. 개인들이 모든 단계를 다 거치는 것은 아니고 같은 연령대에 있어도 각기 다른 단계에 속할 수 있다고 보고 있다.

순응주의자 단계에 있는 개인들은 자신과 타인, 사회의 규칙 등에 대해 기본적 이해를 하고 무엇이 옳고 그른지에 대한 단순한 시각을 가지고 있으며 외모나 평판, 소유 등에 신경을 쓰며 다른 사람들이 사고하고 느끼는 방식을 이해하기 어렵다. 양심적 순응주의자 단계는 성인들에게서 가장 많이 관찰되는 단계로 내면에 대한 자각이 증가하고 대안이나 규칙의 예외 등을 인정하는 시기이다. 또한, 자신의 행동이 타인에게 미치는 영향에 대한 인식이 증가한다. 양심적인 단계는 장기적인 개인의 목표나 이상, 책임감, 규칙의 내면화 등을 포함한 양심이 발달하는 단계로 자신과 타인의 정서를 이해하는 능력이 있고 자기 자신의 기준에 따라 규칙을 어길 수도 있다. 나머지 세 단계에서는 개성과 자기결정이 증가하는 특징이 있다. 개인주의적 단계는 개성을 존중하고 불확실성과 모순을 견딜 수 있는 능력을 갖출 수 있다. 자율적 단계에서는 다른 사람들의 개성을 존중하고 개인적 욕구와 타인에 대한 의무 간의 내적 갈등에 대처할 수 있으며, 복잡하고 다면적인 현실을 볼 수 있다. 또한 광범위하고 추상적이며 사회적 사고를 할 수 있다. 마지막으로 통합적 단계는 자율적 단계와 유사하지만 타인의 개성도 소중히 여기며, 자기정체감에 대해 확신하고 진실한 자기 자신을 완벽하게 표현할 수 있어 자아실현의 단계라 볼 수 있고 극소수의 성인들만이 도달한다(〈표 7-2〉 참조). 레빙거 이론은 도덕성 발달과 자아심리를 결합하였고, 자아발달 문장완성 검사에 인지적 요소들도 상당히 포함되어 있어 자아발달과 인지적 능력의 상관을 보여주고 있다.

❖ **표 7-2** 레빙거의 성인기 자아발달의 6단계

자아발달단계	특징
순응주의자	외부 사회적 규칙에 순응, 외모, 소유, 외적인 것에 신경 씀
양심적 순응주의자	자기 성격의 자각증가, 자신의 행동이 다른 사람에게 미치는 결과에 대한 인식증가
양심적	자기 기준의 강하고 완벽한 인식, 자기비판적
개인주의	개인적 결과보다는 타인이익에 미치는 자신의 노력과 행동에 대한 인식이 보다 중요해짐
자율적	각 개인의 개성존중, 모호함 수용, 다른 개인들의 접근과 행동에 기인한 내적갈등의 극복이 계속됨
통합적	내적갈등의 해결, 자신의 한계 재통합, 타인의 개성을 소중히 여김

출처: Loevinger(1976).

레빈슨의 이론

Levinson은 성인발달의 구조에 대해 35세에서 45세의 남성 40명을 대상으로 연구하여 『인생의 사계절』(1978)을 발표하였다. 그의 이론에 따르면 인생구조란 개인에게 있어 특정 시간대의 자기인생에 대한 기본구조로써, 스스로의 선택과 타인과의 관계에 의해 드러나는 것이라고 설명하였다. 대부분의 사람들은 직업이나 가족 중심으로 자신들의 인생구조를 만든다. 인생구조는 일련의 시기와 단계들이 전환기라 불리는 교차시기를 통해 연결되는데, 전환기는 주로 위기와 연관되어 있다. 현재 인생구조를 평가하고 새로운 인생구조를 형성하는 데 기초가 되는 선택을 위해 노력하는 것이 전환기의 주요 과제이다. 따라서 아동청소년기, 성인기, 중년기, 노년기는 각각의 단계에서 새로운 단계로 전환될 때 성

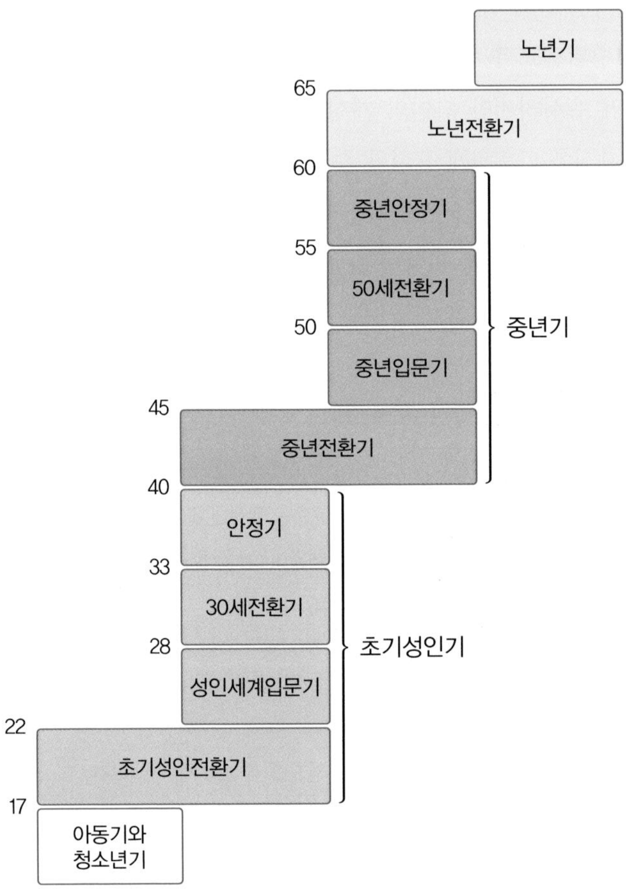

❖ **그림 7-1** 레빈슨의 성인기 동안 성격의 변화와 연속성

출처: Hoyer & Roodin(2003).

인기 전환기, 중년기 전환기, 그리고 노년기 전환기와 같은 세 번의 커다란 전환기를 갖게 된다. 또한 각 시기는 이전 단계에서 현 단계로 넘어올 때, 전환기를 경험하고 나서 진입기와 중간전환단계, 그리고 안정기로 구분된다. 진입기는 그 시기의 주요 과제들을 경험하고 시도하는 시기이고 중간전환단계에서는 현재의 인생구조를 점검하는 시기로 볼 수 있다. 이러한 점검을 마친 후에는 안정기를 보내다가 다음 단계로의 전환기를 다시 경험하게 되는 것이다([그림 7-1] 참조).

중년기에는 인생구조가 변화되는데, 40에서 45세 시기의 성인들은 주로 이루지 못한 꿈을 앞으로도 이루지 못할 것이라는 인식과 함께 정서적 위기를 경험하기 쉽다. 레빈슨 연구에 참여한 남성들의 5분의 4 정도가 이러한 분노를 느끼고 비이성적으로 행동을 하였는데 이전에 가지고 있던 가치들에 대한 재평가가 일어나고, 자아상과 목표를 보다 현실적인 것으로 수정하였다. 45세에서 50세 사이의 남성들은 새로운 직업이나 재혼 등을 통해 새로운 인생구조를 만들기도 하고, 그렇지 않은 사람들은 다시금 자기들이 중년기까지 끌고 온 구조에 재헌신하기도 한다. 다시 말하면, 중년기 위기는 유년기 꿈을 성취하지 못한데 대한 환멸을 극복하고, 남은 성인기 동안 어떻게 인생구조를 수립할 것인지 결정하는 것이 주요 과제인 시기라고 할 수 있다. 60세에서 65세까지는 노년기 전환기로, 은퇴를 준비하며 노년기 변화에 대비하는 매우 중요한 전환점이다. 이 시기는 자신과 동료들의 노화에 따른 신체적 쇠퇴로 인한 불안을 경험한다. 65세 이후부터는 은퇴와 신체적 쇠퇴에 적합한 인생구조를 수립하여야 하고 자신들의 과거, 현재, 미래의 현실을 받아들이는 삶의 방식을 발달시켜야만 한다.

레빈슨에 따르면 여성들도 남성들과 유사한 패턴을 보인다고 하였는데, 30세 넘어서 인생구조의 전환이 일어나는 것은 맞으나, 여성들은 남성들보다 이후 복잡한 인생구조 형태를 보이며 직업적 성취와 대인관계에 더 많은 걱정을 표현하게 된다고 하였다(Robert & Newton, 1987). 특히 한국의 경우 직업을 갖는 여성의 수가 급증하였고 가족과 직업 중 직업에 대한 비중을 더 두는 여성의 수가 증가하면서 이들의 인생구조의 변화가 어떠할지에 대한 실증적 연구들이 필요하다.

특성모델: 성격 5요인 모델

특성이란 개인 성격의 한 요소가 되는 안정적이고 항구적인 특징으로 사람들의 행동을 이끄는 특정한 성향을 말한다(Whitbourne, 2008). 기본특성은 수가 적고(5~10개 정도) 한정된 수의 중심특성에 영향을 미치며, 중심특성은 기본특성보다 수가 조금 더 많고(수십개 정도) 수백 가지의 다른 표면특성들에 영향을 미칠 수 있다(Hershy & Mowen, 2000). Costa와 McCrae(1980)에 의하면 특성이란 상당한 시간 동안 다양한 상황에서 계속되는 사고, 정서, 그리고 행동의 성향으로 타고난 소인과 환경의 상호작용에 의해 영향을 받는다.

5요인 모델

성인기 이후 성격 특성이론은 Costa와 McCrae(1992)가 제안한 5요인 모델이 가장 대표적이다. 이들은 다섯 개의 기질들과 각각을 설명하는 여섯 개의 측면들을 제시하여 30개로 조합된 성격요소들을 제시하였다.

다섯 개의 기질들은 신경증, 외향성, 개방성, 성실성, 친화성으로 대표된다. 신경증은 심리적 스트레스와 과민반응, 불안정성 등을 경험하는 경향으로 불안, 적대감, 우울, 자의식, 충동성, 그리고 취약성의 여섯 가지 측면이 대표적인 특성이다. 외향성은 사회적 상호작용과 활발한 활동을 선호하며, 따뜻함, 군거성, 주장성, 활동성, 자극추구, 긍정정서가 특징적이다. 개방성은 새로운 생각과 접근, 경험들에 수용적이고, 환상, 심미적인 특징을 보인다. 친화성은 타인에 대한 이타적 관심과 신뢰와 관대함을 특징으로 하며 솔직하고 이타적이며 겸손하고 마음이 온화한 성격특성이다. 성실성은 자기규율적이고 양심이 있으며, 조직적인 특성을 보이고, 유능하고 순종적이며 자기훈련과 숙고하는 특징을 보인다([그림 7-2] 참조). 5요인 모델로 개인성격을 측정할 때는 NEO 개인성격 측정도구(NEO Personality Inventory Revised)(Costa & McCrae, 1992)를 주로 사용한다. 성인기 이후 성격은 생활사건들에 의해 변화된다고 생각하지만 특성이론에서는 경험은 개인의 성격특성에 의해 영향을 받는다고 설명한다(Costa, Herbst, McCrae, & Siegler, 2000). 예를 들어 살면서 배신을 경험한 사람들이 냉소적인 성격을 갖게 된다기보다 냉소적인 성격을 가진 사람들은 처음부터 다른 사람들을 잘 믿지 않기 때문에 배신을 당하기 쉽다는 것이다. 따라서 경험에 의해 성격이 변하는 것이 아니라 자신의 성격특성에 따라 경험이 만들어진다는 주장이다.

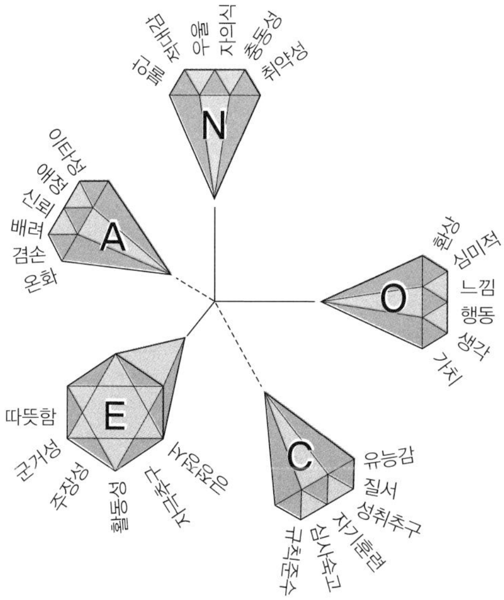

❖ **그림 7-2** Costa와 McCrae의 성격 5요인 모델

출처: Costa & McCrae(1992).

건강과 성격특성

성격특성 모델은 성인기 개인의 성격과 건강 간의 관계를 연구하는 데에 매우 유용하다. 선행연구들은 특정한 성격유형과 건강 간의 관계에 대해 관심을 가졌는데, 성격유형을 Type A와 Type B형, 그리고 Type C형으로 구분하여 개인의 성격 특성과 특정 질병과의 상관을 확인하였다. 특히 경쟁적이고, 적대감도 강하며, 참을성 없고, 시간에 쫓기며, 성취지향적인 Type A 성격유형과 심혈관 질환의 상관에 대한 연구들이 진행되었다(Boyle, Jackson, & Suares, 2007; Friedman & Roseman, 1974). 연구결과에 따르면 적대감과 우울, 분노 등이 심장질환 및 위험인자에 매우 강한 영향을 미쳤다. 또한 Type A들이 많이 보이는 불안과 높은 스트레스 수준, 분노 등은 여러 위험인자들을 통제하여도 심혈관 질환과 매우 높은 관련을 보였다(Kubazansky, Cole, Kawachi, Vokonas, & Sparrow, 2006). Type A형의 행동 중에서도 적개심이 심장질환과 관계가 높다고 나타났다. 내성적이고 완고하며 불안해하는 Type C는 암에 걸릴 확률이 높은데, 이들은 감정표현을 잘하지 않는 것으로 나타났다(정옥분, 2008에서 재인용).

또한 성격특성과 건강상태에 관련한 연구들을 살펴보면, 어린 시절 성실성이 낮은 개인은 BMI 지수나 삶의 여러 영역들에 주의를 기울이지 않아 청소년기나 성인기에 몸무게 증가나 높은 사망률 등을 보이는 것으로 나타났다(Freiedman et al., 1995; Pulkki-Raback et al., 2005). 성인 초기의 낮은 성실성과 높은 신경증은 흡연과 상관이 높고(Terracciano & Costa, 2004) 높은 적대감은 이후 우울증의 매우 강력한 위험인자가 되기도 한다(Siegler et al., 2003). 따라서 기질에 의해 나타나는 성격특성과 행동유형 등은 개인의 건강에 매우 다양한 방식으로 영향을 미친다고 볼 수 있다.

맥락적 모델: 생애사건 접근

성격발달의 특질이론과 단계이론적 접근의 대안으로 등장하는 것이 생애사건 접근 또는 맥락적 모델이다. 생애사건 접근 또는 맥락적 모델의 초기 연구자들은 배우자의 죽음이나 이혼 등과 같은 인생의 주요 사건들이 개인들에게 아주 힘든 상황을 만들고 성격의 변화를 만들어 낸다고 하였다. 그러나 보다 정교화된 생애사건 접근은 신체적 건강이나 지능, 성격, 가족지지, 수입 등과 같은 요인들이 성인발달에 미치는 생애사건의 영향력을 조절한다는 것을 강조한다. 어떤 개인들은 생애사건을 매우 힘든 상황으로 지각하지만 다른 사람들은 도전으로 인지하기도 한다고 설명한다.

성인들의 자아발달은 사회역사적 배경과 개인적 배경에 대한 분석에 의해 이해될 수 있다(Neugarten, 1964). 따라서 연령자체는 성인 발달의 지표가 되는 주요한 생애사건들보다 발달적 변화에 대한 영향력이 상대적으로 적다고 보고 있다. 오히려 결혼이나 직업성취, 중년기 위기 등과 같은 인생의 과업들을 성취하기 기대하는 사회적 시간표는 사회적 환경 안에서 변화가능하다고 설명한다. 생애단계, 생애사건이 일어날 가능성, 생애사건이 스트레스원으로 영향을 미치는 관계는 개인이 이러한 사건들의 스트레스에 대한 대처방식을 발달시키는 데 매우 중요하다. 생애단계 맥락과 사회역사적 맥락은 생애사건 스트레스에 적응하는 과정에 영향을 미치며 이는 개인적 시간과 역사적 시간이 개인의 인생에 미치는 영향력을 잘 보여준다고 볼 수 있다. 다시 말하면 결혼이나, 배우자 사별, 취업, 사고, 출산 등의 인생의 선행사건들과 신체적 건강, 지능, 성격, 가족지원, 수입 등의 중재요인들이 상호작용하여 적응과정에 영향을 주고, 이는 생애단계 맥락과 사회역사적 맥락에 의해 영향을 받아 기능적인 변화인지 역기능적인 변화인지가 결정된다는 것이다([그림 7-3 참조]).

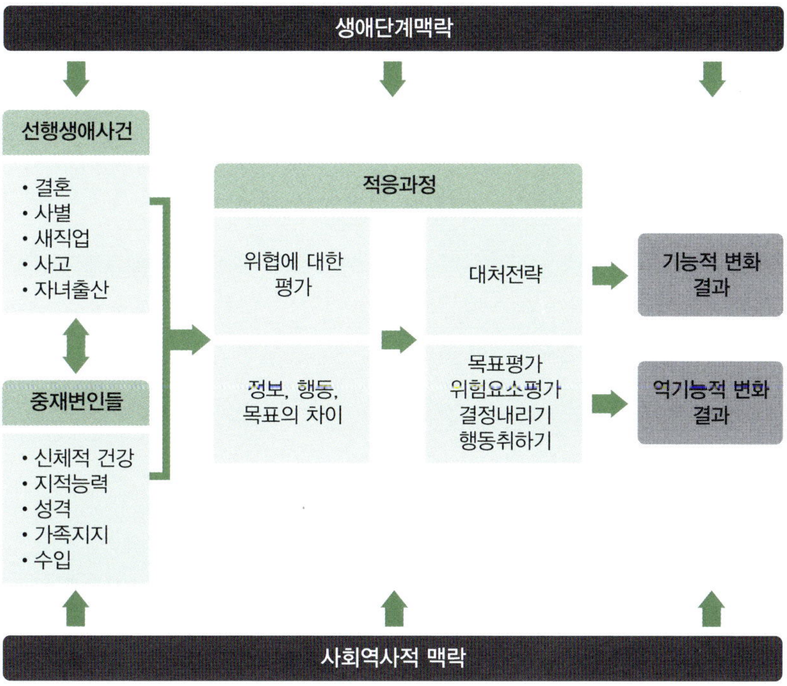

❖ **그림 7-3** 생애사건 모델

출처: Hoyer & Roodin(2003).

생애사건 모델은 변화를 너무 강조하여 성인발달의 안정성과 특성들을 설명할 수 없다는 지적을 받는다. 또한 인생사건을 성격변화의 주요촉발요인으로 너무 강조하였는데, 일반적으로 인생사건보다는 일상생활의 스트레스들이 더 큰 스트레스일 수 있다는(Lazarus, 2000) 점을 간과했다는 지적도 있다.

2. 성격의 변화와 안정성

성격은 중노년기 동안 변화하는지 아니면 원래 성격이 계속 안정적인지에 대한 연구들이 앞에서 제시한 이론들에 근거하여 진행되어 왔다. 성격의 변화와 안정성을 보여주는 연구들은 각각 성격의 어떤 면에 초점을 두느냐에 따라 안정성과 변화에 대한 설명이 다른 것으로 보인다. 성격의 변화에 초점을 두는 학자들은 단계이론처럼 주로 자아(ego)발달과정에 관심을 기울여 성격특질은 안정적이어도 자아는 평생 변화한다고 주장한다(김애순, 2012). 또한 생애사건 모델처럼 개인이 경험하는 생애사건들이 성격의 변화를 이끈다고 설명하기도 한다. 성격의 안정성을 강조하는 학자들은(Costa, McCrae, & Arenberg, 1980; McCrae & Costa, 1990) 주로 특질이론에 근거하여 성격특질(trait)에 초점을 두고 연구를 진행하였다(김애순, 2012에서 재인용).

성격의 변화

캔자스시티 성인생활연구에서 Neugarten 연구팀이 1950년대에 40세에서 90세까지의 성인남녀들에게 면담과 심리검사를 실시한 결과, 나이가 들수록 자아에너지가 감소하고 내향성이 증가하며 도전보다는 회피하는 경향이 나타났고, 남녀의 전통적 성역할지각이 모호해진다는 결과를 제시하였다(Neugarten & Gutmann, 1964; Rosen & Neugarten, 1964).

밀스대학 연구는 1950년대 말부터 1960년대 초까지 졸업반이었던 여성들을 50대까지 태도, 특질, 자아, 대처양식 등의 변화를 살펴본 연구로, 20대 후반부터 40대 초반까지 우월감과 유능감이 증가한 것을 발견하였다(Helson & Moane, 1987). 또한 40대부터 50대 초반까지는 양성화되고 통합적인 자아를 형성하였다는 결과를 보여 연령증가에 따른 성격의 변화를 강조하였다(Mitchell & Helson, 1990).

마지막으로 버클리 노인세대연구는 1928년과 1929년에 약 420명의 남녀를 첫 인터뷰하고 55년이 넘도록 연구대상자들의 성격의 변화와 안정성에 대해 연구하였다. Field와 Millsap(1991)은 지능, 성실성, 친절함, 만족, 활력적 등의 특성을 접근하는 인터뷰결과를 분석하였다. 자료를 전체로 보았을 때는 신체적·대인관계적 상실이 계속되는 노년기에도 만족과 친절함은 안정적 특성으로 나타났다. 반면 지능과 활력, 성실성은 다소 감소하는 것으로 나타났다([그림 7-4] 참조). 이 연구에서는 전생애 과정 중 청소년 후기에서 성인 초기에 성격의 변화가 가장 많이 나타났는데, 이는 이 시기가 독립, 결혼, 취업 등 변화를 많이 요구하는 다양한 삶의 사건들을 경험하는 시기이기 때문에 성격의 변화가 많은 것으로 추론하였다(Belsky, 1999; Hann, Millsap, & Harka, 1986).

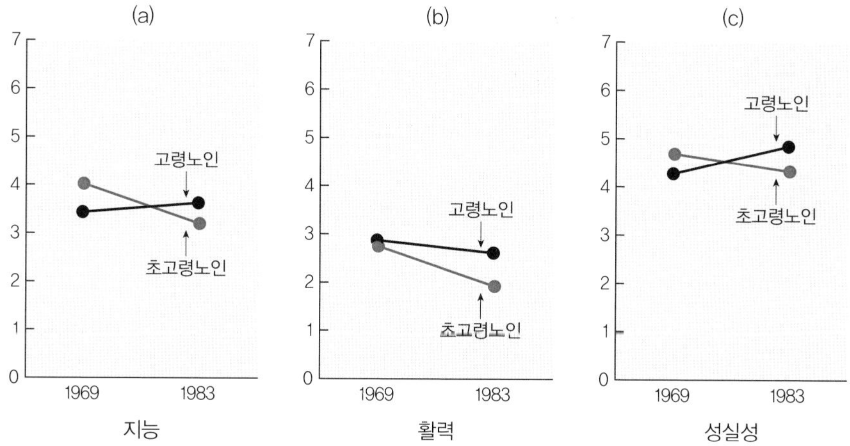

❖ **그림 7-4** 시간에 따른 성격변화: 초고령노인과 고령노인의 비교

출처: Field & Millsap(1991), Hoyer & Roodin(2003) 재인용.

성격의 안정성

볼티모어 장기종단연구는 생애주기 동안 성격특성의 안정성을 보여주는 대표적인 연구이다. 이는 1950년대부터 시작된 연구로, 대부분 교육수준이 높고 백인이며 건강한 30대부터 80대 이상의 연구대상자들이 참여하였다. 이들은 다양한 주제에 대한 자신들의 견해나 감정, 활동들을 자기보고하며 다양한 표준화된 심리성격 검사를 받았는데, 이들 자료는 횡단, 종단, 계열설계 방법으로 분석되었다. 분석결과 Costa와 McCrae(1977, 1978, 1980, 1982, 1985, 1986)는 성격의 5요인 모델을 발견하였고, 특히 신경증, 외향성, 그리고 개방성은 성인기 동안 매우 안정적이라는 것을 발견하였다. 자기보고 방식이 성격의 안정성의 착각일 수 있다는 문제점이 있어 배우자에게 자기 남편의 성격특성을 평가하게 하는 객관적 접근을 하였어도 성격의 5요인 모두 안정적인 결과가 나왔다(Costa & McCrae, 1980). 또한 결혼이나 직업과 같은 생애사건 변화들은 성격요인에 거의 영향을 미치지 않는 것으로 나타났다(Costa, Herbst, McCrae, & Siegler, 2000). 타문화권과의 비교연구들을 통해서도 성격에서의 연령차이는 대부분 코호트 차이이고 이러한 차이도 단기횡단적 비교에서만 나타났다(McCrae et al., 1999).

Schaie와 Willis(1991)의 시애틀 장기종단 연구는 22세에서 84세 사이의 3442명의 남녀의 행동경직성, 태도유연성, 그리고 사회적 책임감 등을 1956, 1963, 1970, 1977, 1984년에 걸쳐 측정하였다. 횡단적 분석결과는 개인들이 나이가 들면서 보다 경직되고 덜 유연하였지만, 종단자료는 대부분의 성격특성들이 60대 후반까지 안정적이고 그 이후 아주 적은 부정적 변화가 있음을 보여주었다. 계열설계방법의 자료분석은 횡단분석의 결과가 세대 또는 코호트 영향임을 보여주고 있었다. 젊은 세대의 경우는 70세가 지나도 보다 유연하고 열린 행동으로의 변화가 있는 것을 발견하고 이러한 추세는 미래 세대들에게도 계속될 것으로 보여 성격의 안정성을 지지하였다.

베를린 노화연구는 성격발달, 사회관계, 인지적 기능 등에 노화가 미치는 영향을 연구한 것으로(Baltes, Mayer, Helmchen, & Steinhagen-Thiessen, 1993; Baltes & Smith, 1997), 다른 연구들과 달리 연구 초기부터 노인들을 포함하고 각 연령대별로(70~74, 75~79, 80~84, 85~89, 90~94, 95~103세) 남녀의 비율을 똑같이 하여 신체적 건강, 외모, 정신건강, 성격과 웰빙, 인지기능과 지각능력, 사회적 역할과 가족 내 역할 등에 대해 상당히 광범위한 주관적 및 객관적 측정도구를 사용하였다. 연구결과 개인들은 나이가 들어도 비슷한 성격특성들을 보였고, 가장 나이든 집단과 여자노인들은 건강이 나쁘고 사회적 역할과 가족 내 역할에 적응을 잘 못하지만 대부분 초기측정이 상대적으로 노년기까지 안정적이라는 것을 보였다.

3. 자아발달

자아(self)란 자기 내면의 시각이다. 이는 자신과 세상을 경험하는 의식적 주관성이 중요하므로 주관적인 자아(I)와 객관적인 자아(Me)의 상호작용에 의해 발달한다. 주관적인 자아는 내가 경험하고 인식하는 내 고유한 자아이고 자기 자신의 외적표현의 관찰과 해석과정을 통해 객관적 자아를 형성한다. 다시 말하면, 객관적인 자아는 행동이나 언어 등을 통해 타인이 보고 들을 수 있는 자아로 주관적 자아에 의해 구성된다. 객관적 자아는 사회적, 시간적, 공간적 맥락과 상호작용 하면서 형성되는 것으로 신념이나 정신적 표상을 구성하고, 이는 다시 자신의 의사결정이나 자기규제 등에 영향을 미쳐서 주관적 자아의 경험에 영향을 주는 방식으로 서로 상호작용하게 된다. 주관적 자아와 객관적 자아는 일상생활에서 계속 상호작용하면서 자아를 변화시키는데, 노인들의 경우 이 두 자아의 차이가 발생하면서 자기개념(self-concept)이 변화된다. 자기개념은 행동을 일으키는 현실의 내적 작동모델 또는 구조인 도식(schema)에 의해 만들어지며 자기가 누구이고 어떤 일을 해왔는지에 대한 이해와 앞으로 자기가 어떤 존재가 될 것이고 어떤 일을 할지를 결정한다(Markus & Cross, 1990). 노인들의 경우에는 주관적인 자아가 경험을 직면하고 해석하며 반응하는데(Whitbourne & Primus, 1996) 사회에서 경험하는 자아에 대한 이미지들이 축적되어 자기개념을 형성하게 된다. 예를 들면, 연령차별적 사회에서 노인들이 노인에 대한 부정적 경험들을 직면하게 되면 노인에 대한 부정적 이미지로 객관적 자아를 형성하게 되고 이러한 부정적 이미지는 노인들의 의사결정이나 규제 등에 영향을 미쳐 부정적 자기개념을 형성하게 되는 것이다. 노인들이 거울에 비쳐진 모습으로서의 자아(looking glass self)를 내 모습의 일부로 흡수하여 자아상을 형성해 간다는 것이다.

자기개념 모델에 의하면 자기지각은 자기동화(self-assimilation)와 자기조절(self-accommodation)이라 불리는 사회적 환경과의 계속적인 상호작용에 의해 재확인하거나 수정되거나 한다(Whitbourne, 1987). 자기동화란 새로운 경험을 기존의 자기개념에 맞추려는 시도이고 자기조절은 기존 자기개념을 경험에 맞추어 조정시키는 것이어서, 자기조절이 자기동화보다 어렵고 훨씬 적응적인 기술을 요구하게 된다(Whitbourne & Primus, 1996). 예를 들어 은퇴한 교사의 경우는 과거 몇십 년 동안 자기의 주요관심사였던 일을 포기할 때 자기정체감에 큰 혼란이 있고, 아내의 역할에 자기개념을 동화시켜 온 여자 노인은 남편의 죽음 이후 자아정체감에 적응적 변화가 요구된다. 따라서 기존의 자기개념과 새로운 사회적 역할을 동화시키고 변화된 현실에 기존 자기개념을 적당히 조절하는 것이 자기개념의 성공적 적응에 매우 중요한 지표가 된다. 과거 자기역할과 차별화된 자아개념을 발전시키지 못하는 노인은 부정적 결과들을 더 많이 경험하는 경향이 있다(Hooyman & Kiyak, 2011). 그러나 대부분의 노인은 건강과 중요한 타인의 상실 등을 경험하더라도 오랫동안 가져온 자기개념들은 대부분 유지하는 것으로 보인다(Diehl, Hastings, & Stanton, 2001).

성인기 이후의 자기개념은 실존적 자아, 사회적 자아, 가능한 자아 등으로 연구되었다. 노년기에는 노화경험이나 신체기능, 외모의 변화 등 생물학적인 노화와 관련된 실존적 자아(existential self)가 연령이 증가할수록 매우 핵심적 자아가 되어가고 사회적 자아는 점차 중요한 자아로 여겨지지 않는다(Dittmann-Kohli, 2005). 개인의 희망과 두려움에 대한 가능한 자아(possible self)는 연령에 따라 변화한다. Ryff(1991)는 청년, 중년, 노년 성인들에게 과거, 현재, 미래, 이상적 자아를 심리적 웰빙의 여섯 가지 차원(자기수용, 타인과 긍정적 관계, 자율성, 환경에 대한 통제감, 인생의 목표, 개인적 성장)에 대해 표시하도록 하였다. 그 결과 연령이 증가하면서 과거, 현재, 미래, 이상적 자아의 차이가 줄어들었다. 연령이 증가하면서 과거를 수용하고 현실과 이상의 차이를 줄이면서 자아통합을 이루어 가는 것으로 볼 수 있다(Keyes & Ryff, 1998).

노인의 자기개념이 사회적 역할이나 다른 사람들의 기대에 근거한다면 자아존중감(self-esteem)은 역할상실에 의해 크게 영향을 받는다. 자기개념은 자아정체감의 자기지각으로 인지적 정의이지만 자아존중감은 자기에 대한 정서적 접근에 근거한다. Erikson(1968)은 자아정체감 형성을 청소년기의 발달과업으로 제시하였지만, 중노년기의 신체적 사회적 변화들로 인해 자아정체감의 재조정이 인생의 후반에 중요하다고 지적하였다(Biggs, 1999; van Halen, 2002). 노년기 자아정체감은 은퇴나 사별, 건강상태 등의 신체적 사회적 요소들에 의해 쉽게 영향을 받는다. 특히 사회적 역할은 개인과 사회를 통합하고 삶의 의미를 더해주기 때문에 역할의 대체나 상실은 노인의 자아존중감에 부정적 영향을 미친다. 예를 들어 평생 가족들을 돌보는 것을 자신의 사회적 역할로 살아온 노인이 치매나 심혈관질환 등으로 인해 타인에게 의존적 상태가 되면 '이상적 자아'를 빼앗기게 되고 자아존중감에 상처를 입게 된다.

연령이 증가할수록 노인들의 웰빙이나 자아존중감을 유지할 수 있는 원천은 주로 감소한다. 노화의 진행에 따라 경제적 불안정이나 사회적 관계의 축소 등 웰빙의 원천들에 부정적 변화가 발생하는데도 노인들의 심리적 웰빙이나 자아존중감은 안정적인 것으로 보인다. 이는 노인들이 선택과 보상과 같은 적응과정을 통해 가치와 목표를 재조정하고 삶의 새로운 의미와 목표나 활동을 변화시키기 때문으로 보인다(Dittmann-Kohli, 2005). 즉 자신의 '이상적 자아'와 현재 자아의 차이를 조절하고 새로운 역할을 통합하며 '이상적'의 정의를 조절하기 때문이다. 스트레스를 유발하는 부정적 인생사건들이나 장애 등은 노인의 자아존중감에 부정적 영향을 주지만, 사회적 관계를 유지하고 자원봉사나 시민봉사 등에 참여하면서 활동적 노화를 실천하는 노인의 경우 개인적 유능함을 경험하고 심리적으로 더 나은 상태를 보이는데(Ryff, Kwan, & Singer, 2001; Windsor, Anstey, & Rogers, 2008) 바로 긍정적 자아를 유지하기 위한 적응과정의 결과로 보인다.

4. 정서의 변화

노년기 정서조절

노년기 정서에 관한 연구들은 대부분 차별적 정서이론(Izard, 1997)에 근거한다. 차별적 정서이론에 의하면 분노, 공포, 슬픔 등의 부정적 정서와 즐거움, 행복, 사랑, 경탄 등의 긍정적 정서가 프로그램화되어 있어서 연령이 증가해도 차이가 없다는 것을 강조한다. 상당히 많은 연구들이 이러한 정서체계는 연령에 따라 변화하는지 그리고 개인이 정서를 조절하는 것이 가능한지에 대해 살펴보았다.

노화가 진행되면서 정서적 변화가 일어날까 하는 질문에는 일반적으로 노년기에 경험하는 상실의 경험들과 우울한 생활사건들로 인해 부정적 정서가 증가할 것이라는 예측을 많이 한다. 그러나 정상적 노화에 의해서는 정서적 웰빙이 감소하지 않는 것처럼 보인다(Mather & Ponzio, 2016). 예를 들면, 노인은 젊은이들보다 더 행복하다고 느끼고(Stone et al., 2010) 덜 화내며 슬픔에 연령차가 거의 없는 것으로 보고되었다(Kunzmann, Richer, & Schumukle, 2013; Kunzmann & Thomas, 2014). 노인은 주의집중과 기억력에서도 연령증가에 따른 긍정적 효과가 있어서 긍정적 정보를 부정적 정보보다 선호하였고(Reed, Chan, & Mikels, 2014) 긍정적 이미지를 더 잘 회상하였다(Charles, Mather, & Carstensen, 2003).

왜 노인이 긍정적 정보에 더 주의를 기울이고 기억하는지에 대한 답은 전두엽 통제 기능이 감정을 자제하는 자극보다 정서를 활성화시키는 자극에 보다 활동적이어서 정서적 정보처리를 돕는 것과 관련이 있으며 사회정서적 선택이론에서 강조하는 동기의 영향이라는 설명도 가능하다(Mather & Ponzio, 2016). 사회정서적 선택이론에 따르면, 살날이 얼마 남지 않았다는 자각을 한 노인은 자신들의 환경을 정서적으로 기능과 의미를 최적화할 수 있는 것을 목표로 하기 때문에 긍정적 정서를 유지하고 부정적 정서를 최소화할 수 있게 된다는 것이다(Carstensen et al., 2003). 다시 말하면, 노인은 제한된 시간조망으로 정서조절과 정서적 웰빙, 그리고 긍정적 효과 등에 보다 더 초점을 맞추게 된다(Carstensen, Mikels, & Mather, 2006; Reed & Carstensen, 2012). [그림 7-5]에서 보듯이 청소년기와 성인기는 정보추구 동기가 매우 높고 노년기에는 정서조절 동기가 가장 높게 나타나는 것을 볼 때, 노인은 정서조절 동기가 높기 때문에 긍정적 정보를 보다 선호하고 더 잘 회상하며 긍정정서를 극대화할 수 있는 관계에 집중하게 된다.

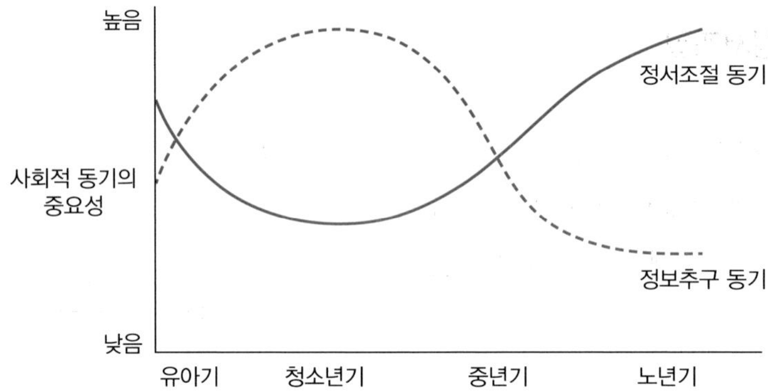

❖ **그림 7–5** 정보 추구 동기와 정서 조절 동기의 발달적 궤적

출처: Carstensen, Isaacowitz, & Charles(1999).

정서조절 전략은 정서-최적화와 정서-차별화로 구분할 수 있는데, 부정적 정서를 최소화하고 불쾌한 감정을 무시하며 자기 의심이 낮은 사람들은 최적화 전략을 사용한다. 이들은 자기 인생에서 주요한 부정적 사건들도 별로 없다고 보고한다. 반면 차별화 전략을 사용하는 사람들은 인지정서적 복잡성을 선호하고 자기 정서를 분석하며 모호함을 잘 견디고 억압도 낮으며, 자기 인생에 부정적 인생사건들이 있었다고 보고한다(Labouvie-Vief & Medler, 2002). 성인기에 최적화와 차별화는 각각 다른 경로로 발달되는데, Labouvie-Vief(2005)는 이들을 네 유형으로 구분하였다. 높은 최적화와 차별화를 보이는 통합형(integrated), 낮은 최적화와 차별화를 보이는 불규칙형(dysregulated), 최적화는 높고 차별화는 낮은 자기보호형(self-protective), 그리고 낮은 최적화와 높은 차별화를 보이는 복잡형(complex) 유형은 연령대별로 차이를 보였다. 노인들은 주로 자기보호형(42%)과 통합형(41%)으로 구분되어 젊은 사람들보다 훨씬 더 긍정적 정서조절을 하는 것으로 나타났다.

많은 연구자들이 젊은 사람들과 노인들의 정서를 자기보고 도구를 사용하여 접근한 결과 노인의 긍정적 정서조절을 확인하였다(Charles et al., 2001; Labouvie-Vief & Medler, 2002; Mroczek & Kolarz, 1998). 노인들은 젊은 사람들보다 자기정서 조절을 더 잘하였고, 부정적 정서가 유발될 때 신체적 반응에서도 반응성을 덜 보이는 경향이 있었고(Levenson et al., 1991) 전반적으로 각성수준도 낮았다. 그러나 이것이 모든 상황에 적용되는 것은 아닌 듯하다. Labouevie-Vief 등(2003)은 이러한 패턴이 여성들에게서는 나타나지만 남성들에게서는 나타나지 않았다고 하였고, Kunzmann과 Gruhn(2005)의 연구에서는 노인들이 부정적 정서에 훨씬 더 반응하는 상황들(예를 들어 중년 여성이 알츠하이머로 진단받는다거나)도 있어 노인들의 반응성 수준은 상황의 특성에 달려 있다고 하였다.

노년기 정서표현

정서는 인지의 복잡성이 증가할수록 다르게 표현된다. 예를 들어 아이들은 어떤 상황에서도 자기들이 느끼는 대로 표현하지만 노인은 사회화와 대인관계의 경험들에 의해 분노나 공포 등을 표현하지 않는 등 자신들의 정서적 표현을 조절한다. 평생 동안의 경험들은 노인이 다른 사람의 정서적 반응을 예측할 수 있게 하고 타인과 의미 있는 관계를 유지하며 갈등을 줄일 수 있게 한다(Carstensen, Mikels, & Mather, 2006; Chalres & Carstensen, 2008). 건강한 정서적 노화는 생애과정동안 정서적 경험을 증대시키는 것이고 이는 정상적 인간발달의 일부이다(Kryla-Lighthall & Mather, 2009; Zarit, 2009). 정서적 표현능력은 가족과 문화의 역할이 매우 큰데, 어린 시절 공적인 자리에서 정서표현을 억제시키는 부모에게 자란 아동은 평생 동안 자기정서를 조절하며 살게 되기 때문에 정서발달의 신체적 및 인지적 영향과 더불어 가족과 문화적 영향도 고려해야 한다(Magai, 2001).

연령이 증가하면서 정서표현은 보다 복잡해지고 덜 강렬해지는 경향이 있다. Malatesta, Fiore와 Messina(1987)의 연구에서는 노인들에게 네 가지 정서와 중립적인 표정을 짓게 하고 이를 사진 찍은 후 대학생들에게 노인들의 정서를 물었는데, 노인이 기존에 가지고 있는 정서특징이 얼굴에 표현되어 있어 제시된 정서를 제대로 맞힐 수 없었다. 또한 젊은 성인들과 중년, 노년의 얼굴표정을 비교하였는데, 노인들은 젊은 연령대의 성인들보다 정서가 여러 가지 혼합되어 있어 어떤 정서인지를 분별하기 어려웠다. 이처럼 연령이 증가하면서 정서표현은 보다 복잡하고 혼합되어 있으며 축소되어 가는 특징이 있다(김애순, 2012에서 재인용).

5. 노년기 적응

나이 들어가는 모습은 사람마다 다양하고 이에 대한 적응도 다양하다. 발달을 전 생애적 관점에서 보는 입장에서는 인간발달이 생물학적 힘과 역사적, 사회적, 개인적 사건과 같은 다양한 환경의 힘이 상호작용하여 결정된다고 본다. 생물학적 힘이 주로 연령에 기반하여 노화과정에 영향을 미치게 된다면, 역사적, 사회적, 개인적 사건과 같은 다양한 환경적 힘은 노화과정의 속도와 수준 등을 다르게 만들 수 있도록 작용하게 된다. Baltes는 평생에 걸쳐 누적되어 온 환경조건의 차이와 개인 내 가소성(plasticity: 개인이 다양한 내적, 외적인 변화에 대처할 수 있는 잠재력)이 상호작용하여 개인 간 발달의 다양성을 가져오게 된다고 설명한다(김애순, 2012에서 재인용). 우리가 노화과정의 속도와 수준이 다양할 수 있다는 점을 인정한다면, 보다 긍정적인 결과, 최적의 상태로 나이 들어가려는 노력은 당연한 일일 것이다. 특히 기능의 쇠퇴가 주요 특징인 신체적 노화보다 다양한 방향으로의 발달이 특징인 심리적 노화에서는 최적의 노화를 위한 노력은 더욱 그러하다.

Baltes와 Baltes의 SOC 모델

Baltes와 Baltes(1990)는 개인의 적응력(adaptivity) 혹은 변화에 대처하는 가소성(plasticity), 회복력(resilience)을 성공적 노화의 핵심적인 요소로 간주한다. 노화과정에서 직면하게 되는 내적, 외적 변화를 수용하고 이에 탄력 있게 대처하는 준비성과 역량이 노년기 적응적 발달(성공적 노화)의 지표가 될 수 있다고 본다. 이들은 연령증가에 따라 획득과 상실 간의 균형이 불리하게 변화해 가는 현실 속에서 얼마나 탄력성 있게 대처하는가에 따라 노년기 적응이 달려있다고 보며, 이때 이러한 적응을 달성하는 과정은 선택(selection)과 적정화(optimization), 그리고 보상(compensation)이라는 세 가지 요인과 연관되어 있다고 간주한다. 이러한 이유로 Baltes와 Baltes의 모델은 '보상을 수반한 선택적 적정화 모델(the model of selective optimization with compensation: SOC)'이라고 한다.

선택(Selection) 인간발달은 상실과 획득이 공존하는 과정이다. 그런데 노화과정이 진행됨에 따라 자원이나 능력이 상실되는 부분이 점차 커지는데, 특정 영역만 선택적으로 남겨놓고 다른 영역은 무시하는 전략이라 할 수 있다. 즉, 특정 영역을 선택하여 집중하는 것이라 할 수 있는데, 이때 어떠한 영역을 선택할 것인가는 환경적 요구나 개인적 동기, 기술 등에 달려있다. 높은 수행을 유지할 수 있는 영역 혹은 환경적 필요나 개인의 동기, 기술, 생리적 능력 등에 부합되는 영역을 선택하여 여기에 개인의 노력과 에너지를 집중하는 것이 개인과 사회에 잘 적응하는 방안이 된다. Baltes와 Baltes에 의하면, 이러한 선택전략을 통해 "변형되었지만 효율성을 유지할 수 있는 삶"을 노년기에도 즐길 수 있다고 보고 있다.

적정화(Optimization) 적정화란 선택한 영역의 기능, 수행을 최대화시키는 행동이다. Baltes와 Baltes는 인간은 잠재된 능력을 많이 보유하고 있고, 노년기에도 학습과 운동 혹은 훈련을 통해 능력을 유지하고 개발함으로써 기능을 향상시킬 수 있다고 본다. 따라서 잠재능력을 활성화시키거나 중재 프로그램 등을 통해 선택된 영역의 기능을 최대화시키고 효율적으로 성과를 발휘할 수 있도록 하는 것이다.

보상(Compensation) 보상은 어떠한 기능이 요구되는 상황에서 해당 기능이 상실되었을 때 학습이나 보조기구, 외부적 도움, 심리적 보상기제 등을 통해 보상하는 전략을 의미한다. Baltes와 Baltes는 지식과 기술이 노화로 인한 기능 손실을 보충할 수 있다고 보는데, 신체적 기능이 저하 혹은 상실되었을 때 외부·기술적 도움을 받거나(보청기, 휠체어, 효율적인 시간관리 등), 반복이나 훈련을 통한 보완(기억력 쇠퇴에 대해 장소를 기억하는 기억법을 사용하거나, 기억할 내용을 반복하거나 연상법을 사용하는 것 등)이나 지식에 기반을 둔 실용적 책략, 혹은 심리적 보상기제 등을 활용할 수 있다.

정신적, 신체적으로 활발한 활동을 유지하는 것이 노화 현상을 지연시키지만, 1차적 노화 현상에 의한 쇠퇴는 결국에는 신체적, 인지적 능력에서 발생하게 된다. 이러한 쇠퇴에 최적으로 대응하여 성공적으로 나이 들어가기 위해서는 유쾌한 수준에서 충분히 수행할 수 있는 중요한 활동을 선택하고 대신 고생스러운 활동들은 포기하는 방법을 통해 활동을 줄여나가면 모든 에너지와 주의를 남은 활동을 수행하는 데 집중할 수 있기 때문에 최상의 결과를 얻을 수 있게 된다는 것이다. Baltes와 Baltes(1990)는 유명한 피아니스트였던 아르투르 루빈슈타인의 경우를 예로 들어 SOC모델을 설명하였다. 루빈슈타인은 70~80대에 들어서서도 어떻게 세계 최고의 피아니스트로서의 명성을 유지할 수 있었는지에 대해 연주할 작품을 줄이고(선택), 선택한 작품의 연습을 더 많이 했으며(최적화), 젊었을 때처럼 빠르게 연주할 수 없게 되자 빠르게 연주해야 하는 부분 앞에서는 최대한 천천히 연주를 하여 그 대조가 분명히 드러날 수 있도록 하였다(보상)(정영숙 외, 2018에서 재인용). 이러한 SOC 전략은 일상생활의 활동이나 사회적 관계, 심리적 적응 등에도 적용될 수 있다.

간단하게 말하면, Baltes와 Baltes의 SOC 모델은 노화에 따라 신체 및 인지, 물질 등의 상실을 경험함에도 불구하고, 주어진 능력에 적합한 활동을 선택(selective)하고, 보유한 기술을 최적화(optimization)하여 상실한 것을 보상(compensation) 함으로써 성공적 노화에 이를 수 있다고 본다(석재은, 2010). 성공적 노화를 어떤 획일적인 모습으로 상정하기보다는 선택, 적정화, 보상이라는 세 가지 요인과 관련된 적응과정으로 보고, 주어진 환경과 자원의 범위 속에서 개인의 능력을 조절하는 것을 성공적 노화의 과정으로 간주한다는 점에서 개인과 환경의 상호작용을 고려하는 접근이라 평가할 수 있다(정경희 외, 2006). 실제로 SOC 전략의 사용과 삶의 만족도, 자기효능감, 자아존중감, 통제감과 같은 심리적 적응은 관련이 있는 것으로 나타났고(안지연, 1997; 하정연·오윤자, 2003; Freund & Baltes, 1998), 이는 다시 신체적 건강과 안녕에 기여함으로써 삶의 질과 미래 적응력을 향상시키는 긍정적인 피드백 고리를 이룬다고 평가한다.

많은 학자들이 '성공적 노화', '생산적 노화', '웰에이징(Vaillant, 2002)' 등의 개념으로 과연 잘 늙는다는 것이 무엇인지, 그리고 이를 가능하게 하는 요소는 무엇인지를 탐색하고자 하려는 노력들을 진행하고 있다. 과연 우리사회에서 '잘 늙는다는 것'은 어떠한 상태 혹은 과정을 의미하며 어떠한 적응이 요구되는지, 그리고 이렇게 개념을 규정한다는 것이 어떠한 함의를 가지는가는 우리가 지속적으로 생각해 보아야 할 문제이다.

CHAPTER

08

사회적 노화 I: 중노년기 세대관계 및 친족관계

GERONTOLOGY

1. 노부모와 성인자녀 관계 / 2. 조부모와 손자녀관계 / 3. 노년기 형제관계

CHAPTER 08

사회적 노화 I: 중노년기 세대관계 및 친족관계

혼자 사는 어머니의 어버이날

섬에는 빈집이 많듯이 혼자 사는 어버이가 많다.
그 집이 바로 다음에 비워질 집이다.
대개가 70에서 80을 바라보는 사람들
여자가 태반이고 남자는 거의 없다. (…중략…)
밤에 귀뚜라미처럼 따르르 울리는 것은 전화
전화 때문에 효도가 쉽다 -어머니세요 오늘 어버이날인데 아무것도 드리지 못하고…
"오냐 오냐 마을에서 꽃도 달아주고 잔치도 해줬다 걱정마라
아버지 산소 풀은 어제 다 뽑았다
그래그래 걱정 마라"

출처: 이생진《혼자 사는 어머니》중에서.

1. 노부모와 성인자녀 관계

평균 수명의 연장과 함께 부모-자녀 간의 '관계수명(relationship life expectancy)'이 증가함에 따라 개인의 삶에서 세대관계가 차지하는 중요성이 점점 높아지고 있다. 특히 우리나라는 개인 및 가족복지에 대한 공적 지원이 부족한 상태로 개인이 가질 수 있는 실질적인 지원세계가 가족원으로 한정되는 경우가 내부분이어서 노부모와 성인자녀 관계의 중요성이 더욱 부각된다고 할 수 있다.

한편, 급속한 저출산 현상에 따라 자녀 및 손자녀 수가 감소하면서 다세대가 공존하지만 한 세대의 규모는 작은 수직형 가족, 일명 '콩깍지형 가족(beanpole family)'이 늘어나고

있다. 우리나라 합계 출산율이 6.0까지 달했던 시기에 태어난 현재 50대 후반~60대 초반의 베이비부머의 경우 대부분 4~5명 정도의 형제자매 속에서 성장했으나, 자신들은 2명 내외의 자녀를 출산하는 방향으로 변화가 일어난 결과이다. 한국 사회의 지속적인 저출산 추세와 평균수명의 증가 현상을 고려해 볼 때, 콩깍지형 가족의 증가 추세는 향후에도 지속될 것으로 전망된다.

자녀로부터의 지원에 의존도가 높은 노인의 입장에서 보면 자녀 세대의 규모 축소는 세대 간 가용자원의 축소를 의미할 수 있다. 세대관계 구조의 변화에 대해 우려하는 목소리가 높은 것은 바로 이 때문이다. 저출산에 따른 가족규모의 축소와 함께 이혼율의 증가, 가족의 해체와 재구성과 같은 변화현상을 근거로 '세대관계 약화설'(Popenoe, 1993)이 제기되기도 하였다. 그런가하면, 이러한 주장에 대한 반박으로 Bengtson은 세대 간 결속도 모델을 적용한 실증연구를 통하여 세대관계가 잘 유지되고 있음을 보여주고 있다. 이번 장에서는 세대관계에 대한 주요 이론 및 실증연구의 결과와 함께 한국 가족의 세대관계 현황에 대해 살펴보기로 한다.

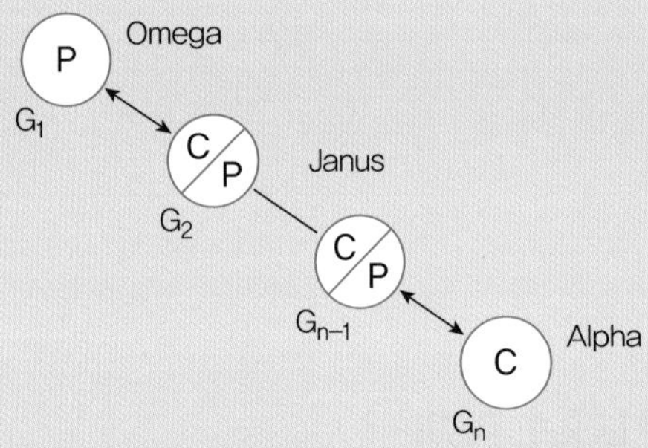

❖ 그림 8-1 다세대 관점에서 살펴보는 세대관계 모델

출처: Hagestad & Herlofson(2007).

수명의 연장으로 다세대 가족이 보편화되고 있다. Hagestad의 다세대 가족 모델은 수명연장으로 한 가족 내에서 부-모 자녀 관계 쌍(dyad)이 여럿이 존재하며, 부모(P)이면서 동시에 자녀(C)의 지위를 가질 수 있음을 보여준다. 가장 위의 부모세대(G1)를 '오메가', 가장 아래의 자녀세대(Gn)를 '알파'라고 지칭하며, 부모이면서 동시에 자녀인 세대는 '야누스'로 지칭한다. 4세대, 5세대 가족이 증가하고 있는 현실에서 부모-자녀관계 다이내믹의 이해를 위해서는 이렇게 다세대관계의 맥락에서 접근되어야 할 필요성을 잘 보여준다.

수명 증가로 늘어나는 다세대 가족

한국노바티스와 대한의사협회는 '5대 가족찾기' 캠페인을 실시하고 있다. 2012년에 진행된 제2회 캠페인에서는 22가족을 확인하였는데 5대 가족 라이프 서베이 결과 음주, 흡연, 화를 내는 경우가 거의 없는 3無와 결혼과 출산이 빠른 2速의 특징을 보였다고 한다.

❖ 2006년 실시된 '5대 가족찾기' 캠페인에서 '사이좋은 가족상'을 받은 가족

출처: 맘앤앙팡 매거진(2009년 2월). 5대 가족 그 건강 족보를 파헤치다 3.

세대관계를 설명하는 주요 이론

세대관계를 설명하는 주요 이론으로는 사회교환이론과 결속도 모델, 양가성 모델을 들 수 있다. 사회교환이론은 세대 간 지원교환을 설명하는 데 가장 활발하게 적용되는 이론이며, 세대 간 관계적 측면을 설명하는 데 적용되는 이론은 결속도 모델과 양가성 모델이 대표적이다.

사회교환이론(social exchange theory)

사회교환이론은 인간을 합리성에 기초하여 선택하는 존재로 보며, 관계에서 이익(benefit)을 극대화하고 비용(cost)을 최소화하는 방향으로 행동한다고 설명한다. 따라서 일방적으로 지원을 제공하거나 지원을 받는 관계는 지속될 수 없으며, 관계를 지속되기 위해서는 보상이 비용보다 크거나 보상과 비용이 비슷한 수준이 유지되어야 한다. 교환이론적 관점에서는 세대 간에도 다른 사회적 관계와 마찬가지로 이러한 원리가 적용된다고 본다.

한편, 사람이 비용과 이익을 계산하는 합리성을 가진다는 사회교환론적 관점과 맥을 같이 하지만, 사람 사이의 관계에서 이익을 극대화하는 것보다 상호 간에 서로 상응하는 교환관계를 유지하는 것이 중요하다는 점을 강조하는 개념이 호혜성(reciprocity)이다. 설령 자신에게 유리한 일일지라도 일방적으로 받기만 하는 관계는 유지되기 어렵고 주고받음이 어느 정도 균형을 이룰 때 관계가 지속된다고 보는 입장이다. 부모와 자녀 사이에 존재하는 관계의 특성을 고려하였을 때 세대관계의 호혜성은 다음과 같은 측면을 지닌다. 첫째, 부모와 자녀 사이에 주고받는 지원의 종류가 반드시 동일하지 않아도 된다. 예를 들면 노부모가 자신을 돌봐주는 자녀에게 경제적 지원을 제공함으로써 자신이 받은 돌봄 지원에 대해 보상을 하는 방식으로 호혜성을 유지할 수 있다. 세대 간 지원교환은 서로 다른 생애단계에 놓인 부모와 자녀 사이의 지원교환이므로 각자 필요로 하는 지원이나 보유하고 있는 자원의 종류가 상이할 가능성이 크기 때문이다. 둘째, 세대 간 지원교환의 호혜성은 지연된 형태로 나타날 수 있으며 이를 장기적 호혜성이라고 한다. 사회교환이론에 의하면 지출한 비용에 대한 보상을 언제, 어떠한 형태로 받을지에 대한 암묵적인 약속은 교환이 이루어지는 관계의 속성에 따라 달라진다. 세대관계는 오랜 기간 지속되므로 제공한 지원에 대한 보상이 반드시 즉각적으로 이루질 필요가 없으며 관계가 유지될 것이라고 기대되는 기간 안에서 지연된 형태로 나타날 수 있다. 따라서 특정 시점에서 지원교환을 살펴보면 일방적으로 지원이 제공되는 것처럼 보일 수도 있지만, 시간의 틀을 넓혀보면 결국 호혜성이 발견된다. 과거에 부모로부터 받은 지원이 시간이 흐른 뒤 자녀가 부모에게 지원을 제공하는지 여부나 제공하는 지원의 양에 영향을 준다는 연구 결과나(Silverstein, Conroy, Wang, Giarrusso, & Bengtson, 2002) 부모로부터 많은 지원을 받은 자녀가 나중에 주 돌봄자(primary caregiver)로 선택되는 경향이 높은 것도 장기적 호혜성으로 설명될 수 있다(Leopold & Raab, 2013).

사회교환이론의 호혜성 원리가 세대 간 지원 교환의 균형(balance)에 초점을 두고 있는 반면, 이타심(altruism) 관점이나 효(filial piety) 규범 관점은 다른 사회적 관계와 구별되는 세대관계의 독특성에 주목한다. 이타심 관점은 서로에 대한 배려와 사랑이 세대 간 지원교환의 동기라고 보고 있으며, 효 규범 관점은 세대관계를 지배하는 문화적 각본으로 효 규범이 세대 간 지원교환에 작동한다는 점을 강조한다. 이러한 점에서 이타심이나 효 규범이 교환이론의 대치점에 있다고 볼 수도 있지만, 사회교환이론에서는 이타심이나 효 규범도 크게는 교환론적 이론틀에서 벗어나지 않는다고 보고 있다. 예를 들면 이타적 동기로 지원을 제공하는 것처럼 보일지라도 이 과정에는 보람과 기쁨과 같은 중요한 보상이 함께 한다는 것이다. 효 규범을 따르지 않았을 때 얻게 되는 '불효한 자녀'라는 평판이 문화권에 따라서는 매우 큰 비용이 될 수 있다는 점을 상기시킨다. 세대 간 지원교환을 설명하는 데 있어 사회교환이론이 가장 활발하게 이용되는 이론이라는 사실은 바로 이렇게 적용범위가 넓다는 점이 작용하는 것으로 보인다.

결속도(solidarity) 모델

핵가족화로 인하여 노인이 고립된다는 Parsons의 주장이나 앞에서 언급한 Popenoe의 '세대관계 악화설'에 대한 반박으로 Bengtson은 생애과정에 걸쳐 부모-자녀 관계가 지속적이고 긴밀하게 연결되어 있음을 실증적으로 보여주며, 이를 세대 간 결속도(intergenerational solidarity) 모델로 이론화하였다. Durkheim이 개인 간의 연결 및 개인과 사회와의 연결 상태를 설명하기 위하여 사용한 결속도 개념을 세대관계에 적용한 것이다. Bengtson(1988)이 제안한 세대 간 결속 개념은 다음과 같은 여섯 가지 차원으로 구성되어있다.

- 연계적 결속(associational solidarity): 세대 간 접촉의 빈도나 질
- 애정적 결속(affectional solidarity): 정서적 친밀도
- 합의적 결속(consensual solidarity): 가족구성원들 사이의 가치, 신념에 대한 유사성
- 기능적 결속(functional solidarity): 세대 간 지원교환의 수준 및 상호 호혜성
- 규범적 결속(normative solidarity): 가족역할에 대한 헌신, 가족에 대한 의무감
- 구조적 결속(structural solidarity): 거주근접성 같이 관계를 가능하게 하는 구조적인 상태

결속도 모델은 세대관계에 대한 대표적 이론으로 수많은 실증연구에 적용되었다. 예를 들면 Yi와 Lin(2009)은 부모와 동거하는 경우 동거하지 않는 경우보다 대부분의 영역에서 결속 수준이 높게 나타났다는 점을 보여주어 구조적 결속과 다른 영역의 결속과의 관련

성을 확인시켜 주었다. 국내에서는 결속이 우울이나 삶의 만족도에 미치는 영향을 살펴보거나(정순둘·이루리, 2014; 최슬기·최새은, 2012) 세대 간 결속도를 결정하는 요인이 무엇인지 탐색하는 연구들이 수행되었다. 정순둘과 이루리(2014)는 세대 간 결속이 삶의 만족도에 미치는 영향을 탐색하였는데, 40세 이상 집단에서 삶의 만족도를 예측하는 중요한 요소가 애정적 결속이었다. 최희정과 민주홍(2015)에 따르면 거주근접성, 애정적 결속이 노부모의 건강에 영향을 미치는 것을 확인한 바 있다.

한편, 세대 간 결속도를 파악하는 연구들은 세대관계에 대한 인식에 있어 노부모가 성인자녀보다 세대관계를 더 긍정적으로 인식하는 일정한 경향성이 있음을 발견하게 되었다. Bengtson과 Kuypers(1971)는 이를 '발달적 이해관계 가설(developmental stake hypothesis)'을 통해 설명하였다. 생애단계상의 위치의 차이로 인하여 부모와 자녀 각각이 세대관계에 투자한 정도에 차이가 있고 그에 따라 세대관계에 대한 이해관계에서 차이가 있기 때문에 나타나는 현상이라고 보았다. 즉, 많은 자원을 자녀 및 세대관계에 이미 투자한 부모의 입장에서는 이 관계가 성공적이지 못함을 받아들이기 쉽지 않고, 세대관계가 파기되는 경우 잃을 것이 자녀보다 더 많기 때문에 관계를 긍정적으로 평가하는 경향이 크다는 것이다.

양가성(ambivalence) 모델

결속도 모델이 세대관계 연구를 주도하는 대표적 이론틀로 자리 잡아 왔으나, 세대관계의 부정적 측면을 지나치게 간과한다는 비판과 함께 세대관계의 양가성 모델이 등장하였다. 양가성 모델은 세대 간에 결속·유대와 같은 긍정적 측면과 함께 긴장·갈등과 같은 부정적 측면이 공존한다고 보는 관점이다(Luscher & Pillemer, 1998). 양가성은 심리적 양가성과 사회적 양가성으로 구분된다. 심리적 양가성은 동일한 대상에 대해 상충되는 감정이 공존하는 상태를 의미한다. 한편, 사회적 양가성은 특정 역할을 수행함에 있어 부과되는 사회적 기대가 모순적이어서 겪게 되는 양가성을 의미한다. 예를 들면 세대관계에서 독립성과 상호의존성이라는 일견 모순되는 듯한 가치가 동시에 기대되는 상황이 이에 해당할 수 있다.

세대 간의 심리적 양가성은 부모나 자녀에 대하여 상충되는 감정을 동시에 경험하고 있는지, 그 정도는 어떠한가를 직접적으로 묻는 방식으로 파악한다. 예를 들면 "나는 어머니와 친하지만 그것이 나를 구속하기도 한다", "나는 어머니에게 감사한 마음도 있지만 원망스럽기도 하다"와 같은 질문을 통하여 양가성을 파악한다. 그런가하면 동일한 대상에 대한 긍정적인 감정과 부정적인 감정을 별도의 측정 문항을 사용하여 그 정도를 파악한 후 조합하여 양가성 수준을 파악하는 방식도 있다(Birditt, Fingerman, & Zarit, 2010; Guo, Chi, & Silverstein, 2013). 예를 들면 긍정적 측면은 "아버지와 나는 정서적으로 가까운 사이이다"와 같은 문항을 사용하여 측정하고, 부정적 측면은 "아버지에 대해 부담감과 긴장감을 자주 느낀다"와 같은 문항을 사용하여 측정하고, Thompson 공식(Guo et al., 2013)을 사용하여 양가성 정도를 파악한다. 계산된 점수의 합산이 클수록 더 큰 양가감정을 가지고 있음을 나타낸다.

양가감정=(긍정+부정)/2-｜긍정-부정｜

결속도 모델이 주도하던 세대관계연구에 양가성 모델이 소개되면서 이를 이론적 모델로 적용하는 연구들이 급증하였다. 예를 들면 Fingerman 등(2012)의 연구에 따르면 자녀에 대한 지원을 많이 하는 부모는 자녀가 너무 많은 것을 요구한다는 느낌과 함께 양가적 감정을 경험하면서 낮은 삶의 만족감을 보고하는 것으로 나타났다. Birditt 등(2010)은 자녀가 문제가 많고 자녀의 성취로 인한 보상이 적을수록 부모가 양가감정을 더 많이 느낀다는 점을 보고하였다. 국내의 경우 세대 간 양가감정을 탐색한 연구는 이제 막 시작된 단계로 이에 대한 정보가 아직 부족하다. 문정희와 안정신(2014)은 기혼 성인남녀를 대상으로 한 연구에서 아버지, 어머니 각각에 대한 양가감정이 세대 간 친밀감, 갈등, 관계 만족도와 연관성이 있음을 확인하였다. 한경혜와 윤성은의 연구(2004)는 중년기 딸과 노년기 어머니 사이에 친밀감과 갈등이 공존하는 심리적 양가성을 확인하였고, 이러한 양가적 감정은 오랜 세월동안 누적되어 온 관계사(relationship history)의 결과물임을 보여주고 있다.

한국 가족 내 세대관계의 현주소

다음은 한국 가족 내 세대관계의 특성과 현황에 대해 살펴보자.

세대관계의 특성은 구조적 특성과 질적 특성으로 나눌 수 있다. 구조적 특성은 주로 세대 간 동거유형, 거주근접성, 접촉 빈도를 통하여 파악한다. 세대관계의 질적 측면으로는 세대 간 교환되는 지지의 양상, 그리고 세대관계 만족도를 탐색한다. 구조적 특성과 질적 측면은 서로 연계되어 있으며 상호 영향을 미친다. 예를 들면 3세대 동거가족의 감소 및 핵가족화는 세대관계 구조적 특성의 변화를 의미하면서 동시에 세대관계의 질적 측면에도 영향을 미치게 되는 것이다. 그런가하면 세대관계의 질적 측면은 세대관계의 구조적 특성이 반영된 결과이기도 하다.

거주유형

한국 가족 내 세대관계의 구조는 최근 급격히 변화하고 있다. 가장 괄목할만한 현상은 노부모세대와 성인자녀가 함께 동거하는 3세대가구가 감소하고 2세대 가족 및 노인부부, 노인독거가구가 증가하였다는 점이다. 이러한 변화는 가구규모의 축소를 가져왔다. 통계청 「인구주택총조사」에 따르면 평균 가구원 수가 1990년 3.7명에서 2015년 2.5명으로 크게 감소하였다. 통계청 「2017 장래가구추계」에 따르면 2045년에는 평균 가구원 수는 2.1명까지 줄어들 것으로 전망된다. 이러한 구조적 변화는 한국 가족 내 세대관계의 물리적 기반이 변화하고 있음을 의미하며 또한 동시에 가족규범의 변화를 반영하는 현상이라고 할 수 있다.

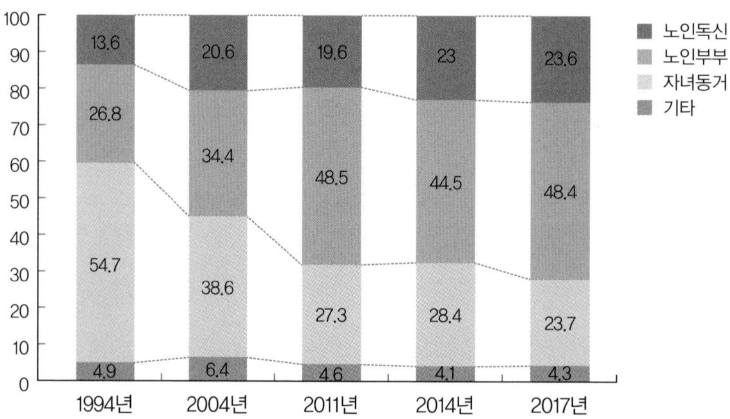

❖ **그림 8-2** 노인의 가구형태의 변화(1994~2017)

출처: 이가옥 외(1994); 정경희 외(2004); 정경희 외(2012); 정경희 외(2014); 정경희 외(2017).

1994, 2004, 2011, 2014, 2017년의 「노인실태조사」를 이용하여 노년기 가구형태의 변화를 파악한 정경희 등(2017)의 보고에 따르면 노년기의 가구형태는 지난 25년 동안 크게 달라졌다. 1994년만 해도 노인이 혼자 생활하거나 배우자와만 생활하는 노인 단독가구의 비중이 40.4%로 자녀동거가구인 54.7%보다 적은 규모였지만 2017년 기준으로는 자녀동거가구가 23.7%로 급감한 반면 노인 단독가구가 72%로 급증하여 노년기의 대표적인 가구형태가 되었음을 알 수 있다([그림 8-2] 참조).

이러한 변화는 노인들에게 있어 거주유형에 대한 선택지가 늘어난 결과로 해석할 수 있다. 노부모와 성인자녀의 동거여부는 양 세대의 필요(needs)와 자원(resources)에 의해 영향을 받는다. 필요를 나타내는 대표적 변수는 노부모의 건강상태로, 건강하고 일상에서의 역할수행에 문제가 없으면 독립적 거주를 선호하는 경향을 보인다. 경제적 자원도 중요한 결정요인으로 두 세대 모두 독립적 생활을 유지하기에 어려움이 없을 정도의 자원을 가진 경우 별거를 택하는 경향이 높다. 자녀가 몇 명이나 있는가와 같은 인구학적 '가용성(availability)' 또한 중요하다. 그와 함께 규범이 반영된 문화적 선호(preference)가 중요한 결정요인인데, 노부모와 자녀의 가치관이 전통적이거나 효규범이 강한 경우 동거를 선호한다. 사회 교환론적 관점에서 보면 부모와 자녀 모두에게 교환적 이득(benefit)이 클 경우 동거하는 경향이 높다. 예를 들어 자녀가 맞벌이 부부일 때 부모와 동거는 서로에게 이익이 되는 합리적 선택이 될 가능성이 크다. 한편, 핵가족이나 노인가구의 기능적 필요를 지원해주는 사회적 서비스가 충분히 제공되는가 여부도 영향을 미친다. 거시적으로 볼 때, 노인을 위한 주간보호서비스, 방문간호와 같은 서비스나 자녀세대를 위한 어린이 돌봄 지원체계 등이 얼마나 충분히 제공되는가 하는 가족기능의 사회화가 노부모와 성인자녀의 거주유형 결정에 중요하게 작용한다.

노인의 자녀동거 여부는 노부모가 자녀에게서 제공받는 부양지원 정도에 영향을 미친다는 점에서 중요하다. 그런데 노인부양에 미치는 영향은 부양지원의 종류에 따라 차이가 난다. 자녀와의 동거 여부가 경제적 지원이나 정서적 부양을 받을 가능성을 직접적으로 높이는 것은 아니지만 신체적, 도구적 지원에는 영향을 미치는 것으로 나타난다.

노인의 경제적 능력이 증대하고 자녀수의 감소, 독립생활에 대한 선호 및 효규범의 약화 등으로 한국 사회에서 노부모와 성인자녀의 동거는 감소추세가 계속될 것이다.

세대 간 거주 근접성

서로 얼마나 가까운 거리에 거주하는가를 의미하는 거주 근접성(residential proximity)은 세대 간 접촉빈도 및 지원교환을 예측하는 중요한 요인이다. 가까이 살수록 만남이나 연락, 정서적·도구적 지지교환이 용이하다. 노인들에게서 나타나는 의식의 변화로 한국노인들도 자녀와의 동거를 원하기보다는 독립주거를 하되 가까이에서 살기를 원한다고 밝히고 있다. 분리된 거주에 대한 선호는 흔히 '거리를 둔 친밀성'으로 언급된다. 같이 살지는 않지만 '국이 식지 않는 거리'에 근접거주를 하면서 긴밀한 유대를 맺는 수정확대가족(modified extended family)이 증가한 것으로 나타난다.

실제로 부모세대와의 근접거주는 지속적으로 증가하는 경향을 보이는 것으로 나타난다. 한국사회조사 2006년과 2016년 자료를 사용하여 양가부모와의 거주근접성 변화를 살펴본 「사회동향조사」 2017년 보고에 따르면, 시가와 처가 모두 걸어서 15분 이내 거리에 거주하는 비율이 증가하였다. 이 비율은 2006년 시가 8.4%, 처가 7.3%에서 2016년 시가 13.7%, 처가 9.1%로 증가하였다. 여성의 경제활동 참여 증가율과 사회정책적 지원체계가 마련되는 속도에 따라 달라질 것이지만, 부모에 대한 의무감과 자녀 돌봄의 필요를 동시에 해결할 수 있다는 점에서 수정확대가족에 대한 선호는 당분간 지속될 것으로 보인다.

한경혜와 윤성은(2004)의 연구에 따르면 남편의 연령이 낮을수록 시가 혹은 처가부모와 더 가까이 거주하였으며, 아내의 학력이 높거나 취업한 경우 처가와의 거주근접성이 높은 것으로 나타났다. 최근 수행된 최희정과 남보람(2016)의 연구에 의하면 손자녀가 많을수록 노부모와 가깝게 사는 것으로 나타나서 자녀양육 지원군으로서의 조부모 역할이 반영된 것으로 보인다. 성인자녀의 특성 중 성별과 출생순위를 함께 살펴본 결과 자녀의 성별만이 거주근접성과 유의한 관련이 있어, 딸과 비교하여 아들이 부모와 가까이 사는 것으로 나타났다.

한편, 부모나 자녀의 필요나 자원이 생애과정의 단계에서 변화를 보이게 되면 그에 대한 적응적 반응으로 거주지를 가까운 곳으로 옮기거나 동거를 하는 등 거주유형에서의 변화가 일어나기도 한다. 고령화연구패널 1~4차년도 자료를 활용하여 살펴본 결과, 노부모의 도구적 일상생활수행능력(IADL)에 제한이 있을 때 성인 자녀와 동거를 시작하거나 가까운 곳으로 이주하는 경우가 늘어났다. 또한 손자녀가 출생하거나 손자녀를 돌볼 때, 노부모가 성인자녀와 동거를 시작하거나 근거리로 이주하는 경우가 늘어나는 것으로 나타났다(유재언, 2017). 거주근접성이 세대 간 돌봄의 필요에 영향을 받는다는 것을 보여주는 결과이다.

세대 간 접촉

세대관계 구조를 파악하는 대표적 지표 중 하나가 부모와 자녀 세대 간 접촉 빈도이다. 접촉빈도는 성인자녀가 노부모에게 제공하는 경제 및 도구적 지원정도의 가장 강한 예측요인이다(한경혜·김상욱, 2010).

2017년 사회동향조사에 따르면 18세 이상의 기혼자 중 70% 이상이 시가 혹은 처가부모와 1주일에 한 번 이상 연락하는 것으로 나타났으며 60% 이상이 한 달에 한 번 이상 시가 혹은 처가의 부모와 만나는 것으로 확인되었다. 한편, 「2017 노인실태조사」에서는 비동거 자녀와 주 1회 이상 왕래하는 노인이 38.0%이고 주 1회 이상 연락을 주고받는 노인이 81.0%인 것으로 나타난다. 비록 3세대 가족을 이루고 동거하고 있지는 않지만 세대 간에 비교적 잦은 접촉을 유지하고 있다고 볼 수 있다. 빈보경과 최희정의 연구(2017)에 따르면 자녀의 결혼은 노부모와의 만남빈도의 감소로 이어졌으나 첫 자녀 출산의 경우에는 부모와 자녀 사이의 만남과 연락빈도를 늘리는 것으로 나타났고 그 폭은 부모의 교육수준에 따라 차이가 있어서 부모의 교육수준이 높은 경우 만남빈도가 더 큰 폭으로 상승하였다.

세대 간 접촉은 그 자체로 애정적, 도구적 지원의 성격을 가지며, 세대관계의 질과 삶의 질을 가늠하는 중요한 축 중 하나로 사용되기도 한다. 반면에 접촉이 반드시 삶의 질을 높이거나 세대관계에 긍정적이지 않고 갈등을 불러올 수도 있음을 지적하기도 한다.

세대 간 지원교환

노부모와 성인자녀는 다양한 유형의 지원교환을 통하여 관계를 맺고 있다. 교환되는 지원은 크게 경제적 지원, 정서적 지원, 그리고 도구적 지원의 세 가지 종류로 나눌 수 있다.

보건사회연구원의 2017년 노인실태조사 보고서에 나타난 세대 간 지원교환의 양상을 보면, 우리나라 노인들이 성인 자녀로부터 받는 지원 수혜율이 자녀에 대한 지원 제공률보다 더 높다. 노인의 70.2%가 자녀로부터 정서적 지원을 제공받는다고 응답한 반면, 정서적 지원을 자녀에게 제공하는 노인은 59.1%로 나타났다. 가사지원 등 도구적 지원은 34.5%의 노인이 자녀에게서 제공받고 있는 반면, 도구적 지원을 자녀에게 제공하는 노인의 비율은 7.1%에 그쳤다. 경제적 지원에 있어서도 노부모의 수혜율이 자녀에 대한 제공률보다 월등히 높게 나타났다. 한편, 상호 간의 방문이 필요한 도구적 지원의 경우 정서적 지원에 비하여 제공률 및 수혜율이 모두 낮게 나타났다.

한편, 김익기와 김정석(2000)은 60세 이상의 한국노인을 대상으로 세대 간 지원교환의 양상을 유형화하였다. 세대 간 지원교환 유형은 쌍방형, 무교환형, 자녀로부터의 수급형으로 나누어졌는데, 자녀로부터 지원을 받기만하는 수급형 노인들보다 지원을 주고받는 쌍방형의 부모들의 생활만족도가 더 높았다. 한편 자녀와 아예 아무런 지원교환을 하지 않는 노인들의 생활만족도가 가장 낮았다. 세대 간에 상호적으로 지원교환이 이루어질 때 심리적 복지감이 높은 것으로 나타난 이러한 결과는 공평이론으로 설명이 가능하다. 공평이론은 지원제공과 수혜의 정도 자체가 중요한 것이 아니라 얼마나 호혜적인 교환이 이루어지는가 하는 점이 중요하다고 본다.

박경숙(2003)의 연구에서는 노부모와 중년자녀 각각의 입장에서 각각 세대 간 지원교환을 유형화하였다. 중년자녀의 경우, 노부모와 떨어져 살면서 지원교환이 적은 고립형이 31.5%로 가장 많았다. 노부모와 함께 살며 부양의식이 강하고 노부모에게 일방적으로 지원을 제공하는 비호혜적 유형과, 함께 살며 호혜성에 기초한 강한 지원관계를 유지하는 그룹이 뒤를 이었다. 한편, 지원이 필요한 상황이면 지원을 제공하는 상황적(situational) 지원관계(12.8%)도 관찰되었다. 노인의 관점에서 살펴본 세대관계는 보다 단순해서 3개의 유형으로 나뉘어졌는데, 자녀로부터의 물질적 지원 및 부양에 의존하는 전통적 유형이 49.7%로 가장 많았다. 자녀와 떨어져 살면서, 별로 도움을 주거나 받지 않는 고립형이 뒤를 이었고, 자녀와 호혜적 지원관계를 유지하는 유형은 19.8%로 가장 빈도가 낮았다. 전통적 세대관계를 유지하는 노인은 나이가 많으며, 배우자가 없으며, 교육수준이 낮은 특성을 보인다. 호혜형의 노인은 경제활동을 하고 있으며, 사회활동에도 적극적으로 참여하는 성향을 보인다. 최희진과 한경혜(2017)는 중년의 자녀가 현재 노부모에게 제공하는 지원이 자녀가 젊었을 때 부모로부터 받은 지원의 정도와 일정 정도 관련이 있다는 결과를 보여주어 한국 가족 내에 장기적 호혜성이 존재함을 확인하였다.

세대관계와 삶의 질

세대 간 지원교환 양상과 관계의 질은 부모와 자녀의 심리적 복지와 삶의 질에 상당한 정도의 영향을 미친다. 세대관계와 삶의 질에 대한 연구자들의 초기 관심은 노인이 고립되지 않고 자녀와 교환관계 및 유대감을 유지하는 것이 노년기 삶의 질에 중요하다는 측면에 초점이 맞추어졌다. 그런 맥락에서 주로 노인들을 대상으로 하여 자녀로부터의 지원수혜가 노인들의 삶의 질에 미치는 효과를 살피는 연구들이 주를 이루었다. 지원수혜의 긍정적 효과(benefit)에 주목하였던 것이다. 이후 노부모가 일방적으로 지원을 제공받는 존재가 아니라는 점이 밝혀지면서, 노부모가 자녀에게 제공하는 지원이 노부모나 자녀의 삶의 질에 미치는 영향에 대해서도 실증연구가 이어졌다. 지원 수혜뿐 아니라 지원을 제공하는 것도 삶의 질에 영향을 미칠 가능성에 주목하게 된 것이다. 그런데 세대 간 지원교환과 삶의 질 사이의 관련성을 살펴본 실증연구 결과는 일관적이지 않다. 지원수혜나 제공이 심리적 복지에 미치는 긍정적 영향을 확인해 주는 연구와, 별 관련성이 없다는 연구, 그런가하면 오히려 부정적 결과를 가져온다는 연구가 공존한다. 이러한 일치되지 않는 결과에 대하여 다양한 이론을 적용하여 해석하는 작업이 활발히 이루어졌다.

자녀로부터의 지원이 노부모의 사기(morale)나 심리적 복지감을 높이는 것으로 나타난 결과는 사회교환론적 관점에서 주로 설명된다. 사회교환이론은 인간이 보상을 극대화하고 비용을 최소화하려는 존재라고 보는 기본전제에 기초하여, 자녀로부터 지원을 많이 받는 노부모는 그렇지 못한 노부모보다 삶의 질이 높아질 것이라고 예측하였다. 지원을 받는다는 것은 보상이기 때문이다. 같은 원리에서 지원을 많이 제공할수록 삶의 질이 낮아진다고 본다. 비용이 높아진 것이기 때문이다. 사회교환이론은 기본적으로 지원수혜 및 제공과 삶의 질이 직선적(linear) 관계를 가진다고 가정한다.

그러나 사회교환이론의 예측과 반대되는 방향의 연구결과, 즉 자녀에게 지원을 받는 것이 노부모의 삶의 질을 낮추거나 지원을 제공하는 것이 심리적 복지감을 높이는 것으로 나타난 연구(한경혜 외, 2000; Lee, Netzer, & Coward, 1995; Stoller, 1985) 또한 상당수 존재한다. 이에 대하여 연구자들은 보상과 비용을 어떻게 정의하고 접근하느냐에 따라 여전히 사회교환론에서 설명이 가능하다고 보았다. 예를 들어 지원의 수혜는 필요한 자원이나 지원을 '받는다'라는 면에서 교환관계에 있어서 보상이지만 동시에 '독립성의 상실'이라는 비용으로 작용하여 삶의 질에 부정적 영향을 미칠 수 있다는 것이다. 반대로 자녀로부터의 지원이 효성스러운 자녀를 둔 부모라는 의미로 받아들여지면 이는 보상이 되며 삶의 질에 긍정적 영향을 미치게 된다는 것이다. 보상과 비용을 단순히 물질적, 경제학적 의미에 국한되는 것이 아닌 광의의 개념으로 접근하고 있는 것이다. 그런 맥락에서 Dowd(1980)는 지원수혜가 보상이기는 하지만, 동시에 비용을 수반하는 양날의 칼과 같다는 점을 상기시켰다. 자녀에게서 일방적으로 많은 지원을 받는 경우 노부모는 과도하게 받는 관계가 적절치 않다는 감정 등이 비용으로 작용하여 사기가 저하되는 결과가 나타나기도 한다(Stoller, 1985). 특히 독립성 규범이 강하게 작동하는 서구의 문화적 맥락에서 이런 결과가 나타날 가능성이 크다. 그런가하면 문화적으로 자녀에게 지원을 제공하는 것이 부모의 역할로 기대될 때, 노부모의 자녀에 대한 지원은 부모로서의 역할 정체성(identity)에 부합되며 따라서 심리적 비용 없이 심리적 복지감을 높이는 것으로 나타난다. 한국 노인을 대상으로 한 Kim 등(2000)의 연구에서도 유사한 결과가 관찰되었는데, 연구자는 자녀에 대한 지원제공이 노인들의 자존감을 높이고, 자신을 더욱 독립적이라고 느끼게 하여 삶의 질을 높이는 것으로 해석하였다.

한편, 세대 간 지원교환과 삶의 질과의 관련성을 해석하는 데 있어 사회교환이론에 필적할 정도로 영향력이 큰 이론이 호혜성 개념에 기초한 공평이론(equity theory)이다. 사회교환론에서 보상이 크고 비용이 적을 때 삶의 질이 높다고 본 것과 달리 공평이론에서는 인간은 자신의 이익을 극대화하려는 것보다 호혜적이고 균형 잡힌 관계를 선호하며 이때 안녕감이 높다고 본다. 지원교환의 이익(benefit)과 삶의 질은 곡선관계를 띠게 될 것이라고 보는 것이다. 자신이 제공한 것보다 더 많은 것을 받는 과다수혜(over-benefit)인 경우는 자신이 받은 만큼 되갚을 능력이 없다는 점 때문에 독립성 상실감을 경험할 수 있다고 보았다. 반면, 자신이 제공한 것에 못미치는 정도의 보상을 받는 과소수혜(under-benefit)는 적절한 대접을 받지 못한다는 점에서 분노감을 느끼는 등 심리적 복지감에 부정적 영향을 미친다는 것이다. Lowenstein 등(2007)은 노르웨이, 영국, 독일, 스페인, 이스라엘의 75세 이상의 노인들을 살펴본 결과, 자녀와의 지원 교환이 호혜적이면 삶의 질이 높다는 것을 확인하였다. 한편, 자녀로부터 너무 많은 지원을 받는 것이 노인 스스로 자율성이 낮고 의존적이라는 생각이 들게 하여 이들의 삶의 질을 낮춘 것으로 나타났다.

세대 간 지원교환 못지않게 세대 간 유대감이나 관계의 질 또한 심리적 복지감이나 삶의 질에 영향을 미친다. Lowenstein 등(2008)의 연구 결과, 삶의 질에 가장 큰 영향을 미치는 변수가 세대 간 애정적 결속도인 것으로 나타났다. Polenick 등(2016)은 노년의 아버지와 중년기 성인자녀와의 관계의 질(quality)과 우울감, 생활만족도, 주관적 건강에 유의한 연관성 발견하였다. 자녀와 부정적 관계일 때 아버지의 우울감이 높았고 긍정적 관계일 때 주관적 건강 수준이 높았다. 아버지와 관계가 부정적일 때 중년자녀도 우울감이 높았고 생활만족도가 낮았다. 아버지와 자녀 모두에게 세대관계의 질이 삶의 질에 중요한 요인임을 보여주었다.

세대관계에서 긍정적 감정과 부정적 감정이 혼재하는 양가성도 부모와 자녀세대 양측의 삶의 질을 낮추고, 정신건강에 부정적 영향을 미친다(Fingerman, Pitzer, Lefkowitz, Birditt, & Mroczek, 2008; Lee & Szinovacz, 2016; Lowenstein et al., 2007; Suitor, Sechrist, Gilligan, & Pillemer, 2011). 문정희와 안정신의 연구(2014)에서 서구에서 밝혀진 세대 간 양가성이 우리나라에서도 관찰되는 것을 확인하였다.

한국 사회 세대관계의 양계화

한국 사회의 가족관계, 세대관계는 전통적으로 부계 중심성이 강하였다. 압축적 근대화라고 표현되는 사회 전반의 급속한 변화와 함께, 최근 30여 년 동안 친족범위가 축소되면서 부계 중심성이 약화되고 세대관계가 양계화되는 방향으로 변화가 나타나고 있다. 양계화란 친족과의 상호작용이 부계와 모계 혈족을 차별하지 않고 이루어지는 것을 의미한다. 형식과 의무보다는 생활의 필요에 따라 선택적으로 교류가 맺어지는 경향이 증가하게 되었고, 이러한 변화가 친족관계에서의 양계화 현상을 수반하는 것으로 여겨져 왔다.

그런데 실증연구 결과, 한국 가족의 세대관계의 구조적 특성은 양계화된 모습과 부계적인 모습이 혼재되어 있는 것으로 나타났다. 한경혜와 윤성은(2004)의 연구에 따르면 지원교환의 양상에 있어서 계보 간 비대칭성이 발견되었다. 즉 경제적 지원에 있어 남편부모에 대한 지원제공이 가장 높고, 처가에 대한 지원은 그 1/3 수준인 반면, 부모로부터의 경제적 지원은 시부모보다 아내부모로부터 제공받는 지원이 더 높은 것으로 나타났다. 도구적 지원교환에서도 이러한 비대칭성이 발견되는데, 자녀로부터의 지원제공의 가장 큰 수혜자는 남편의 부모인 반면, 가장 빈번하게 자녀에게 도움을 주는 지원제공자는 아내의 부모인 것으로 나타났다. 자녀의 지원제공은 시댁에, 지원수혜는 친정으로부터 받는다는 점에서 부계친족 및 모계친족과의 상호작용이 균형적으로 이루어지는 대칭적 양계화라기보다는 비대칭적 성격의 양계화 경향을 보인다. 이러한 비대칭적 경향성은 보다 최근에 수행된 연구들에서도 나타난다. 최슬기와 최새은(2012)의 연구 또한 한경혜 등(2004)의 연구결과와 유사하다. 경제적 지원을 제공함에 있어 모계에 비해 부계에 지원을 제공하는 비율이 더 높은 반면, 부모로부터의 도구적 지원에 있어서는 처가부모로부터 지원을 받는 비율이 시부모로부터 지원을 받는 경우보다 높은 것으로 나타났다. 정서적 지원교환 양상에 있어서도 비대칭적 경향이 있어서 평상시 일상대화는 모계(친정) 쪽이 더 활발했으나, 중요한 결정을 내려야 할 상황에서는 부계 부모와 의논을 하고, 모계와 친밀도는 더 높지만, 명절이나 공식적인 행사 등에서는 시가 우선성이 여전한 것으로 보인다. 김경민 등의 연구(2015)에 따르면 남편이 부인에게 지지적일수록 부계중심적인 지원교환보다 양계에 균형적인 지원교환을 할 가능성이 큰 것으로 나타났다.

멀어지는 시가, 가까워지는 처가?

사회변화와 함께 부계 중심적 규범이 약화되면서 시가와의 동거가 줄어들고 처가에 살거나 처가와 가까운 곳에 거주하는 경향이 증가하였다는 지적이 있다. 통계청의 2017년 사회동향 보고서에서는 이러한 경향이 실제 한국가족에서 관찰되는지 「한국종합사회조사」의 2006년과 2016년 자료를 비교분석한 결과를 제시하고 있다. 시가와 동거하는 비율(10.3%)이 처가와 동거하는 비율(3.4%)보다 약 3배 정도 높아서 노부모와의 동거에 있어서만큼은 아직 부계 중심적인 것으로 나타난다. 다만 통계청의 「인구주택총조사」에 따르면, 처가살이를 하는 남성은 1990년 1만 8,088명에서 2015년 4만 7,789명으로 증가한 반면 시집살이를 하는 여성은 1990년 44만 4,634명에서 2015년 18만 6,257명으로 감소하였다. 현재로는 시집살이를 하는 며느리가 처가살이를 하는 사위보다 더 많지만 장기적 추세로는 부거제가 꾸준히 약화되고 있음을 알 수 있다.

그렇다면 일상생활 속 상호작용은 어떠한가? 양가 부모와 연락하는 빈도를 살펴보면, 2006년에는 1주일에 한 번 이상 연락하는 비율이 시가 79.4%, 처가 72.9%로 시가 쪽이 더 높았으나 2016년에는 이 비율이 시가 71.5%, 처가 73.4%로 처가 쪽이 더 높다. 즉, 지난 10년 사이에 잦은 연락을 하는 비율이 시가 쪽은 감소하고 처가 쪽은 소폭이지만 증가하여 2016년 현재는 처가와의 잦은 연락 비율이 시가의 경우보다 높다. 부모와 만나는 빈도를 살펴보아도 처가 쪽과 더 가까워지는 방향으로 변화하고 있다. 2006년에는 1년에 몇 번 이하로 만나는 비율이 친가 34.6%, 처가 43.9%로 처가 쪽이 훨씬 더 높았으나 2016년에는 이 비율이 친가 33.5%, 처가 37.1%로 양가의 차이가 크게 줄어들었다. 한 달에 한 번 만나는 비율은 2006년에 시가 쪽이 더 높았으나 2016년에는 처가 쪽이 더 높아졌다. 1주일에 한 번 이상 만나는 비율은 시가 쪽(1.4%p)에 비해 처가 쪽(2.7%p)에서 상대적으로 더 크게 증가하였다. 세대 간 상호작용에 있어서 시가와 처가 간의 차이가 지난 10년 동안 줄어들었음을 알 수 있다.

2. 조부모와 손자녀관계

미국의 역사 상 가장 큰 규모의 인구집단으로 7,800만 명에 이르는 베이비붐 세대는 대중음악부터 전쟁 참여의 주체에 대한 시각까지 무수히 많은 것들을 바꿔온 세대이다. 이들이 노년기에 접어들면서 조부모 역할의 정의를 신속하면서도 근본적으로 바꾸어 놓고 있다. Lori K. Bitter의 책 『조부모 경제(The Grandparent Economy)』는 베이비붐 세대가 자녀와 손자녀를 위하여 상당한 정도의 돈과 시간을 투자하고 있는 현실을 보여준다. 미국의 조부모 중 절반 이상이 성인 자녀에게 경제적인 지원을 제공하며 조부모들이 손자녀 장난감 등을 위해 지출하는 금액은 1999년에서 2009년 사이에 무려 두 배나 증가한 것으로 나타난다. 반면, 같은 기간 동안 성인 자녀가 자기 자신의 아이들의 장난감 등을 구매하기 위해 지출하는 금액은 감소한 것으로 나타난 점이 흥미롭다. 미국의 조부모 중 1/3은 일주일에 5일 이상 손자녀를 만나고, 40% 이상은 손자녀를 돌보아주는 것으로 파악되었다. Bitter는 베이비붐 세대 조부모가 갖는 특징에 대해 첫째, 베이비붐 세대는 그 전 세대보다 자녀와 손자녀의 삶에 더 적극적으로 관여하고 있고 더 나아가 손자녀에게 지원을 제공하는 것을 즐거운 것으로 여긴다. 둘째, 베이비붐 세대는 이전 세대와 달리 유산상속 형태로 자녀세대에게 지원을 제공하기 보다는 살아있는 동안 돈과 시간을 제공하는 방식으로 자녀에게 지원을 제공하며, 이러한 경향은 모든 계층에서 관찰된다는 점이다. 베이비붐 세대의 조부모들은 상속자산을 위해 저축하기보다는 일상적 지출 및 일상적 돌봄에 돈과 시간을 쓴다는 것을 확인할 수 있다.

조부모역할의 중요성 증가

현대 사회에서 조부모는 '역할 없는 역할(roleless role)'의 대표적인 사례로 여겨져 왔다. 가족구조가 핵가족화됨에 따라 손자녀의 삶에서 조부모의 영향력이 크게 감소하였기 때문이다. 조부모가 손자녀의 삶에서 실제적으로 수행하는 역할이 많지 않고, 조부모 역할에 대한 문화적 기대나 규범이 거의 존재하지 않는다는 점에 주목한 것이다. 그러나 최근 들어 조부모 역할의 중요성이 커지고 있다. 이는 한국뿐 아니라 세계적인 추세이다. 수명 연장으로 세대 수가 증가하였고 저출산 현상으로 각 세대 내의 구성원 수가 줄어드는 수직적 가족구조의 출현과 함께 여러 세대가 함께 살아가는 가족생활단계가 길어지게 됨에 따라 조부모-손자녀 관계의 중요성이 증가한다.

또 다른 중요한 변화는 기혼여성의 노동시장 참여율의 증가이다. 영유아 돌봄을 제공하는 다양한 프로그램이나 기관이 증가하고는 있으나 가족 돌봄이 여전히 선호되는 측면이 있어 조부모가 손자녀 양육을 지원하거나 직접 양육을 하는 경우가 늘고 있다. 또한 이혼율의 증가 등 가족불안정성의 증가로 인하여 조부모와 손자녀 만으로 이루어지는 조손가족이 증가하면서 조부모의 역할과 중요성이 부각되고 있다. 조부모 역할의 중요성이 커진 또 다른 중요한 요인으로는 수명연장 및 베이비부머의 노년기 진입과 함께 건강하고 자원이 있는 조부모집단이 증가하였다는 점이다. 부모역할의 부담으로부터 어느 정도 해방이 된 조부모들은 적극적으로 손자녀의 삶에 개입하고 의미있는 조손관계 형성을 하려는 의지가 강하다. 노인실태조사 자료를 분석한 홍승우와 최혜경의 연구(2012)에 따르면 32.3%의 조부모가 손자녀에게 경제적 지원을 제공하는 것으로 나타난다. 조부모세대는 부모세대보다 가처분 소득 중 소비지출이 차지하는 비중이 높고 특히 가족과 함께 하는 소비에 적극적이어서 손자녀에게 현금이나 현물을 특별한 날을 위한 선물로 제공한다.

조부모역할의 의미와 역할유형

조부모는 손자녀에게 여러 긍정적 기능과 의미를 가진다. 조부모는 훈육자로서의 역할, 전통과 문화의 전승자로서의 역할, 친구같은 역할, 때로는 경제적 지원을 하는 후원자로서의 역할, 실질적인 양육에 관여하는 대리부모로서의 역할 등 다양한 역할을 수행한다. 세대 간 연속감과 안정감을 제공하여 손자녀의 정체감 발달을 도울 수 있다. 조부모와 친밀한 관계를 맺는 것은 손자녀가 노인이나, 노화 현상에 대하여 긍정적 태도를 형성하는데 기여한다. 조부모에게 손자녀는 삶의 영속성의 상징이자 즐거움과 함께 다양한 삶의 가치를 제공해 주는 존재이다. 그러나 동시에 자신이 늙어버렸다는 사실을 깨닫게 되면서 양가적 감정을 경험하기도 하고, 조부모 역할에 대한 준비가 되어 있는지에 대해 확신하지 못하고 부담을 느끼는 경우도 있는 것으로 지적된다. 손자녀 탄생은 또한 조부모와 성인자녀와의 관계에도 영향을 미친다. 자녀를 출산하면서 성인자녀가 노부모에 대한 이해가 커지고 부모자녀관계가 긍정적으로 변화하기도 하고 반대로, 손자녀 양육방법이나 교육관에 있어서의 차이 등으로 자녀와의 갈등을 일으키기도 하여 그 방향성은 일관되지는 않다.

현대사회에서 노인들이 지니는 조부모 역할의 의미를 Cherlin과 Furstenberg(1986)는 지원교환과 양육에 조부모가 관여하는 정도라는 두 차원을 바탕으로 거리두기형

(detached), 수동형(passive), 적극적(active) 유형의 3범주로 분류하였다. 거리두기형과 수동형은 지원교환과 양육에의 관여 두 차원 모두 낮은 유형들인데 그중에서도 거리두기 유형은 최소한의 연락만 하는 매우 먼 관계유형이다. 홍승우와 최혜경(2012)은 한국의 조부모역할 유형을 군집분석을 통하여 탐색하여 밀착형, 공식형, 소극형의 3개의 군집을 확인하였다. 가장 많은 조부모가(61.8%) '공식형'에 속한다. 손자녀의 양육에 관여하거나 자주 만나지는 않지만 조부모로서의 용돈을 주거나 선물을 사줌으로써 관심과 사랑을 표현하는 유형이다. 22% 정도의 조부모가 손자녀 양육에 깊이 관여하면서 긴밀한 관계를 유지하는 밀착형에 속한다. 소극형은 손자녀와 자주 만나 함께 보내는 시간이 많지만 아이의 양육에 적극적으로 관여하는 것은 아닌 타입이다. 공식형 조부모들이 다른 유형 조부모보다 연령이 높고 혼자 사는 사람이 많았고 손자녀의 연령도 높은 것으로 나타났다.

조부모가 실제 어느 정도 적극적으로 어떤 역할을 수행하는가 하는 점에서는 개인차가 있다. 우선, 성별, 연령에 따른 차이가 커서 부모대신 손자녀를 보살피고 돌보는 양육자 역할을 담당하는 것은 주로 조모들이다. Mueller 등(2002)에 따르면 나이가 젊은 조부모들일수록 손자녀와 즐거움, 재미를 추구하는 활동을 공유한다. 동시에 아예 먼 거리를 유지하는 유형도 젊은 조부모들에게서 더 빈번하게 관찰된다. 한편, 손자녀가 성장하면서 어릴 때보다 조부모와의 접촉빈도가 감소하고 유대감도 감소하는 것이 일반적이다.

한편, 부모를 대신하여 손자녀를 전담하여 키우는 조손가족 조부모들이 서구나 한국 사회에서 최근 그 비중이 커지고 있다. 조손가족은 자녀가 결혼해체나 경제적 어려움 등의 이유로 손자녀 양육을 하지 못하게 되는 경우에 나타나는 가구형태이다. 조손가정의 조부모들은 양육스트레스, 우울감, 건강악화 등의 어려움을 겪는다(송유미·이선자, 2011; 이윤정, 2014). 그러나 이러한 어려움뿐 아니라 어려운 자녀를 돕는다는 자부심과 같은 긍정적 측면의 경험도 하는 것으로 나타난다(한경혜·주지현·이정화, 2008).

조모의 양육 보상-비용 지각 유형화

한경혜와 동료들(2008)은 비용과 보상을 한 축의 양극단이 아닌 각각의 독립된 축으로 보고, 조손가족의 조모가 경험하는 보상과 비용을 아래와 같은 척도를 사용하여 측정하였다.

양육보상	내가 무엇인가를 할 수 있다고 느낀다.
	손자녀가 많은 즐거움을 준다.
	자녀를 도울 수 있어서 좋다.
	경제적으로 도움이 된다.
양육비용	건강이 악화되었다.
	사생활과 개인시간이 감소하였다.
	경제적으로 부담된다.
	힘이 많이 든다.

비용과 보상 경험수준을 모두 고려하여 유형화한 결과, 〈보상高-비용低〉유형 II에 속하는 조모가 32.3%로 가장 많았고, 〈보상低-비용低〉유형 III(25.1%), 〈보상低-비용高〉유형 IV(23.5%)의 비율이 그 뒤를 이었다. 〈보상高-비용高〉유형 I에 속하는 조모의 비율은 19.1%로 가장 낮은 것으로 파악되었다. 보상을 높게 지각하는 유형집단 I과 II는 조모의 연령이 낮고 유배우율 비율이 높으며 영유아기에 있는 손자녀 비율이 높았다. 비용을 높게 지각하는 유형집단 I과 IV는 공통적으로 손자녀의 수가 많으며 경제적 형편이 좋지 않고 자녀세대의 맞벌이 지원을 위해 손자녀를 양육하고 있는 비율이 높게 나타났다. 이러한 결과는 한국 조손가족 조부모의 비용과 보상 지각은 조부모가 보유한 사회경제적, 신체적 자원과 손자녀의 생애단계에 따라 달라진다는 점을 보여준다.

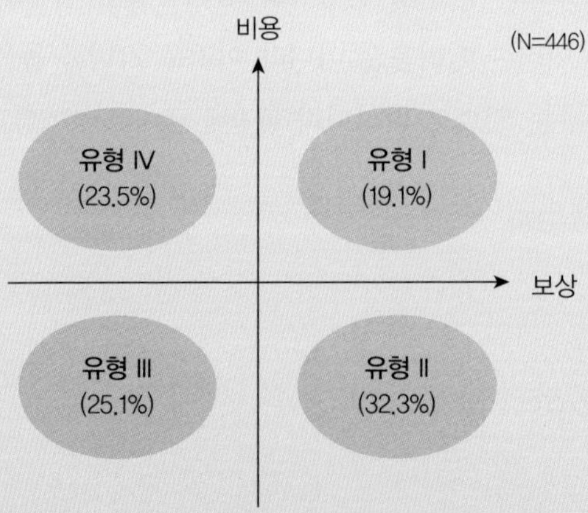

❖ 그림 8-3 조부모의 손자녀 양육경험 유형

출처: 한경혜·주지현·이정화(2008). 조손가족 조모가 경험하는 손자녀 양육의 보상과 비용.

조부모-손자녀 관계의 질

조부모와 손자녀 간의 관계 질에 영향을 미치는 요인에 대한 연구가 부족하나마 이루어지고 있다. 조부모와 손자녀 간의 접촉이 유대를 강화한다는 연구와 접촉빈도와 관계의 질 사이가 반드시 정비례하지는 않는다는 연구가 공존한다(임미혜·이승연, 2014).

사회변화와 함께 전화나 문자, 이메일 등을 통한 접촉이 대면접촉만큼이나 조부모와 손자녀 세대 간 유대감 형성에 중요하게 작동할 가능성이 커졌다. 이러한 접촉은 가족의례나 의무적인 행사를 통한 접촉보다 자발성이 강하기 때문이다. 조부모와 손자녀 간에 가치나 태도가 유사할수록 관계의 질이 좋고 흥미를 공유할 가능성이 커진다. 조부모가 교육수준이 높을수록 조손 간 유대가 강하고 애정적 관계를 맺는다는 연구결과들이 보고되고 있다. 한편, 부모의 이혼이나 죽음과 같은 가족위기가 조부모의 개입 기회를 증가시키고(이정화·한경혜 2008) 조부모와의 연대를 강화하는 기회를 세공(Roberto, Allen, & Blieszner, 2001)하기도 한다. 이는 조부모가 손자녀에게 정서적, 물리적 지원을 제공함으로써 가족 내 위기를 둘러싼 부정적 변화와 충격을 완화하는 역할을 하기 때문이다(Geurts, Poortman, van Tilburg, & Dykstra, 2009). 한편, 조부모와 부모 간의 관계악화가 조손관계에 부정적 영향을 줄 수 있다. 손자녀들은 자신의 부모와 조부모가 좋은 관계를 유지하고 있다고 지각할수록 조부모와 친밀한 관계를 유지하는 것으로 나타난다. 청년기에도 조부모와의 유대관계에 부모의 영향력이 지속되어 세대 간 매개자로서의 부모의 역할이 여전히 유효함을 보여준다(박경란, 1994).

삼중 유대	이중 유대	단일 유대	유대 없음
45(45.5%)	20(20.2%)	16(16.2%)	18(18.2%)

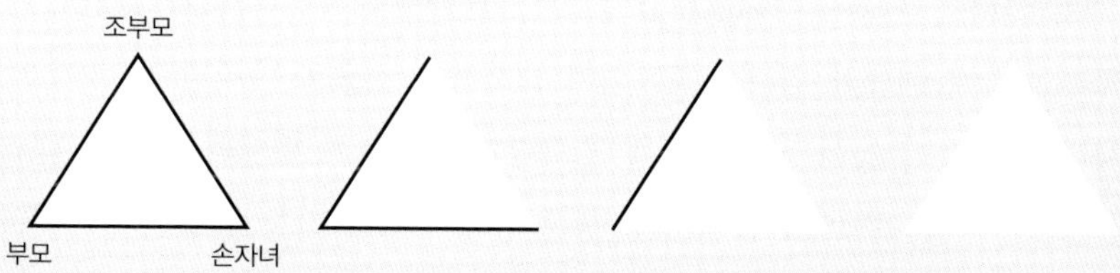

❖ 그림 8-4 농촌 조손가족의 세대관계 유형(N=99)

이정화와 한경혜(2008)는 농촌의 조손가족을 조부모-부모, 부모-손자녀, 조부모-손자녀 관계의 질(quality)에 따라 유형화를 하였다([그림 8-3] 참조). 굵은 선은 주체 간 관계가 좋은 것을 의미하고 주체 간 관계가 긍정적이지 않은 경우 연결선을 그리지 않았다.

유형화 결과 Triple-bonded, 즉 조모와 손자녀의 부모의 관계, 손자녀의 부모와 손자녀 관계, 조모와 손자녀의 관계(GM-P, P-C, GM-C)가 모두 좋은 경우에 해당하는 유형에는 45사례 약 46%가 해당되었다. Double-bonded, 즉 GM-P, P-C, GM-C 관계 중 적어도 두 관계가 좋은 경우에 해당하는 유형에는 20사례, 약 20%가 해당되었다. Single-bonded, 즉 GM-P, P-C, GM-C 관계 중 단 하나의 관계만이 좋은 경우에 해당하는 유형에는 16사례, 16%가 해당되었다. 16사례 중 조모-손자녀(GM-C)의 관계가 3세대관계에서 유일하게 긍정적인 경우가 9사례, 조모는 고립되고 부모와 손자녀가 좋은 관계를 갖는 경우가 6사례, 손자녀는 고립되고 조모와 손자녀의 부모세대의 관계가 좋은 사례는 단 한 사례인 것으로 나타났다. 마지막으로, 3세대 관계에서 단 하나의 관계의 선도 긍정적이지 않은 유형인 Not-bonded에는 18사례, 18%가 해당되었다. 미국의 조손가족을 대상으로 살펴본 Goodman(2003, 2007)의 연구결과에 비해 우리나라 조손가족은 Triple-bonded 비율은 낮고 Not-bonded 비율이 높게 나타난 것이다. 이와 같은 결과는 농촌의 조손가족이 전반적으로 세대관계의 질에 있어 취약한 형편이지만 그중에서도 특히 Single-bonded나, Not-bonded 유형은 국가나 지역사회 차원에서 조모와 손자녀 세대 각각에 대해 복지서비스를 제공해야 할 필요성을 보여준다.

3. 노년기 형제관계

수명연장으로 노년기가 길어지면서 노년기 형제관계가 과거보다 중요해졌다. 형제관계는 성장하면서 지리적으로나 사회적으로 거리가 커지게 되는 경향이 있어, 배우자나 자녀관계에 비하여 중요도가 떨어지는 것이 일반적이다. 특히 젊은 시절에는 각자 가족을 형성하여 자녀들을 키우고 사느라 바빠 형제간에는 연락조차 제대로 못하고 사는 경우가 적지 않다. 그러나 노년기 사회관계망에 대한 연구에 의하면 나이가 들면서 형제를 다시 찾게 되는 시간적 여유와 심리적 필요성이 증가하는 것으로 나타난다. 나이가 들수록 형제가 사망할 확률이 높아지기 때문에 초고령기에는 생존 형제의 숫자가 감소하는 것이 일반적이지만, 수명 연장으로 80대에도 생존 형제가 있을 가능성 또한 증가하고 있다.

Uhlenberg(2004)에 따르면 미국의 경우 약 80%의 노인이 적어도 한 명의 형제자매가 생존하고 있으며, 일반적으로 1년에 한 번 정도 만남을 갖는 것으로 나타난다. 약 33%는 한 달에 한 번 정도의 잦은 접촉을 하는 것으로 나타난다. 한국노인의 경우 2017년 「노인실태조사」 결과에 따르면 65세 이상 노인의 84.7%가 형제자매가 생존하고 있고, 62.9%의 노인이 한 달에 한 번 이상 형제자매와 연락을 주고받는 것으로 나타났다. 매주 1번 정도의 잦은 연락과 왕래를 하는 비율도 21.8%에 달하였다. 나이가 들면서 젊은 시절 소원했던 형제관계를 다시 회복시키려고 노력하는 경향이 보이며, 특히 노년기가 되면서 그 전의 갈등을 용서하거나 화해하며 과거의 유대를 새롭게 다시 연결하는 경우가 많다. 그래서인지 중년기보다 노년기에 형제간 접촉빈도와 유대감이 더 높은 것으로 나타난다. 부모님의 사망이 중노년기 형제관계를 소중하게 여기도록 하는 중요한 터닝 포인트로 작용한다는 지적도 있다. 형제자매의 죽음이 노년기 우울에 영향을 미치는 것으로 확인된 Cicirelli의 연구(2009)는 형제관계가 노년기 삶의 질에 미치는 영향을 실증적으로 보여준다. 이혼, 재혼과 같은 결혼 불안정성의 증가 및 비혼, 무자녀 가족의 증가와 같은 최근의 인구학적 변화로 노년기에 사회적 지원망으로서의 형제관계의 중요성이 더 커질 것이다.

형제관계의 독특성

형제관계는 다른 가족관계나 사회적 관계에 비하여 몇 가지 점에서 독특하다. 우선 어느 누구보다도 공유한 시간의 길이가 길고, 함께 자라나면서 어릴 적 경험과 기억을 공유하며 공감대를 형성할 가능성이 크다(Myers & Goodboy, 2006; Rittenour, Myers, & Brann, 2007). 그리고 부모자녀관계에 비하여 비교적 평등적인 관계이다. 성인자녀가 노부모를 돌봐야 한다는 규범이 강한 것에 비하면 성인이 된 후의 형제관계에 대한 의무나 규범적 기대가 강하지 않기 때문에 선택적, 자발적 성격이 상대적으로 크다. 많은 기억을 함께 하면서 유대감이 형성될 가능성이 크지만 그에 못지않게 갈등이 존재할 가능성 또한 크다. 실제 형제간은 기본적으로 부모의 사랑이나 가족 내 한정된 자원을 두고 경쟁하는 관계라는 측면에서 형제관계에 대한 연구는 '형제간 경쟁(sibling rivalry)'에 초점이 맞추어진 경향이 있다. 그러나 중노년기에 접어들면서 이러한 관계동학에 변화가 있을 가능성이 크다. Cicirelli(1982)의 연구에 따르면 응답자의 90%에 이르는 사람들이 노년기에는 형제간에 싸우거나 경쟁하거나 하지 않는다고 응답하여 긍정적 관계를 가짐을 알 수 있다. 중노년기 형제는 설령 잦은 접촉을 하지 않는 경우라도 관계를 유지하고 소중히 여긴다(Bedford, Volling, & Avioli, 2000). Gold(1990)는 노년기의 형제관계를 유형화하였는데, 매우 친밀한 관계, 우호적 관계, 충성스러운 관계의 3유형이 긍정적 관계로 분류될 수 있으며, 부정적 유형으로 무관심 유형과 적대적 유형도 발견되었다. 그런데 약 10%만이 형제관계가 나쁜 카테고리에 속하는 것으로 나타났다. 그런가하면 Boll 등(2003)은 중년기에도 여전히 부모가 자신과 형제 중 편애를 하였다고 인식하고 있어서, 형제간 경쟁심은 생애과정 전반에 걸쳐 일정 정도는 유지되는 듯 하다고 지적하였다. Suitor 등(2009)은 과거 및 현재의 부모의 편애에 대한 인식이 형제자매 관계의 질에 미치는 영향을 확인하였는데, 응답자의 연령에 관계없이 부모가 편애했다고 여기는 사람들의 경우 형제자매 관계의 질이 낮았다. 그리고 현재의 편애보다 과거의 편애가 미치는 영향이 더 컸다. 부모하고의 관계가 형제관계에 영향을 미친다는 점을 보여주는 또 다른 연구로는 세대관계와 형제관계의 관련성을 탐색한 Voorpostel과 Blieszner의 연구(2008)가 있다. 부모와의 관계가 나쁘면 형제자매 간에 정서적 지지의 수준이 높다는 결과가 나타나서 이를 '보상기제'라는 측면에서 설명하고 있다. 한편, 세대 간 지원 수준이 높으면 형제자매 간에도 지원 수준이 높은 경우도 나타나는데, 이를 '강화기제'로 설명하고 있다. 보상기제는 형제관계에서 더 두드러지고, '강화기제'는 자매관계에서 더 두드러지는 것으로 나타났다.

사회적 지원망으로서의 형제관계

노년기에 형제는 중요한 사회적 지원망으로서의 기능을 한다. 도움이 필요할 때 노인이 가장 먼저 연락을 하는 사람은 배우자와 자녀이고, 돌봄의 주된 제공자가 형제자매인 경우는 상대적으로 드물다. 그러나 대부분의 노인이 이러한 1차적 지원이 가용하지 않을 때 형제자매에게 도움을 요청할 수 있다고 여기고 있는 것으로 나타났다(Cicirelli, 1985). 즉 형제자매는 잠재적 자원이며, 실제 도움을 제공하기보다는 안정감을 제공하는 역할을 한다는 것이다. 형제관계는 특히 이혼이나 배우자 상실, 가족원의 죽음이나 건강문제 등 생애사건을 경험할 때 힘이 되거나 유대감이 증가한다(Connidis, 1992).

형제간에 얼마나 가까운 관계를 유지하는가에는 개인차가 존재한다. 앞에서 언급한대로 규범의 구속력이 강하지 않고, 자발적인 선택의 측면이 크다는 점에서 형제관계는 협상과 조정의 여지가 있다. 젠더에 따른 차이가 있어 일반적으로 자매간 관계가 가장 친밀한 경향을 보이고 남성노인은 여자형제에 대해 가깝게 느낀다(Bedford & Avioli 1996). 접촉 빈도가 높으면 형제간에 유대감이 높고 비혼자 혹은 무자녀 노인들에게는 형제관계가 상대적으로 더 중요한 것으로 나타난다.

형제자매는 다른 어느 가족원보다 연령대가 비슷하기 때문에 노년기에 함께 생존하며 '서로 돕는 노년'을 맞이할 가능성이 크다. 소위 '국이 식지 않는 거리'라고 표현되는, '가까운 거리에서 살면서 서로 도움을 주고받는' 형제자매가 주변에 있을 수 있다면 외롭지 않은 노년이 될 수 있다. 그러나 현재 진행되고 있는 저출산 현상이 지속된다면 형제자매 관계망의 크기 자체가 축소될 가능성이 매우 크다. 한국의 1차 베이비부머의 경우, 평균 5명 내외의 형제를 가진 반면 그들의 자녀는 평균 1.9명으로 베이비부머의 자녀 세대는 형제 네트워크의 축소가 이미 진행되었다. 이와 함께 이혼, 재혼의 증가 등으로 형제관계 자체가 복잡해지고 양가적이며, 조정되어야 할 필요성이 앞으로 증가할 것이라는 예측이 가능하다.

이웃 사는 여동생 보살핌에 97세 할아버지 행복한 노후

형제 또는 오누이가 함께 장수한다는 것은 큰 축복이다. 곡성군 봉현 마을 공 할머니(100세)는 형제들이 모두 아흔살이 넘도록 장수하고 있어, 할머니가 아흔 넘은 어린(?) 동생들 집을 찾아다니며 건강을 염려해 주고 격려해 주곤 한다. 경남 의령군 지정면에서 만난 이기룡 할아버지(97세)의 경우는 여동생이 손위 오빠를 보살펴 주고 있었다. 이기룡 할아버지는 자식들이 모두 도회지로 떠나 나름대로 자리 잡고 살고 있지만 당신은 고향이 좋기 때문에 그냥 혼자 살고 있다고 하셨는데, 혼자 살고 계신데도 집안이 깨끗하게 정리되어 있었고 차림새도 단정하였다. 인지능력이 완벽하였고 건강상태도 양호하였으며 일상의 삶을 편안하게 살고 계신 것 같았다. 조사팀이 집을 찾아 갔을 때 할아버지는 혼자 식사를 하고 계셨는데, 여러 가지 맛깔스러운 반찬이 예쁜 그릇에 담겨 있었고 식후 과일 까지 챙겨 드시면서 식사를 즐기고 계셨다.

할아버지가 혼자 사시면서 어떻게 저렇게 깔끔하게 생활하고 계실까 하는 의문이 들지 않을 수 없었다. 왜냐하면 혼자 사는 장수노인들을 만났을 때 할머니들은 일상을 비교적 깔끔하게 관리하시는 반면, 할아버지는 혼자 사는 경우가 드물 뿐 아니라 대부분 청결하지 못한 환경에서 삶의 질이 열악한 경우가 많았기 때문이다. 그런데 조사를 하고 있는 도중에 할머니 한 분이 나타났다. 바로 이웃에 사는 손아래 누이동생이었다. 할머니도 아흔 나이가 되셨지만 건강하셨고, 지금도 오빠 댁을 하루 몇 차례 들락거리며 나이든 오빠를 보살피고 있었다. 바로 누이의 이러한 보살핌 때문에, 부인과 사별하였고 자식들이 다 떠나 있지만 이 할아버지는 정갈한 모습으로 초고령기를 보낼 수 있던 것이었다.

출처: 매일경제(2005. 9. 28.). 이웃 사는 여동생 보살핌에 97세 할아버지 행복한 노후.

CHAPTER

09

사회적 노화 II: 중노년기 부부관계

GERONTOLOGY

1. 결혼, 부부관계의 중요성 / 2. 중 · 노년기 부부관계의 변화

3. 중 · 노년기 부부관계의 해체

CHAPTER 09

사회적 노화 II: 중노년기 부부관계

졸혼

요즘 '졸혼'이라는 말이 심심치 않게 등장하고 있다. 결혼을 졸업한다는 의미로서, 나이 든 부부가 법적으로 이혼하지 않은 상태에서 서로를 간섭하지 않고 각자 자유롭게 독립적으로 사는 생활방식을 일컫는 신조어이다. 2004년 일본에서 『졸혼을 권함(卒婚のススメ)』이라는 책이 나오면서 알려지게 된 '졸혼'은, 개인의 선호나 윤리적 평가의 측면에서는 각자가 의견이 분분하겠지만, 우리가 관심을 가져야 할 부분은 이러한 용어가 등장하고 사람들의 관심을 끌게 된 사회문화적 배경이다. 기대수명이 80세 이상까지 연장됨에 따라 부부가 함께 하는 기간 또한 40년, 50년 이상으로 연장되고 있다. 흔히들 사랑(연애감정)의 유효기한은 2~3년 정도에 불과하다고 하는데, 거의 반 세기동안 부부가 함께 살아가는 것은 그리 쉬운 일은 아닐 것이다. 연애시기처럼 강렬한 감정은 아닐지라도 부부가 서로 사랑하며 행복하게 오랜 기간을 살아가기 위해 과연 어떤 점들이 필요할까?

결혼 70주년 기념으로 웨딩사진 재현한 중국의 노부부

중국 쓰촨성 충칭시에 사는 아내(98세)와 남편(97세)이 결혼 70주년을 기념하여 과거 그들이 결혼식을 올렸던 충칭의 한 공원을 찾아 리마인드 웨딩 사진을 찍었다.

출처: 인사이트(2016. 11. 28.).

수명연장과 소자녀화라는 인구학적 변화 속에서 중·노년기 부부가 함께 보내는 시간이 길어지고 있다. 길어진 시간만큼 이 기간의 중요성이나 이 시기를 과연 어떻게 보내야 할 것인지에 대한 고민도 커지게 된다. 이 장에서는 생애 후반기의 부부관계에 대해 이해하기 위해 결혼, 부부관계가 갖는 중요성을 건강 및 복지와의 연계 선상에서 살펴볼 것이다. 이어 생애과정에 따라 부부관계가 갖는 중요성이나 특성이 어떻게 변화되는지를 살펴보고, 사별이나 이혼과 같은 노년기 결혼 해체에 대해 살펴볼 것이다.

가족생활주기(Family Life Cycle)의 변화

20세기 초반만 해도 모든 결혼의 절반 이상이 막내자녀가 결혼하기 전에 어느 한쪽의 사망으로 종료되었지만, 오늘날에는 막내자녀가 독립하여 집을 떠난 후에도 부부가 약 15년 이상을 함께 더 살 수 있게 되었다(Harris, 1990). 중·노년기 부부가 함께 보내게 되는 시간이 얼마나 증가하였는지를 가족생활주기를 통해 살펴보자. 가족생활주기란 마치 개인의 일생이 출생과 함께 시작되어 이후 발달단계들을 거치며 성장해 가다 늙고 사망함에 따라 마무리되듯이, 가족도 발생에서부터 소멸에 이르기까지 시간에 따라 일련의 변화과정을 경험하는 것으로 간주하는 것이다. 가족 단위를 3세대 가족을 기본으로 할 것인지 혹은 부부와 자녀로 구성되는 핵가족을 기본 모형으로 할 것인지, 그리고 가족의 변화 양상을 구분하는 기준을 무엇으로 할 것인지에 따라 가족생활주기의 세부 단계들은 상이하게 구분될 수 있다. 여기에서는 2세대 핵가족을 기본모형으로 하여 여섯 개의 단계로 구분한 김승권(2000)의 분류를 이용하였다.

기혼 여성의 결혼코호트에 따른 가족생활주기 양상을 보면(〈표 9-1〉 참조), 몇 가지 경향을 확인할 수 있다. 최근에 결혼한 코호트로 올수록, ① 결혼 후 사망까지의 가족생활주기 전체 기간이 크게 증가하고(초혼 연령이 상승함에도 불구하고 사망수준 개선으로 인한 기대수명 증가 폭이 더 큼), ② 첫 자녀 출산에서 막내자녀 출산까지의 확대기 기간은 크게 감소한 반면, 막내자녀 출산 이후 자녀가 독립하기 시작하는 확대완료기 기간은 증가하고(소자녀화 및 자녀의 결혼연령 상승), ③ 자녀의 독립 이후 부부만이 남는 축소완료기 기간은 크게 증가하였다(사망수준 개선으로 인한 기대수명 증가와 소자녀화).

가족생활주기 변화에서 확인할 수 있는 것처럼 부부가 가족을 형성하여 사망할 때까지의 전체 기간이 연장되었는데, 부부로서 공유하는 기간의 증가는 부부관계의 중요성을 증대시키게 된다. 특히 가족생활주기 단계들 중 자녀의 결혼으로 인해 노부부만 남게 되는 시기라는 점에서 '빈둥지기(empty nest)'라고도 하는 축소완료기의 증가가 주목할 만하다. 1935~44년에 결혼한 여성들의 경우 자녀들이 모두 결혼하여 독립하기도 전에 부부 중 일방(주로 남성)이 사망하게 되고, 그 결과 자녀 없이 부부만이 함께 하는 기간은 첫 자녀가 태어나기 이전 시기를 제외하면 거의 기대하기 어려운 상황이었다. 그런데 2000년~2012년에 결혼한 여성들의 경우 자녀의 독립 이후 부부만 남게 되는 기간이 22년에 달할 것으로 추정되고 있다. 가족생활이 주로 부부관계와 부모자녀관계라는 두 가지 관계 유형에 의해 구성된다고 볼 때, 자녀 양육기가 지나고 자녀들이 취직, 결혼하여 독립하게 되면 가족생활의 중심축은 부부관계에 집중된다. 이러한 점에서 자녀 독립 이후 노부부만 남게 되는 축소완료기 기간의 증가는 부부관계의 중요성, 특히 중·노년기 부부관계의 중요성을 증가시키게 된다. 기간의 증가에 덧붙여, 인구의 14.7%를 차지하는 하는 베이비붐 세대(1955~63년 사이에 출생한 집단)가 2020년부터 노년기에 진입하게 됨에 따라 노인부부의 수가 증가한다. 이와 함께 노년기 독립성이 강조되고 기혼자녀와 동거하기보다는 부부가구를 선호하는 경향이 커짐에 따라 부부간 돌봄이 증가하는 것도 노년기 부부관계의 중요성을 강화하는 방향으로 작용할 것이다(한경혜 외, 2018).

❖ 표 9-1 기혼여성의 결혼코호트에 따른 가족생활주기 (단위: 기간(년) / 세)

	1935~44 MC	1945~54 MC	1955~64 MC	1965~74 MC	1975~84 MC	1990~99 MC	2000~12 MC
형성기	4.1	3.2	1.9	1.5	1.2	1.57	1.46
확대기	15.5	12.6	9.1	5.0	2.2	3.21	2.37
확대완료기	9.3	12.9	17.1	21.2	24.0	28.4	28.38
축소기	15.5	12.6	9.1	5.0	2.2	3.33	4.45
축소완료기	-5.8	-2.6	1.4	10.2	15.0	21.05	22.02
해체기	5.9	7.0	7.6	7.6	7.2	6.82	4.7
전체기간	44.5	45.7	46.2	50.5	51.8	64.38	63.38
초혼연령	16.1세	17.9세	20.4세	21.8세	22.6세	25세	27.24세
부인사망연령	60.6세	63.6세	66.6세	72.3세	74.4세	89.38세	90.62세

※ MC(Marriage Cohort): 결혼코호트로, 특정 시기에 결혼을 한 사람들을 의미함.

출처: 1935~1984 결혼코호트의 가족생활주기는 공세권 외(1987), 1990~2012 결혼코호트의 가족생활주기는 김승권 외(2012)를 참고.

1. 결혼, 부부관계의 중요성

결혼과 건강

결혼은 개인의 삶에 얼마나 중요할까? 결혼의 중요성에 대한 연구들은 크게 두 가지로 나누어 볼 수 있다. 결혼이라는 제도에 편입되어 있는지에 초점을 두는 연구들과, 결혼의 질에 초점을 두는 연구들이 있다. 전자가 결혼상태(marital status)가 개인의 건강이나 삶의 질에 미치는 영향에 주목하는 것이라면, 후자는 결혼의 질(marital quality)이 기혼자들의 삶에 미치는 영향에 주목하는 것이다.

결혼상태와 건강

사회통합이론에서는, 개인이 결혼을 통해 사회적 역할을 점유함으로써 사회경제적 자원들을 공유하게 되어 건강을 유지·증진하게 된다고 본다(차승은, 2007; Waite & Gallagher, 2000). 결혼상태가 사회경제적 안녕이나 거주 유형, 사회적 관계, 사회적 역할, 그리고 필요시 이용가능한 돌봄의 특성 등 삶의 다양한 영역에 걸쳐 영향을 미치게 된다는 것인데, 이러한 이유로 많은 연구자들이 결혼상태와 건강, 복지, 사망률과의 관련성에 주목해 왔다.

심리적 건강의 가장 강력한 지표라 할 수 있는 자살률을 살펴보면, 배우자가 있는 사람이 그렇지 않은 사람보다 자살률이 더 낮은 것으로 나타난다(박세진, 2008; Kposowa, 2000). 박세진(2008)의 연구에 의하면, 기혼 남성의 자살률은 인구 십만 명당 35명 정도인데 비해 비기혼 남성(이혼, 사별, 한 번도 결혼하지 않은 남성)의 자살률은 100명을 훨씬 넘는다. 여성은 남성보다 자살률 수준은 전반적으로 낮지만 비기혼 여성의 자살률이 기혼 여성에 비해 2배 이상 높은 것으로 나타난다. 자살시도(suicide attempt) 위험이나 자살을 포함한 전체 사망률에 대한 연구에서도 유사한 양상이 관찰된다(김수영, 2015; Murphy et al., 2007; Rendall et al., 2011). 1990~2010년까지의 센서스 자료와 사망률 신고자료를 활용하여 25~64세 연령집단의 혼인상태별 사망률을 분석한 김수영(2015)의 연구에 의하면, 시기와 연령 효과를 통제한 상태에서 기혼자에 비해 미혼, 이혼, 사별자의 사망률이 2.7~4.6배 높은 것으로 나타났다. 자살이나 사망률 외에 다른 건강 및 복지감을 나타내는 지표에서도 결혼 상태에 따른 차이가 관찰되어, 기혼자들이 비기혼자보다 더 건강하고 더 행복해하며 덜 우울한 것으로 나타난다(차승은·한경혜, 2006; Horowitz et al., 1997; Waite & Gallager, 2000).

결혼상태와 건강의 연계 메커니즘

결혼상태에 따라 건강에서 차이가 나타나는 현상은 결혼의 보호기능, 결혼해체로 인한 스트레스, 그리고 선택효과의 세 가지로 설명된다.

결혼의 보호기능 결혼을 통해 얻게 되는 다양한 유·무형의 자원이 기혼자들의 건강을 유지, 향상시키고 사망 위험으로부터 보호한다는 것으로, 결혼자원모델(marital resource model) 혹은 결혼보호모델(marital protection model)이라고도 한다. 결혼의 보호기능은 결혼을 통한 사회통제와 사회통합, 그리고 경제적 자원의 공유라는 측면에서 설명될 수 있다. 사회통제란 배우자나 자녀 등 결혼을 통해 형성된 가족에 대한 애정과 관심, 책임감 등으로 자기 자신뿐 아니라 배우자에게 안정된 삶의 양식을 취하게 하고 위험행동을 감소시키는 통제 기능을 한다는 것을 의미한다(박경애, 1994). 실증 연구들은 배우자와 함께 사는 것은 과도한 음주, 약물, 난폭한 운전 등 위험 행동을 할 가능성을 감소시키고, 적절한 식이, 안전벨트 착용, 정규적인 의사 방문 등의 건강한 생활양식을 촉진하는 역할을 한다고 보고하고 있다(Ross et al., 1990; Umberson, 1992; Waite & Gallagher, 2000). 이러한 이유 때문인지 배우자가 없는 사람들의 경우 기혼자에 비해 사망률이 높을 뿐 아니라, 폐암, 간경화, 자살, 사고사 등과 같이 건강에 해로운 행동이나 생활습관과 관련성이 큰 사인에 의한 사망률이 높은 것으로 나타난다(Hu & Goldman, 1990; Litwack & Messeri, 1989). 다음으로 사회통합이란 결혼을 통해 배우자 및 더 큰 친족 관계망에 연계되며, 이를 통해 관계망 성원들로부터 다양한 사회적 지원을 얻게 된다는 것을 의미한다. 다음 장에서 보다 자세히 살펴보겠지만, 사회적 지원은 질병을 예방하고 건강과 복지를 유지·증진시키는 데 핵심적인 역할을 한다. 마지막으로 경제적 자원의 공유는 결혼을 통해 공유하게 되는 경제적 자원이 기혼자들의 건강을 향상시키는 데 영향을 미친다는 의미이다.

결혼해체로 인한 스트레스 이혼이나 사별 등의 결혼해체 과정으로 인한 스트레스와 긴장이 건강에 부정적으로 영향을 미치게 된다고 보는 것으로, 위기 모델(crisis model) 이라고도 한다. 결혼해체는 개인에게 커다란 스트레스로 작용하게 되고, 더불어 결혼해체로 인한 사회적 편견, 경제 및 사회정서적 상실, 그리고 거주지 이동과 같은 환경 변화 등이 건강에 부정적으로 영향을 미치게 된다고 보는 것이다(Ross et al, 1990; Umberson et al., 1992). 다만, 결혼해체에 따른 스트레스와 긴장은 결혼해체 후 어느 정도의 시간이 지나면 상당히 감소된다. 관련 연구에 의하면, 사별이나 이혼 직후에는 상당한 정도의 심리적 디스트레스를 경험하지만 일정 정도의 기간이 경과된 후에는 이러한 부정적 영향이 관찰되지 않거나 정신건강수준에서 기혼자 집단과 차이가 없는 것으로 나타난다(Booth & Amato, 1991; Brockmann & Klein, 2004).

선택효과 선택효과(selection effect)란, 건강상태가 좋지 못하거나, 만성적인 질환 혹은 건강에 해로운 생활양식으로 인해 건강악화의 위험이 높은 사람들은 결혼에 진입할 가능성이 낮고 기혼상태라 하더라도 결혼이 해체될 가능성이 높다는 것이다. 바꾸어 말하면 신체적으로나 정신적으로 건강한 사람들이 배우자를 구하기 쉽고 결혼생활을 오래 유지할 가능성이 높다는 것으로, 결혼상태에 따른 건강 차이는 이러한 선택효과가 반영된 결과라는 것이다. 유배우 상태로의 변화나 유배우에서 이혼 및 사별 상태로의 변화에 신체적 장애가 중요한 역할을 한다는 연구(박경애, 1994에서 재인용)는 결혼의 선택작용을 지지하는 대표적인 예라 할 수 있다. 한편, 혼인상태 인구의 상대적 규모 변화는 결혼의 선택효과의 정도를 변화시킬 수 있다. 1970년에서 1986년까지의 사망률을 분석한 윤덕중과 김태헌(1989)의 연구결과, 기혼자에 비해 비기혼자들의 높은 사망률은 해당 기간 동안 감소된 것으로 나타났는데, 이러한 결과에 대해 연구자들은 이혼상태인 사람들의 구성비 증가로 인해 사회적 편견 감소와 선택 효과가 감소되었기 때문인 것으로 추정하고 있다.

관련 연구들을 종합해 보면, 선택효과도 일정 정도 존재하지만, 이것이 관찰되는 결혼과 건강의 연계를 전부 설명하는 것은 아닌 것으로 보인다. 성인기 초기의 건강 상태에 대한 측정치를 사용한 Murray(2000)의 연구에 의하면, 결혼으로의 선택성이 기혼자들의 낮은 사망률을 일정 부분 설명하지만, 동시에 결혼이 사망 위험을 낮추는 독립적인 효과도 있는 것으로 나타났다. 즉, 결혼이 조기 사망의 위험을 감소시키고 건강을 보호하는 효과도 존재하는 것이다. 한편, Williams과 Umberson(2004)의 연구에 의하면 결혼상태에 따른 건강 차이의 상당 부분이 결혼의 건강보호효과보다는 위기모델, 즉 결혼해체로 인한 스트레스와 긴장이 건강에 부정적으로 영향을 미친 결과에 기인하는 것으로 나타났다. 다만 이들 연구자들 역시 결혼의 건강보호효과를 배제하지는 않는다.

이상에서 설명한 바와 같이 결혼의 건강보호효과와 결혼해체로 인한 스트레스, 그리고 선택효과는 각각 실증연구들을 통해 일정 부분 지지를 받고 있다고 볼 수 있다. 따라서 결혼상태에 따른 건강차이가 이 세 가지 기제 중 어떠한 부분에 의한 것인지를 정확하게 구분하기는 어렵다. 대신 세가지 기제가 통합적으로 작용하여, 혼인상태에 따른 사망 및 건강 차이에 반영되어 나타나는 것으로 볼 수 있겠다([그림 9-1] 참조).

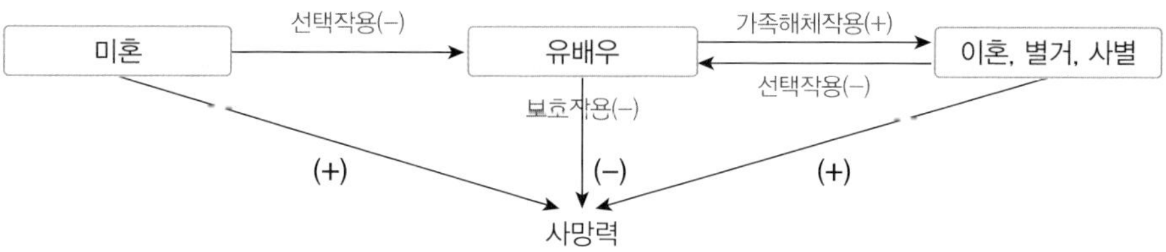

주: (+) 사망력의 증가, (−) 사망력의 감소.

❖ 그림 9-1 혼인상태가 사망력에 미치는 영향

출처: 박경애(1994). 혼인상태가 성별 사망력에 미치는 영향: 이론적 통합.

결혼의 질과 건강 및 복지

일반적으로 유배우 상태는 건강에 긍정적인 영향을 미치지만, 모든 결혼이 항상 긍정적이기만 한 것은 아니다. 결혼에 대한 만족도나 행복, 혹은 배우자로부터 받는 지지가 부부관계의 긍정적 차원이라면, 배우자 간의 갈등, 긴장, 비난 등은 부부관계의 부정적 차원이다. 미국 Iowa 지역의 기혼자들을 대상으로 한 종단자료를 분석한 Wickrama 등의 연구(Wickrama et al., 1997, 2001)에 의하면 부부관계 질의 향상은 신체적 질환의 감소와 관련되는 반면, 부부관계 스트레스는 고혈압 위험을 증가시키는 것으로 나타났다.

이렇게 부부관계의 긍정적 차원과 부정적 차원 모두 기혼자들의 건강에 영향을 미칠 수 있지만, 부부관계의 긍정적 차원이 미치는 영향보다는 부정적 차원의 영향력이 보다 일관되고 강력한 것으로 보인다. 부부간 갈등과 디스트레스 등은 코티솔, 에피네프린, 노르에피네프린과 같은 스트레스 호르몬을 생산하고 혈압이나 심박 증가 등의 심혈관 반응을 일으킨다(Burman & Margolin, 1992; Kiecolt-Glaser et al., 1992). 부부간 갈등과 스트레스가 만성적으로 지속되면 결국에는 질환의 발생과 전반적인 건강악화로 이어질 수 있다. 실제로 결혼에 불만족하는 사람들에게서는 관상동맥질환 유병률이 더 높고(Traupmann & Hatfield, 1981), 갈등이 지속되는 부부관계는 이혼보다 건강에 더 부정적으로 영향을 미침을 시사하는 결과들도 보고되고 있다(Hawkins & Booth, 2005; Williams, 2003).

결혼 및 가족에 대한 사회적 환경

결혼과 건강 및 복지 간의 관련성에서 고려할 점은 결혼·가족과 관련된 사회적 환경이다. 특정 연령이 되면 결혼하는 것을 당연시하고 결혼하지 않은 사람들에 대해 명시적으로나 암묵적으로 사회적 압력이 행해지는 '결혼의 규범성'이 사회 전반에 얼마나 강하게 자리잡고 있는가? 결혼해체와 관련된 사회적 편견이 얼마나 크며, 미혼자 혹은 결혼해체를 경험한 사람들을 지원할 수 있는 사회제도나 정책 등이 얼마나 잘 마련되어 있는가? 기혼자들에게 기대되는 사회적 역할은 무엇이며 남성과 여성에게 얼마나 차별적인가? 기혼자들이 수행해야 하는 가족에 대한 책임과 의무를 완화시키고 지원할 수 있는 사회정책들이 얼마나 효과적으로 작용하고 있는가? 이러한 사회문화적, 제도적 환경들은 결혼과 건강 간 연계의 양상이나 강도에 영향을 미치게 된다.

기혼자들이 비기혼자들에 비해 더 오래 살고 더 건강한 것은 대부분의 국가에서 관찰되는 공통된 현상이지만, 이러한 차이의 정도나 이혼자와 사별자, 미혼자 등 배우자가 없는 사람들 간 상대적 사망률 양상은 시대에 따라 그리고 문화에 따라 상이할 수 있다. 김수영(2015)은 사실혼이 많은 서구에 비해 한국 사회는 결혼에 따른 이익이나 비혼에 대한 불이익이 상대적으로 더 크고 그 결과 혼인상태에 따른 사망률 차이도 더 크게 관찰된다고 지적한다. 1990년에서 2010년까지 기혼자 대비 미혼, 사별, 이혼자들의 사망비 추세를 보면([그림 9-2] 참조), 최근으로 올수록 이혼, 사별, 미혼자들의 상대적 사망비가 감소되고 있다. 특히 미혼상태인 사람들의 상대적 사망비가 크게 감소하였고, 이러한 감소는 여성집단에서 더욱 크다. 남녀 사별자, 그리고 여성 이혼자들의 상대적 사망비도 (미혼자에 비해서는 상대적으로 완만하지만) 최근으로 올수록 감소하였고, 예외적으로 남성 이혼자의 상대적 사망비는 증가하는 추세를 보인다. 이러한 결과들은 가사의 편리나 외식문화의 발달, 여성의 경제활동 증가 등으로 기혼자들이 배타적으로 얻을 수 있는 혜택이 감소함과 동시에 자발적 미혼이 증가함에 따라 선택효과도 축소되었기 때문인 것으로 해석되고 있다(김수영, 2015).

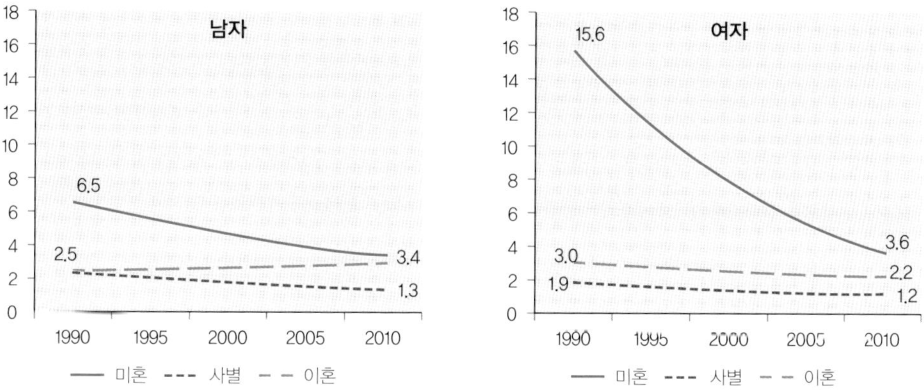

※ 유배우자들의 사망을 1로 하였을 때의 상대적 사망비임.

❖ **그림 9-2** 25~64세 남녀의 유배우자 대비 미혼, 사별자, 이혼자의 상대적 사망비 추세(1990~2010)

출처: 김수영(2015). 혼인상태별 사망력 차이: 1990~2010

결혼, 부부관계의 중요성에서 남녀 차이

그의 결혼과 그녀의 결혼

결혼은 남성과 여성에게 동일한 무게일까? 1972년 Jessie Bernard는 『The Future of Marriage』에서 "모든 결혼에는 두 개의 결혼, 그의 결혼과 그녀의 결혼이 있고, 그의 결혼이 그녀의 결혼보다 더 좋다"고 저술한 바 있다. 결혼에서 남성이 여성보다 더 많은 권력을 가지며 여성은 무급 가사노동에 대한 책임을 떠맡게 되는 등 결혼이 남성과 여성에게 상이한 보상과 비용을 가져온다는 것이다.

Bernard의 저서가 출판된 이래 40년 이상의 시간이 경과되었고 그 사이 여성의 교육수준, 사회참여, 그리고 전반적 권리도 상당 정도 향상되었지만, 여전히 많은 여성들이 성역할 고정관념에 영향을 받고 있다. 여성이 남성에 비해 결혼과 가족 내 역할에 상대적으로 많은 시간과 중요성을 부여하고 있지만 역설적이게도 실증연구들은 여성이 남성에 비해 결혼에 대한 만족 정도가 더 낮다는 결과를 일관되게 보고하고 있다. 한국의 47세에서 55세까지의 부부 1,218쌍에 대한 자료를 분석한 손정연과 한경혜(2015)의 연구에 의하면, 남편이 아내보다 자신의 부부관계를 좀 더 지지적인 관계로 인식하며 부부간 긴장은 더 낮게 느끼는 것으로 나타났다. 또한 통계청에서 발표한 「2016 사회조사 보고서」에 의하면 유배우 남성 중 배우자와의 관계에 '만족'하는 비율은 71.3%인 반면, 여성은 58.5%로 13% 포인트 정도 더 낮았다(통계청, 2016). 남성이 여성보다 결혼에 더 만족하는 것은 비단 우리나라뿐 아니라 서구에서도 관찰되는 현상으로, Connidis(2001)는 거의 모든 연령대에서 남성이 여성보다 결혼에 더 만족한다고 지적한다. 이와 관련하여 Atchley(신화용·조병은, 1999에서 재인용)는 일반적으로 여성은 남성보다 결혼에 대해 보다 이상적인 기대를 갖고 있는 반면 남성은 기대가 낮고 기대한 것보다 더 많은 것을 얻을 수 있으므로 만족도가 높다고 해석한다. 또 다른 측면에서는 남성은 배우자를 '도움관계망'으로 인식하는 비율이 높은 반면, 여성은 '갈등관계망'으로 인식하는 비율이 상대적으로 높은 것과도 관련이 있다. 결과적으로 결혼은 남성보다 여성에게 덜 만족스러운 경험이 되는 것이다.

결혼과 건강 간 연계에서의 남녀 차이

결혼과 건강 간 연계에서도 남녀 차이가 관찰되는데, 결혼상태에 따른 사망률이나 건강 및 복지감 수준의 차이는 여성보다 남성에게 더 크고 명확하게 관찰된다(김수영, 2015; 이민아, 2010; Murphy et al., 2007). 결혼상태에 따른 건강 차이가 남성에게 더 크고 명확하게 나타나는 것은 주로 결혼의 건강보호기능과 관련하여 생각해 볼 수 있다. 앞서 결혼의 건강보호기능이 사회통제, 사회통합, 그리고 경제적 자원의 공유를 통해 나타난다고 설명하였는데, 결혼을 통해 구체적으로 어떠한 혜택을 얼마나 많이 얻게 되는가에서 성별에 따른 차이가 존재한다. 여성은 가족에서 주로 표현적 역할을 담당하는 반면 남성은 도구적 역할을 담당하기 때문에 결혼을 통해 정서적 지원을 얻게 되는 것은 주로 남성이다. 사회통제를 통한 건강 혜택 역시 주로 남성이 얻게 되는데, 흡연이나 심각한 음주 등 건강에 해로운 행동을 보다 많이 하는 집단은 남성이며, 건강과 관련된 정보를 수집하고 가족의 건강을 위해 노력하는 사람은 주로 여성, 아내이다. 따라서 결혼을 통해 위험행동을 줄이고 보다 건강한 생활습관을 갖는 '혜택'을 얻는 사람은 대부분의 경우 남성이 된다. 반면 결혼을 통해 경제적 자원을 공유함에 따라 삶의 기회가 향상되는 혜택은 여성이 남성보다 상대적으로 더 많이 얻게 된다. 결혼을 통한 경제적 이득을 여성이 더 많이 얻는다는 것은 남편의 소득을 공유함으로써 경제적 이득을 얻는다는 것을 의미하며, 여성 개인의 소득이 결혼을 통해 증가하는 것은 아니다. 반면 남성의 경우 결혼을 통해 시장에서 벌어들이는 소득이 증가되는 효과도 있는 것으로 지적되고 있다(Baxter & Gray, 2003; Blackburn & Koremann, 1994). 18세에서 54세까지의 호주 남녀를 대상으로 한 Baxter와 Gray(2003)의 연구결과, 기혼남성은 비기혼남성에 비해 취업상태인 비율이 더 높고 더 오랜 시간 일을 하며 직업지위 또한 더 높은 경향이 있는 것으로 나타났지만 여성의 경우에는 이러한 결과가 관찰되지 않았다.

이상에서 설명한 바와 같이 여성은 주로 경제적 자원 공유를 통한 혜택을 얻고 남성은 사회통제와 정서적 지원을 얻게 되는데(박경애, 1994; Lillard & Waite, 1995), 이러한 점들을 종합적으로 고려해 볼 때 남성이 여성에 비해 결혼으로부터 건강 혜택을 더 많이 얻게 된다는 것이다.

결혼상태에 따른 건강차이가 여성보다 남성에게 더 크고 명확하게 나타나는 것과 달리, 기혼자에게 있어 부부관계의 질(quality)이 미치는 영향이 남녀에게 상이한지에 대해서는 아직 일관된 결론을 내리기 어렵다. 실험연구나 임상집단을 대상으로 한 연구에서는 부부간 갈등, 스트레스가 건강에 미치는 부정적 영향이 남성보다 여성에게 강한 것으로 나타난 반면(Coyne et al., 2001; Kiecolt-Glaser et al., 1997, 1998), 지역사회에 거주하는 일반 인구집단을 대상으로 한 연구들은 결혼의 질이 건강이나 심리적 복지에 미치는 효과의 정도가 남성과 여성에게 유사하다는 결과(Umberson et al., 1996, 2006; Wickrama et al., 1997, 2001)나 결혼의 질이 미치는 영향이 여성보다 남성에게 더 크다는 결과(Connidis, 2001)를 보고하는 등 그 결과가 일관되지 않는다.

결혼의 혜택은 노년기 여성에게도 적용 가능한가?

노년기 여성의 높은 배우자 돌봄(care) 가능성에 주목하는 입장에서는 중년기 후반이나 노년기에는 결혼의 건강보호기능이 여성에게는 약하거나 심지어 부정적으로 작용할 수 있다고 지적한다. 연령이 높을수록 배우자에게 돌봄 역할을 제공하게 될 가능성이 높은데, 남편의 연령이 아내보다 더 많은 남성연상형의 결혼이 지배적이며, 돌봄을 필요로 하는 상황이 발생하게 되는 경우 주로 여성이 이 역할을 떠맡게 된다. 이러한 점에서 여성노인에게는 결혼관계에서 발생하는 비용(costs)이 결혼의 혜택(benefits)을 초과하는 상황이 발생할 수 있다는 것이다.

이와 관련하여 유럽의 40세 이상 남녀의 결혼상태에 따른 사망률 차이를 분석한 Murphy 등(2007)의 연구는 흥미로운 결과를 제시한다. [그림 9-3]을 보면, 점선으로 표시된 부분(100)이 기혼남녀의 사망률이며, 동그라미와 네모 표식은 기혼상태가 아닌 남녀의 사망률이다. 그림에서 확인할 수 있는 것처럼, 연령이 높을수록 기혼자와 비기혼자의 사망률 격차는 감소하지만, 89세 연령까지도 비기혼자의 사망률이 기혼자에 비해 더 높고 이는 남성뿐 아니라 여성에게도 관찰된다(예외: 80~84세 독일 여성 집단). 즉, 결혼의 건강보호효과의 정도가 연령이 높을수록 감소될 수는 있지만 노년기 여성에게도 결혼의 혜택이 있음을 시사하는 결과라 할 수 있겠다.

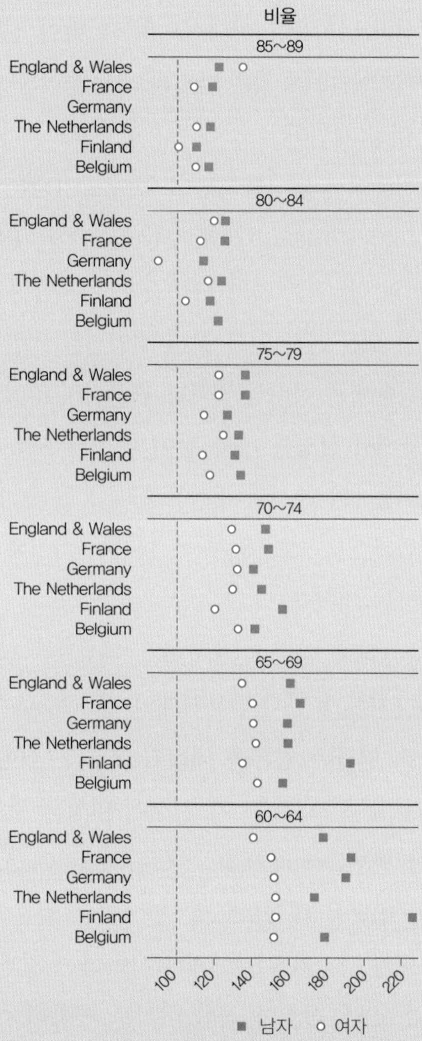

※ 기혼상태인 사람들의 사망률을 100으로 할 때(점선 부분) 기혼상태가 아닌 남녀의 사망률을 표시한 것임. (60세 이상 집단에 대해서만 그래프를 제시함.)

❖ **그림 9-3** 유럽 6개국의 60세 이상 남녀의 사망비(기혼자 대비 비기혼자의 사망비, %)

출처: Murphy, Grundy, & Kalogirou(2007). The Increase in Marital Status Differences in Mortality up to the Oldest Age in Seven European Countries, 1990-99.

2. 중·노년기 부부관계의 변화

중·노년층의 결혼상태

결혼생활을 시작하는 많은 사람들이 배우자로 선택한 현재의 이 사람과 오랫동안 함께 살다가 한날한시에, 그것이 어렵다면 가능한 한 비슷한 시기에 생을 마치면 좋겠다는 막연한 기대를 가진다. 그러나 현실은 그리 녹록치 않다. 남성과 여성의 기대수명 차이(2016년 기준 출생 시 기대여명은 남성 79.3세, 여성 85.4세로 여성이 남성보다 6년 정도를 더 오래 살 것으로 추정됨)와 배우자 간 연령 차이(과거에 비해 동갑내기 혹은 아내 연상형의 결혼에 대한 사회적 허용성이 증가하고 있음에도 불구하고 2016년 결혼한 초혼 부부 중 67.7%가 남편 연상형의 부부임)로 인해, 여성은 남편이 사망한 후 상당 기간을 사별 상태에서 보내게 될 것으로 추정되고 있다. 사망으로 인한 결혼해체 외에도 결혼 불안정성이 증가하면서 이혼율이 크게 증가하였고, 최근에는 주로 젊은 연령층에서 관찰되기는 하지만 일생동안 결혼을 하지 않는 생애미혼율도 증가하고 있다.

2015년 통계청이 실시한 인구총조사 결과에 의하면, 65세 남성노인은 대부분 유배우 상태(83.5%)이고 사별(11.1%)이나 이혼(4.4%) 비율은 상당히 낮다. 반면, 여성노인의 경우 사별자 비율이 절반 이상이며(55.5%), 다음으로 유배우(40.1%), 이혼(3.2%), 미혼(1.2%) 순으로 나타난다. 노년기 결혼상태에서 남녀 간 차이는 연령이 높은 집단일수록 더욱 두드러져, 남성노인의 경우 85세 이상 초고령 집단에서도 절반 이상이 유배우 상태인 반면, 동 연령집단 여성은 단지 7.1%만이 배우자가 있다([그림 9-4] 참조).

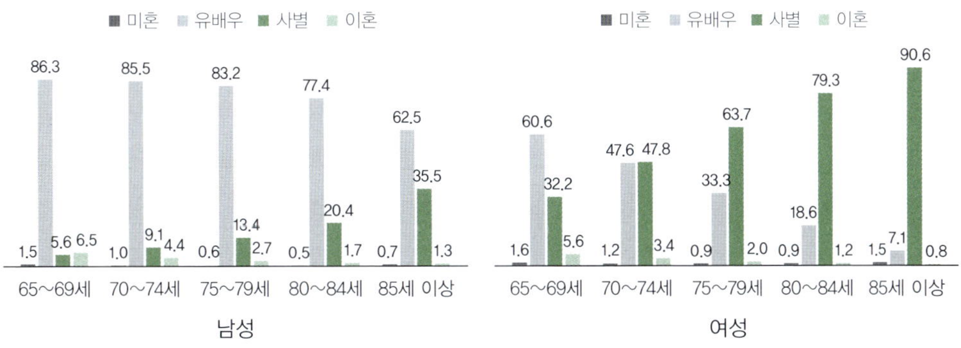

❖ **그림 9-4** 노년층의 연령집단별 결혼상태

출처: 통계청(2015). 2015 인구총조사 고령자(20% 표본) 자료 사용.

중·노년기 부부관계의 변화

중·노년기에는 자녀가 성장하여 독립함에 따라 부모역할이 상당 부분 감소하게 될 뿐 아니라 은퇴, 신체건강의 악화 등의 변화로 인해 부부관계가 변화할 가능성이 있다. 한편으로는 부부간 갈등의 주요 원인이었던 지출이 감소하고 부부가 서로 상호작용할 기회와 시간이 증가함에 따라 부부관계가 이전보다 긍정적으로 변화될 가능성이 있는 반면, 다른 한편으로는 부부간 상호작용의 기회와 시간이 증가하는 것이 오히려 긴장과 갈등을 증가시켜 관계를 부정적으로 변화시킬 가능성도 존재한다.

노화과정에서 나타나는 다양한 변화들 중 심리적 노화와 은퇴가 부부관계에 영향을 미칠 가능성을 간단히 살펴본 후, 결혼의 중요성이나 질(quality)이 어떻게 변화하는지를 살펴볼 것이다.

심리적 노화 50·60대에 들어서게 되면 남성성과 여성성에서의 변화가 생기게 된다. Jung의 표현을 빌자면, 중년 이후에는 '개별화(individuation)'를 통해 개인 안의 남성성과 여성성이 균형을 이루는 성숙과정을 겪게 되는 것이다. 남성은 그동안 억눌러왔던 여성성(anima)이 발현되어 보다 친밀하고 양육적으로 변화하고, 여성은 억눌러왔던 남성성(animus)이 발현되어 독립성과 자기주장성이 커지게 되는 것이다. 이러한 변화의 극단적인 예를 들자면, 조용하고 자신의 의견을 무리하게 내세우지 않던 아내가 점차 자기주장이 강해지는 것이나 무뚝뚝하지만 대범해 보이던 남편이 말이 많아지고 사소한 일까지 참견하는 현상이 발생하기도 하는 것이다. 오래도록 알아 온 배우자의 낯선 모습은 한편으로는 당혹스럽고 불만을 가져올 수도 있고 다른 한편으로는 관계를 재구조화하는 계기로 작용할 수도 있다.

은퇴 은퇴 또한 부부관계에 영향을 미치는 중요한 계기로 작용할 수 있다. 은퇴는 소득의 감소를 가져옴과 동시에 일과 관련되어 맺어왔던 다양한 사람들과의 관계를 약화시키게 된다. 또한 자신의 시간과 에너지, 그리고 정체성의 대부분을 직업, 일과 관련하여 구성해 온 남성들은 일 이외의 곳에서 자신의 가치를 찾고 아침부터 밤까지 누구와 어디에서 무엇을 하며 하루를 보낼 것인가 하는 '일상 재구조화'의 문제에 직면하게 된다. 여성의 경제활동 증가로 인해 은퇴를 경험하는 여성들이 증가하고 있지만, 현 세대의 여성들은 경제활동을 하는 기간 중에도 가족에 대한 돌봄과 가사의 주된 책임을 맡아 왔다. 그 결과 은퇴로 인한 정체성이나 사회관계의 축소 등으로 인한 문제는 남성에 비해 훨씬 적게 경험한다. 은퇴의 당연한 결과로 부부가 같은 공간에서 많은 시간을 함께 보내게 되고 이에 덧붙여 감소된 수입에 적응하는 것은 부부간 갈등의 원인이 될 수 있다.

심리적 변화와 은퇴라는 두 가지 측면 외에도 노화과정은 다양한 신체적, 사회적 변화들을 수반하게 된다. 이러한 노화과정이 진행됨에 따라 부부관계는 실제로 어떻게 변화되는가? 부부관계의 변화양상은 부부간 권력구조나 의사소통 양식, 부부의 관심사안 등 다양한 측면에서 살펴볼 수 있겠지만, 여기에서는 결혼·부부관계의 중요성과 부부관계의 질이 어떻게 변화되는지를 살펴볼 것이다.

부부관계의 중요성 변화

앞서 결혼상태에 따른 건강 및 사망률의 차이가 연령이 높을수록 작아질 가능성, 특히 여성노인에게는 배우자에게 부양을 제공해야 할 가능성이 증가하면서 결혼에 따른 비용이 증가할 가능성을 언급한 바 있다. 그러나 이와는 별개로 기혼자의 삶에서 배우자의 중요성은 연령이 높을수록 더 커질 수 있다. Umberson 등(2006)은 24~96세의 미국 기혼자들을 대상으로 부부관계의 질이 건강궤적(health trajectories)에 미치는 영향을 8년간의 종단자료를 통해 분석하였다. 이들의 연구결과, 부부관계의 질이 건강에 미치는 영향은 연령이 높을수록 더 큰 것으로 나타났다. 부부관계에서 부정적 경험 수준이 높은 집단의 경우 연령이 높은 응답자일수록 건강악화의 정도가 컸고, 부부간 부정적 경험이 매우 낮은 집단에서는 긴장 부재로 인한 혜택이 연령이 높을수록 컸다([그림 9-5] 참조). 즉 연령이 낮은 집단의 경우 부부관계에서의 부정적 경험의 정도가 건강에 거의 영향을 미치지 않았다. 반면, 연령이 가장 높은 집단에서는 부부관계에서 높은 수준의 부정적 경험이나 부정적 경험의 부재로 인한 효과가 가장 명확하게 관찰된 것이다. 연령이 높은 집단일수록 부부관계의 질이 건강에 미치는 영향의 정도가 크게 나타나는 것은 사회정서 선택성과 스트레스에 대한 취약성 때문일 수 있다(Umberson et al., 2006). 연령이 높을수록 사회정서 선택성[1]이 증가함에 따라 부부관계가 개인의 삶, 사회적 관계에서 차지하는 비중이 높아지는데, 중요한 관계일수록 개인의 건강과 복지에 미치는 영향이 크다. 또한 연

1) 사회정서 선택성에 대한 설명은 7장을 참조하시오.

령이 증가할수록 면역기능 손상이나 스트레스를 가져오는 사건, 상황들은 증가하는 반면 이에 대처할 수 있는 자원들은 감소하기 때문에 스트레스에 대한 취약성이 증가하며, 그 결과 부부관계에서의 부정적 경험에 의해 건강이 악화될 가능성이 클 수 있다.

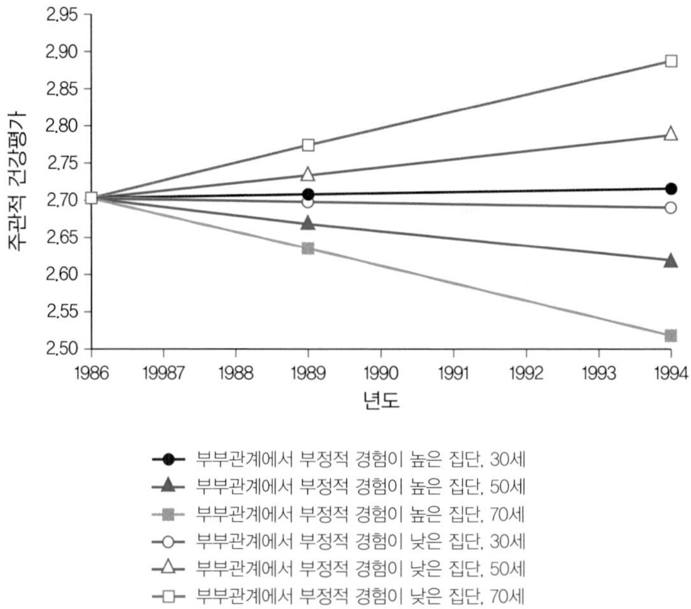

※ 교육수준, 소득 등의 사회인구학적 변수들이 고려된 상태에서의 주관적 건강 평가 궤적 추정치임.

❖ **그림 9–5** 연령과 부부관계의 부정적 경험 정도에 따른 주관적 건강 궤적

출처: Umberson et al.(2006). You Make Me Sick.

생애과정에 따른 결혼만족도의 변화

결혼만족도 변화에 대해 가장 일반적으로 알려져 있는 양상은, 신혼기에는 만족수준이 높고 이후 자녀 출산 및 양육기를 거치면서 만족도가 하락하여 자녀가 청소년기가 되면 가장 낮은 수준까지 감소하였다가 이후 자녀가 독립하는 빈둥지기 및 은퇴시기가 되면 다시 결혼만족도가 높아진다는 것이다(Levinson et al., 1993; Orbuch et al., 1996; Schaie & Willis, 2001). 이렇게 결혼만족도 혹은 결혼의 질이 결혼기간의 경과에 따라 U자형으로 변화된다는 주장은 상당히 오랜 시간동안 '정설'로 간주되어 왔고, 이에 대한 설명은 주로 가족 역할과 구조의 변화에 초점을 두고 있다. 자녀는 부모의 시간과 수입의 투자를 요구

하고, 이는 부모의 스트레스 증가와 부부가 함께 여가활동을 할 시간을 감소시킨다는 것이다(VanLaningham et al., 2001에서 재인용). 그리고 노년기가 되면 부모로서의 역할 요구 및 직업적 책임이 감소하여 결혼의 질이 높아지게 된다는 것이다.

결혼만족도의 U자형 곡선은 얼마나 현실을 반영한 것일까?

노년기 결혼만족도의 향상? 중·노년기 부부관계와 관련하여 특히 논쟁의 여지가 있는 부분은 '중년기 후반 혹은 노년기에 결혼만족도가 증가되는가?'이다. 중년기 이후 결혼만족도는 향상되는가? 만약 향상된다면 어느 정도까지 향상되는가? 일부에서 주장하는 것처럼 결혼 초기의 수준까지 회복되어 '제2의 신혼기'를 맞이하게 되는가? 이러한 질문들이 중·노년기 결혼만족도와 관련하여 제기되는 질문들이다. 중년기 후반, 혹은 노년기 결혼만족도가 향상된다고 보는 입장에서는, 자녀에 대한 책임이 감소하고 직업 역할에서도 상당 부분 해방됨에 따라 부부가 함께 하는 시간이 많아지고 상호작용이 증가하면서 결혼만족도가 증가하게 된다고 본다.

실제로 일부 연구들은 노년층이 다른 연령집단보다 결혼관계에 대한 만족도가 더 높다는 결과를 보고하는데(정현숙, 1995; Atchley, 1992; Carstensen et al., 1996), Carstensen 등(1996)의 연구에 의하면, 노년기 부부들이 중년기 부부보다 부부관계에서 분노, 혐오, 호전성, 푸념 등 갈등은 더 적고, 애정은 더 높은 것으로 나타난다. 노년기 부부들이 부부간 부정적 상호작용과 갈등이 더 적은 것에 대해 Carstensen 등은 ① 장기간의 결혼생활을 통해 상대방의 행동이 변화하거나 갈등의 소지가 될 수 있는 문제들이 소멸될 가능성, ② 갈등이 습관화됨에 따라 이에 대한 민감성이나 부정적 영향이 완화될 가능성, 그리고 ③ 연령이 증가됨에 따라 사회정서 선택성이 증가하여 최적의 정서상태를 유지하고자 하기 때문에 강한 말다툼을 하면서까지 갈등을 해결하고자 하지 않기 때문일 수 있다고 설명한다. 이에 덧붙여 노년기 부부의 경우 오랫동안 결혼상태를 유지한 것을 정당화하기 위해 다른 연령집단보다 결혼에 만족한다고 응답하는 경향이 있을 수 있다(Connidis, 2001).

연령차이 or 연령변화? 노년기 부부관계가 이전 시기보다 더 긍정적이라고 보고하는 연구들이 있는가 하면, 노년기에 결혼만족도가 향상되는 U자형 곡선은 횡단자료에서 관찰되는 연령차이(혹은 연령집단 차이)를 연령변화(결혼지속기간에 따른 변화)로 잘못 해석한 결과라는 비판도 존재한다. 실제로 횡단자료를 분석한 많은 초기 연구들이 결혼만족도의 U자형 곡선을 보고하였고(Burr, 1970; Spanier, Lewis, & Cole, 1975), 이것이 결혼만족도에 대한 '정설'처럼 간주되어 왔다. 횡단연구를 통해 노화에 따른 변화상을 추론하는 것의 위험성은 4장에서 이미 살펴보았으며, 노년기 부부들은 젊은 연령집단에 비해 보다 전통적인 가치와 태도를 가지고 결혼에 더 헌신하는 사람들(코호트 효과)일 가능성이 있다. 이와 관련하여 Glenn(1998)은 횡단연구를 통해 관찰된 결혼만족도 차이 양상은, 코호트(cohort) 간 결혼안정성과 결혼의 질의 차이로 인해 나타난 것으로, 생애과정에 따른 변화라기보다는 사실상 코호트 효과라고 지적한다.

반면 종단자료를 통해 결혼만족도를 살펴보고자 하는 연구들의 경우, 전체적인 가족생활주기를 포괄할 정도로 장기간 수집된 자료가 충분하지 않기 때문에 결혼지속기간에 따른 결혼만족도의 전체적인 양상을 파악하기에는 제한점이 있다. 노년기에 결혼만족도가 감소된다는 결과를 보고하는 연구들이 있는가 하면(Glenn, 1998; VanLaningham et al., 2001), 보편적인 한 가지 양상이 존재하기보다는 몇 가지 유형으로 구분된다고 보는 연구들도 존재한다(Beach et al., 2005; Kamp Dush & Taylor, 2012). VanLaningham과 동료들(2001)은 미국의 55세 이하 기혼자들을 대상으로 17년간 종단연구한 자료를 활용하여, 결혼지속년수와 결혼행복감 간의 관계를 분석하였다. 이들 연구자들은 횡단자료 분석과 종단자료 분석을 동시에 실시하였는데, 1차년도에 수집된 횡단자료에서는 결혼행복감의 U자형 양상이 나타난 반면([그림 9-6]의 왼쪽 그래프 참조), 17년간의 종단자료를 분석한 결과에서는 결혼지속년수가 증가함에 따라 결혼행복감 정도가 감소되는 경향이 관찰되었다([그림 9-6]의 오른쪽 그래프 참조). 이와 유사하게 Vaillant와 Vaillant(1993)는 104명의 남성과 그의 아내를 대상으로 회고적 자료(retrospective data)와 40년간의 추적자료(prospective data)를 분석하였는데, 회고적 자료에서는 결혼만족도의 U자형 곡선이 발견된 반면 동일한 사람을 여러 시점에 걸쳐 조사한 추적조사에서는 U자형 곡선이 관찰되지 않았다. 그런가 하면 Kamp Dush 등(2008, 2012)은 20년 동안의 종단자료를 분석하여 결혼행복감과 결혼갈등의 궤적을 살펴본 결과, 응답자들의 결혼의 질 궤적은 단일한 유형이기보다는 상이한 궤적을 보이는 몇 개의 집단으로 구분되는 것으로 나타났다.

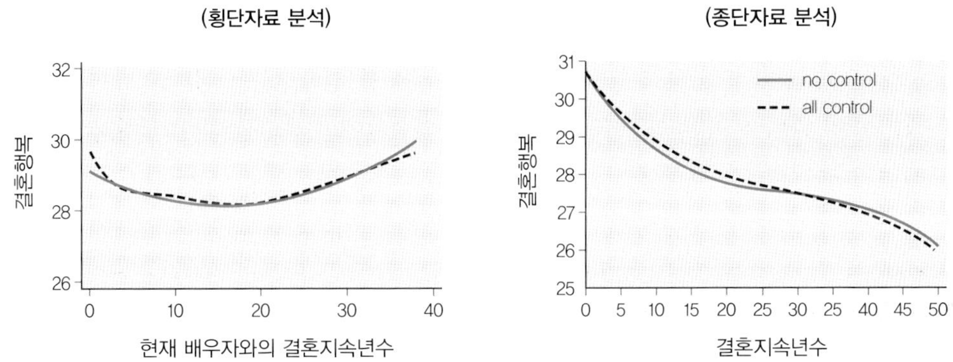

※ no control은 다른 변수들이 통제되지 않은 상태에서 결혼지속년수에 따른 결혼행복감 추정치이며, all control은 소득, 퇴직, 자녀 관련 변수들이 통제된 상황에서 결혼지속년수에 따른 결혼행복감 추정치이다.

❖ 그림 9-6 결혼지속기간에 따른 결혼만족도

출처: VanLaningham, Johnson, & Amato(2001). Marital Happiness, Marital Duration, and the U-Shaped Curve.

이상에서 살펴본 바와 같이 결혼만족도가 생애과정, 혹은 결혼지속기간에 따라 어떠한 양상으로 변화하는지, 그리고 보편적으로 적용되는 한 가지 양상이 존재하는지 혹은 질적으로 상이한 몇 개의 궤적이 존재하는지에 대해 결론을 내리기 위해서는 향후 보다 많은 종단연구들이 축적되어야 할 것이다. 물론 종단연구의 경우에도 이혼으로 인해 탈락한 사람들은 분석에서 제외된다는 제한점이 있다. 이혼한 사람들이 제외되는 것은 결혼만족도가 낮은 사람들의 일부가 분석에서 제외되는 결과로 이어지는데, 이는 횡단연구에서도 발생되는 문제점으로, 연령이 높은 집단일수록 결혼에 불만족하는 사람들이 이혼으로 인해 조사에서 제외되고 결혼이 유지된 커플들만이 포함될 가능성이 있다. 따라서 결혼만족도가 생애과정 혹은 결혼지속기간에 따라 어떻게 변화하는지를 이해하기 위해서는 코호트 효과와 시기효과, 그리고 탈락으로 인한 선택효과 등을 보다 면밀하게 고려할 수 있는 연구들이 이루어져야 할 것이다.

현재로서는 결혼만족도의 변화에 대해 특정한 결론을 내리기보다는 중·노년기에 부부관계에 영향을 미칠 수 있는 여러 가지 사건, 상황들이 발생하게 되고 이러한 부분들이 이 시기 부부관계를 긍정적으로 변화시킬 가능성도 혹은 부정적으로 변화시킬 가능성도 존재한다는 점을 인식하는 것이 중요할 것이다. 즉, 어떤 단일한 변화양상이 존재한다기보다 가능한 몇 가지 변화패턴이 존재하는 가운데 부부가 가지고 있는 다양한 자원과 상황들, 그리고 성격특성에 따라 달라질 수 있다고 보는 것이 현실적이다. 중·노년기에 부부관계가 어떻게 변화되는가를 생각할 때 한 가지 염두에 두어야 하는 부분은, 모든 장기간 지속되는 관계가 그러한 것처럼 어느 순간부터 관계를 완전히 새롭게 다시 시작할 수 있는 것이 아니라 이전 시기까지의 관계의 연속선상에서 관계가 변화, 형성되는 만큼, 중·노년기 부부관계를 향상시키기 위해서는 많은 노력이 필요하다는 점이다.

한국 사회 부부의 결혼만족도

우리나라 기혼자들의 결혼만족도는 어떤 양상으로 나타나는가? 아직까지 충분한 종단자료의 수집이 이루어지지 못했기 때문에 횡단자료를 통해 연령집단별로 결혼생활에 만족하는 기혼 남녀의 비율을 살펴보았다. 횡단자료를 사용한 결과임에도 불구하고 서구와 달리 우리나라는 연령이 높을수록 결혼생활에 만족하는 비율이 더 낮았다. 이러한 결과에 대해서는 보다 세밀한 논의들이 필요하겠지만, 우리나라의 경우 서구에 비해 상대적으로 이혼율이 낮기 때문에 결혼에 불만족하더라도 이혼을 선택하기보다는 결혼을 유지하는 경우가 많기 때문인 것으로 보인다.

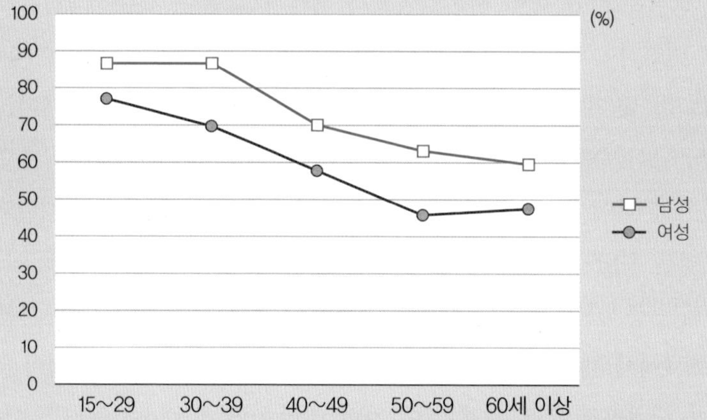

※결혼생활에 대해 '매우 만족'한다는 응답과 '만족'한다는 응답을 합한 비율임.

❖ 그림 9-7 성, 연령집단별 부부관계만족도

출처: 전국 출산력 및 가족보건 복지실태조사 2012를 기반으로 재구성함.

중 · 노년기 행복한 부부관계를 위한 적응

'좋은 결혼' 혹은 '성공적인 결혼'을 위해 중요한 요인들은 연령, 혹은 생애과정에 따라 상이할 수 있다. 앞서 간단히 설명하였던 것처럼 중·노년기 심리적 변화와 은퇴, 자녀의 독립, 그리고 건강의 변화 등이 부부관계에 영향을 미치게 된다. Rhyne은 빈둥지기로의 전이는 남녀 모두에게 있어 우선성의 변화를 포함하게 되어 이 시기 남성에게는 우정, 성적 만족, 집단에서의 도움이 결혼의 가장 중요한 세 가지 측면인 반면, 여성에게는 흥미, 우정, 사랑이 가장 핵심적인 세 요인이라고 지적한다(Connidis, 2001에서 재인용). 중년 후기 혹은 노년기에는 부부가 각자 수행해 오던 역할들이 변화하고 부부관계에서 중요하게 생각하는 요인들도 변화되는 만큼, 부부의 역할을 재조정하고 서로간의 관계를 보다 만족스러운 방향으로 정립해가는 것이 필요하다. 홍숙자(2010)는 노년기 부부적응을 위한 구체적인 내용을 여섯 가지로 정리하는데, 이를 간단히 요약하면 다음과 같다.

첫째, 현실이해와 수용이다. 건강의 쇠퇴나 수입 감소 등 부부가 처한 부정적인 상황들을 그대로 이해하고 수용, 인정하는 것이 필요하다.

둘째, 역할의 재조정이다. 가사를 포함하여 부부 서로간의 일에 대해 어떻게 협력하고 분담할 것인지를 부부가 함께 의논하고 결정하여 역할을 보다 융통성 있게 조정하는 것이 필요하다.

셋째, 부부관계의 재정비이다. 서로 격려하고 인정해 줌으로써 보다 정서적이고 심리적으로 친밀한 관계가 되도록 노력하는 것이 필요하다.

넷째, 부부 상호작용의 활성화이다. 남편과 아내가 서로의 신체적, 생리적 노화 현상을 이해해주고 어려움을 타개해 나갈 수 있도록 돕는 것이 필요하다.

다섯째, 부부공동의 활동과 독립된 영역 발전이다. 부부가 함께 참여하고 즐길 수 있는 공동의 작업을 개발함과 동시에 남편과 아내 각자가 즐기고 몰두할 수 있는 독립된 영역을 가지는 것이 필요하다.

여섯째, 노년기 부부의 성적 적응이다. 노화로 인한 생리적 변화를 이해하고 수용함으로써, 정서적으로 만족스러운 성적 적응을 하는 것이 필요하다.

❖ 종로구 감고당길 벽화: We are Young

출처: 서울신문(2018. 4. 24.)

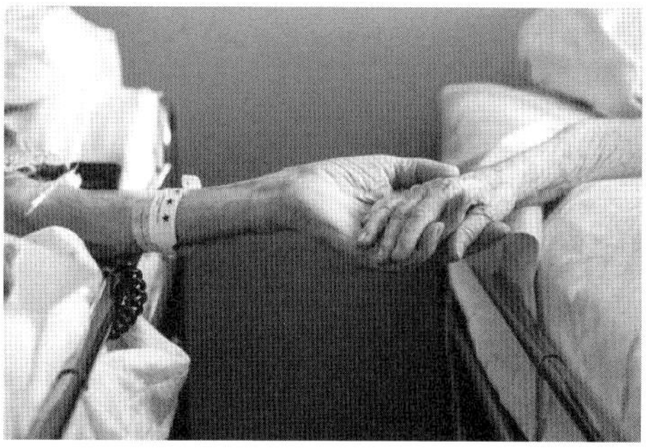

❖ 천국까지 함께 할 두 손: 어느 노부부의 마지막 순간

출처: 나우뉴스(2014. 8. 4.)

3. 중·노년기 부부관계의 해체

중·노년기 이혼

중 · 노년기 이혼 추세

최근 들어 '황혼이혼'이라는 말이 심심치않게 등장하고 있다. '황혼이혼'은 법적, 제도적 차원에서 통용되는 용어는 아니기 때문에 명확하게 그 개념이 정의되어 있지 않지만, 대략적으로 '20년 이상 동거한 부부들이 이혼하는 것'(김소진, 2009에서 재인용)으로 사용되고 있다. 이와 유사한 개념으로 일본에서는 '나리타 이혼'이라는 용어가 사용되기도 하였는데, 일본의 부부들이 막내자녀를 결혼시키고 나리타 공항에서 신혼여행을 배웅한 후 이혼한다는 의미에서 등장하게 된 용어라 할 수 있다. 그렇다면 이러한 '황혼이혼', 혹은 '나리타 이혼'이라는 말이 등장할 정도로, 중·노년기 이혼이 증가하였는지를 이혼건수와 조이혼율 추세를 통해 살펴보자. 조이혼율(crude divorce rate)이란 한 해 동안 이루어진 이혼건수를 해당연도의 총인구수로 나눈 것으로, 대략적인 이혼의 증감 추세를 파악할 수 있다. 우리나라의 경우 1970년대 이래 이혼건수와 조이혼율이 증가하여 2003년에 정점에 도달한 후 다시 낮아지는 경향을 보인다. 그러나 2003년 이후 이혼건수 및 조이혼율의 감소추세에도 불구하고 40, 50대 이상 중·고령층의 이혼율은 증가하고 있다. 이는 혼인연령이 높아지는 만혼현상으로 인해 이혼을 하는 사람들의 평균 연령도 높아졌을 뿐 아니라, 결혼을 오래 지속한 부부의 이혼이 증가한 것에 기인한다. 이러한 경향은 이혼연령 및 전체 이혼 중 혼인지속기간 구성비를 통해 확인할 수 있다. 평균 이혼연령은 1990년 이후 남녀 모두 10세 이상 높아졌고([그림 9-8] 참조), 전체 이혼건수 중 혼인지속기간별 구성비를 보면([그림 9-9] 참조) 1990년의 경우 전체 이혼건수 중 혼인지속기간이 5년 미만 이혼이 39.5%로 가장 높았지만 2017년에는 20년 이상 결혼을 지속한 비율이 31.2%로 가장 높은 것으로 나타났다.

❖ 그림 9-8 평균이혼연령(1990~2017)

출처: 통계청(2017). 2017 혼인·이혼 통계 자료를 기반으로 재구성함.

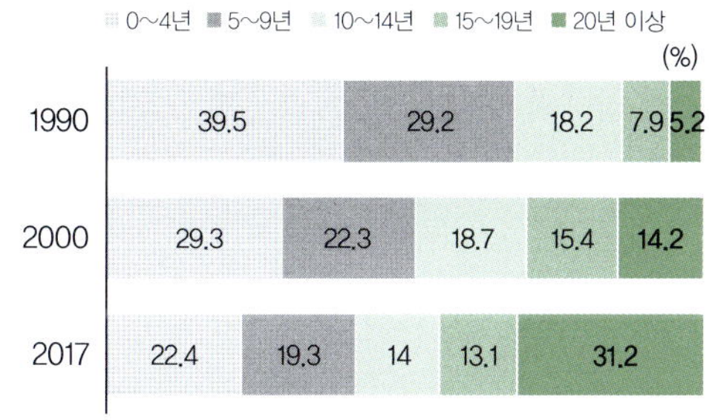

❖ 그림 9-9 혼인지속기간별 이혼 구성비(1990~2017)

출처: 통계청(2017). 혼인·이혼 통계 자료를 기반으로 재구성함.

중·노년층의 이혼이 증가하는 현상은, 베이비붐 세대가 중년층으로 진입하면서 50대 이상 인구집단의 규모 자체가 커진 것과 함께 수명연장으로 인해 노년기가 길어진 것이 함께 작용한 결과로 이해될 수 있다(한경혜, 2016, 2017). 자녀의 독립과 직업으로부터의 은퇴 이후 부부가 함께하는 시간이 길어지면서 부부간의 새로운 관계를 정립하는 데 따른 긴장과 갈등이 부부관계에 위협으로 작용하게 되거나, 혹은 이전 시기까지 누적되어 온 부부간 갈등이 자녀의 독립과 함께 표면화되면서 이혼으로 연결될 수 있다는 것이다. 수명이 길지 않았던 과거에는 중년기 이후 부부가 함께할 수 있는 기간이 길지 않았기 때문에 이혼을 선택할 가능성이 낮았다면 수명이 길어짐에 따라 중·노년기 부부에게도 부부관계를 유지해야 할 기간이 상당히 길기 때문에 이혼을 행동으로 옮길 가능성이 높아진 것이라 할 수 있겠다(한경혜, 2016).

중 · 노년기 이혼 원인

중·노년층 혹은 20년 이상 장기간 결혼생활을 지속한 부부들의 이혼이 증가하는 이유는 무엇일까? 이혼의 원인으로는 배우자의 폭력이나 외도, 정서적 불일치, 공감대 형성의 실패, 가부장적 가족문화, 경제적 어려움 등이 지적된다(Robb, 2004; Weingarten, 1986, 1988). 중·노년층의 이혼 원인 역시 이와 크게 다르지 않겠지만, 불만족스러운 부부관계를 유지하고 있는 중·노년층이 이혼이라는 '대안'을 선택하도록 하는 배경으로는, 앞서 언급하였던 수명연장으로 인해 중·노년기 부부가 함께 해야할 기간이 길다는 점 외에도 연금제도 변화로 인한 경제적 보상 가능성 확대, 그리고 이혼에 대한 부정적 인식의 감소,

특히 50대 이상 연령집단에서 이혼에 대한 부정적 인식이 크게 감소한 것과 무관하지 않다. 우리나라의 경우 1999년 분할연금제도[2)]가 도입되면서 이혼한 전 배우자의 연금을 분할받을 수 있는 제도적 장치가 마련되었다. 분할연금제도 도입으로 인해 자녀 때문에 참고 살다가 자녀가 독립한 후 이혼하고 싶지만 경제적 문제로 이혼을 주저하였던 여성노인들이 일정 정도 경제적 보상을 받을 수 있는 길이 열리게 된 것이다(김소진, 2009에서 재인용). 이혼에 대한 부정적 인식 감소를 보면, 1998년부터 2014년까지 이혼에 대한 부정적 태도가 지속적으로 약화되었는데, 이혼에 대한 부정적 태도가 가장 높았던 50대 이상 연령집단에서 특히 많이 완화된 것으로 나타났다([그림 9-10] 참고).

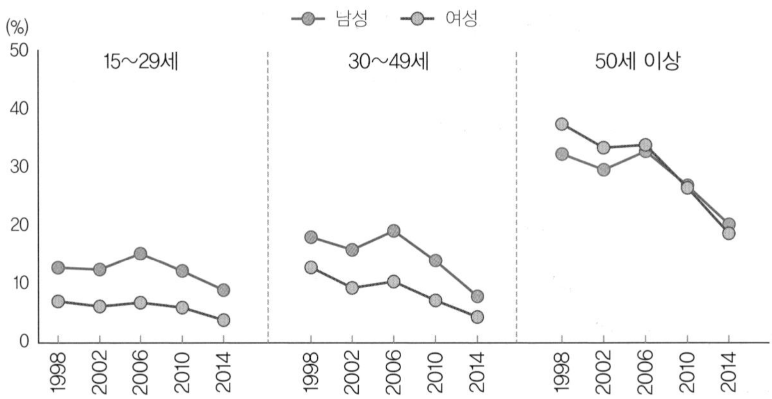

※"귀하는 이혼에 대해 어떻게 생각하십니까"라는 질문에 대해 '어떤 이유라도 이혼해서는 안된다'고 응답한 비율임.

❖ **그림 9–10** 성, 연령집단별 이혼에 대한 부정적 태도(1998~2014)

출처: 통계청(2016). 한국의 사회동향 2016.

이상에서 살펴본 노년기 수명 증가와 분할연금제도의 도입, 그리고 고령자들의 이혼에 대한 부정적 태도 완화 등은 중·노년기 이혼 증가의 주원인이라기보다는 이혼을 선택하는 데 장애가 되는 부분을 일정 정도 낮추는 '배경'으로 작용하였다고 보는 것이 적절할 것이다. 1955년에서 1963년 사이에 출생한 한국의 베이비붐 세대에 대한 패널연구를 진행한 한경혜 교수 연구팀에 의하면, 기혼 상태의 베이비부머들 중 결혼생활에 만족하는 비율은 절반을 훨씬 밑돌며, 최근 이혼을 심각하게 고려한 적이 있는 비율도 40%에 달하는 것으로 나타났다(한경혜 외, 2010). 이렇게 많은 사람들이 결혼에 만족하지 못하고 이혼을

---

2) 분할연금에 대한 자세한 설명은 14장 노인정책 부분을 참고하시오.

심각하게 고려하면서도 결혼생활을 유지하는 이유는 무엇일까?

교환론적 시각에서 보면 결혼관계에서 얻는 보상(rewards)과 이혼으로 인한 비용(costs)의 비교점에서 이혼여부가 결정된다. 결혼을 통해 얻는 사회심리적, 경제적 혜택이 결혼관계에서 얻는 보상이라면 이혼을 생각하면서도 행동으로 옮기지 못하고 결혼관계를 떠나지 못하게 하는 장애요인은 이혼에 따르는 비용이 된다(한경혜 외, 2004). 이혼한 성인 남녀의 이혼 장애요인을 살펴본 한경혜 등(2004)의 연구에 의하면, 자녀나 부모 형제와 같은 '가족에 대한 걱정'이 이혼에 대한 가장 큰 장애요인이었고, 남성은 '이혼에 대한 사회적 통념'과 '이혼 후 삶의 정서적 측면에 대한 염려', 여성은 '이혼 후 삶의 도구적 측면에 대한 염려'가 상대적으로 더 높은 것으로 나타났다. 결혼에 불만족한 사람들이 어떤 계기에 의해 이혼을 심각하게 고려하게 되고, 중·노년기가 되어 이혼 장애요인이 상당부분 줄어들게 됨에 따라 이혼이라는 행동으로 이어지게 되는 것으로 볼 수 있겠다.

중 · 노년기 이혼에 대한 적응

우리는 통상적으로 이혼을 결혼관계를 '법적'으로 종결하는 것으로 생각하지만, 이혼은 법적, 경제적, 정서적, 심리적, 부모 역할, 그리고 지역사회의 여섯 가지 측면에서 진행되는 다측면적인 과정이다(Bohannan, 1970). 따라서 이혼자들은 이러한 다양한 삶의 영역에서의 변화에 적응해야 한다. 이혼에 따른 영향은 재정적 어려움, 사회적 관계의 축소로 인한 지원망 감소, 사회적 편견, 정서적 외로움, 그리고 '누구의 아내/남편'으로 자신을 정의하던 것에서 벗어나는 것 등 다양하다. 일반적으로 부부가 함께 한 기간이 길수록 상호의존성도 더 크다는 점(손정연·한경혜, 2015에서 재인용)을 고려하면, 중·노년기 이혼에 대한 적응은 상당한 시간과 노력을 요구하는 과정이 될 것이다.

이혼 후 적응과 관련하여 많은 연구들에서 지적하고 있는 부분은 여성이 남성보다 경제적 측면에서 더 어려움을 경험함에도 불구하고 전반적인 적응 수준은 더 높게 나타난다는 점이다. 관련 연구에 의하면 이혼한 여성들은 이혼한 남성들에 비해 이혼에 대해 보다 긍정적으로 평가하고 통제감이나 안녕감과 같은 적응수준도 더 높은 것으로 나타난다(한경혜 외, 2004; Bloom et al., 1985; Kitson & Morgan, 1990). 이러한 결과는 이혼을 제안하는 사람이 주로 여성이라는 점과 관련되어 있다. 일반적으로 여성이 남성보다 이혼을 제안하는 경향이 더 높은데(Amato et al., 2007; Pettit & Bloom, 1984), 특히 중년기 이후의 황혼이혼은 다른 연령대에 비해 여성이 주도하는 비율이 유난히 높은 것으로 지적되고 있다(한경혜 외, 2010). 이혼을 제안한 사람의 경우 그렇지 않은 사람에 비해 이혼으로 인한 어려움을 시기적으로 먼저 경험하기 때문에 이혼 후 적응수준이 높다고 한다. 즉 이혼을 제안한 사람이 정서적으로나 심리적 측면 등 다양한 측면에서 상대방보다 먼저 이혼과정을 시작하게 되고, 그 결과 이혼에 대한 적응도 더 빨리 하게 되는 것이다. 반면 남성은 여성보다 더 늦게, 그리고 종종 더 심각하게 반응하는 경향이 있다(Connidis, 2001). 이 외에도 남성, 특히 남성노인의 삶에서 배우자가 중요한 지원의 원천이라는 점도 남성노인들의 이혼에 대한 적응을 어렵게 할 수 있다. 관련 연구들은 남성노인에게 있어 '신뢰할 수 있는 사람(confidants)'은 주로 배우자로, 배우자는 지지를 제공하고 사회적 상호작용을 가능하게 하며 정서적 안녕을 제공하고 외로움으로부터 보호해 주는 역할을 한다고 보고한다(Hooyman & Kiyak, 2011). 따라서 남성노인에게 있어 이혼은 사회적 관계와 지원 원천의 상실을 가져올 수 있다.

이혼자들이 이혼 후 삶에 적응하여 행복한 삶을 유지하기 위해서는 이혼한 사람들에 대한 편견이나 가부장적 문화를 개선하려는 사회문화적 접근 또한 필요하다. 황혼이혼을 한 여성들을 대상으로 심층조사를 한 김소진(2009)의 연구결과, 가부장적 억압으로부터 벗어나기 위해 황혼이혼을 선택하였지만 남편과 가족 차원에서 행해지던 가부장적 억압이 이혼을 계기로 사라지는 것이 아니라 또래 공동체나 지역사회 차원에서 확대, 재생산되어 편견과 따돌림을 경험하는 것으로 나타났다. 즉 여성노인들에게 있어 황혼이혼이 가부장적 억압체제로부터 해방구가 되지 못하고 있다는 것이다. 사람들이 이혼을 너무 쉽게 선택하는 것은 결코 바람직한 현상은 아니지만, 불행한 결혼으로부터의 탈출이 불행한 이혼으로 이어지지 않도록 이혼자들의 적응에 도움을 줄 수 있는 사회문화적 기반 마련이 필요하다.

사별

사별은 중년기 후반 혹은 노년기에 집중적으로 발생하는데, 기대수명에서의 남녀 차이와 남편 연상형의 결혼으로 인해 주로 여성의 문제가 된다. 앞서 살펴본 것처럼 65세 이상 여성노인의 절반 이상이 사별상태인 반면 남성노인은 열 명 중 한 명 정도만이 사별상태이다. 사별이 주로 여성노인이 겪게 되는 이슈라는 점은 재론의 여지가 없지만, 사별하는 경우 남성과 여성 중 누가 더 어려움을 많이 경험하는가에 대해서는 잘라 말하기 어려운 부분이 존재한다. 여성노인의 어려움을 강조하는 입장에서는 홀로된 여성들이 경험하게 되는 경제적 어려움, 건강 문제 등을 지적하는 반면, 남성노인의 어려움을 강조하는 입장에서는 가사, 자녀 및 친족과의 관계 유지, 그리고 예기치 못한 비규범적 사건이라는 점을 지적한다.

사별로 인한 객관적 조건에서의 남녀 차이

사별은 재정 상황, 거주 유형, 사회적 관계, 가사 등 다양한 측면에 영향을 미칠 수 있다. 먼저 사별과 재정 상황 간의 연계를 살펴보면, 특히 여성노인의 경우 사별 후 경제적으로 어려움을 경험할 수 있다. 여성에게 있어 수입의 주요한 두 가지 원천은 취업과 결혼인데, 현 세대 여성노인들의 경우 남편의 수입에 의존해 온 경향이 크기 때문에, 사별 후 재정적 어려움을 경험하고 빈곤층으로 전락하게 될 위험성이 크다. 사회적으로 구성된 젠더 관계가 여성 사별자들의 재정 안정성을 제한하는 것처럼, 남성 사별자들에게는 다른 측면에서 부정적 영향을 미칠 수 있다. 일반적으로 여성이 가족 및 친족관계를 유지하는 데 주도적인 역할을 해 왔기 때문에 사별 이후 남성들은 가족 및 친족관계를 긴밀하게 유지하는 데 어려움을 경험하게 된다(Connidis, 2001). 또한 집안일 역시 주로 여성들이 담당해 왔기 때문에, 남성들에게 있어 사별은 식사를 준비하고 설거지, 세탁, 청소 등과 같은 집안일을 하는 능력을 습득하거나 이러한 일을 대신해 줄 수 있는 다른 누군가를 찾는 것을 필요로 한다.

사별로 인한 주관적 경험에서의 남녀 차이

사별이 주관적 측면에 미치는 영향에 있어서도 남녀간 차이가 존재하는데, 전반적으로 남성노인이 여성노인보다 사별로 인한 심리적 어려움을 더 크게 경험하는 것으로 보인다. 관련 연구들은 배우자 사별 후 남성이 여성보다 더 우울해하며 사망률도 더 높음을 보고한다(Lee et al., 1998; Mineou et al., 2002). 이는 남성이 결혼, 배우자로부터 얻는 혜택이 여성보다 상대적으로 더 큰 만큼, 배우자 상실로 인해 잃어버리는 부분도 더 많을 뿐 아니라, 대부분의 남성들에게 사별은 예측하지 못했던 비규범적 사건이라는 점과 관련되어 있다. 일반적으로 여성은 남성에 비해 사별가능성이 더 높기 때문에 미리 예측하고 사별 후 경험할 수 있는 다양한 문제들을 어떻게 다룰 것인가를 생각해 보는 예기사회화(anticipatory socialization)가 가능하다. 반면 남성의 경우에는 사별상황에 대해 미리 예측하거나 생각해보지 않았기 때문에 실제로 이러한 상황에 처하게 되었을 때 어려움을 경험하게 될 수 있다. 또한 남성 사별자는 여성 사별자에 비해 그 수가 훨씬 적기 때문에 사별 후 경험을 이야기하고 공감할 수 있는 동료(남성 사별자)를 만나기가 쉽지 않고 그 결과 사별로 인한 어려움을 극복하는 데 더 어려울 수 있다. 실제로 「고령화연구패널」을 활용하여 65세에서 84세까지의 노인의 우울정도를 분석한 이민아(2010)의 연구에 의하면, 여성노인은 사별자와 기혼자 간 우울정도에서 차이가 없는 반면, 남성노인은 기혼자에 비해 사별자들의 우울정도가 더 높은 것으로 나타났다.

사별로 인한 어려움과 적응의 문제는 일정 부분 이혼에 대한 그것과 유사한 측면이 많다. 다만, 불만족한 결혼관계를 스스로 해소하는 이혼과 달리 사별에 따른 슬픔과 애도, 그리고 남성과 여성에게 생애과정의 한 국면으로 예측되는 정도가 다르다는 점에서 차이가 있다. 위에서 살펴본 바와 같이 우리사회의 젠더 관계, 성에 대한 상이한 사회적 기대가 남성과 여성의 생애과정을 상이하게 구성하는 만큼, 사별 이후의 어려움이나 적응도 성별화되어 있다고 할 수 있다. Connidis(2001)는 가족과 노동 영역에서 변화되는 사회구조적 조건들이 미래 세대의 노년기 사별 경험을 보다 용이하게 만들 가능성이 있다고 지적한다. 여성의 노동시장 진출 증가와 자녀 양육을 포함한 가족 내 책임들을 부부가 함께 나누고자 하는 것, 그리고 젊은 아버지들이 자녀의 삶에 많은 관심을 기울이고 관여하는 것들은 이들의 노년기 사회관계망에 장기적인 혜택을 가져올 수 있다.

재혼

우리나라의 재혼 추세를 살펴보면, 2000년부터 2016년까지 전체 재혼건수는 거의 변화하지 않았지만, 65세 이상 인구집단의 재혼건수는 증가하였다([그림 9-11] 참조). 65세 이상 인구집단의 재혼건수는 2000년 이래 남성은 2배 이상, 여성은 5배 이상 증가하였다. 다만, 전체 재혼건수 중 65세 이상 고령자의 재혼이 차지하는 비율은 2000년 이래 증가하였음에도 불구하고 상당히 낮은 수준으로, 2016년 기준 전체 재혼 중 65세 이상 고령자의 재혼이 차지하는 비율은 남성은 5.9%, 여성은 2.3%에 불과하다.

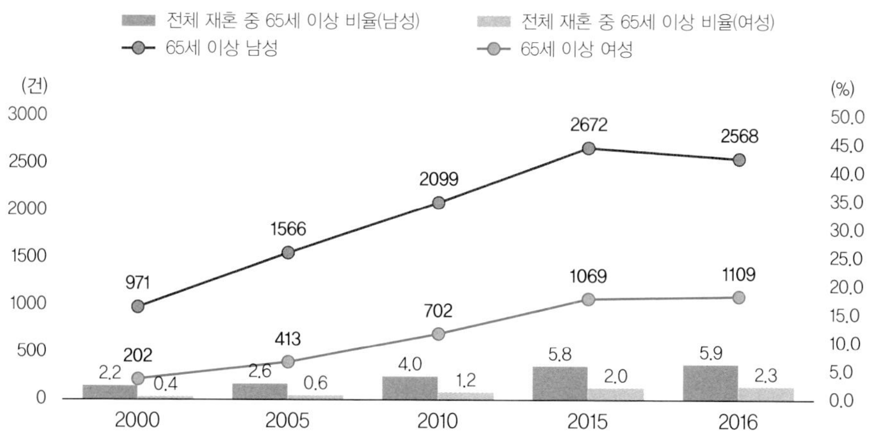

❖ **그림 9–11** 65세 이상 고령자의 재혼건수 및 전체 재혼 중 비율(2000~2016)

출처: 통계청(2017). 2017 고령자 통계 자료를 기반으로 재구성함.

65세 이상 고령자의 재혼 추세에서 관찰되는 현상은 고령자의 재혼이 증가하고 있다는 점 외에도, 남성이 여성에 비해 재혼건수가 월등히 많다는 점이다. 2016년 한 해 동안 남성노인의 재혼건수는 여성노인보다 2.3배 정도 많다. 이는 남성노인들이 여성노인들에 비해 재혼의 필요성, 혹은 재혼하고자 하는 욕구가 더 크고 잠재적인 결혼상대도 더 많기 때문이다(김애순, 2012; 정옥분, 2000). 고령자 재혼 추세에서 관찰되는 또 한 가지 현상은 65세 이상 재혼건수 중 '사별 후 재혼'의 비율은 감소하고 '이혼 후 재혼' 비율은 증가하고 있다는 것이다. 이는 남녀 모두에게 공통된 현상으로 이혼율, 특히 50대 이상 고령자의 이혼율이 지속적으로 증가해 온 것에 기인하는 것으로 보인다.

일반적으로 노년기 재혼의 가장 중요한 이유는 외로움 해소와 동반자의 필요성인데, 김애순(2012)은 남성노인은 동반자 관계, 성적인 욕구, 신체 및 정서적 지지를 위해 재혼하고자 하는 반면, 여성노인은 동반자 관계, 경제, 가정유지를 위해 재혼하고자 한다고 지적한다. 이렇듯 재혼하고자 하는 이유는 다양하지만, 재혼의 장애요인 또한 존재한다. 경제적 문제나 건강문제와 같은 개인적 자원의 부족과 자녀의 반대, 주위의 제변 등이 재혼의 장애요인으로 작용하게 되는데(김애순, 2012), 특히 노년기 재혼의 경우 부양이나 유산 상속 등의 가족 이슈가 장애요인으로 작용할 수 있다. 남녀 모두에게 있어 연령이 높아질수록 재혼할 수 있는 잠재적 상대자의 감소, 건강문제, 재정적 자원의 감소 등 재혼을 가능하게 하는 객관적 조건들은 악화되고 대신 남은 여생이 짧아지고 재혼을 하도록 할 만한 유도 요인이 적으며, 자산을 보호하고 유산을 물려주어야 하는 사회적 압력과 같이 재혼을 어렵게 하는 상황들은 증가하게 된다(Connidis, 2001에서 재인용).

CHAPTER

10

사회적 노화 III: 친구 및 이웃관계, 사회 관계망

GERONTOLOGY

1. 가족 외부 비공식적 관계: 친구 및 이웃 / 2. 사회 관계망의 특성

3. 사회적 관계와 건강 및 복지 간 연계

CHAPTER

10 사회적 노화 III: 친구 및 이웃관계, 사회 관계망

미국으로 아메리칸 드림을 꿈꾸며 이민자들이 몰려들던 1840년대 뉴욕을 배경으로 한 영화, '갱스 오브 뉴욕'

아일랜드계 이민자 집단과 토박이 집단 간 극한의 대립 상황, 마치 무법지대와도 같은 상황에서 지역 토박이와 이민자들이 자신의 근원에 따라 그들만의 집단을 이루는 모습이 그려진다. 생존이 담보되기 어려운 극한의 상황 속에서 무리, 집단을 이루는 것이 개인의 생존 가능성과 관련하여 얼마나 중요한 기능을 갖는지를 생각해 보게 한다.

다른 사람과의 관계가 얼마나 개인을 성장시키고 삶을 아름답게 만들 수 있는지를 보여주는 영화, '이보다 더 좋을 수 없다'

영화는 심한 강박증과 결벽증, 그리고 뒤틀리고 냉소적이며 타인을 이해할 줄 모르던 주인공이 점점 마음의 문을 열어가는 과정을 그리고 있다. 주인 몰래 아파트 쓰레기장에 버리기까지 했던 옆집 남자의 강아지를 우연한 기회에 잠시 맡게 되었다가 돌려주고는 그 강아지가 좋아했던 피아노를 치면서 눈물을 흘리는 자신을 보며 스스로도 당황하는 장면이나 "당신은 나를 더 좋은 남자가 되고 싶게 만든다(you make me wanna be a better man)"고 말하며 식당 여직원에게 고백하는 장면은 보는 이의 마음도 함께 따뜻하게 만든다. 사람들과의 관계 맺기를 통해 만들어가는 삶은, 영화 제목처럼 "이보다 더 좋을 순 없는" 기적과도 같은 삶이 아닐까?

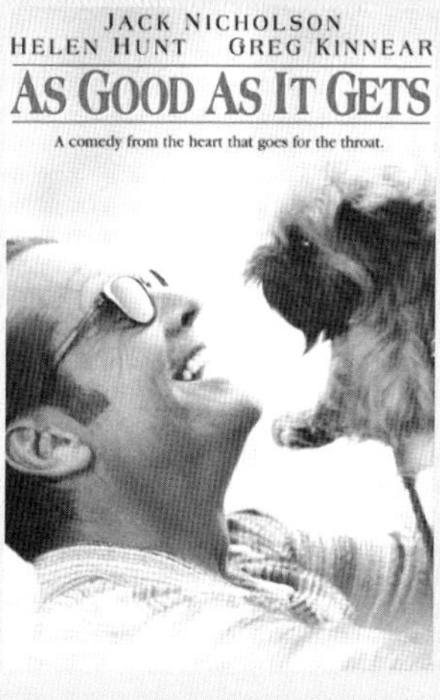

우리는 이전 장들을 통해 부부관계와 세대관계, 그리고 형제자매관계 등 가족 및 친족관계에 대해 살펴보았다. 이 장에서는 가족 외부의 비공식적 관계인 친구관계와 이웃과의 관계에 대해 살펴볼 것이다. 친구 및 이웃관계가 어떠한 특성을 갖는지를 가족·친족관계와의 비교를 통해 살펴본 후, 이러한 친구, 이웃관계가 노년기 삶에서 어떠한 의미를 갖는지에 대해 조명해 볼 것이다. 이후 개인이 맺고 있는 다양한 관계들의 일련의 집합으로서 '사회 관계망(social networks)'에 대해 다룰 것이다. 노년기의 사회 관계망이 어떠한 관계들로 구성되어 있으며 그 규모는 어떠한지와 같은 구조적 특성과, 사회 관계망이 가지는 기능적 특성은 무엇인지에 대해 살펴볼 것이다. 또한 사회 관계망이 노화과정에서 어떻게 변화되는지에 대해 살펴볼 것이다. 마지막으로, 사회적 관계와 건강 및 복지와의 관련성을 통해, 사회적 관계가 잠재적인 자원으로서 개인에게 갖는 중요성을 살펴볼 것이다.

1. 가족 외부 비공식적 관계: 친구 및 이웃

친구관계, 이웃관계의 특성

친구관계

친구는 배우자나 부모-자녀 등의 가족관계 다음으로 중요한 사회적 관계로서, 때로는 부모의 관심을 놓고 서로 경쟁하게 되는 형제자매보다 더 자주 만나고 친밀한 관계이기도 하다. 그러나 우리가 현실적으로 '친구'라고 부르는 관계에는 속을 터놓고 신뢰할 수 있는 매우 가까운 관계에서부터 가끔씩 만나고 그다지 친밀하지 않은 관계까지도 포함되어 있기 때문에, 친구관계를 정의하기에는 조금 모호한 측면이 존재한다.

친구관계는 어떠한 특성을 가지고 있을까? 가족이나 친족과 같은 혈연관계와 비교해 볼 때 친구관계가 가지고 있는 특성은 자발성과 동질성이라 할 수 있다.

첫째, 친구관계는 선택에 기반한 자발적 관계이다. 태어날 때 자신의 성별이나 국가를 선택할 수 없는 것처럼 부모-자녀관계나 형제자매 관계와 같은 가족 및 친족관계들은 개인의 의사와 상관없이 주어지는 관계이고, 이를 귀속적 관계라 한다. 반면, 친구는 상호

간의 선택에 기반한 자발적 관계라는 특성을 가진다(Lang & Carstensen, 1998). 친구관계에서는 서로가 관계를 유지하고자 하는 의지가 있어야만 지속되기 때문에, 관계가 유지되기 위해서는 상호 신뢰, 호혜성(reciprocity)[1]과 같은 관계에 대한 공유된 규범에 따르는 것이 중요하다. 친구관계에서 도움을 주고받는 지지적 교류가 발생할 때, 관계에 대한 만족은 교환이 얼마나 공평하게 이루어지고 있는지에 대한 당사자들의 지각이 관련된다(Lang & Carstensen, 1998).

둘째, 다른 어느 관계보다 동질적인 성원들로 구성된 관계이다. 일반적으로 부부관계는 남성과 여성이라는 성별 이질성을 기초로 형성되는 관계이며, 부모-자녀 관계는 연령 및 세대 위치의 이질성을 기초로 형성된다. 반면, 친구는 대부분 성별이나 연령, 교육수준 등이 유사한 사람들로 구성되기 때문에, 관계 구성원 간의 구조적 동등성(equality)이 크다고 할 수 있다.

선택에 기반한 자발성, 그리고 구조적 동등성이라는 특성으로 인해, 친구관계는 노년기 적응에 중요한 의미를 갖는다. 외부로부터 제약이 많아지는 노년기의 특성 상 선택에 의해 형성·유지되는 친구관계는 노인들의 통제감에 기여하게 되며, 자신 역시 누군가의 친구로 선택되어 있다는 데서 얻을 수 있는 자기 가치의 확인은 노인들에게 긍정적으로 작용할 수 있다. 또한 동시내 사회역사적 사건을 거치고, 유사한 삶의 단계에 놓여있는 사람들끼리 공유할 수 있는 가치, 태도, 관심사, 그리고 생활양식 등으로 인해 서로를 이해하고 공감할 수 있는 능력이 뛰어나다. 따라서 친구관계는 즐거움의 원천이 되고, 서로를 이해하며 친밀감을 나누는 등의 정서적 지원 기능을 한다. 이런 점에서 홍숙자(2010)는 노년기 친구관계의 특성을 ① 선택에 기초한 성취관계이며, ② 동질적이며, ③ 자아가치의 재확신과 자아검증에 기여한다고 정리하고 있다.

이웃관계

이웃이란 지리적 범위를 기초로 하여 가까이 사는 사람들을 일컫는 말이다. 그런데 자신의 집 주변에 가까이 사는 이웃 중에서도 연령이 유사하고 친밀한 관계에 있는 사람들을 '친구'라 칭하는 것처럼, 이웃과 친구는 명확하게 구분하기 어려운 경우가 많다. 이러한 이유 때문에 많은 사회조사나 연구들은 친구와 이웃을 따로 구분하지 않고, '친구 및

1) 호혜성에 대한 설명은 8장 중노년기 세대관계 및 친족관계를 참고하시오.

이웃'을 하나의 범주로 하여 접근하기도 한다. 친구와 이웃에 대한 명확한 정의를 통해 이 둘을 구분하는 것은 이 책의 범위를 넘어서는 것으로, 여기에서는 노년기 사회적 관계로서 이웃관계가 어떠한 특성을 가지는지에 대해 살펴보자.

이웃은 무엇보다 지리적 근접성(geographic proximity)을 특성으로 하는 관계이다. 바로 옆 집, 앞 집, 혹은 같은 동네에 거주하는 사람이기 때문에, 급할 때 간단한 물품을 빌리거나 잠시 집을 비울 때 집에 무슨 일이 있는지 모니터링해 주는 등의 기능을 해줄 수 있다. 지금과 같이 아파트가 많이 보급되지 않고 대부분 단독 주택이나 연립주택 등에서 거주하던 시절, 사람들은 명절이나 휴가 등으로 인해 하루 이틀씩 집을 비우면서 이웃에게 강아지 밥을 챙겨달라고 부탁하거나 집으로 배달되는 우유나 신문 등을 수거해달라고 부탁하고는 했다. 몇해 전 인기리에 종영된 "응답하라 1988"에서처럼 같은 골목에 사는 사람들이 집 앞 평상에 함께 앉아서 담소를 나누거나 급한 일이 생겨 엄마가 외출을 한 옆집 아이를 불러 함께 밥을 먹는 모습 등은 1980년대 서울의 어느 곳에서나 쉽게 볼 수 있던 골목의 모습이었다. 이러한 기능들은 이웃관계가 지리적으로 근접해 있다는 점 때문에 수행 가능한 부분이라 할 수 있다. 이웃관계의 경우 여타 사회적 관계에 비해 상대적으로 관심을 적게 받고 있지만, 노화와 더불어 일상생활의 반경이 거주지와 그 주변으로 축소되는 노년기의 특성상, 그 중요성이 다른 시기보다 더 클 수 있다.

❖ 골목을 공유하는 이웃간의 친밀했던 과거에 대한 향수를 불러온 TvN의 드라마(응답하라 1988)

현대사회 도시지역에는 이웃관계가 사라졌을까?

현대사회는 '산업화'와 '도시화'를 그 특성으로 한다. 서울과 같은 대도시에는 아파트가 줄지어 있고, 사람들은 자녀의 학업, 직장, 혹은 주택가격 상승 등의 다양한 이유로 잦은 이사를 경험하게 된다. 이런 대도시에도 여전히 '이웃관계'가 남아있을까?

2009년 서울과 전주, 청주, 광주 지역에 거주하는 50, 60대 남녀 1,713명을 대상으로 하여, 이웃관계 및 지역사회 의식에 대한 조사가 실시된 바 있다(한경혜 외, 2009). 대부분의 조사대상자들이 이웃과 일정 정도의 상호작용을 하고 있는 것으로 나타났다. 또한 이 조사의 결과, 이웃과의 상호작용에서 어느 정도의 위계성이 존재하고 있는 것으로 관찰되었다([그림 10-1] 참조). 조사대상자들의 이웃관계가 인사 교환에서부터 담소 → 서로의 집 방문 → 도움의 교환 → 함께 지역사회 활동에 참여하도록 권유하는 것까지, 위계성이 존재하고 있음을 미루어 짐작할 수 있다.

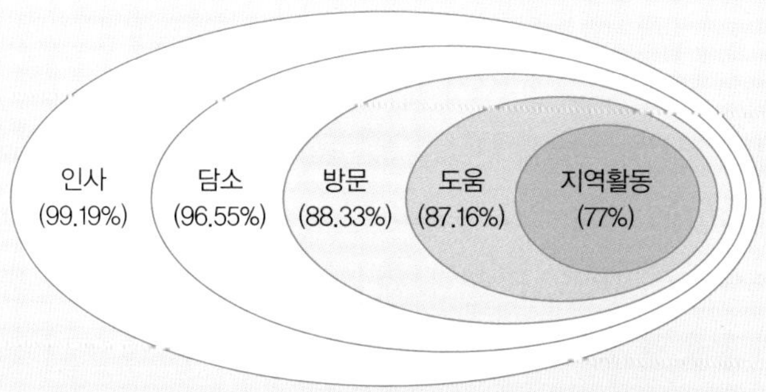

❖ 그림 10-1 도시지역 50, 60대 남녀의 이웃관계에서의 위계성

출처: 한경혜 외(2009). 도시의 은퇴 남성노인의 사회참여에 관한 한국·일본 비교 연구.

노년기 친구 및 이웃관계 실태

우리나라 노인들은 얼마나 많은 친구 혹은 이웃과 교류를 하고 있을까? 친구 및 이웃관계에 대한 실증연구들의 경우, ① 친구와 이웃을 구분하여 조사하기도 하고 구분하지 않고 하나의 범주로 조사하기도 하며('지인'이라는 범주가 함께 포함되기도 한다), ② 친구나 이웃의 범위가 매우 광범위할 수 있기 때문에 특정 조건에 해당하는 친구나 이웃으로 한정하는 등 친구/이웃에 대한 정의나 측정 방법이 일관되지 않는다. 예를 들어 '특정 기간 동안 교류한', '친한(가까운, 마음을 털어놓을 수 있는)', '한 달에 한 번, 혹은 일주일에 한 번 이상 자주 만나고 연락하는' 친구·이웃으로 한정하기도 한다. 이런 이유로 한국 노인들의 친구나 이웃의 규모를 정확하게 파악하는 것은 어렵지만, 전반적으로는 서구에 비해 그 규모가 작은 것으로 보인다.

가장 대표적인 전국 단위 노인 대상 조사인 「2017 노인실태조사」에 의하면, 65세 이상 노년층의 57.1%가 친한 친구·이웃·지인이 있으며, 그 규모는 평균 1.4명 정도인 것으로 나타났다(정경희 외, 2017). 이 조사의 경우 "가깝게 지내는(마음을 털어놓을 수 있는) 친구·이웃·지인은 몇 명인지"에 대해 응답하도록 하였기 때문에 일반적인 친구/이웃 등의 규모에 비해 그 수가 축소되었을 가능성을 감안하더라도, 노년기 친구 관계가 5~10명 정도(Kalmijn, 2003; Litwin, 2003)인 서구에 비해 상대적으로 그 규모가 작음을 알 수 있다. 한편, 도시지역에 거주하는 50·60대 남녀를 대상으로 한 이지현과 한경혜(2012)의 연구에서는 "친한 친구"의 규모가 평균 6.12명으로 나타나, 노년층에 비해 그 수가 훨씬 많은 것으로 나타났다. 또한 「2017 노인실태조사」에서는 "지난 1년간 친구·이웃·지인과 얼마나 자주 연락(전화, 휴대폰, 문자, 이메일, 편지 등)하는지/자주 만나는지"에 대해서도 질문하였는데, 노인들의 76.8%가 주 1회 이상 친구·이웃·지인 등과 왕래하고 있었으며, 주 1회 이상 연락을 하는 비율은 64.2%로 나타났다. 친구·이웃·지인과 서로 얼굴을 보는 왕래 비율이 문자나 전화 등을 통한 연락 비율보다 더 높아, 현재 노년층의 가족 외 비공식적 사회관계가 직접적인 대면 접촉을 위주로 이루어지고 있음을 알 수 있다.

성별이나 연령, 교육수준, 가구소득, 기능상태, 거주지 등과 같이 노인의 사회인구학적 특성에 따라 비공식적 사회관계망 성원의 규모나 교류 정도에서 차이가 있을 수 있다. 여기에서는 이러한 특성들 중 가장 대표적인 성별과 거주지에 따른 차이를 살펴보고자 한다.

친구 및 이웃관계에서 성별 차이

앞서 언급한 바와 같이 연구에 따라 친구나 이웃관계를 정의하는 방식이나 측정 방법 등이 상이하기 때문에, 친구 및 이웃관계에서 성별 차이에 대한 결과들은 일관되지 않는다. 그러나 일반적으로 여성은 남성에 비해 정서적으로 더 친밀하고 다양한 가족 외부의 비공식적 관계들을 가지는 반면, 남성은 가족 외부의 비공식적 관계를 형성하는 데 어려움을 더 크게 느끼며 관계에서의 친밀성 수준도 낮은 것으로 알려져 있다. 이러한 성별에 따른 차이에 대해, 김애순(2012)은 남녀 간 우정의 기질적 차이에 구조적 요인이 결합되어 나타난 결과로 설명한다. 즉 남성의 우정은 행위주체적(agentic)이며 목적의식이 있기 때문에 친구 사이에 활동과 흥미를 공유하며 다양한 활동을 통해 병렬적으로 연결되어 있지만 정서적 친밀감은 약하다는 것이다. 반면, 여성의 우정은 공유적(communal)이며 복합적이기 때문에 상호관심, 심리 및 정서적 지지를 통해 형성되고 자기 노출을 많이 함으로써 친밀성을 높여가는 것이다. 이러한 기질적 차이와 함께 성별에 따라 상이하게 형성되어 있는 사회적 역할과 기대 등의 구조적 요인이 상호작용하여 남성과 여성의 가족 외부의 비공식적 관계를 다르게 형성하게 된다는 것이다. 특히 노년기의 경우, 여성은 일생을 통해 발달시켜 온 친교성, 정서표현력, 보살핌 등의 특성에 기반하여 관계를 새로이 형성하거나 기존 관계를 보다 돈독하게 유지하지만, 남성은 은퇴와 함께 일이나 활동에 관련된 친구관계가 약화되고 이를 대체할 새로운 관계를 형성하는 데 어려움을 경험할 수 있다. 여성의 경우 사회적 계층이 상이하더라도 임신, 출산 등 생활주기(life cycle)상의 공통점을 가지기 때문에 공동의 화제를 가지고 상호작용하기 쉬운데 비해, 남성은 경제적 형편, 직업, 사회적 위세 등의 차이를 넘는 상호작용이 쉽지 않기 때문에, 은퇴 후 가족 외부의 관계망을 형성하고 유지하는 데 특히 어려움을 경험할 수 있다(한경혜·김주현, 2005).

도시지역에 거주하는 50·60대 남녀를 대상으로 한 이지현과 한경혜(2012)의 연구에 의하면, 친한 친구의 규모는 남성이 여성보다 더 큰 반면, 친한 친구들과의 만남이나 연락빈도는 여성이 남성보다 더 높다. 이 연구에서는 친구관계망의 다양한 기능적 특성과 행복감 간의 관련성에서도 성별 차이가 관찰되었는데, 남성의 행복감에는 친구관계망의 '사회적 자극' 기능이 행복감과 유의한 관련성을 보이는 반면, 여성은 '경청자'로서의 기능이 행복감과 관련성을 보이는 것으로 나타났다. 즉, 남성의 경우에는 친구와의 관계에서 서로의 사고방식을 자극하고 성장할 수 있게 하는 기능이 중요한 반면, 여성의 친구관계에서는 상대방에 대한 자기노출, 높은 수준의 감정이입, 상담의 기능이 중요한 것으로 나타났다. 이러한 결과는 앞서 서술한 김애순(2012)의 논의와 유사한 것으로, 친구관계에서 중요시되는 특성이 남녀 간에 상이함을 시사하는 결과라 할 수 있겠다.

친구 및 이웃관계에서 거주지에 따른 차이

노년기 가족 외부의 비공식적 관계에서 거주지에 따른 차이 또한 주목할 만한 부분이다. 일반적으로 농촌지역의 경우 젊은 세대의 부재와 경제적 어려움, 그리고 교통, 의료 등 제반 인프라 부족으로 인해 사회경제적 상황이 열악한 것은 사실이다. 그러나 익명성을 특징으로 하는 도시지역에 비해, 농촌지역의 경우 지역사회 성원들 간의 오랜 유대 관계에 기초한 공동체 문화가 상대적으로 높게 유지되고 있다(한경혜·김주현, 2005). 농촌지역의 경우 농사일의 특성 상 주변과의 상부상조가 필요한 경우가 많다는 점이나 이주가 잦지 않아 이웃과 관계를 오랫동안 이어간다는 점, 그리고 집성촌의 성격이 유지되는 곳이 상당수 있다는 점 등은 농촌지역 거주자들의 가족 외부 관계망이 도시지역에 비해 이들을 보다 정서적으로 밀착하게 하는 요인으로 작용할 수 있는 것이다. 실제로 「2017 노인실태조사」에 의하면 친구·이웃·지인과 거의 매일 왕래하는 비율은 동부지역의 경우 40.8%인데 비해 읍·면부는 64.5%로 상당히 높게 나타난다.

2. 사회 관계망의 특성

사회 관계망이란 개인의 모든 사회적 대인접촉을 포함하는 것으로 가족, 친구, 친척, 이웃 등 공식적·비공식적 지원들을 포함하는 다양한 관계로 구성되며 일생동안 상호 간 역할에 따른 의무와 관계의 동적인 변화에 기초를 둔 집단을 말한다(정순둘·문진영·김성원, 2010). 사회 관계망의 특성은 구조적 측면과 내용적 측면으로 구분하여 볼 수 있다(House & Kahn, 1985). 구조적 측면은 사회 관계망이 어떠한 사람들로 이루어져 있는지를 나타내는 구성, 관계망의 크기, 관계망 성원들과 얼마나 가까운 거리에 거주하는지를 의미하는 지리적 근접성, 관계망 성원들과 얼마나 자주 만나고 연락하는지를 의미하는 접촉·연락 빈도, 그리고 관계망 성원들이 성별이나 연령 등과 같은 배경 특성들이 얼마나 유사한지를 의미하는 동질성(homogeneity) 등을 포함한다. 사회 관계망의 내용적 측면은 사회 관계망 성원들이 어떤 기능을 하는지와 관련된 부분으로 주로 관계를 통해 교환되는 다양한 지원(혹은 갈등)을 의미한다.

사회 관계망의 구조적 특성

개인이 맺고 있는 사회적 관계는 수없이 많다. 부모님, 형제자매, 친한 친구와 같이 거의 매일 보고 연락하면서 상호작용하는 사람에서부터 일 년에 한두 번 만나는 게 전부인 먼 친척이나 동창, 단순히 알고 지내는 사람에 이르기까지, 관계의 중요성이나 친밀함의 정도는 다를지라도 이들 모두는 개인과 어떤 형태로든 관계를 맺고 있다. 그러므로 이 모든 사람들로 구성된 관계망을 파악한다는 것은 불가능에 가까울 것이다. 자신의 휴대폰에 저장되어 있는 사람들의 수만 세어보아도 적게는 기십 명, 많게는 기백 명에 이를 것이다. 이렇게 무수히 많은 관계들 속에서 우리에게 중요하고, 의미 있는 사회적 관계들은 누구이고, 그 크기는 얼마나 될까?

콘보이 모델(Convoy Model)(Kahn & Antonucci, 1980)

콘보이(convoy)란 우리말로 풀이하면 '호위대'를 의미하는데, 우리는 자신에게 중요하고 도움을 주고 받는 일련의 사람들로 구성된 호위대에 둘러싸여 삶을 살아가게 된다. 이 모델을 개발한 Kahn과 Antonucci(1980)는 가운데의 '나'를 중심으로 한 세 개의 위계적인 동심원으로 콘보이 모델을 설명한다([그림 10-2] 참조).

가장 안쪽의 동심원(내부 동심원)은 가장 친밀하며 중요한 지원 제공자들로 구성되며, 가운데 동심원(중간 동심원)은 나에게 중요하고 도움이 되는 사람이지만 가장 안쪽 동심원에 있는 사람들보다는 중요성이나 친밀성 정도가 조금 덜한 사람들, 그리고 가장 외부에 있는 동심원(외부 동심원)은 안쪽의 두 개 동심원에 위치한 사람들만큼은 아니지만 여전히 나에게 중요하고 도움이 되는 사람들로 구성된다. 기본적으로 '나'를 둘러싼 세 개의 동심원은 '나'와 갖는 친밀성 정도에서 상이하다. 가장 안쪽 동심원에는 단순한 역할 관계를 넘어 애착을 형성하고 있는 사람들로 구성되는데 비해, 가장 외부에 위치한 동심원에는 주로 직장 동료 및 상사, 이웃 등 역할에 기초하여 관계를 맺고 있는 사람들로 구성된다.

콘보이 모델의 특성을 몇 가지만 정리하면 다음과 같다.

첫째, 콘보이 모델에서는 개인이 보호 기능을 제공하는 층(protective layers)에 둘러싸여 삶을 살아가게 된다고 본다. 여기서 콘보이는 그 이름처럼 삶을 살아가면서 직면하게 되는 크고 작은 도전, 과제들에 성공적으로 적응하고 협상하는 데 도움을 주는 사람들로 이루어진 일종의 호위대인 것이다. 그러나 각 층이 제공하는 보호 기능 정도는 서로 차등적이다.

둘째, 개인을 둘러싼 콘보이는 생애과정에 걸쳐 안정적이면서 동시에 역동적이다. 콘보이 구조는 기본적으로 역할(role)과 애착(attachment)에 기반하게 된다. 생애과정에 따라 역할 구조가 변화하게 되면 역할에 한정되어 있는 관계들(주로 외부 동심원)은 변화될 가능성이 높은 반면, 역할을 초월한 관계들(주로 내부 동심원)은 안정적으로 유지되는 경향이 있다. 그러나 부모-자녀 관계처럼 일생에 걸쳐 상당히 안정적으로 유지되는 관계라 하더라도 생애과정상의 위치에 따라 관계가 갖는 특성은 변화할 수 있다.

셋째, 개인의 콘보이 구조는 개인적 특성과 상황적 특성에 의해 결정된다. 성별, 연령 등의 인구학적 특성, 성격과 같은 개인적 특성, 그리고 직업, 가족, 혹은 그외 역할 등과 연관된 상황적 특성들은 개인이 사회적 관계를 형성하고 유지하는 데 필요한 자원에 영향을 미칠 뿐 아니라 개인이 필요로 하는 지원의 종류나 정도 등에도 영향을 미치게 된다. 이러한 개인적 특성과 상황적 특성에 따라 어떤 사람들과 얼마나 많은 관계를 맺는지, 그리고 이러한 관계가 어떠한 성격을 갖는지가 달라진다.

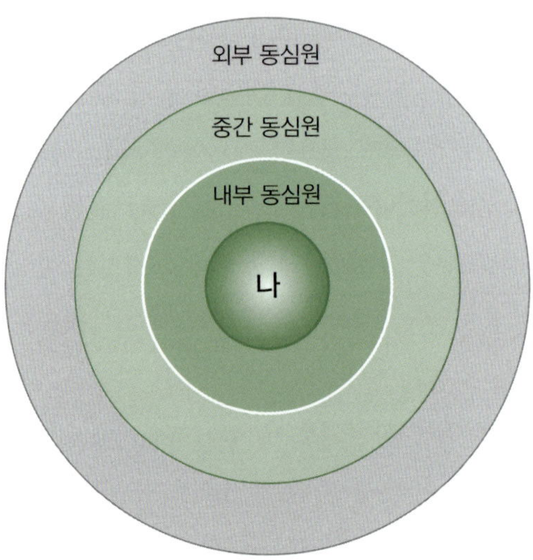

❖ **그림 10-2** 위계적 층들로 구성된 콘보이

중·노년층의 콘보이는 어떻게 구성되어 있을까? 1980년 미국 미시간 대학 서베이 리

서치 센터에서 미국 성인들의 사회 관계망에 대한 전국규모의 조사를 수행하였다. 50세에서 95세까지 대표성 있는 미국 남녀 표본을 추출하여 조사한 결과, 콘보이의 전체적인 크기는 중년층은 15~35명, 노년층은 5~15명 정도이며, 콘보이를 형성하고 있는 사람들의 82%는 가족, 18%는 친구로 구성되어 있는 것으로 나타났다(Antonucci & Akiyama, 1987). 각 동심원별로 보면, 내부 동심원을 이루고 있는 사람들의 3분의 2 이상이 배우자와 자녀였으며, 형제자매나 다른 가족 성원들은 중간 동심원에서 가장 두드러지게 나타나며, 가장 외부 동심원은 주로 친구들로 구성되어 있었다.

우리나라의 경우에는 2001년에 전국 규모의 대표성있는 중년기 남녀를 표본추출하여 이들의 콘보이에 대해 조사한 바 있다(한경혜·김주현·김경민, 2003). 전체 콘보이의 크기는 0~6명 정도로 미국에 비해 상당히 작았지만, 콘보이를 구성하고 있는 사람들은 배우자를 포함한 가족원이 주를 이룬다는 점은 미국 성인들에 대한 조사 결과와 상당히 유사하였다. 한경혜 등의 연구(2003)에서 콘보이의 전체적인 크기가 작은 것은 콘보이 측정에서 내부의 두 개 동심원만을 조사하였다는 점, 즉 가장 외부의 동심원은 제외하고 조사하였기 때문이기도 하지만, 친밀성 정도에 대한 해석이 문화에 따라 상이하기 때문인 것으로 보인다.

사회 관계망의 기능적 특성

사회 관계망의 기능은 관계망 성원들을 통해 교환되는 다양한 형태의 지원이나 갈등과 같은 내용적 측면을 의미한다. 사회 관계망을 지원망과 거의 동일한 개념으로 이해하던 과거와 달리, 관계망 성원들이 갈등과 긴장을 제공하기도 한다는 점이 여러 연구들을 통해 확인되었기 때문에(한경혜 외, 2003; Lepore, 1992; Rook, 1994, 1997) 갈등 또한 사회 관계망의 기능적 특성으로 언급될 수 있을 것이다. 다만, 사회 관계망의 갈등적 측면은 이후 사회적 관계와 개인의 건강 및 복지와의 관련성에서 다시 언급될 것이기 때문에, 여기에서는 사회 관계망의 기능적 특성으로 사회적 지원에 초점을 둘 것이다.

한국 중년기 남녀의 도움 관계망과 갈등 관계망

2001년에 35세에서 59세의 한국 성인남녀 1,326명을 대상으로 도움 관계망과 갈등 관계망에 대한 조사가 진행되었다(한경혜·김주현·김경민, 2003). 이 연구에서 관계망은 앞서 살펴본 콘보이 모델을 적용하여, '평상시에 믿고 의지하며 도움을 주고 받는 사람들(도움 관계망)'과 '평상시에 속 썩이거나 괴롭히는 사람들(갈등 관계망)'을 각각 조사하였다. 도움 관계망과 갈등 관계망의 측정은 각각 두 개의 위계적인 동심원(inner circle은 '1차적 도움/갈등 관계망', middle circle은 '2차적 도움/갈등 관계망'으로 명칭함)을 통해 파악하였다.

도움을 주고 받는 사람은 평균 2명, 속 썩이고 괴롭히는 사람은 평균 0.7명

조사 결과, 도움 관계망의 크기는 평균 2명 정도(남성 1.89명, 여성 2.01명)이고, 갈등 관계망의 크기는 평균 0.7명 내외(남성 0.69명, 여성 0.82명)로 도움 관계망의 크기가 갈등 관계망의 크기보다 더 컸다. 각 관계망의 크기와 관련하여 재미있는 성차가 관찰되었는데, 여성이 남성에 비해 도움 관계망의 크기도 더 크지만 갈등 관계망의 크기도 더 컸다.

여성: 도움을 주고 받는 사람은 가족, 속 썩이는 사람은 남편과 '시월드'
남성: 도움을 주고 받는 사람은 가족, 속 썩이는 사람은 형제자매와 직장 동료 및 상사

도움 관계망을 구성하고 있는 사람들이 누구인지를 살펴본 결과, 남녀 모두 배우자를 포함한 가족 및 친족원이 차지하는 비율이 60% 이상이었다. 갈등 관계망의 경우 여성은 가족이 대부분을 차지하는 반면, 남성은 가족과 비친족이 거의 동일한 비율을 차지하고 있었다. 그런가 하면, 남성의 경우 여성에 비해 형제자매와 직업과 관련된 사람을 갈등 관계망 성원으로 언급하는 비율이 높은데 비해, 여성은 남성에 비해 배우자, 그리고 배우자의 부모님이나 배우자의 형제자매와 같은 시가 식구들을 언급하는 비율이 높게 나타났다.

❖ 중년기 성인 남녀의 도움 관계망과 갈등 관계망의 구성원

분 류	전체 도움 관계망 (%)		전체 갈등 관계망 (%)	
	남 성	여 성	남 성	여 성
① 배우자	24.0	18.5	5.0	13.3
② 가족 및 친족	41.0	53.1	46.2	61.8
부모님	12.6	13.3	3.9	1.0
배우자의 부모님	2.6	3.5	0.8	11.7
형제자매(배우자포함)	14.2	16.6	21.8	11.5
배우자의 형제자매	2.2	2.3	3.7	15.8
자녀(배우자포함)	5.8	13.4	11.3	14.6
기타 친족	3.6	4.0	4.7	7.2
③ 비친족	35.0	28.4	48.8	24.9
직업관련	8.5	2.1	28.1	7.6
친구	26.5	26.3	19.2	16.4
기타	.	.	1.5	0.9
합 계	100.0%	100.0%	100.0%	100.0%

출처: 한경혜·김주현·김경민(2003). 중년기 남녀의 사회적 관계망과 정신 건강.

사회적 지원(social support)이란 '정서적 지지, 충고, 안내, 정보 제공, 물질적 원조, 필요할 때 친구가 되어 주는 것, 어려움을 보살펴 주는 것, 전문적 서비스를 받도록 돕는 것 등 다양한 형태의 보호 및 서비스'를 의미한다(성규탁, 1990). 노년기의 경우 건강 악화 등으로 인해 사회적 지원에 대한 요구가 성인기 다른 어느 시기보다 더 클 수 있는데, 이렇게 사회적 지원에 대한 요구가 발생할 때 관계망 성원들이 어떻게 지원을 제공하게 되는지는 개인적으로나 정책적으로 중요한 이슈이다. 지원 선택의 메커니즘과 관련하여 대표적으로 위계적 보완 모델(Hierarchical Compensatory Model)과 과업 전문화 모델(Task-specific Model)을 살펴보자.

위계적 보완 모델

1979년 Marjorie Cantor에 의해 제안된 위계적 보완 모델은, 관계 속에서 지원이 제공되는 데 노인과 관계망 성원 간 관계의 우선성(primacy), 선호가 중요하게 작용한다고 본다. 즉 노인은 지원 제공자에 대한 선호에서 위계성을 가지는데, 일반적으로 배우자와 성인자녀와 같은 가족원을 가장 중요한 관계로 보고, 지원 제공의 대상으로도 가장 선호하여 이들을 우선적으로 선택(요청)하게 된다. 가족원이 지원을 제공할 수 없을 때 친척, 친구, 이웃과 같은 비공식적인 2차 집단, 그리고 마지막으로 공식적 조직의 순으로 관계의 우선성과 선호가 나타난다고 설명한다. 노인과 관계망 성원들 간의 관계 우선성(혹은 우선적으로 선호되는 관계)에 따라 순차적이고 위계적으로 지원 제공자가 선택되고 요청된다는 것이다.

이 모델을 노인부양의 사회적 책임이 강조되는 최근의 사회분위기와 연계하여 살펴보면, 노인의 공식적 보호서비스의 이용은 가족이나 친구와 같은 비공식적 보호자원이 있으면 그만큼 감소할 것으로 예측 가능하다. 즉, 비공식적 보호가 충분하지 못할 때 이러한 부족분을 보완하는 역할로 다음 순위인 공식적 보호가 그 역할을 하게 된다는 것이다.

과업 전문화 모델

1985년 Eugene Litwak에 의해 개발된 과업 전문화 모델은 사회적 관계의 특성에 따라 효율적으로 제공할 수 있는 지원의 유형이 다르다고 본다. 즉 노인이 필요로 하는 지원의 성격과 지원 제공자의 특성들이 고려되어 지원 제공자가 결정된다고 보는 것이다. 사회적 관계를 비공식적(informal) 관계와 공식적(formal) 관계로 구분한다면, 배우자, 자녀, 친구, 이웃 등으로 구성된 비공식적 집단은 대면접촉, 애정, 장기적인 헌신 등의 특성을 가지기 때문에 지리적 근접성과 지속적인 헌신이 필요한 과업을 수행하는 데 적절하다. 반면, 전문 기관과 같은 공식 집단은 기술적 전문성이라는 특성을 가지므로 기술적 숙련을 필요로 하는 과업 수행에 적절하다는 것이다. 또한 비공식적 관계 내에서도 배우자와 자녀와 같은 가족 및 친족 관계와 친구·이웃 관계는 지리적 근접성, 장기적 헌신, 집단 크기, 감정성 등 구조적 특성이 상이하기 때문에, 각각의 특성에 따라 효율적으로 제공할 수 있는 지원의 유형이 상이하다고 본다. Litwak 등(김영범·박준식, 2006에서 재인용)은 노인에게 도움이 필요한 분야와 비공식 지원망의 특성을 근접성(proximity), 개입의 기간(length of commitment), 생활방식의 유사성(commonality of lifestyle), 지원 동기(source of motivation), 노동의 분업(division of labor) 등 6가지 항목을 가지고 분류한 후, 노인은 역할이나 임무가 갖는 특성과 도움을 주는 사람의 특성이 일치하는 방향으로 도움을 요청한다고 주장했다. 즉 관계의 우선성에 따라 순차적으로 도움 제공자가 선택(요청)된다고 보는 위계적 보완모델과는 달리, 필요한 지원의 유형에 따라 이를 가장 효과적으로 수행할 수 있는 관계(역할)들이 선택되고 전문적으로 기능하게 된다는 것이다.

이상으로 살펴본 바와 같이 노인이 사회적 지원을 필요로 할 때 과연 어떤 사람들이 지원 제공자로 선택(요청)되는가와 관련하여 위계적 보완모델과 과업 전문화 모델은 다소 상이한 입장을 취하고 있다. 관계의 우선성을 중시하는 위계적 보완모델에서 본다면, 노인에게 가장 중요하고 우선시되는 관계(주로 배우자나 자녀)가 지원 제공자로 선택되고, 이들이 지원을 제공할 수 없을 때에야 다음 순서의 관계로 넘어가게 된다. 반면 필요로 하는 지원 유형과 관계의 특성 간의 적합성을 중시하는 과업 전문화 모델에서 본다면, 개인은 다양한 사회적 관계들을 고루 가지는 것이 중요하며, 특정 관계의 결핍·부재는 해당 관계와 관련된 지원 역시 제공받기 어려울 수 있음을 시사한다.

현실에서는 노인에 대한 지원 제공자로 선택(요청)되고 지원을 제공하는 사람은 누구일까? 노인이 필요로 하는 지원은 경제적 지원, 간병, 집안일이나 외출시 차량을 제공하는 등의 도구적 지원, 그리고 이야기를 들어주고 따뜻한 말을 건네주는 정서적 지원 등 다양하다. 실제로 노인들이 선호하는 각 지원 유형별 원천이 누구인지에 대해 직접적으로 조사된 바는 별로 없지만 노인에 대한 사회적 지원의 원천으로 역할을 하는 사람은 대체적으로 배우자나 자녀 등과 같은 가족이다. 다만, 지원의 유형에 따라 세부적인 모습에서 다소 차이가 있어, 경제적 지원의 경우에는 지원 제공자가 가족, 친족 등으로 한정되는 반면, 친구는 정서적 지원에서 이웃은 비교적 간단한 도구적 지원 측면에서 그 역할이 관찰되는 것으로 보인다. 이와 관련하여 김영범과 박준식(2006)은 사회적 지지의 제공자로서 친구나 이웃과 같은 비혈연집단은 일상생활에 대한 도구적 지원과 정서적 지원 영역에서 역할이 두드러진다고 지적한다. 즉 노인들은 배우자나 자녀 뿐 아니라 이웃이나 친구 등에게도 의존하고 있는데, 이웃의 경우는 일상생활의 간단한 도움에 대해 멀리 있는 자녀보다 더 의존하는 경향이 있고, 친구의 경우 여가나 사회활동의 동반자로서 그 중요성이 매우 크다는 것이다.

노년기에 과연 누가 지원 제공자가 될 것인지는, 해당되는 관계망 성원의 이용 가능성과 지리적 근접성, 노인과의 정서적 친밀성, 그리고 문화적 규범 등이 복합적으로 작용하여 나타난 결과일 것이다. 한국 사회의 경우, 노인에 대한 일차적 부양은 주로 가족, 그 중에서도 배우자나 자녀가 담당해 왔다. 이는 실질적으로 노인 부양에 이용 가능한 공식적 제도나 서비스가 부족한 현실, 그리고 자녀가 부모를 부양하는 '효'를 당연시 하고 가족의 일은 가족 내에서 해결해야 한다는 우리 사회의 인식이 작용한 결과일 것이다. 그러나 노인 부양의 실질적 담당자였던 기혼 여성의 취업 증가와 성인 자녀층의 지리적 이동성 증가 등과 같이 자녀가 노부모 부양을 독자적으로 해결하기에 쉽지 않은 상황들이 증가하고 있다. 이러한 배경에서 우리나라에서는 2008년부터 노인장기요양보험제도가 실시되었고, 노인 부양에서 사회 및 공적 서비스의 역할이 강화되고 있다. 그리고 이러한 공적 서비스를 통한 노인 부양을 부정적으로 보던 인식 또한 점차 약화되고 있는 추세이다.

노화와 사회 관계망의 변화

개인의 사회 관계망은 노화가 진행됨에 따라 어떻게 변화될까? 노화과정을 경험하면서 사회 관계망이 어떻게 변화되는지와 관련하여 콘보이 모델(convoy model)과 사회정서 선택성 이론(socio-emotional selectivity theory)을 통해 살펴보고자 한다.

앞서 콘보이 모델을 설명하면서, 콘보이 구조가 기본적으로 역할과 애착에 기반하게 된다고 설명한 바 있다. 그런데 생애단계에 따라 역할관계가 변화하게 되고 개인의 특성(필요와 자원)도 변화되기 때문에, 콘보이 모델에서는 생애단계가 콘보이 구조의 가장 근본적인 결정 요인의 역할을 한다고 간주한다. 생애단계를 거치면서 다양한 역할들을 획득하거나 상실하게 되는데, 노년기의 가장 대표적인 역할 변화는 바로 은퇴일 것이다. 콘보이 구조에서 친밀한 관계일수록(내부 동심원에 속할수록) 역할을 초월하여 애착을 형성하고 있는 사람들로 구성되고, 상대적으로 친밀성이 덜한 외부 동심원의 경우 역할에 한정된 관계를 맺고 있는 사람들로 구성된다. 따라서 은퇴와 같은 역할 상실은 콘보이의 내부 동심원보다는 주로 외부 동심원에서의 감소를 가져올 것으로 예측할 수 있다.

만약 노년기에 사회 관계망이 감소될 때 이를 새로운 관계들로 대체하지 못한다면 전체적인 사회 관계망의 크기가 감소될 것이고, 사회 관계망에서 외부 동심원에 해당하는, 역할에 한정된 관계를 많이 가질수록 노화에 따른 관계 혹은 지원망이 축소될 위험성이 클 것이다.

Carstensen(1991, 1995, 1998)의 사회정서 선택성 이론(socio-emotional selectivity theory)은 노화과정에 따라 전체적인 관계망 크기, 특히 덜 친밀한 주변적 관계가 감소한다고 보는 점은 콘보이 모델과 유사하지만, 왜 이러한 관계망 축소가 일어나는지에 대해서는 다소 상이한 시각을 가지고 있다.

7장 정서의 변화에서 설명한 바와 같이, 인간의 사회적 상호작용을 동기화하는 두 가지 기본 동기(정보 추구 동기와 정서 조절 동기)는 생애과정에 따라 상이한 발달적 궤적을 따르게 된다. 노년기의 경우 미래(남아있는 시간)가 제한되어 있다고 느끼게 됨에 따라 정보 추구와 같은 장기적 목표의 중요성은 감소하고 대신 보다 현재 지향적인 정서 조절 목표가 중요해지는 방향으로 동기가 재구조화되고, 그 결과 노인들은 자신의 시간과 에너지를 보다 친밀하고 정서적으로 만족스러운 사람들에게 집중하고 대신 피상적인 관계로부터는 거리를 두게 된다.

사회정서 선택성 이론에 의하면, 노화과정이 진행되더라도 정서적으로 친밀한 사람들의 수는 상당히 안정적으로 유지되는 반면 보다 피상적인 관계에 있는 사람들의 수는 감소될 것으로 예측되며, 노년기 사회 관계망 크기에서의 감소는 상당 부분 노인들이 정서적 보상을 덜 제공하는 대상과의 접촉을 줄이고자 하는 동기가 반영된 결과로 해석된다(Baltes & Carstensen, 1999).

노년기 사회적 관계들은 실제로 어떻게 변화될까? 한 시점에서 연령 집단 간 차이를 살펴보는 방식으로 진행되는 횡단 연구들의 경우, 대부분 노년층의 사회 관계망 크기는 중년층의 그것보다 더 작은 것으로 나타난다. 그러나 횡단 연구에서 관찰되는 연령 집단 차이는 상당 부분 코호트 차이에 기인하기 때문에 노화과정에 따른 변화 양상을 직접적으로 추론하기에는 어려움이 있다. 노년기 사회 관계망에 대한 종단 연구 결과들이 아직 충분히 축적되지 못했기 때문에 노화과정에 따라 관계망의 크기나 구성 혹은 내부의 상호작용 등이 어떻게 변화하는지에 대해 결론을 내리기는 어렵다. 다만 일부 종단 연구결과(Lang, 2000; Morgan, Neal, & Carder, 1997)들은 노화에 따른 사회 관계망 크기의 감소가 일반적으로 생각하는 것(혹은 횡단 연구에서 관찰되는 연령 집단 차이) 만큼 크지 않을 뿐 아니라 관찰되는 관계망 크기의 감소에는 상당부분 노인들의 동기가 반영되어 나타난 결과일 수 있음을 시사한다. 독일의 70~103세 노인을 대상으로 한 종단 연구 결과에 의하면(Lang, 2000), 4~5년의 기간 동안 친밀한 관계망(core network) 크기의 변화는 상당히 작은 반면, 덜 친밀한 관계에서의 감소는 상대적으로 두드러지는 것으로 나타났다. 이 연구에서는 특히 연속적이지 않은 관계의 절반 이상을 노인들이 의도적으로 감소시키거나 배제한 것으로 나타나는데, 남아있는 시간에 대한 지각, 즉 자신의 죽음이 멀지 않다고 느끼는 사람들일수록 덜 친밀한 관계를 감소시키고 친밀한 관계의 사람들과 정서적 친밀감을 증가시키는 방향으로 행동하는 것으로 나타났다.

사회적 관계, 타인과의 접촉빈도, 조직 및 단체활동 참여 등 제반 사회적 상호작용이 노년기에 감소되는 것과 관련하여, 이러한 노년기 사회적 상호작용 감소가 과연 어떠한 의미를 갖는가는 노년학 분야에서 오랜 논쟁거리였다. 활동이론(activity theory)에서는 노년기 사회적 상호작용 감소를 강제 퇴직이나 연령차별과 같은 사회적이고 정치적인 환경에 의해 발생하는 '문제(problem)'로 보는 반면, 은퇴이론(disengagement theory)에서는 죽음이 가까워지면서 나타나는 노인과 사회 간 상호적이고 심리적인 '거리두기'로 노인 자신이나 사회에 적응적인 행동이라고 간주해 왔다.[2] 사회정서 선택성 이론은 노년기 사회적 상호작용 감소를 인지적인 동기 요인이 작용하여 나타나는 적응적인 과정이라는 점, 그리고 사회적 상호작용의 감소가 모든 관계에서 일괄적으로 나타나는 것이 아니라 관계의 친밀성, 중요도에 따라 선택적으로 진행되는 과정으로 본다는 점에서 은퇴이론과 일견 맥을 같이한다. 노년기 사회적 상호작용 감소를 과연 어떻게 바라보아야 할 것인가에 대해 단일한 정답을 찾는 것은 가능하지 않을 뿐 아니라 어쩌면 무의미한 것일지도 모른다.

2) 활동이론과 은퇴이론에 대해서는 3장 노년학의 주요 이론 및 관점을 참고하시오.

다만, 노화과정이 진행되면서 자신의 시간과 에너지를 투자할 대상을 선택하고 집중하게 된다는 사회정서 선택성 이론을 감안하자면, 노인들에게 '적당한 수준의 사회활동'이 아닌 무조건적인 사회활동 강요 혹은 중년기와 동일한 수준의 활동성 유지를 강요하는 것은 어쩌면 자연스러운 노화과정, 노년기 적응에 도움이 되지 않을 수 있다는 점을 고려해야 할 것이다.

3. 사회적 관계와 건강 및 복지 간 연계

사회적 관계와 개인의 건강 및 복지와의 연계는 19세기 프랑스 사회학자 Emile Durkheim의 저서 『자살론(Suicide)』(1897)에서 유래를 찾을 수 있다. Durkheim은 배우자가 있는 사람이 그렇지 않은 사람들에 비해 자살률이 더 낮고 가톨릭 국가의 자살률이 개신교 국가의 자살률보다 더 낮은 등 자살이 사회적으로 유형화된다는 증거를 제시하면서, 이러한 자살률의 차이가 사회통합과 관련되어 있다고 설명한다. 즉 개인은 애착(attachment)과 규제(regulation)라는 두 가지 형태의 통합에 의해 사회와 연결되어 있는데, 개신교와 가톨릭 모두 자살을 금하고 있지만 가톨릭 국가에서는 개인과 집단을 묶는 끈이 개신교 국가에 비해 비교적 더 강하기 때문에 자살률이 더 낮다는 것이다. 또한 기혼의 경우 미혼에 비해 가족에 대한 애착을 통해 사회에 통합되어 있는 정도가 더 크기 때문에 자살률도 더 낮다는 것이다(Berkman & Glass, 2000). 자살률이 개인이 속한 사회집단의 통합 정도에 반비례한다는 Durkheim의 설명은 사회통합과 응집력이 어떻게 사망률에 영향을 주는지 이해하는 데 큰 기여를 한 것이다.

이후 많은 연구들이 다양한 지표들을 통해 사회적 관계가 건강과 사망, 복지 등과 밀접하게 관련되어 있음을 입증해 왔는데, 사회적 관계가 부족한 사람들이 그렇지 않은 사람들보다 사망 위험이 더 높고 다양한 신체 및 정신 건강 문제를 더 많이 경험하며 복지감 수준도 더 낮은 것으로 나타난다. 대표적으로 미국 캘리포니아주 엘러메다 카운티 거주자들에 대한 대규모 역학 조사에 의하면, 결혼상태, 친한 친구나 친척과의 접촉, 교회, 공식 및 비공식적 단체 참여 등 타인과의 유대가 부족한 사람들이 유대 정도가 높은 사람들에 비해 9년간의 추적기간(1965~74년) 동안 사망률이 남성은 2.3배, 여성은 2.8배 더 높은 것으로 나타났다(Berkman & Syme, 1979).

사회적 관계가 개인의 삶에 중요하게 작용하도록 하는 메커니즘은 무엇일까? 사회적 관계와 건강 및 복지 간 연계의 핵심은 관계를 통한 ① 사회적 지원 제공과 ② 사회 참여의 촉진이라 할 수 있다.

사회적 지원 제공

사회적 관계와 건강 및 복지의 첫 번째 연계의 핵심 고리인 지원(support)은 우리가 관계를 통해 얻게 되는 다양한 지원이 건강과 복지에 영향을 미치게 됨을 의미한다. 다른 사람들로부터 얻는 정서적 성격의 지원, 경제적 도움, 도구적 성격의 지원, 그리고 유용한 정보 제공 등 다양한 형태의 지원이 우리의 건강과 복지에 영향을 미치게 되는 것이다. 사회적 지원이 개인의 건강과 복지에 긍정적 영향을 미치는 방식은 크게 두 가지로 구분된다. 하나는 사회적 지원 자체가 개인의 건강과 복지를 유지·향상시키는 것이며, 다른 하나는 사별이나 은퇴와 같은 부정적 사건(혹은 상황)이 개인의 건강 및 복지에 미치는 해로운 영향을 완충·경감시키는 것이다. 전자를 사회적 지원의 직접 효과(direct effect)라 하고, 후자를 사회적 지원의 완충 효과(buffering effect)라 한다.

사회적 지원은 반드시 실제로 제공받은 지원만을 의미하는 것은 아니다. 자신이 필요로 할 때 지원을 받을 수 있다는 믿음, 즉 지원의 이용 가능성(availability)에 대한 인지 역시 실제 받은 지원만큼이나 중요한 역할을 한다. 필요로 할 때 다른 사람으로부터 도움을 받을 수 있음을 아는 것은 스스로 문제를 해결하고자 하는 자기지향적 행동을 촉진하는데, 이러한 자기지향적 행동은 통제감을 향상시키고 자신의 가치를 증진시킬 수 있다(Wethington & Kessler, 1986). 이 외에도 지원의 가용성에 대한 인지는 스트레스에 대한 생리적 반응을 완화시킬 수 있다. Kamarch 등(1990)은 연구 대상자들을 대중연설과 같은 부담스러운 도전 상황에 직면하게 하고, 이 중 절반의 피험자에게만 만약 필요하다면 도와줄 사람이 방 밖에 있을 것이라고 미리 이야기해 줌으로써 사회적 지원이 가용함을 알려주었다. 실험 결과, 사회적 지원이 가능할 것이라는 이야기를 듣지 않은 실험자들은 (지원을 받을 수 있다고 들은 실험자들에 비해) 도전 중은 물론 실제 도전이 시작되기 전부터 수축기와 확장기 혈압이 더 높게 나타났다. 즉 지지의 가용성에 대한 인지가 스트레스의 해로운 영향으로부터 개인을 보호하는 효과가 있는 것이다.

여기에서 한 가지 명확히 해야 할 부분은 사회적 관계가 바로 사회적 지원을 의미하지는 않는다는 점이다. 사회 관계망이란 관계의 이용 가능성을 관계 구조에서의 기회 및 제약과 관련하여 언급하는 반면, 사회적 지원이란 관계가 가지는 기능적 측면을 언급하는 말이다(Thomese et al., 2005). 종종 사회적 관계(망)가 사회적 지원과 동일한 의미로 사용되기도 하지만, 엄밀하게 보면 사회적 관계 혹은 개인의 관계들로 구성된 사회 관계망이 항상 지원 기능만을 하는 것은 아니다. 사회적 관계는 갈등과 긴장, 과도한 요구, 비난과 같은 부정적 측면도 내포하고 있다. 일반적으로 우리는 친밀한 관계, 즉, 나에게 중요한 사람들로부터 위로받고 이해받으며 그들이 나와 공감해주기를 기대한다. 따라서 이러한 긍정적 상호작용에 대한 기대가 충족되는 것에는 조금 무디게 반응하는 반면, 상대방이 보여주는 부정적 피드백에는 더 민감하게 반응하고 상처받게 된다. 이러한 이유 때문에 사회적 관계의 긍정적 측면보다 부정적 측면이 건강과 안녕에 더 큰 영향을 가지는 것으로 보고되기도 한다(Krause, 2001). 또한 사회적 지원이라 하더라도 항상 긍정적인 효과를 발휘하는 것은 아니다. 너무 과도한 관여나 과보호와 같은 의존적 행동을 강화하는 지원은 결과적으로는 개인의 독립성과 문제해결능력을 약화시키게 되고, 마지못해 제공된 지원이나 공감 혹은 민감성이 결여된 사회적 지원 역시 그 효과를 발휘하기 어렵다. 이런 점에서 지원이 개인의 건강과 복지에 효과적이기 위해서는 지원을 받을 사람의 필요(need)와 제공되는 지원의 유형 및 양이 잘 부합되어야 하는 것이다.

사회 참여의 촉진

사회적 관계와 건강 및 복지 간 연계의 다른 고리는 사회 참여의 촉진이다. 사회 참여[3](social engagement)란 친구와 어울리기, 사회적 행사 참여, 직업 혹은 사회적 역할 참여, 레크리에이션, 교회에 다니는 것 등이 포함되는데, 사회적 관계는 사회 참여 기회를 제공하고 촉진함으로써 가치와 소속감, 그리고 애착의식을 제공한다는 것이다(Berkman & Glass, 2000). Berkman과 Glass는 친한 친구와 친척의 숫자, 결혼상태, 종교나 자원봉사단체에의 소속과 같은 다양한 '결합됨'의 지표들이 사망률의 강력한 예측인자로 나타나는 이유의 하나가, 이러한 유대가 개인으로 하여금 삶에 충분히 참여하고 공동체에 의무와 애착을 느끼게 함으로써 삶에 의미를 주기 때문이라고 설명한다. 미국 코네티컷 뉴해

3) 사회 참여에 대해서는 13장을 참고하시오.

븐 지역에 거주하는 2,812명의 65세 이상 노인에 대한 12년 동안의 추적 조사결과에 의하면, 배우자, 친구나 친척과의 대면·비대면 접촉, 종교 참여, 단체 활동 및 정규적인 사회활동 등 사회 참여가 없는 사람들은 사회 참여 정도가 높은 사람들에 비해 인지 기능 감소 위험이 2배 정도 더 높은 것으로 나타났다(Bassuk, Glass, & Berkman, 1999).

사회적 관계가 건강 및 복지에 영향을 미치는 방식은 앞서 설명한 사회적 지원이나 사회 참여의 촉진 외에도 관계망 성원들이 가지고 있는 가치나 규범, 태도 등에 기인하기도 한다(Berkman & Glass, 2000). 이를 사회적 관계가 발휘하는 사회적 영향(social influence)이라 하는데, 자신이 소속되어 있는 집단의 구성원들이 어떠한 태도를 가지고 있는지, 집단 내에서 기대되는 행동 방식은 무엇인지와 같은 일종의 하위문화가 구성원들의 의식과 행동에 강력한 영향을 미치게 되는 것이다. 예를 들어 음주, 흡연, 의료이용, 식이유형 등 건강행동과 관련하여 구성원들이 가지고 있는 행동양식이나 태도들이 개인에게 영향을 미칠 수 있는데, 청소년기에 또래 집단의 흡연, 음주 등에 영향을 받는 것이 바로 사회적 영향의 대표적인 예라 할 수 있다.

이상으로 살펴본 바와 같이 사회적 관계는 개인의 건강 및 복지에 중요한 의미를 갖는데, 이와 관련하여 Rowe와 Kahn(1998)은 사회적 관계의 중요성을 건강과 관련하여 아래와 같이 네 가지로 결론 짓고 있다.

첫째, 사회적 관계, 유대의 결핍은 건강을 해치는 강력한 위험 요인이다.

둘째, 사회적 지원은 정서적 도움과 실제적 도움 등 여러 형태로 건강에 직접적이고도 긍정적인 영향을 미친다.

셋째, 사회적 지원은 사별, 이혼과 같은 부정적인 사건 혹은 상황이 건강에 미치는 부정적인 영향을 일부분 완화하거나 줄일 수 있다.

넷째, 어떤 한 종류의 지원이 모든 사람과 모든 상황에 똑같이 효과적이지는 않다. 지원이 갖는 효과는 상황, 사람, 그리고 그 사람이 요구하는 바에 따라 달라진다.

특히 노년기의 경우 사회적 관계는 소외되기 쉬운 노인들을 가족이나 지역사회에 통합할 수 있도록 하고, 관계가 제공하는 지원은 노인들의 독립적인 생활을 유지하게 하고 건강을 지속시키며 부양(보호) 제공의 가능성을 높이기 때문에 다른 어느 시기보다 그 중요성이 크다고 할 수 있다.

CHAPTER

11

노년기 일과 은퇴

GERONTOLOGY

1. 노년기 일에 대한 사회적 인식 / 2. 일로부터의 은퇴와 적응 / 3. 은퇴준비교육

CHAPTER

11 노년기 일과 은퇴

OECD 주요국의 75세 이상 노인 고용률을 살펴보면, 우리나라의 노년층의 고용률이 5년 연속 세계 1위인 것으로 나타난다. 이러한 현상에 대해 우리는 어떻게 바라보아야 할까? 건강한 노인의 증가로 노년기 생산성을 유지하고 있는 노인이 많기 때문일까? 일 중심 사회에서 평생을 살아온 한국 노인들에게 일은 정체성의 중요한 근원이며, 가능하면 노동시장에 남아있기를 원하는 추세가 반영된 것일까? 아니면 경제적 필요로 인하여 비자발적으로 노동시장에 남아있어야 하는 현실이 반영된 것일까? 한국 사회에서 노년기 일의 의미는 과연 무엇일까?

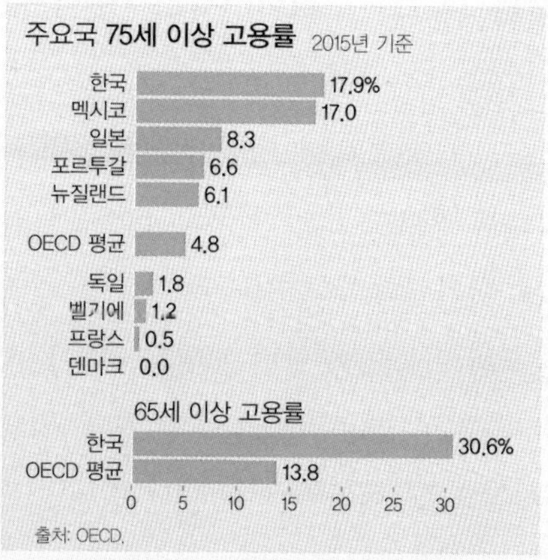

출처: 연합뉴스(2017. 5. 8.). 은퇴 못 하는 노년층…75세 이상 고용률, OECD 5년째 1위.

우리에게 일은 경제적 소득원으로서의 의미뿐 아니라 다양한 의미가 있다. 물론 생존에 필요한 자원을 제공한다는 점에서 경제적 보상이 일의 가장 중요한 의미라고 할 수 있다. 그외에도 일은 우리의 일상생활을 구조화하고 규정하는 기능을 한다. 하루 중 일정 시간을 일정 장소에 있게 함으로써 일상의 패턴 형성에 막강한 영향을 행사한다. 또한 일은 자아정체감의 기본으로 작동한다. 많은 사람에게 직업은 자신을 표현할 수 있는 창구이며 직장의 일원으로서의 소속감은 자아정체감의 상당부분을 차지한다. 그런가하면 일은 사회적 관계의 중요한 창구 역할을 한다. 누구를 만나고, 어떤 교류를 하며, 어떤 경험을 공유하는가와 같은 사회적 관계 맺음은 상당부분 직업생활과 연결되어 있다. 일이 경제적 소득원 이상의 의미를 갖는다는 점에서 노인도 젊은이와 다르지 않다. 오랜 세월을 일을 기반으로 하여 일상을 구조화하고 자아정체감, 사회적 관계를 형성해 왔다는 점을 생각해 볼 때, 노년기에는 특히 더 일의 중요성이 크다고 할 수 있다. 일로부터의 은퇴가 노년기 적응에 막강한 영향을 미치는 생애사건이라는 점은 바로 이런 측면에서 연유한다. 많은 은퇴자들이 퇴직 후에도 노동시장에 남아서 경제활동을 하는 것도 바로 이러한 이유 때문이다. 이번 챕터에서는 노년기 일과 은퇴에 대하여 살펴보기로 한다.

1. 노년기 일에 대한 사회적 인식

노년기 일에 대한 인식이 크게 변화하고 있다. 한국의 경우, 통계청 발표(2014)에 따르면 은퇴 후에도 노인 인구의 48.1%가 일을 하고 있으며, 62%가 일을 하고 싶어 하는 것으로 나타난다. 노년기 근로에 대한 수요가 상당함을 알 수 있다. 일을 계속 하고자 하는 주된 이유는 생활비 보탬(54.8%)이지만 일하는 보람, 즐거움 때문에 일을 한다는 비율도 36.9%로 높은 비율을 차지했다. 평생 종사해 오던 직업으로부터 퇴직함과 동시에 노동시장으로부터도 완전히 떠나게 되던 과거와 달리, 주된 직장으로부터의 퇴직 후에도 계속 노동시장에 남아 있는 노인이 늘고 있는 것이다. 노년기에도 일을 계속하려는 경향은 수명연장으로 인하여 은퇴 이후 삶의 기간이 은퇴 이전 길이와 거의 동일해졌다는 인구학적 현실에서 우선 그 원인을 찾을 수 있다. 다음으로 노년기를 바라보는 관점의 전환을 주목할 수 있겠다. 활기찬 노후 패러다임(active aging paradigm) 및 활동적 신노년에 대한 담론이 등장하면서 노년기에도 경제활동을 지속하는 것이 바람직하다는 인식이 증가한 것이다. 노부모 부양 규범이 약화되어 자녀들에게서 경제적 지원을 기대하기 어려운 점도 노인들이 경제활동을 계속하게 하는 중요한 요인이다. 노인들 스스로도 노후의 경제생활을 자신이 책임져야 한다는 인식이 증가한 것으로 나타난다(통계청, 2014). 노인들의 건강수준이 전체적으로 향상되면서 노인에 속하게 되는 분기점이 65세에서 70세로 옮겨가고 있다는 점(정경희, 2011)과 고학력 노인의 비율이 증가한 것도 노년기 노동시장 참여 증가에 기여한 것으로 볼 수 있다.

그러나 모든 노인들이 일하는 것을 원하는 것은 아니며 가치관, 삶에 대한 태도, 경제적 능력, 건강상태 등에 따라 노년기 경제 활동에 대한 태도가 달라질 수 있다. 그렇다면 어떤 요인들이 노년기 노동시장 참여와 관련이 있을까? 우리나라 평균 퇴직연령은 53세로 2005년 이후 별 변화가 없다. 그러나 실제 노동시장을 완전히 떠나는 연령인 '유효

은퇴연령(effective exit age)'에 대한 최근 자료인 「Pensions at a Glance 2017」에 따르면, 우리나라는 남성 72.0세, 여성 72.2세로 OECD 가입국 중 가장 높은 수치인 것으로 나타난다. 53세에 퇴직하여 약 18년을 노동시장에 남아 활동을 한다는 의미이다. 그런데, 55~79세 취업자의 직업 분포를 보면 단순노무자 48.9%, 농림어업 종사자가 15.5%인 것으로 나타나, 경제적 필요에 의해 열악한 환경에서 일을 계속하고 있다고 볼 수 있다.

관련하여 OECD 주요국의 노인소득 구성을 비교한 자료를 보면 우리나라 노인의 경제적 상황이 열악함을 알 수 있다. 「Pensions at a Glance 2017」에 따르면 총소득 중 근로소득이 차지하는 비중이 한국이 63.0%로 가장 높다. 반면 연금 등의 공적 이전소득은 16.3%로 OECD 국가 평균(58.6%)보다 훨씬 낮다. 국가, 사회적 차원의 소득보장 지원이 부족하고 노년기 경제적 측면의 삶의 질이 개인의 어깨에 놓여지는 부담이 크다는 것을 의미한다. 공적 이전 소득의 비중이 가장 높은 나라는 프랑스로 73.1%에 달한다. 한편 우리나라 노인층의 빈곤율이 2015년 45.7%로 OECD 평균 12.5%보다 월등히 높고 OECD 대부분의 나라의 두 배가 넘는 것으로 나타난다. 참고로 노인 빈곤율이 가장 낮은 국가는 덴마크로 3.2%이다. [그림 11-1]은 전체 연령의 빈곤율과 노인빈곤율을 국가별로 비교하여 보여준다. 점이 대각선 상단에 위치하면 노인이 다른 연령대에 비해 빈곤할 가능성이 높음을, 하단에 위치하면 노인이 다른 연령대에 비해 빈곤할 가능성이 낮음을 의미한

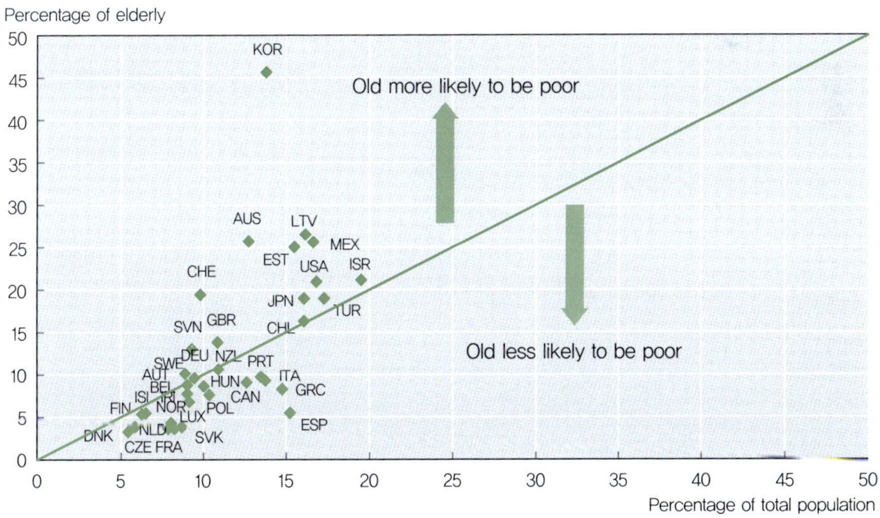

위의 빈곤율은 가처분 가구소득이 중위값의 50%보다 낮은 사람의 비율로 계산된 값이다.

❖ 그림 11-1 노인빈곤율의 국가별 분포

출처: Old-age Income Poverty. Pensions at a Glance 2017, OECD and G20 Indicators.

다. 우리나라는 전체빈곤율과 노인빈곤율의 차이가 가장 큰 것으로 나타났는데, 우리나라의 노인빈곤율은 전체빈곤율보다 무려 32% 더 높게 나타났다. 전체빈곤율과 노인빈곤율의 차이에서 2위를 차지한 호주의 경우 그 차이가 13%인 것을 고려하였을 때 상당히 높은 수치라 할 수 있다.

노년기 일의 의미

개인적 의미 '누가 노년기 근로를 원하는가, 그 이유는 무엇인가?' 하는 질문에 대한 탐색은 노년기 일의 개인적 의미에 대한 시사점을 제공해 준다. 공적 이전 소득의 부족이나 노인 빈곤 실태를 반영하듯 최근에 발표된 보건사회연구원의 「노인실태조사 자료(2017)」에 의하면 노인이 현재 일을 하는 가장 중요한 이유는 생계비 마련 때문(73.0%)이다. 그런데 노년기에 일을 하는 가장 중요한 이유에 있어 교육수준별로 차이가 있다. 전문대학교 졸업 이상의 학력을 가진 노인들은 생계비 때문에 일을 한다는 비율이 50%에 불과하고 낮은 학력의 노인들에 비하여 능력 발휘, 경력 활용 목적으로 일을 한다는 비율이 월등히 높다. 계층에 따라 노년기 일의 의미가 달라짐을 알 수 있다.

❖ 표 11-1 노인(65세 이상)의 현재 일을 하는 이유

	생계비 마련 (%)	용돈 마련 (%)	건강 유지 (%)	친교, 사교 (%)	시간 보내기 (%)	능력 발휘 (%)	경력 활용 (%)	기타 (%)
전체	73.0	11.5	6.0	0.7	5.8	1.3	1.6	0.2
학력별								
초등학교	76.4	10.9	5.5	0.7	4.4	0.9	1.1	0.1
중학교	76.4	9.5	6.8	0.7	4.9	0.7	0.8	0.2
고등학교	67.6	10.0	7.4	0.6	9.4	1.9	3.0	0.2
전문대학 이상	50.3	10.9	12.7	1.2	8.5	8.5	4.8	3.0

출처: 보건사회연구원(2017). 노인실태조사자료. p. 476.

그런가하면 노년의 일자리는 계층과 관계없이 생계비 마련 이상의 의미를 가진다. 대다수의 노인들이 일하기를 원하며(김수완, 2012), 일을 하지 않고 있는 노인의 상당수가 비자발적 이유로 노동시장에서 밀려난 것으로 나타난다. 시간제 근로 등 고령자에게 적합

한 유연한 일자리가 제공되느냐 하는 점이 노년기 근로에 결정적 요인이다. 고령자 근로의 핵심적인 문제는 노동 수요 측의 문제, 일자리 상황과 구조의 문제라고 하겠다. 노인들을 대상으로 심층면접을 통한 질적 자료를 수집한 남순현(2017)의 연구에 의하면 노인들에게는 '일하고 싶다. 하지만 할 수 없다'는 측면과 '쉬고 싶다. 하지만 쉴 수 없다'는 측면의 두 가지 테마가 공존하는 것으로 나타난다. 다시 말해 은퇴 후에도 일 경력의 단절을 맛보기 보다는 지속적으로 일하고 싶은 마음과 노년기에 충분한 노후 준비가 되어 있다면 편히 쉬고 싶다는 양가적 감정이 공존한다.

한편 노년기 일의 의미는 젠더에 따라 차이가 있다. 퇴직 남성노인의 재취업 과정을 탐색하여 일의 의미를 파악한 송인주(2008)에 따르면 퇴직한 남성노인에게 있어 퇴직하고 다시 일을 찾는 것이 단순한 일자리 탐색의 의미를 넘어서는 자아정체성 및 생애통합의 과정인 것으로 나타난다. 한편, 여성노인의 일의 의미는 남성노인과 조금은 다른 것으로 나타난다. 서미경(2012)의 중고령기 여성의 재취업 경험과 일의 의미에 대한 현상학적 연구에 따르면 고령 여성의 경우 생계형 취업이 대부분이며, '여성과 연령'이라는 이중적 굴레를 가진다. 젊지 않은 나이에 노동시장에 나서는 것은 막막한 생계, 불안한 노후에 대한 대처행동이며, 험하고 지위가 낮은 일이 힘들지라도 노동시장에서 버텨내는 것이 중요하다. 한편 중고령임에도 불구하고 여전히 주부로서 다중역할을 떠안아야 되는 현실은 이들을 특히 힘들게 하는 부분이다.

사회적 의미 노년기 일이 개인에게 이러한 복합적 의미를 가진다면, 거시 사회적 측면에서 노년기 노동의 사회적 의미는 무엇일까? 건강한 노년집단의 등장과 활동적 노화(active aging)를 바람직한 것으로 바라보는 사회적 분위기가 반영되어 노년기 노동을 부정적으로 보는 시각은 과거에 비하여 현저히 줄어들었다. 이러한 변화를 반영하여 일자리 정책도 변화되고 있다. 은퇴가 젊은 근로자들에게 노동의 자리를 내어주는 개념이었다면 이제는 노년에도 일을 선택할 기회가 부여되어야 한다는 방향으로 사회적 시각이 변화되었다. 정책 기조도 연금 수령 나이를 늦추고 근로 기간을 더 늘리는 방향으로 설정되고 있는 중이다. 한편, 정부와 지자체, 민간 시니어 취업 지원프로그램이 늘어나면서 중노년층의 경험과 숙련된 기술을 활용할 수 있는 기회가 확산되고 있다. 한국직업능력개발원의 보고서(김기홍·장창원·심인선, 2011)에 따르면, 고용연장을 통한 계속 고용 외에도 재취업, 시니어 창업, 사회적 기업, 사회공헌 일자리 그리고 귀농 귀촌 등 급증하고 있는 건강한 은퇴자를 위한 일자리 경로가 점차 다양하게 제공되고 있는 것으로 나타난다. 노년기 경제활동을 생산적 노화의 지표이자 성공적 노화 달성에 중요한 것으로 바라보는 사회적 시각의 확대가 반영된 결과이다.

노인 일자리 관련 논쟁

노인은 생산성이 낮은가?

노인이 과연 젊은이만큼 일을 잘 할 수 있을까 하는 질문에 대해서는 학자들 간에도 의견이 다르다. 먼저 Decremental Theory(Giniger, Dispenzieri, & Eisenberg, 1983)에 기반하여 연령증가에 따른 생산성 저하를 주장하는 학자들이 있다. 연령증가에 따른 손의 민첩함, 반응속도, 청력, 시력과 같은 지각능력이 감퇴하는 것으로 나타난 연구결과에 기초하여 이러한 능력들이 업무수행능력과 높은 관련이 있다는 이유에서이다(Shmidt, Hunter, & Quterbridge, 1986). 반대로 노인은 결석률이나 이직률, 병가, 사고율이 낮다는 점을 들어 노년기 생산성 저하 가설에 반대하는 학자들도 상당수 존재하며, 실증적으로 연령에 따른 생산성 감퇴를 기각하거나, 부분적으로 기각한 연구가 발표되고 있다. 예를 들어 McEvoy와 Cascio(1989)는 22년간 발행된 96편의 논문에 대한 메타분석을 통하여 연령과 업무수행능력은 전반적으로 관련이 없었음을 밝혔다. 이후 Ng와 Feldman(2008)은 2006년 이전에 발행된 380편의 논문에 대한 메타분석을 실시하여, McEvoy와 Cascio(1989)의 연구결과와 유사하게 업무수행능력은 연령과 관계가 없음을 밝혔다. 그런가하면, 연령에 따른 생산성 감퇴가 일률적으로 나타나기보다는 업무 유형, 노동시장/업무에서 필요로 하는 지능의 유형 등등에 따라 다를 수 있다는 연구도 존재한다. 예를 들면 Waldman와 Avolio(1986)은 전문직에 비해 비전문직이 연령에 따른 업무 수행능력의 감소가 두드러진다고 주장하였다. 그리고 Ng와 Feldman(2008)은 고령노동자가 작업장에서의 다툼, 지각과 같은 비생산적인 업무행동을 하는 비율이 상대적으로 낮음을 보여주었다. 한편, 생애주기에 따른 생산성 변화를 검토한 Skirbekk(2004)은 노인의 생산성이 노동시장/업무에서 유동적 지능과 결정성 지능, 두 종류 지능의 상대적 중요성에 따라 달라진다고 설명하였다. 유동적 지능은 인지속도와 추론같이 새로운 것에 대한 학습속도와 관련 있는 반면, 결정적 지능은 언어유창성과 같이 경험과 지식의 축적에 따라 향상되는 능력을 말한다. Skirbekk(2004)은 결정적 지능은 노화에 따른 능력의 저하가 훨씬 적음을 지적하면서, 직장에서 두 지능의 상대적인 가치가 노인의 생산성을 결정한다고 보았다. 오래된 업무 경험과 지식이 지적능력의 감퇴치를 능가하면, 노년기 근로자의 지적능력감퇴는 생산성 저하로 귀결되지 않는다고 주장하였다.

이상에서 살펴본 것처럼 노인의 생산성 저하의 시기와 정도를 판단하는 일은 매우 복잡하여, 노인 생산성 감소에 대한 증거가 불충분하다. 그럼에도 노인이 생산성이 떨어진다는 사회적 시각은 꽤 뿌리 깊고 팽배하다. 이는 노인에 대한 연령차별적 태도를 반영하는 것이지만, 이러한 시각이 사회 구성원들 간에 공유되면서 노인의 노동시장 참여에 장애요인으로 작용하는 것이 현실이다.

노인 일자리의 보장은 청년 일자리의 감소를 가져오는가?

노인이라도 원한다면 일을 계속 할 수 있어야 하며 이는 노인 개인의 복지를 위해서 뿐 아니라 사회적으로도 숙련되고 경험 많은 가용자원을 사장하지 않고 활용한다는 점에서 중요한 의미를 가진다. 중고령자의 노동시장 잔류 혹은 재진입의 문제는 특히 대규모 베이비부머 집단의 은퇴연령 진입에 따라 사회적으로 집중적인 관심의 대상이 되었다. 그러나 노인에게 일자리를 제공해 주는 사회구조적 여건이 마련되어야 한다는 점에 대하여, 부정적 내지는 회의적으로 바라보는 시각이 존재한다. 최근 약 10년 동안 지속적으로 확대된 청년실업과 결부되면서 세대 간 일자리 경합의 양상으로 해석되기 때문이다. 정책도 그 방향성에서 혼선을 보이고 있다. 과연 젊은이와 노인은 일자리를 놓고 경쟁을 벌이는가? 고령노동자가 젊은이의 일자리를 빼앗은 세대갈등이 현실인가?

"고용연장으로 청년 일자리 감소… 세대 간 갈등 우려"(아시아경제. 2012. 5. 7.), "[일자리 둘러싼 세대갈등] 뿔난 청년들 '아버지·삼촌, 임금피크제로 일자리 나눠 주세요'"(한국경제, 2015. 7. 1.), "[경제초점] 세대 간 일자리와 복지 갈등"(조선일보, 2017. 5. 10.), "사다리 걷어차기? 2년 새 일자리 둘러싼 '세대 갈등' 급증"(중앙일보, 2017. 3. 15.), "한정된 일자리…부모 vs 자식 세대갈등 어쩌나"(세계일보, 2017. 2. 18.), "일자리, 2030세대 먼저? 4050세대 먼저?"(동아일보, 2017. 3. 27.) 등의 기사제목이 보여주듯이 미디어에서 조망하는 노인일자리 이슈는 세대 간 갈등 이슈로 곧장 연결된다.

노인과 청년이 일자리를 놓고 경합한다는 주장은 '노동총량설' 혹은 청년층 고용과 중

노년층 고용 간 '대체관계 가설'에 기초한다(Kalwij, Kapteyn, & De Vos, 2010). '노동총량설'은 노동시장 내의 일자리 총량은 고정되어 있기 때문에 고령자가 은퇴하지 않고 노동시장에 남아 있으면 청년층에게 돌아갈 일자리가 부족하게 된다고 본다. 최근 청년층 실업과 관련하여 노동총량설 가설이 상당한 설득력을 갖게 되었고, 중고령자 근로에 대한 부정적 시각이 확산되었다. 한편, '대체관계 가설'은 노동자가 고령에 진입하게 되면 보다 생산적인 젊은 연령층으로 대체된다고 보는 이론이다. 노동총량설에 대해 회의적인 학자들은 우선, 한 사회의 일자리 총량은 고정된 것이 아니며 기술혁신 등을 통해 생산성이 향상되면 전체산출량이 늘어나고 그에 따라 보다 많은 일자리, 다양한 일자리가 창출될 수 있다는 점을 지적한다. 대체관계 가설에 대한 반론 또한 만만치 않다. 경제학적 관점에서 보면 청년층과 노인연령집단이 보유한 기술력이 비슷할수록 대체정도가 크긴 하겠지만(Kalwij, Kapteyn, & De Vos, 2010) 비교적 오랜 경력을 갖고 있는 고령자 집단과 그렇지 못한 청년집단의 노동 숙련도가 같다고 보기 어렵다. 두 집단은 대체관계라기보다는 상호보완적인 요소가 더 많으며 따라서 동일한 일자리를 놓고 경쟁한다고 볼 수 없다(전병유 외, 2008). 최근의 실증 연구 결과들은 중고령자 노동과 젊은 층 노동이 서로 경쟁하지 않으며 여러 의미에서 보완적 관계를 가진다는 점을 보여주고 있다. 최근 OECD 15개국 청년고용과 중고령자 고용의 대체관계 여부에 대한 자료를 분석한 지은정의 연구(2012)에 의하면 중고령층 고용률이 높을수록 청년층의 고용률도 높게 나타나서 청년층 고용과 중고령층 고용은 대체관계가 아닌 것으로 나타났다.

'노동총량설'이나 대체관계 가설이 실증연구에 의해 지지받지 못하고 있음에도 불구하고 고령층 노동에 대한 사회적 시각이 부정적인 것은 연령차별(Ageism)적 시각이 반영된 것일 수 있다. Macnicol(2010)은 일자리에서의 연령차별을 개인의 업무수행능력과 관계없이 연령을 기준으로 하여 고용, 승진, 교육 등의 기회에서 배제하는 것이라고 정의했다. 국내 실증연구에 의하면(김주현·주경희·오혜인, 2013; 우국희·주경희·이연순, 2012) 연령 기준 때문에 노동시장 진입에 어려움을 겪으며, 취업에 성공한 경우라도 차별적 표현 혹은 욕설, 반말을 듣는 경우가 많은 것으로 나타난다. 이러한 현상에 대한 문제의식을 바탕으로 일자리에서의 연령차별을 발생시키는 요인에 대한 연구들도 이루어지고 있다. Rupp 등(2006)에 따르면 기업 관리자가 노인에 대한 편견을 가지고 있을수록 노인의 업무수행능력을 저평가하는 것으로 나타났다. 우리나라는 일자리에서의 연령차별을 금지하기 위해 「고용상 연령차별금지 및 고령자 고용촉진에 관한 법률」 시행규칙을 2012년에 공포했으며,

2016년에는 대통령령으로 시행령이 공포되었다.

경영 관점의 전환: 노동인력의 노화에 대처하는 경영

인구의 고령화에 대하여 노동시장도 반응하기 시작하였다. 평균수명 및 건강수명의 연장으로 노동시장에서 건강한 중고령 노동자가 급증하였고 출산율 저하로 인하여 젊은 연령대의 가용 노동 인력 숫자가 줄어들고 있다. 경영자에게는 노동시장에서의 이러한 연령구조의 변화가 도전이자 위기가 될 수 있다는 점에서 고령노동자에 대한 경영관점의 전환이 시도되고 있으며 독일의 자동차 회사 BMW의 사례가 대표적이다.

생산라인 내 중고령 근로자의 증가가 예상됨에 따라 BMW는 근로환경을 개선하여 중고령 근로자의 생산성을 향상시키기 위한 혁신적인 방법을 시도하였다. 2017년까지 공장근로자의 평균연령이 39세에서 47세로 증가할 것이라는 예측과 고령근로자가 젊은 시절과 동일한 산출량을 유지하기 위해서는 생산성이 향상되어야 한다는 점에 주목한 것이다. BMW는 우선 생산라인에서 Pilot project를 시행하였다. 공장 생산라인 중 한 라인을 선정하여, 평균 연령을 2017년의 예측 연령인 47세로 설정하고, 관리자가 직접 생산라인에서 함께 일하면서 생산성을 향상시키기 위한 변화들을 고안하여 적용하였다. 노동자의 건강관리, 근로 환경과 근로자의 기술 향상 정책, part-time 정책 시행 및 관리프로세스 변경 등 다양한 변화를 시도하였다.

그러나 근로자들의 부정적 인식이 이슈로 등장하였다. 젊은 근로자들 사이에는 중고령 인력의 낮은 생산성이 전체 생산성에 악영향을 미칠 것 이라는 시선이 지배적이었다. 한편, 고령근로자 역시 익숙한 포지션에서 파일럿 라인으로 재배치되면 자신의 생산성이 떨어질 것이란 우려 때문에 이러한 시도를 별로 반기지 않았다. 경영진 또한 이와 같은 근로자들의 인식과 태도로 인해 생산성이 감소할 까 우려하였다. 이에 따라 고령근로자들의 생산성 향상을 정확히 측정할 필요성이 도출되었고 그에 따라 Work Ability Index(WAI) 개발이 이루어졌다. WAI 는 근로자의 능력과 특정 업무의 강도 사이의 적합도를 평가하는 척도인데, WAI를 사용한 측정결과는 연령증가에 따라 평균적인 생산성이 감소하는 것으로 나타났다. 노화에 따른 생산성 감소는 불가피하다는 점을 이해하고, 경영진은 프로젝트를 공장 전 라인에서 시행하기로 결정하였다. 생산라인에서 작업시 착용할 특수신발을 제공하고, 휴식동안 쉴 수 있는 특수 의자를 설치하고, 작업환경과 노동 특수성에 맞는 의자를 개발한 후 여러 차례에 거쳐 개선과정을 거쳤고 높이 조절이 가능한 책상 도입, 확대경 설치 등 생산라인의 장비와 디자인을 교체하였다. 또한 근력과 유연성을 높이기 위한 운동 프로그램을 개발하여 보급하고 동료들과 함께 하는 운동 시간을 마련하였다.

그 결과는 매우 성공적이었다. 상대적으로 적은 비용을 들여서, 연간 생산성이 7% 향상되었으며 2008년 중반에 shift 당 500개였던 라인의 목표 산출량이 2009년 2월에 530개로 상향 조정되었다. 공장 전체에서 가장 높은 수준이었던 중고령 노동자의 결석률이 공장 평균보다 2% 아래로 감소하였다. BMW의 이러한 성공 사례는 중고령자의 생산성 이슈와 관련하여 많은 중요한 시사점을 제공하여준다. BMW는 이러한 업적으로 미국의 AARP가 선정하는 "Age friendly workplace"상을 수상하였다.

연령경영(Age Management)

'연령경영'은 최근 부상하고 있는 일터의 분위기 변화를 보여주는 개념으로 연령장벽(age barriers)을 없애고 기업 내 연령 다양성(age heterogeneity)을 증진시키는 경영방식이다(Naegele & Walker, 2006). 중·고령자에게 채용, 교육, 승진의 기회를 동등하게 제공하고, 근무시간 및 은퇴시기 결정에 대한 유연성과 자율성을 부여하며, 신체적 노화를 고려한 근무환경을 제공하는 등의 방식을 통해 실현될 수 있다(Walker & Taylor 1998). 이러한 연령경영이 확산된 대표적 국가로는 핀란드, 독일, 네덜란드 등이 있다. 핀란드의 철강제조업체 Ovako는 중고령 노동자의 건강을 위해 작업장을 인체공학적으로 개선하고, 산업보건요원과의 협의를 통해 중고령 직원의 신체적 여건에 적합한 곳에 재배치하였다. 회사 차원에서 노화에 대한 워크샵을 개최하고 건강검진 서비스를 제공하였고 부분퇴직이 가능하도록 했다.

연령경영을 잘 실현하고 있는 국가들은 공통적으로 중고령 노동자에게 유급휴가를 제공하거나, 근무시간을 줄여주는 등 노동시간을 유연하게 조정할 수 있도록 하였다. 이를 통하여 중고령 노동자들로 하여금 점진적 퇴직이 가능하게 하고 은퇴 후 생활에 잘 적응할 수 있도록 하며, 직장생활을 노부모 부양·손자녀 양육과 병행해야 하는 중고령 노동자의 부담을 줄여주었다. 독일의 대중교통 회사 VAG는 57세 이상 운전기사들의 근무시간을 줄이고, 한 주에 한 번은 임금 삭감 없이 아침교대에서 빠질 수 있게 했다. 또한 연령경영방식은 중고령 노동자들에게 평생교육 및 경력개발의 기회를 제공하여 생산성을 향상시키고 고용안정성을 높인다. 네덜란드의 금융기업 Achmea의 경우, 40세 이상의 중고령 노동자에게 매년 최대 10일까지 연수를 다녀올 수 있도록 한다.

2. 일로부터의 은퇴와 적응

은퇴제도의 역사

전통사회 또는 산업화가 일어나기 전 사회에서는 육체적 쇠약으로 인하여 일을 할 수 없는 상태가 되지 않는 이상 사망 직전까지 일을 하였기에 '은퇴(retirement)'라는 개념 자체가 없었다고 해도 과언이 아니다. 은퇴라는 개념이 등장하고 제도화된 것은 산업화 과정이 본격화된 20세기 이후의 일이다. 최성재와 장인협(2010)은 은퇴가 제도화된 주된 요인으로 노동력 수요의 감소, 생산 기술과 지식의 급속한 발전, 생산조직의 관료화, 노후소득보장제도의 발전이라는 네 가지 요인을 들고 있다. 은퇴의 역사는 또한 연금의 역사와 궤를 같이 한다. 19세기 후반 연금제도가 탄생하기 전까지만 해도 나이가 많다는 이유로 일선에서 물러나는 일은 없었다. 일을 하지 않고서는 먹고 살 수가 없었을 뿐더러 노인이 일하는 데 대한 경시 풍조도 없었기 때문이다. 독일의 철혈재상 비스마르크는 "나이 들어 일을 못하게 된 사람은 국가에 보호를 요구할 근거가 있다"는 빌헬름 1세의 주장을 받들어 1889년 세계 최초로 노령연금 제도를 도입했다.[1] 생산직 근로자들은 연금에 강제 가입됐고, 70세가 되면 현직에서 물러나 연금을 받았다. 때문에 연금을 받을 수 있는 나이가 바로 은퇴연령이 됐다. 70세였던 은퇴연령은 1916년 65세로 낮춰졌다. 19세기 후반 선진국들은 경쟁적으로 산업화를 진행하면서 나이 많은 근로자를 경쟁의 걸림돌로 여기게 되었다. 이 과정에서 고령 노동자를 산업현장에서 몰아내기 위해 독일의 사례를 좇아 연금제도를 도입하는 국가들이 늘어나게 되었다.

은퇴가 대중화된 것은 1929년 대공황이 세계 경제를 덮치게 되면서이다. 대공황이 닥치자 미국의 실업률은 25%로 치솟았고, 굶주림을 견디지 못한 노동자들은 거리로 몰려나왔다. 루스벨트 대통령과 뉴딜 정책 입안사들은 젊은이에게 일자리를 주기 위해 사회보장연금을 지급해서 고령자들을 은퇴시킨다는 계획을 세웠고 연금의 기초가 마련되는 사회보장법이 제정됐다. 루스벨트는 독일의 모델을 좇아 1935년 사회보장법에서 연금 지급 연령(곧 은퇴연령)을 65세로 정했다. 그런데 당시 미국인의 평균수명은 63세로 은퇴연령이 평균수명보다 높게 설정돼 많은 사람이 사회보상혜택을 받지 못하는 결과를 가져왔다. 결국 루스벨트는 은퇴연령을 62세로 낮췄다. 제2차 세계대전을 겪으면서 연금 제도는 전세계로 확대됐다. 미국에선 노인 빈곤이 사회적 이슈가 되면서 이를 해결하기 위해 연금기금에서 지급하는 연간 생계비에 인플레이션율을 반영해서 상향조정했다.

연금 액수가 늘어나자 은퇴의 개념도 바뀌었다. 은퇴의 개념은 과거에 가난이었으나 1950년대 들어서는 풍요로움의 상징이 됐다. 당시 미국의 금융회사들은 은퇴자의 개념으로 은퇴 후에 호수에서 낚시나 골프로 소일하는 이상형을 만들고, 은퇴대비용 상품 판매에 박차를 가했다. 평균 은퇴연령도 1930년대의 70세에서 62세로 떨어졌다. 그런데 1946~1964년에 출생한 미국의 베이비붐 세대의 은퇴가 본격화되면서 최근 들어서는 은퇴의 개념이 다시 바뀌고 있는 것으로 나타난다. 미국의 대표적 보험회사 중 하나인 메릴린치의 설문 조사에 따르면, 미국 베이비붐 세대는 은퇴하고 여유로운 노후를 꿈꿨던 그들의 아버지 세대와 생각이 다른 것으로 나타났다. 베이비붐 세대 4명 중 3명은 "은퇴 후에도 계속 일을 하기를 원하며", "돈보다는 정신적인 자극과 도전을 위해서 계속 일을 할 것"

1) 제도 시행은 1891년.

이라고 대답했다. 제2의 일(second career) 혹은 앙코르 커리어(encore career)라는 개념이 등장한 것은 바로 이러한 시각의 변화를 반영한 것이다. 생산적 노화(productive aging)가 노년기의 중요한 가치로 등장하면서 은퇴 후에도 생산적 역할을 하는 사회구성원으로 남고자 하는 욕구가 커진 것이다. 더불어 생산성을 경제적 활동 이상의 의미로 확대하여, 자원봉사나 주변사람들을 돌봄으로써 사회에 기여하는 것 또한 생산적 활동으로 바라보는 시각의 전환이 이루어지고 있다. 최근 미국인이 추구하는 은퇴생활의 이상형으로는 '빈민에게 집 지어주기 운동'인 해비타트 운동에 뛰어든 지미 카터 전 대통령이 종종 지목된다.

한국 사회에도 이러한 변화가 이미 시작되었다고 할 수 있다. 현재 서울시 50플러스재단은 '앙코르 커리어'에 도전하고자 하는 직장인들을 위한 프로그램을 진행하고 있다. 서울시 50플러스재단은 50+세대(만 50~64세의 중장년층)를 위한 정책을 개발하고, 서울시 전역에 50플러스캠퍼스와 센터를 설립하여 상담·교육·일자리·커뮤니티 조성 등을 지원하고 있다. 이 재단은 현재 기존의 생계형 일자리를 넘어 50+세대에 적합한 일자리를 연구 및 발굴하고 50+세대와 매칭하는 플랫폼을 구축하는 과정에 있다. 구체적으로 앙코르 전직 프로그램을 통해 퇴직 전후의 50+세대가 앙코르 커리어로 실제적인 경력전환을 할 수 있도록 돕고 있다. 퇴직(예정)자 및 일자리프로그램 참여자를 대상으로 일처리 역량과 소통의 기술을 제고하는 교육을 실시하고, 민간기업과 협력을 통해 CSV(공유가치창출)프로그램을 운영하고 있다.

은퇴의 의미

전통적으로 은퇴는 근로자가 자신의 생애에서 가장 오랫동안 일한 일자리인 생애주된 일자리(career job)에서 단 한 번의 전환과정을 통해 노동시장에서 완전히 이탈하는 형태였다(나수영·한경혜, 2016). 하지만 최근 중·고령자의 은퇴 경로를 살펴보면 많은 경우 생애주된 일자리에서 퇴직한 후 곧바로 노동시장에서 이탈하기보단 다른 일자리를 거쳐 점진적으로 노동시장에서 이탈하는 것으로 나타난다. 은퇴가 일자리에서 물러나는 '사건(life event)'에서 일련의 '과정(process)'으로 변화된 것이다. 사건으로서 은퇴를 바라보는 관점은 은퇴 전/은퇴 후를 이분법적으로 구분하고 퇴임식이나 퇴직연금 수령이 그 분기점을 이룬다고 보는 시각이다. 반면, 과정으로서 은퇴를 바라보는 관점은 실제 은퇴가 이루어지기 전부터 은퇴준비가 시작되며, 은퇴결정, 실질적인 은퇴, 그리고 그 후의 적응까지의 단계적 절차까지를 은퇴과정으로 보는 시각이다. 한편, 역할로서의 은퇴는 소위 '은퇴자' 또는 '퇴직자'라고 불리는 지위에 따르는 권리 및 의무와 그에 관련된 사회규범을 의미하는 것으로, Kimmel(1974)은 이를 '지위로서의 은퇴'라고 했다.

은퇴는 엄격히 말하면 노동시장으로부터의 완전 철수를 의미한다고 하겠다. 그러나 자신이 일생 동안 경험하였던 직업들 중 가장 중요한 직업(life time main job), 즉 생애 주직업으로부터의 퇴직을 일컫는 용어로도 많이 사용되고 있다. 근로자에 따라서는 생애 주직업으로부터 퇴장이 바로 완전은퇴로 이어지는 경우도 있지만, 평생직장이라고 여겨왔던 직장에서 퇴직한 후에도 은퇴자들이 일자리를 옮기거나 근로시간 단축 등을 통하여 계속 노동시장에 남아있는 경우도 많이 있다. Ruhm(1990)은 이렇게 부분적 은퇴 상태에서 경험하게 되는 직업을 주요일자리 퇴직과 노동시장에서의 완전은퇴까지의 중간단계라는 점에 주목하여 가교일자리(bridge job)라고 칭하였다. 가교일자리는 급격한 소득단절로 인한 어려움을 줄이고 은퇴자로서의 새로운 자아정체감을 확립할 때까지 점진적 적응이 이루어질 수 있도록 시간적 여유를 제공한다는 점에서 의미가 크다. 한국의 경우 OECD 어느 국가보다도 노년기 노동시장 참여율이 높다는 점에서 볼 때, 일반적 기업퇴직연령(약 55세)과 공적연금수령 연령(65세) 사이의 공백을 가교일자리가 보완한다는 것을 알 수 있다.

가교일자리의 특성

- 가교 일자리는 기회와 도전이라는 복합적 특성을 갖고 있으며 서구 실증 연구결과는 가교일자리가 삶의 질에 미치는 영향이 혼재되어 있음을 보여준다.

은퇴준비

은퇴 이후에 나타날 수 있는 경제 상태와 건강상태의 변화, 심리적 문제에 대한 사전 인식이 부족할수록 은퇴생활에 잘 적응하지 못한다는 연구결과들이 발표되면서, 은퇴준비의 필요성에 대한 사회적 인식이 확산되고 있다. 은퇴준비와 관련요인에 대한 연구결과를 간단히 살펴보면 다음과 같다.

은퇴준비는 은퇴 후 자금을 마련하는 재정적 측면과 건강관리, 여가생활 준비, 심리적 대비 등의 비재정적 측면을 함께 포괄하는 개념이다. 이러한 은퇴준비는 은퇴 이후 삶의 질과 밀접한 관련이 있다. Noone 등(2010)의 연구에 따르면 은퇴 전에 배우자와 은퇴에 대해 논의하고 퇴직연금과 저축을 준비한 사람들이 은퇴 후 삶에 대한 만족도가 높으며, 주관적으로 인지한 신체적·정신적 건강 수준 또한 높은 것으로 나타났다.

은퇴준비의 중요성에 대한 관심이 증가하면서 은퇴준비에 영향을 미치는 요인에 대한 연구들이 이루어지고 있다. 먼저 은퇴준비에는 성별, 연령, 교육수준과 같은 사회인구학적 특성이 영향을 미친다. 재정적 준비수준은 남성이 여성에 비해 높은 것으로 나타났으며(Glass & Kilpatrick, 1998), 연령이 높을수록 준비가 잘 되어 있는 것으로 나타났다(Petkoska & Earl, 2009). 그리고 교육수준이 높을수록 은퇴준비가 잘 이루어진 것으로 나타났다(Noone, Stephens, & Alpass, 2009). 뿐만 아니라 은퇴 후 삶에 대한 태도와 같은 심리적인 요인이나 은퇴에 대한 지식과 같은 인지적 요인도 은퇴준비에 영향을 미치는 것으로 나타난다. 또한 현재 근무하는 직장 요인도 은퇴준비에 영향을 미치는 것으로 나타났다. Topa 등(2009)이 은퇴준비와 관련된 341편의 논문을 메타분석한 결과 건강수준이 낮고, 근무 환경이 부정적이고, 은퇴에 대한 긍정적인 태도를 지닐수록 은퇴를 준비하는 정도가 높았다. 그리고 직무몰입 정도가 높고 직업만족도가 높을수록 은퇴를 준비하는 정도가 낮았다. 한경혜 등(2012)이 한국의 베이비부머의 은퇴준비와 관련된 요인을 분석한 결과 은퇴 후 삶에 대해 긍정적인 태도를 가질수록 재정적 준비수준이 높고, 은퇴에 대한 지식수준이 높을수록 재정적 준비와 건강준비 수준이 높은 것으로 나타났다.

은퇴적응에 대한 이론

앞에서도 언급하였듯이 은퇴는 생활전반에 걸쳐 영향을 미치는 급격한 변화로 상당한 적응을 요하는 생애사건이다. 은퇴는 하나의 과정으로서 '직업 활동에서 물러난다'는 의미와 '은퇴자로서의 역할을 받아들이는 것'의 두 측면이 공존한다. 은퇴적응 과정 및 요인을 설명하는 이론에는 역할이론, 지속이론, 단계이론, 라이프코스 관점 등이 있다(Wang, Henkens, & van Solinge, 2011).

역할이론(role theory) 은퇴로 인한 역할 퇴장과 역할 전환 과정을 강조한다. 역할이론에 의하면 은퇴는 우울, 자존감 저하 등 부정적 결과를 가져올 수 있는데, 직업역할이 많은 사람들에게 정체성, 자존감, 삶에 대한 만족의 원천이기 때문이다(Hullin, 2002). 한경혜(2002)가 중년기 남녀를 대상으로 사회적 역할과 정신건강과의 관련성을 연구한 바에 따르면, 남녀 모두 직업역할을 점유한 응답자가 그렇지 않은 응답자에 비하여 정신건강이 양호한 것으로 나타났다. 강지숙(2008)이 은퇴 적응과정을 연구한 결과, 은퇴노인들은 역할 상실에 따른 의욕 저하와 새로운 역할에 적응해야 한다는 부담감을 느낀 경험을 한 것으로 나타났다. 하지만 은퇴가 모든 은퇴자에게 스트레스 요인이 되는 것은 아니다. 선행연구에 따르면, 직업생활에 대한 몰입도가 낮고 일이 자아정체성의 핵심이 아닌 경우 은퇴적응이 상대적으로 쉬운 것으로 나타난다(Crouter & Manke, 1994).

지속이론(continuity theory) 그런가하면 지속이론은 은퇴를 중고령자에게 부정적인 영향을 미치는 역할 상실로 바라보지 않고, 은퇴 전의 라이프스타일의 지속성을 유지하면 은퇴 후에도 개인의 웰빙 수준에 큰 변화가 없을 것이라고 본다. 지속이론도 역할이론에서 설명하는 역할 퇴장 및 전환으로 인한 심리적 스트레스를 부정하진 않지만 은퇴 후 심리적 안녕감을 위해선 삶의 연속성을 유지하는 것이 중요함을 강조한다는 점에서 차이가 있다(두송화·장재윤, 2015). 지속이론에 따르면 개인의 정체성은 매우 점진적으로 발달하는 것이기 때문에, 은퇴와 같은 생애사건이 정체성에 미치는 영향은 역할이론에서 가정하는 것보다 작다고 보았다(Atchley, 1982). 1990년 이후 출간된 종단 자료 분석 논문 32편을 메타분석한 Henning 등(2016)의 연구는 은퇴자의 대부분이 은퇴 이후에도 은퇴 전의 웰빙 수준을 유지하는 것으로 나타났다. 선행연구들은 중고령자의 가교일자리 취업이 삶의 만족도에 미치는 영향을 지속이론을 통해 설명하기도 한다. 가교일자리는 은퇴자들로 하여금 은퇴 이전의 생활패턴과 정체성을 유지할 수 있도록 돕고, 삶의 만족도를 높여준다는 것이다. Kim과 Feldman(2000)이 캘리포니아 대학에서 조기 은퇴한 교수를 대상으로 연구한 결과, 가교일자리에 종사하는 교수가 완전히 은퇴한 교수에 비해 삶의 만족도와 은퇴만족도가 더 높은 것으로 나타났다. 그리고 Dingeman과 Henkens(2014)는 비자발적인 은퇴가 삶의 만족도에 미치는 부정적 영향을 가교일자리가 완화함을 보여주었다.

단계이론(Stage theory) 은퇴적응에서의 시간성(temporality)을 강조하는 이론이다. 즉 은퇴적응의 양상이 시간의 흐름에 따라 단계적으로 변화한다고 보았다. 대표적 학자는 은퇴의 8단계 모델을 제시한 Atchley이다. 단계이론에 따르면 은퇴 직후에는 새로운 경험들을 하면서 즐거움을 느끼고 휴식의 행복을 누리기도 하는 밀월단계(honeymoon stage)가 있지만 그후로 은퇴에 대한 환상이 깨지는 시기(disenchantment stage)를 경험하게 된다. 은퇴자들은 자신이 은퇴에 대한 비현실적인 기대를 하고 있었음을 깨닫게 되고 자원이 부족하다는 것을 느끼게 된다. 이후, 시간이 더 지나면서 은퇴자들은 자신의 상황과 한계를 수용하고 새로운 환경에 적응하는 시기(reorientation stage)에 접어든다. 이때 은퇴자들은 자신의 상황과 한계를 수용하고 은퇴에 적응하는 데에 집중한다. 그리고 마침내 은퇴자들은 안정기(Stability stage)에 이르게 된다(Wang, Henkens, & van Solinge, 2011).

하지만 단계이론은 실증연구로 거의 입증되지 못했다. 단계이론에 대해선 은퇴 후 적응과정은 각자의 상황에 따라 다를 수 있으며 모두가 8단계를 거치지 않는다는 등의 비판이 제기되었다(김지경·송현주, 2010).

라이프코스 관점(Life-course perspective) 은퇴를 생애전이(transition)로서 개념화하고 전이의 맥락(context), 시간성, 생애과정의 상호 조건성, 상이한 생활영역간의 연계성 등에 주목한다. 맥락은 각 은퇴자가 처한 환경을 의미하며 개인의 은퇴경험을 구체화한다. 은퇴경험을 차별화하는 주요한 맥락에는 젠더, 은퇴의 자발성 여부 등이 있다. 먼저 젠더는 생애과정 전반에 걸쳐 삶의 기회, 주어진 자원, 기대, 의무 등에 있어서의 남녀차이를 만들어 내고, 이는 은퇴 후 삶의 질에서도 차이가 나타나게 만든다(한경혜·손정연, 2012). 그리고 은퇴의 자발성 여부는 실증연구에서 은퇴 후 삶의 질에 영향을 미치는 변수로 상당히 일관적으로 관찰되는 변수이다(Dingemans & Henkens, 2013). 또한, 라이프코스 관점은 은퇴의 '시간성(temporality)'을 중요시한다. 예를 들어 언제 은퇴를 하느냐 하는 시기(timing)에 따라 은퇴적응이 달라진다고 강조한다. 예상보다 이른 은퇴는 '시간표상에서 벗어난 전이(off-time transition)'로 은퇴적응에 어려움을 유발할 수 있다(Calvo, Sarkisian, & Tamborini, 2012).

한편, 라이프코스 관점에서는 '생애과정의 상호의존성(inter-contingent lives)' 개념에 기초하여 은퇴경험과 적응이 주변의 중요한 타자와 상호 영향을 주고받는다는 점을 강조한다. 이러한 점에서 은퇴를 부부단위의 경험으로 보거나(함선유·홍백의, 2015), 부모세대의 은퇴를 자녀세대와 관련지어 살펴보는 연구들(정순둘·문진영·김성원, 2010)이 나타나고 있다. 라이프코스 관점을 적용한 많은 선행연구들이 은퇴 후 삶에 적응하는 데에 부부관계와 자녀관계가 사회적, 정서적 자원으로 작용하며 영향을 미침을 보여주었다.

은퇴적응 관련요인

은퇴생활에 얼마나 잘 적응하는가는 개개인이 놓여 있는 상황과 특성에 따라 차이가 있다. 노동에 대한 가치관, 퇴직의 자발성, 직업에 대한 헌신과 사명감 정도, 퇴직 후 생활목표의 확실성, 퇴직 이후의 소득보장 정도 등과 같은 다양한 요인의 영향을 받아 은퇴에 대한 적응이 차이가 난다. 또한 가족의 경제상태 및 예상 수입 정도, 본인의 건강 상태, 직업 및 교육수준, 배우자 유무와 부양책임 정도, 직업에 대한 만족도, 여가에 대한 태도와 같은 개인적, 미시적 요인을 들 수 있다.

실증연구를 통해 밝혀진 은퇴적응의 주요 내용은 아래와 같다. 첫째, 경제적 변화에 대한 적응이 은퇴적응의 중요한 축을 이룬다. 은퇴를 하면 수입이 급격하게 줄어들거나 상실되는 반면 지출은 지속적으로 이루어지기 때문에 경제적 어려움을 경험할 가능성이 높아지게 되기 때문이다. 둘째, 은퇴 이후에 신체적 건강상태나 정신건강이 악화될 가능성이 높다고 알려져 있고 이에 대한 적응이 필요하다. 그런가하면 은퇴 후의 건강상태가 은퇴생활에 대한 적응의 지표로 여겨지기도 한다. 셋째, 은퇴와 함께 직장동료와의 관계 단절, 사회활동 참여 저하 등으로 사회적 관계망의 축소가 일어날 가능성이 크고 잘 적응하지 못하면 사회적 소외와 고독을 경험할 가능성이 높은 것으로 지적된다(Atchley, 2003). 연구에 따르면 은퇴 전에 풍부한 사회적 관계망을 가지고 활발한 교류를 해 온 사람들은 은퇴와 함께 사회관계망이 설령 위축되더라도 사회적 소외를 경험하지는 않는 것으로 나타난다(Reitzes & Mutran, 2004; Van Tilburg, 1992). 넷째, 은퇴는 자아정체감을 지탱해 왔던 직업적 지위를 상실하게 되는 큰 변화이므로 자존감의 저하가 나타날 가능성이 크다. 건강한 자아정체감이 정신건강과 생활만족도에 미치는 영향이 지대하므로 직업지위에 기반하지 않는 새로운 자아정체감 형성이 은퇴 후 적응에 중요한 부분이다. 다섯째, 퇴직 이후 여가시간은 증가하지만, 일반적으로 여가활동의 참여도는 줄어든다. 하지만 퇴직 이전의 여가에 대한 예비사회화 정도와 재정상태, 건강상태 등에 따라 은퇴후 여가활동 참여도에서 개인차가 나타난다. 은퇴자로서 갑자기 늘어난 시간을 TV 시청과 같은 소극적 여가로 채우기보다 적극적이고 의미 있는 여가생활을 구축하는 것이 적응의 또 다른 중요한 측면이다.

Wang과 동료들(2011)은 은퇴 후 적응 수준의 변화를 자원의 변화를 통해 설명할 수 있다고 보고 통합적 은퇴 적응 모델을 제시하였다([그림 11-2] 참조). 즉, 은퇴 후 보유 자원이 감소하면 은퇴 후 적응이 어려워지고, 보유자원이 증가하면 적응이 원만해지는 등 보유자원의 변화와 적응수준의 변화가 방향을 같이 한다고 보았다. 은퇴자의 자원은 신체적, 인지적, 동기적(motivational), 경제적, 사회적, 정서적 자원으로 구성된다. 그리고 이러한 은퇴 후 보유자원에 영향을 미칠 수 있는 선행요인(antecedents)은 사회적 규범, 정부 정책 등의 거시적 차원 요인, 회사조직 분위기나 인적 자원 관리, 직업여건과 같은 직업 차원 요인, 결혼만족도, 돌봄 필요 가구원의 유무와 같은 가족 차원 요인, 그리고 건강 증진 행동, 심리적 레질리언스 등의 개인적 차원 요인으로 구성된다.

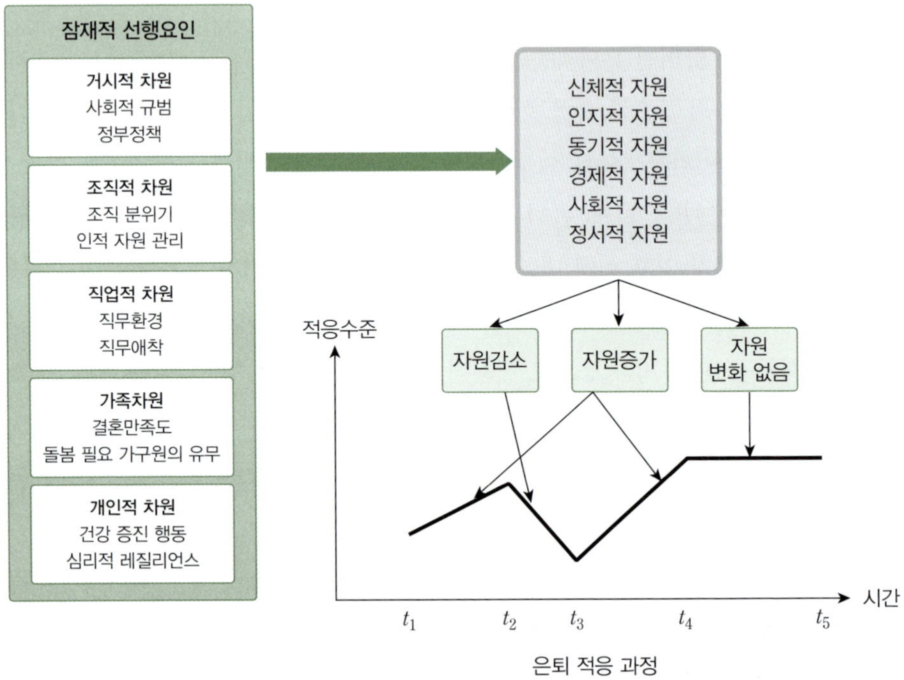

❖ **그림 11-2** 자원-역동성 관점에 입각한 은퇴 적응 과정의 이해

출처: Wang et al.(2011).

앞에서 소개한 연구들이 적응에 관련된 '요인'을 찾는 것이라면, '사람'을 단위로 적응양상을 유형화하는 연구도 이루어졌다. 은퇴에 적응하는 양상이 워낙 복합적이고 다양하므로 유형화작업이 이해를 돕기 때문이다. Hornstein과 Wapner(1985)에 따르면 은퇴 후 적응방식은 I. 노년기로의 전환형, II. 새로운 시작형, III. 일 지속형, IV. 강요된 분열형의 4개의 유형으로 나타난다. 은퇴가 큰 변화인 유형 I, II, IV와 달리 유형 III. 일 지속형에게 은퇴는 그다지 주요한 생애사건이 아니고 큰 변화가 없는 것으로 나타났다. 유형 IV에 속하는 사람들은 일을 중요시한다는 점에서는 유형 III와 동일한데, 비자발적인 이유로 일을 계속할 수 없기 때문에 좌절이 크다. 은퇴로 인하여 자신의 생산성, 독립성이 상실되었다고 여기는 유형이다([그림 11-3] 참조).

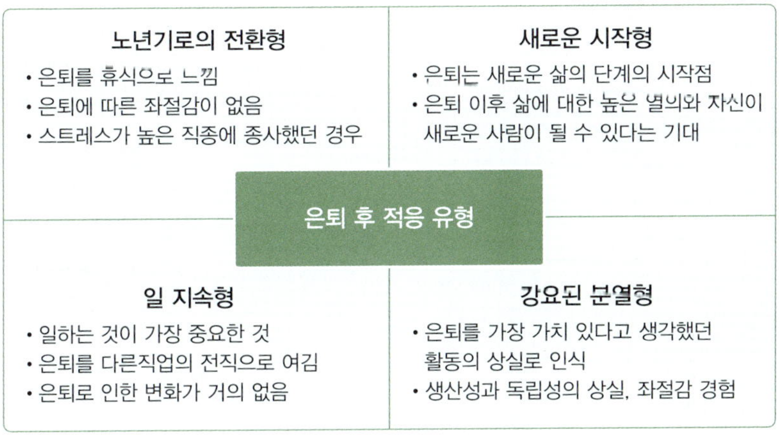

❖ **그림 11-3** Hornstein과 Wapner(1985)에 따른 은퇴 후 적응유형

은퇴적응의 시간에 따른 변화

은퇴 후 적응양상은 시간의 경과에 따라 변화한다. Pinquart와 Schindler(2007)는 잠재유형 분석을 통해서 은퇴 이후 삶의 만족도가 변화하는 양상을 유형화하였다. 종단자료를 활용하여 1985년과 2003년 사이에 은퇴한 1456명의 37년간 삶의 만족도 변화 양상을 분석한 결과 3개의 유형이 확인되었다. 유형 1은 은퇴 이후 아주 작은 폭의 일시적인 삶의 만족도의 증가를 경험한 유형으로 대부분이 여기에 속하였다. 하지만 일시적이지만 매우 큰 폭의 삶의 만족도 증가를 보이는 유형 2와 큰 폭의 삶의 만족도 저하를 경험

하는 유형 3도 존재하였다. 은퇴 후 큰 폭의 삶의 만족도 저하를 경험하는 유형 3에 속한 사람들은 삶의 만족도 증가 집단에 비해 은퇴에 대처할 자원이 부족한 것으로 나타났다. 은퇴 후 삶의 만족도가 소폭 증가하는 유형 1은 삶의 만족도가 감소하는 유형 3에 비해 사회경제적 지위가 높고, 배우자가 있고, 신체적 건강이 좋은 편인 집단이었다.

신체적, 정신적 건강 상태가 퇴직 전과 비교해 변화가 없거나 오히려 스트레스 수준이 낮아지고, 규칙적인 운동을 포함한 건강관리시간이 늘어남에 따라 건강이 더 좋아지는 경우도 있는 것으로 나타난다(Ekerdt, Baden, Bosse, & Dibbs, 1983; Midanik, Soghikian,

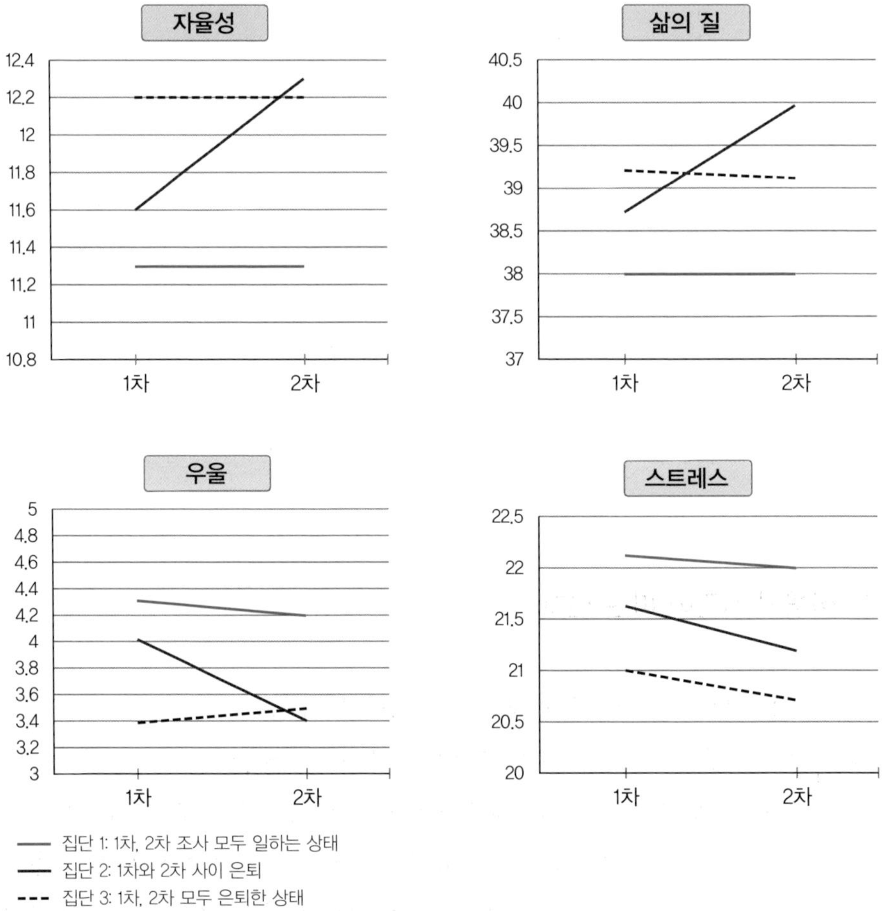

❖ 그림 11-4 고용상태에 따른 심리적 건강의 변화 비교

출처: Lindwall et al.(2017).

Ransom, & Tekawa, 1995). Lindwall과 동료들(2017)은 2차에 걸쳐 수집된 종단 자료를 활용하여 은퇴후 적응양상을 살펴본 결과 1차, 2차 조사 모두 은퇴한 상태였던 집단, 1차 조사와 2차 조사 사이에 은퇴한 집단, 1차, 2차 조사 모두 일하고 있었던 집단의 세 집단으로 나누어 자율성(autonomy), 삶의 질, 우울, 스트레스 등의 심리적 건강을 비교해 보았다. [그림 11-4]에서 볼 수 있듯이 계속 은퇴한 상태였던 집단의 경우 심리적 건강이 비교적 완만하게 변화하는 것으로 나타났다. 자율성과 삶의 질은 소폭 감소했고, 우울 정도는 소폭 증가했다. 계속 일하고 있었던 집단도 심리적 건강이 완만하게 변화했는데, 삶의 질과 자율성은 소폭 증가하고 우울과 스트레스 정도는 소폭 감소하는 것으로 나타났다. 반면, 1차 조사와 2차 조사 사이에 은퇴한 경우 심리적 건강이 비교적 큰 폭으로 변화하는 것으로 나타났다. 자율성과 삶의 질은 증가하고 우울과 스트레스 정도는 감소하는 양상을 확인할 수 있었다.

이렇게 은퇴가 모든 사람에게 부정적 경험이 아니라는 사실을 보여주는 연구들이 축적되면서 은퇴의 긍정적 측면에 대한 관심이 증가하였다.

지금까지 축적된 이상과 같은 연구결과들을 종합하면 은퇴는 복합적 과정이며 은퇴 후 적응에 많은 개인차가 존재하는 이질적 경험이라고 결론 지을 수 있다. 은퇴 후 삶을 풍요로운 경험으로 만들기 위한 개인적, 사회적 노력이 요구됨을 알 수 있다.

은퇴와 가족관계

은퇴는 가족관계 전반에 여러 측면의 변화를 가져온다. 특히 부부관계가 많이 변화하게 되는데 은퇴가 부부관계에 미치는 영향에 대한 실증연구 결과들은 일관적이지 않다. 은퇴 이후 부부관계가 긍정적으로 변화하는 것으로 나타난 연구가 있는가 하면, 은퇴 이후 부부관계의 질이 악화된다고 보고한 연구도 있으며, 은퇴에 따른 변화가 없는 것으로 나타난 연구도 있다. Moen 등(2001)의 연구에 따르면 은퇴 이후 남편과 아내 모두 결혼만족도가 감소하고 부부갈등이 증가하는 것으로 나타났다. 그런가 하면 Kupperbusch 등(2003)에 따르면 은퇴 이전의 부부관계가 정서적으로 애정적이고 안정적이었던 남성은 은퇴 이후의 삶에 더 만족하는 것으로 나타났다. Fitzpatrick과 Vinick(2003)이 남편의 은퇴가 아내의 결혼만족도에 미치는 영향을 종단데이터로 분석한 결과, 남편의 은퇴는 아내의 결혼만족도에 영향을 미치지 않는 것으로 나타났다. 하지만 부부간 응집성(cohesion)

은 은퇴 이후 증가하는 것으로 나타났으며, 이는 은퇴 후 부부가 함께하는 활동이 증가했기 때문으로 보였다. Lee와 Shehan(1989)의 연구에서도 본인 및 배우자의 은퇴가 결혼만족도에 미치는 긍정적 영향은 없는 것으로 나타났다. 그리고 배우자의 은퇴 여부도 중요한 변수로 남편이 은퇴하였는데 부인이 은퇴하지 않은 경우 은퇴 후 적응에 부정적 영향을 미치는 것으로 나타난다. 특히 남편은 은퇴를 했는데 아내가 은퇴를 하지 않은 경우에 부부갈등 수준이 높게 나타났다. Davey와 Szinovacz(2004)가 종단데이터로 분석하였을 때도 아내의 고용상태가 지속되는 것은 높은 수준의 부부갈등과 관련이 있는 것으로 나타났다.

은퇴경험에서 남녀 간에 차이가 있으며 은퇴적응에서도 남편과 아내가 상이한 경험을 한다. 남편의 은퇴가 대부분의 아내에게는 '소득은 반으로 줄고 돌봄은 두 배로 늘어나는 현상(twice the service and half the income)'을 의미하는 경우가 많아서 은퇴에 따른 결혼만족도의 저하가 남성보다 여성에게서 더 급격하다. 남성 은퇴자가 기존의 성역할 태도에서 벗어나서 '자기 돌봄(self care)'을 포함한 적극적 가족역할을 수행하는 것이 필요하다. 이를 위해서는 남녀를 불문하고 은퇴자가 도구적 역할과 표현적 역할 모두를 수행할 수 있어야 하며, 배우자와 성인자녀의 적극적인 지지가 요구된다.

한편 은퇴 후에는 부모-자녀 관계 또한 변화할 수 있는데, 은퇴하면 성인자녀 및 손자녀와 보낼 수 있는 기회가 늘어난다. 따라서 은퇴자들은 성인자녀들을 경제적으로 지원해주거나 손자녀를 양육하는 것을 도와줄 수 있다(Dorfman, 2002). 그리고 성인자녀는 부모의 은퇴적응에 긍정적 영향을 미칠 수 있는데, 송지은(2006)의 연구에 따르면 은퇴를 경험한 부모들은 가까운 거리에 성인자녀가 거주할 경우 우울감이 낮아지는 것으로 나타났다. 또한 성인자녀와의 관계에 대한 만족도가 높을수록 은퇴만족도가 높은 것으로 나타났다(김성원·문진영·정순둘, 2010).

3. 은퇴준비교육

앞에서 언급한대로 수명의 연장으로 인하여 은퇴 후 기간이 길어지게 됨에 따라 이 기간을 어떻게 의미 있고 행복하게 잘 보낼 것인가 하는 사안이 점차 더 중요한 이슈가 되었다. 특히 평생직장의 개념에 기초하여 '일 중심'의 생애과정을 살아온 한국인에게 은퇴는 유난히 어려운 경험인 것으로 나타난다. 많은 은퇴자들이 비자발적으로, 준비 없이, 그리고 아직 건강하고 능력이 있는데 은퇴를 하게 되는 것이 한국의 현실이다. 그나마 다행스럽게도 최근 지자체 및 공공기관, 기업체들이 은퇴준비 교육의 필요성에 관심을 가지게 되면서 은퇴 후를 대비하는 교육과정들이 개설되고 있다. 이러한 움직임에는 우리나라 인구의 14%를 넘는 베이비부머의 은퇴가 시작되었다는 점이 가장 중요한 원인으로 자리 잡고 있다. 국내 은퇴준비교육은 초기에는 외국의 은퇴준비교육을 그대로 들여와 적용하는 방식이었으나, 이제는 한국적 상황을 반영하는 교육프로그램으로 발전하고 다양화하고 있는 것으로 나타난다.

한국에서는 은퇴예정자들의 은퇴 후 준비교육 프로그램 개설에 관심을 두기 시작한 것은 공기업과 공공기관이었으며, 이어서 지자체 및 기업체들도 은퇴준비교육 프로그램을 제공하게 되었다. 한편, 서울대학교를 시작으로 하여 대학교도 은퇴준비교육 프로그램을 지역사회 봉사 프로그램의 일환으로 제공하게 되었다. 은퇴준비교육 제공 주체에 따라 교육의 성격에 차이가 있는데 공기업을 포함한 기업체의 프로그램은 해당 기업의 퇴직자를 대상으로 하여 '은퇴 적응과 은퇴 후 생활준비'에 초점을 맞추고 있는데 비하여, 지자체나 대학은 좀더 광범위한 대상을 타깃으로 하여 '노후준비' 성격의 콘텐츠를 제공하고 있다. 은퇴준비 교육 현황을 제공 주체별로 나누어 살펴보기로 한다.

지자체의 은퇴준비교육

지자체 중에서는 단연코 서울시가 선두주자라고 할 수 있다. 서울시는 2013년에 '인생이모작 지원센터'를 설립해 은퇴교육 프로그램을 운영하기 시작하였고 이후 '서울시 50플러스 센터'로 명칭을 변경해 각 구별로 베이비부머들의 인생 재설계, 사회참여 등의 지원정책을 추진하고 일자리 정보 제공 및 경력개발 교육사업을 실시하고 있다. 교육 내용은 재무설계, 일자리 준비, 생애계획 세우기 등의 참여과정으로 구성되어 있으며, 교육참여 횟수가 증가할 경우 건강, 여가, 사회적 관계 교육이 추가되어 실시된다. '50+캠퍼스'를 설립하여 물리적으로 베이비부머 퇴직자들을 위한 소통의 공간을 확보하였다는 점이 중요한 진전이라고 할 수 있다. 베이비부머의 접근성을 높이기 위하여 현재 서울시내 세 곳에 위치한 권역별 50+캠퍼스의 개수를 2019년까지 총 6개소로 늘리는 것으로 계획되어 있다. 또한 미국의 Encore 재단과 연계하는 작업 등 서울시의 인적, 물적 자원을 활용하여 50+ 재단 설립 1년이 되는 현재 상당한 가시적 성과를 보이고 있다.

서울시 외에도 점차 많은 시흥, 부산, 광주 등 지방을 비롯하여 많은 지자체들이 은퇴준비 교육 프로그램을 개설하고 있으며, 프로그램의 내용은 재무적 측면과 함께 비재무적 측면의 내용을 포함하고 있다는 점에서 상당히 유사하다.

공공기관에 의한 은퇴준비교육

대표적으로는 퇴직예정 공무원을 대상으로 공무원 연금공단이 제공하는 은퇴준비교육 프로그램이 있다. 전반적인 노후준비를 위한 '미래설계' 과정과 은퇴 후 일자리 모색을 돕기 위한 '전직설계' 과정으로 구성되어 있다. 최근에는 연령대를 낮추어 생애전환기에 있는 40대 공무원들을 대상으로 하여 생애설계교육 특별과정을 운영하고 있는데 이는 40대 초반의 공무원들이 보다 빠른 시기에 노후생활을 준비할 수 있도록 하는 목적에서 시행된 것이다.

한국고용정보원의 '장년나침반 생애설계 프로그램'도 재직근로자의 인생계획 수립과 경력관리 및 능력개발 활동을 지원하기 위해 개발한 은퇴준비 교육 프로그램으로 2015년에 개발되었다. 장년층의 경력관리와 관련된 요소들을 중점적으로 교육하며 스트레스 관리 및 사회적 관계에 대한 내용도 포함되어 있다. 한편 노사발전재단 일자리 희망센터에서 제공하는 프로그램은 일자리 찾기, 즉 전직과 창업에 초점을 맞춘 은퇴지원 프로그램의 대표적 사례라고 할 수 있다. 프로그램 대상은 개인은 경력(자영업자 포함) 1년 이상이면서 신청일 현재 퇴직근로자인 경우, 기업은 퇴직근로자 및 퇴직예정근로자가 있는 기업으로 중소기업을 우선적으로 지원한다. 한국주택금융공사의 경우 고령층의 금융이해도를 높여 은퇴준비를 지원한다는 취지의 은퇴금융 아카데미를 운영하고 있다. 전국을 권역별로 나누어 홈페이지를 통해 자발적인 참가신청을 받아 은퇴에 대비한 경제 및 금융교육 프로그램을 실시하는데 건강, 가족관계 등의 내용도 포함하여 총 7주 과정으로 운영되고 있다. 이외에도 중소기업청이 시니어넷의 운영으로, 고령사회진흥원이 중고령자 DB 구축 및 교육서비스 제공으로 은퇴준비교육에 기여하고 있다.

기업체 은퇴준비교육

국내 기업들은 퇴직근로자들을 대상으로 초창기에는 전직을 돕는 프로그램을 진행했으나 이후 퇴직근로자들의 은퇴 후 삶의 질 제고에도 관심을 가지게 된다. KT가 기업체의 은퇴준비교육 프로그램 시행에 선도적인 기업으로 평가되고 있다. 2005년부터 시행되고 있는 'Life Plan' 프로그램은 크게 사전적 프로그램인 변화관리/생애설계 프로그램과 퇴직자를 대상으로 실시하는 사후적 프로그램인 전직 프로그램으로 구성되어 있다. 한국전력은 퇴직자 경력지원 제도를 2007년부터 도입해 운영하고 있다. 퇴직 준비 과정, 생애설계 과정, 창업과 재취업을 위한 전문 과정, 현장실습 과정의 총 4단계로 구성되어 있다. 포스코의 자회사인 ㈜포스틸은 1999년 초 구조조정을 실시할 때 전직지원 서비스 전문회사와 공동으로 프로그램을 운영한 결과, 퇴직 직원 모두 재취업 또는 창업에 성공하면서 남은 직원들의 애사심도 높이는 성과를 내게 됨으로써 2001년 '그린라이프 서비스'라는 전직지원 프로그램을 상설화하였다. 삼성그룹에서는 삼성전자가 2011년 경력 컨설팅센터를 확장, 개소하고 은퇴설계 교육을 진행하고 있다. 삼성그룹 계열사 가운데 경력 컨설팅 센터를 운영하는 곳은 삼성전자 외에도 삼성중공업, 삼성생명, 삼성물산 등 20여 개 계열사이다. 현대그룹에서는 현대중공업이 2012년에 퇴직예정 근로자의 전직지원 및 사후 관리프로그램을 개발해 운영하기 시작하였다. 현대자동차의 경우 2014년에 퇴직지원센터를 오픈, 정년퇴직 예정자와 퇴직자를 구분해 맞춤형 퇴직지원 프로그램을 제공하고 있다.

한편, 은행, 보험, 증권사 등 민간 금융기관들이 은퇴 및 노후 생활과 관련된 연구 및 정보생산을 위해 은퇴연구소들을 설립하면서 은퇴준비 교육을 연계하여 제공하고 있다. 금융기관에서는 직원교육의 일환으로 은퇴준비교육 프로그램을 제공하거나 중장년층 고객을 위한 서비스의 하나로 은퇴준비교육 프로그램을 제공하기도 한다. NH 증권이 서울대학교와 함께 진행하는 '100세 시대 인생대학'이 고객을 대상으로 하여 진행되는 은퇴준비교육의 한 예라고 할 수 있다. 금융기관이 설립한 부설연구소들은 일부 대기업의 자체 퇴직자 대상 퇴직준비프로그램에 참여하기도 하며, 최근 들어서는 정기 매거진 발행을 통해 고객대상 은퇴준비교육을 실시하기도 한다. 대표적으로 미래에셋 퇴직연금연구소(2005), 삼성증권 은퇴설계연구소(2010), NH투자증권 100세시대연구소(2011), 삼성생명 은퇴연구소(2011), 대우증권 미래설계연구소(2011), KB금융지주 경영연구소(2012), 한화생명

은퇴연구소(2012) 등이 있다.

대학이 제공하는 은퇴준비교육

대학에서도 은퇴준비교육 프로그램을 제공하고 있다. 대학의 프로그램은 크게 두 가지 성격으로 나뉘는데 하나는 대학의 연구결과를 사회에 환원하고 지역사회 구성원들에게 서비스를 제공하고자 하는 목적에서 수행되는 은퇴교육 프로그램이다. 다른 하나는 평생교육 차원에서 마련하는 프로그램이다. 서울대학교는 제3기 인생대학(University of the Third Age)이라는 이름의 노후준비 프로그램을 제공하여 은퇴자들의 노후 준비를 돕고 있다. 2009년 1기생을 모집하여 2018년 현재 9기생이 프로그램에 참여중이다. 한국방송통신대학교 은퇴준비 교육은 프라임 칼리지 제2인생설계과정이라는 이름으로 제공되고 있다. 2011년 교육과학부의 4050 뉴스타트 프로그램 TF에서 방송대의 원격인프라 활용의 역할을 강조하면서 제안된 사업이다. 2014년 4월에 프라임칼리지가 설치되었고 2016년 5차년도 사업을 끝으로 국정사업은 종료되었지만 자체운영으로 계속하고 있다. 부산대학교 평생교육원도 2016년 50+ 생애재설계대학을 설립하고 은퇴준비교육 프로그램을 제공하기 시작하였다.

이상에서 살펴본 결과, 우리나라 은퇴준비 프로그램은 단기적 프로그램이 대부분이라는 것을 알 수 있다. 2개 학기, 1년 과정으로 운영되는 서울대학교의 프로그램을 비롯하여 대학에서 제공되는 프로그램이 상대적으로 장기적이지만 기업과 공공기관의 대부분의 프로그램은 단기적 과정이다. 은퇴가 전환점적 변화라는 점에서 단기적 프로그램이라도 도움이 될것으로 기대할 수 있지만, 프로그램의 효과가 장기적으로 연결될지 하는 점에 대해 생각해 볼 필요가 있다. 교육 내용·범위가 제한적인 측면이 있다. 제공 주체에 따라 은퇴준비교육프로그램의 목적 및 방향성이 차이가 있겠지만, 일자리, 경제적 측면 등 개인적 적응에 초점을 맞추는 점에 대해 반성적 평가가 이루어져야 할 시점이라고 본다. 노년학의 다양한 이론에 따르면 은퇴 후 노년기 삶의 성공 여부와 행복감 정도는 '삶의 의미' 찾기에 달려있는 것으로 나타난다. 최근 서구에서 등장하고 있는 '목적 있는 노화(purposeful aging)' 개념이 바로 이러한 이론 및 연구결과와 맞닿아 있다. 은퇴 후 생활에 대한 단기적, 실제적 준비에 대해 은퇴준비 프로그램이 도움이 되도록 구성되는 것은 물론 필요하지만 노년의 삶의 의미 찾기, 남아 있는 생애기간의 방향성, 조금 더 상위의 가치와 같은 내용도 포함될 필요성이 있다. 현재도 온라인 교육을 접목하는 프로그램이 있지만 이의 적극적 활용과 확대가 필요하다고 본다. 온라인 콘텐츠 기반의 다양한 교육 운영 방식에 대한 실험 및 그 결과 평가에 기초한 보급도 고려해 볼 필요가 있다고 본다. 온라인 교육은 사후관리의 측면에서 특히 효율적일 수 있다.

CHAPTER

12

노년기 건강

GERONTOLOGY

1. 신체건강 / 2. 정신건강 / 3. 치매

CHAPTER

12 노년기 건강

우리 모두는, 언젠가는 늙고 죽는다.

젊은 시절 얼마나 화려한 삶을 살아왔든지 간에 누구에게나 당연하게 다가오는 노년과 죽음. 필립 로스의 장편소설 『에브리맨』에서 관찰되는 노년과 죽음에 대한 시각은 상당히 가혹하다. 몸과 건강이 무너져내리고, 고통과 절망이 하루하루를 좀먹어 들어가면서, 때로는 나보다 건강한 사람을 질시하고 때로는 자신의 시난 날에 대해 후회히면서 서서히 죽음이라는 예정된 결말로 걸어들어가게 된다.

"노년은 전투가 아니다. 대학살이다"

어느 누구도 피할 수 없는 노년, 저자의 말처럼 우리의 노년이 대학살과도 같이 끔찍하기만 한 것일까? 조금이라도 더 나은, 건강하고 행복한 노년을 만들어 갈 가능성은 없을까?

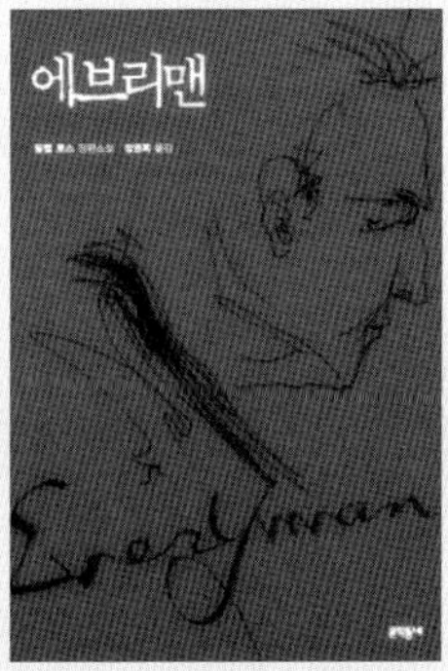

건강은 지극히 개인적인 문제인 것처럼 보이지만, 개인뿐 아니라 가족과 사회에 지대한 영향을 미친다. 건강하지 못하면, 공부나 일 혹은 여가를 즐기는 등의 일상을 영위해나가는데 어려움을 겪게 된다. 또한 가족 중에 누군가 아픈 사람이 있다면, 아픈 사람을 돌보기 위해 많은 시간과 에너지, 그리고 비용을 사용해야 할 것이다. 여기에서 그치는 것이 아니라 건강문제는 사회 전체에 경제적 비용을 부과하게 된다. 통계청 발표에 의하면, 2017년 한 해 동안 65세 이상 고령자들이 사용한 진료비(건강보험상 진료비)는 27조 1,357억 원으로 인구의 14% 정도를 차지하는 고령자들이 전체 의료비의 39%를 사용한 것으로 나타났다(통계청, 2018).

세계보건기구(WHO)는 건강을 단순히 질병이나 장애가 없는 상태가 아닌, 신체적으로나 정신적으로, 그리고 사회적으로 안녕한 상태로 정의하고 있다(Hooyman & Kiyak, 2011). 건강을 질병이나 기능 장애의 부재 이상으로 적극적인 개념으로 파악하는 동시에 신체와 정신, 그리고 사회적 차원을 포함하는 다차원적 개념으로 파악하는 것이다. 건강의 여러 차원 중 사회적 건강은 사회적 관계, 외로움, 사회 참여 등을 포함하는 다소 복잡하고 모호한 개념으로 이를 측정하는 지표에 대해서도 합의된 바가 부족한 상황이다. 이러한 이유로 건강의 사회적 차원은 제외하고[1] 이 장에서는 노인의 건강을 신체건강과 정신건강, 그리고 이 두 가지 차원 중 하나로 명확하게 분류하기 어려운 치매에 대해 살펴볼 것이다.

1. 신체건강

만약 누군가 당신의 건강상태는 어떠한지를 묻는다면 어떻게 대답할 것인가? '건강하다', 혹은 '건강하지 않다'를 평가하는 근거는 무엇인가? 누군가는 아침에 일어났을 때 얼마나 개운하고 활력이 있었는지를 떠올리며 건강상태를 평가할 것이고, 다른 누군가는 아침에 일어나서 학교에 가고 친구와 외출하는 등의 일상을 영위하는 데 얼마나 피로함을 느끼고 있는지를 기준으로 건강상태를 평가할 것이다. 그런가 하면, 무언가 큰 병이 있는지 여부를 기준으로 건강상태를 평가하는 사람도 있을 것이다. 이렇게 다양한 건강 평가의 기준 중 노년층의 건강상태를 평가하는 데 사용되는 기준은 무엇일까?

전통적으로 건강상태는 ① 개인의 기능이나 역할수행능력에 근거를 두거나 ② 의학적 진단, 즉 질병과 같은 병적 상태에 근거하여 평가되어 왔다. 각 접근방식에서 노인층의 건강상태를 적절하게 나타낼 수 있는 건강 지표(indicators)들을 중심으로 하여, 노인들이 빈번하게 경험하는 건강문제는 무엇이며, 타 연령층과 구분되는 노년층 건강문제의 특성은 무엇인지에 대해 살펴보자.

활동제한

개인의 기능이나 역할수행능력에 기반하여 건강상태를 평가하는 것은, 노인들이 일상적, 혹은 특정한 활동을 하는데 얼마나 제한이 있는지를 나타내 준다는 점에서 특히 노

1) 사회적 건강에 대해서는 10장 사회적 노화 III과 13장 노년기 사회참여를 참고하시오.

인에게 돌봄이나 서비스를 제공해야 하는 가족 및 정책 측면에서 중요한 의미를 갖는다. 노년층의 건강을 활동제한이라는 측면에서 파악하기 위해 가장 대표적으로 사용되는 지표는 일상생활수행능력과 수단적 일상생활수행능력이며, 이 외에도 와병일수 등의 지표가 사용되고 있다.

일상생활수행능력(Activities of Daily Living: ADL) 일상생활수행능력이란 인간이 살아가는 데 필요한 최소한의 활동들을 얼마나 독립적으로 할 수 있는지를 살펴보는 지표이다. 최소한의 개인유지(self-maintenance) 활동들을 타인의 도움을 받지 않고 독립적으로 할 수 있는지를 살펴보게 된다.

수단적 일상생활수행능력(Instrumental Activities of Daily Living: IADL) 도구적 일상생활수행능력이라고도 부르는데, 일상생활수행능력이 인간이 살아가는 데 필요한 최소한의 활동을 할 수 있는 능력을 살펴보는 것이라면, 수단적 일상생활수행능력은 개인유지 활동 이상의 사회적 삶을 살아가기 위해 필요한 행동들에 대해 얼마나 독립적으로 수행 가능한지를 살펴보는 것이다.

「2017년도 노인실태조사」에 사용된 ADL 및 IADL 항목들을 다음 페이지에 제시하였다. 항목들을 살펴보면, 대부분의 사람들이 일상적으로 하고 있는 활동으로 이것만으로는 '건강함'을 평가하기 어려울 수 있다. 그러나 노인층이 필요로 하는 건강 및 사회 서비스의 유형과 정도를 가늠하는 데 중요한 정보를 제공한다는 점에서 정책적으로 중요한 의미를 갖는다. 통상적으로 중년기까지의 성인들을 대상으로 하는 조사에서 사용하는 경우는 드물고, 주로 노년층을 대상으로 하는 조사에서 사용하고 있다. 일반적으로 노인들이 경험하는 활동제한 및 장애의 정도는 연령이 높을수록, 여성노인이 남성노인에 비해, 그리고 소득이나 교육수준 등의 사회경제적 지위가 낮은 집단일수록 활동제한이나 장애의 정도도 더 높은 것으로 나타난다.

[ADL & IADL 항목]

ADL) 귀하께서는 지난 일주일 동안 다음과 같은 동작을 수행하는 데 다른 사람의 도움이 어느 정도 필요하셨습니까?

[보기] ① 완전 자립 ② 부분 도움 ③ 완전 도움

(1) 옷 입기(옷 꺼내기, 단추. 지퍼. 벨트 채우기) ☐
(2) 세수, 양치질, 머리감기 ☐
(3) 목욕 또는 샤워하기(욕조 드나들기, 때밀기, 샤워) ☐
(4) 차려 놓은 음식 먹기 ☐
(5) 누웠다 일어나 방 밖으로 나가기 ☐
(6) 화장실 출입과 대소변 후 닦고 옷 입기 ☐
(7) 대소변 조절하기 ☐

IADL) 귀하께서는 지난 일주일 동안 다음과 같은 동작을 수행하는 데 다른 사람의 도움이 어느 정도 필요하셨습니까?

[보기] ① 완전 자립 ② 부분 도움 ③ 완전 도움

(1) 몸단장(빗질, 화장, 면도, 손톱발톱 깎기) ☐
(2) 집안일(실내 청소, 설거지, 침구 정리, 집안 정리 정돈 등) ☐
(3) 식사준비(음식 재료 준비, 요리, 상 차리기) ☐
(4) 빨래(손이나 세탁기로 세탁 후 널어 말리기 포함) ☐
(5) 제시간에 정해진 양의 약 챙겨 먹기 ☐
(6) 금전 관리(용돈, 통장 관리, 재산 관리) ☐
(7) 근거리 외출하기(가까운 거리 걸어서) ☐

[보기] ① 완전 자립 ② 적은 부분 도움 ③ 많은 부분 도움 ④ 완전 도움

(8) 물건 구매 결정, 돈 지불, 거스름돈 받기 ☐
(9) 전화 걸고 받기 ☐
(10) 교통수단 이용하기(대중교통, 개인 차) ☐

출처: 정경희 외(2017). 2017년도 노인실태조사.

「2017 노인실태조사」를 통해 우리나라 노인층의 ADL 및 IADL 자립 정도를 보면(정경희 외, 2017), ① 65세 이상 노인의 91.3%가 타인의 도움 없이 ADL을 독립적으로 수행할 수

있고, 75.4%가 타인의 도움 없이 IADL을 독립적으로 수행할 수 있다. ② 연령이 높은 집단일수록 ADL 및 IADL 자립 비율이 감소하여, 65~69세 연령집단에서는 96.9%가 ADL 완전자립, 89.9%가 IADL 완전자립인데 비해, 85세 이상 연령집단에서는 ADL 완전자립 68.1%, IADL 완전자립 32.7%에 불과하다. ③ 여성노인이 남성노인보다 ADL 및 IADL 자립 비율이 낮아, 남성노인의 ADL, IADL 완전자립 비율은 93.9%, 83.7%인데 비해, 여성노인은 89.3%, 69.3%이다.

와병일수 활동 제한에 기반한 또 다른 지표로 통상적으로 한 달이나 세 달, 혹은 반년 등 특정 기간 동안 건강문제로 인해 누워서 보낸 날짜가 며칠이었는지를 나타낸다. 이러한 와병일수 외에 특정 기간 동안 건강상의 문제나 신체 혹은 정신적 장애로 일상생활 및 사회활동에 제한을 받았는지를 나타내는 '활동제한율'이나 특정 기간 동안의 '와병경험률'을 사용하기도 한다.

만성질환

건강상태를 질병과 같은 병적 상태에 기반하여 평가하는 경우에는 주로 특정 질환을 기준으로 하여 해당 질환이 있는지(유병률, prevalence rate) 혹은 특정 기간 동안 해당 질환이 발생하였는지(발생률, incidence rate)를 살펴보게 된다. 이를 통해 주요 질환은 무엇인지, 질환별 유병 수준은 어떠한지, 그리고 보유하고 있는 질환의 개수 등을 파악하게 된다. 노년층의 건강과 관련하여 특별히 관심의 대상이 되는 질환은 주로 만성 퇴행성 질환(chronic degenerative disease)이다. 일반적으로 연령이 증가할수록 만성질환이 증가하게 되는데, 2017년 연령별 5대 사망원인(〈표 12-1〉 참조)에서도 확인할 수 있는 것처럼, 20, 30대 연령집단까지는 고의적 자해(자살)와 운수사고가 사망원인에서 높은 비중을 차지하는 반면, 60대 이상 연령집단에서는 악성신생물(암)이나 심장질환, 뇌혈관질환 등의 만성질환에 의한 사망이 높은 비중을 차지한다. 물론 노년기에 급성, 감염성 질환이 발생하지 않거나 중요하지 않은 것은 아니다. 급성질환의 발생은 연령이 증가할수록 감소하지만(Hooyman & Kiyak, 2011), 노년층의 경우 만성질환의 합병증으로 인해 급성질환이 발생하거나 만성질환으로 인해 전반적인 면역력이 약해짐에 따라 급성질환이 건강 및 사망에 갖는 위험성이 타연령층에 비해 클 수 있다. 예를 들어 독감에 걸리는 경우 젊은 사람들은 잠시간 일상생활에서 불편을 경험할 수 있지만, 노년층의 경우 폐렴이나 기관지염으로까지 확대될 가능성, 그리고 사망으로 이어질 가능성이 상대적으로 더 높다. 이러한 이유로 인해 '백신' 접종 등을 통해 급성질환에 걸리지 않도록 대비하는 것도 노년기 건강관리에서 중요한 부분이다.

❖ 표 12-1 연령별 5대 사망원인 및 구성비(%)

	1~9세	10~19세	20~29세	30~39세	40~49세	50~59세	60~69세	70~79세	80세 이상
1위	악성 신생물	고의적 자해(자살)	고의적 자해(자살)	고의적 자해(자살)	악성 신생물	악성 신생물	악성 신생물	악성 신생물	악성 신생물
	(17.0%)	(30.9%)	(44.8%)	(36.9%)	(28.9%)	(38.1%)	(44.1%)	(34.8%)	(17.3%)
2위	운수 사고	운수 사고	운수 사고	악성 신생물	고의적 자해(자살)	고의적 자해(자살)	심장 질환	심장 질환	심장 질환
	(11.9%)	(17.7%)	(14.0%)	(20.7%)	(19.0%)	(9.3%)	(8.8%)	(10.6%)	(12.7%)
3위	선천 기형 변형 및 염색체 이상	악성 신생물	악성 신생물	운수 사고	간 질환	심장 질환	뇌혈관 질환	뇌혈관 질환	폐렴
	(9.6%)	(15.3%)	(11.0%)	(6.8%)	(8.3%)	(8.5%)	(6.5%)	(8.7%)	(10.3%)
4위	가해(타살)	심장 질환	심장 질환	심장 질환	심장 질환	간 질환	고의적 자해(자살)	폐렴	뇌혈관 질환
	(8.1%)	(4.0%)	(4.1%)	(6.0%)	(7.5%)	(7.6%)	(4.4%)	(6.2%)	(9.0%)
5위	심장 질환	익사 사고	뇌혈관 질환	간 질환	뇌혈관 질환	뇌혈관 질환	간 질환	당뇨병	고혈압성 질환
	(5.5%)	(2.4%)	(1.8%)	(4.4%)	(6.0%)	(6.1%)	(3.8%)	(4.0%)	(3.4%)

※ 연령별 사망원인 구성비 = (해당 연령의 사망원인별 사망자 수 / 해당 연령의 총 사망자 수) × 100

출처: 통계청(2017). 2017년 사망원인통계.

노년층의 만성질환과 관련하여 주목할 점은 만성질환 유병률이 전체적으로 매우 높을 뿐 아니라 두세 가지 이상의 질환을 동시에 보유하는 복합질환 유병률이 상당히 높다는 점이다. 한국보건사회연구원의 「2017 노인실태조사」 결과에 의하면, 65세 이상 노인의 89.5%가 3개월 이상 앓고 있는 만성질환(의사진단 기준)이 있으며, 51%는 3가지 이상 만성질환을 가지고 있는 것으로 나타났다. 65세 이상 노년층에서 특히 유병률이 높은 질환은 고혈압, 골관절염 및 류머티즘 관절염, 고지혈증(이상지질혈증), 요통 및 좌골신경통, 당뇨병의 순이다. 만성질환의 경우에도 앞서 살펴보았던 활동제한과 유사하게 연령이 높을수록, 그리고 여성이 남성보다 전체적인 유병률이 더 높다. 다만 질환별 유병 수준에서는 성별에 따라 차이가 있다. 우리나라 남녀 노인집단에서 20% 이상의 높은 유병률을 보이는 주요 만성질환은 [그림 12-1]에 제시하였다.

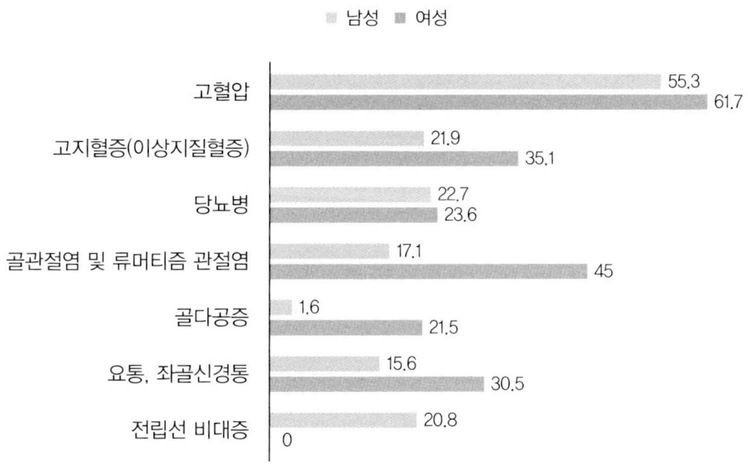

❖ 그림 12-1 우리나라 65세 이상 노인들의 성별 주요 만성질환 유병률

출처: 정경희 외(2017). 2017년 노인실태조사 결과를 재구성함.

노년층의 높은 만성질환 및 복합질환 이환율은 노인의료비 부담의 증가와 약물 남용 및 부작용의 위험성을 높인다. 만성질환은 그 특성상 완치가 어렵고 장기간의 치료 및 관리를 요하기 때문에 의료비 부담이 크다. 이 장의 서두에서 언급한 바와 같이 노년층에 대한 의료비 부담이 타 연령층에 비해 매우 높아서, 65세 이상 1인당 진료비는 전체 1인당 진료비의 3배 수준이다(통계청, 2018). 노년기 높은 만성질환 유병률과 연관된 또 다른 문제의 하나는 여러 가지 약을 복용하게 됨에 따라 약물 중독이나 약물 부작용이 올 가능성이 높다는 것이다. 우리나라 65세 이상 노인들이 3개월 이상 장기적으로 복용하고 있는 약의 개수는 평균 4.1개이며, 노인들의 38.9%는 약을 5개 이상 복용하고 있다(정경희 외, 2017). 노년기에는 약물의 흡수와 배설기능이 저하되어 약물이 체내에 오래 남을 수 있기 때문에 약에 대한 중독이나 약물 간 상호작용으로 인한 이차적 증상이 발생하지 않도록 특히 주의를 기울여야 한다(김애순, 2012).

만성질환의 원인과 예방

만성질환의 원인으로는 유전적 요인과 함께 식생활이나 운동, 비만 등과 같은 개인의 행동, 환경적 혹은 직업적 위험에의 노출 등이 지적되는데, 어느 한 가지 요인에 의해 발생한다기보다는 수많은 원인들이 상호작용한 결과라 할 수 있다. 유전적 요인의 경우 가족력을 미리 알고 철저하게 예방, 관리하는 것이 중요하며, 유전적 요인 외에 올바른 식습관과 운동 등을 통해 건강한 생활습관을 가지고 스트레스를 적절하게 관리하는 등의 노력이 필요하다. 만성질환의 경우 일단 발병하게 되면 완치가 어렵고 장기간(혹은 평생) 관리를 요하는 경우가 많아, 질병이 발생하기 전에 적절한 식생활 및 운동 등을 통해 예방하는 것이 가장 중요하다.

기타 건강 지표

질병이나 활동제한을 기초로 하는 지표 외에 주관적 건강평가나 사망률, 건강수명 등도 중요한 건강 지표들이다.

주관적 건강평가(self-rated health)

주관적 건강평가는 개인이 자신의 건강상태에 대해 어떻게 지각 혹은 평가하고 있는지를 측정한 것이다. 매우 간단한 측정이지만, 객관적인 신체건강뿐 아니라 정신건강이나 삶의 질 등이 복합적으로 반영된, 종합적인 지표인 것으로 알려져 있다. Blazer와 Houpt의 연구에 의하면, 기능상태 등에 의해 측정된 건강상태와 주관적 건강평가가 반드시 일치하는 것은 아니며, 신체건강에 대한 객관적 지표를 통해 측정하였을 때는 건강하지만 자신의 건강을 나쁘다고 평가한 노인들의 경우 더 우울하고 자신의 삶에 더 불만족하고 있는 것으로 나타났다(Blazer, 2008에서 재인용). 또한 주관적 건강평가는 향후의 건강결과 및 사망률을 예측하는데도 유용한 것으로 평가된다(Idler & Bonyamini, 1997; Schoenfeld et al., 1994). 65세 이상 노인들을 대상으로 10년 이상 추적 조사한 연구(Schoenfeld et al., 1994)에 의하면, 신체 및 인지 기능이 좋은 '성공적으로 노화'한 70~79세 노인 1,192명 중 자신의 건강상태를 나쁘다고 평가한 경우 그렇지 않은 사람들에 비해 연구기간 동안 사망률이 더 높았다.

사망률(mortality)과 기대여명(life expectancy)

일반적으로 인구 집단의 건강상태를 기술하고자 할 경우, 여러 가지 목적 때문에 개인이나 하위집단 간, 혹은 상이한 사회나 시간에 위치한 집단의 건강을 비교할 수 있는 지표를 필요로 하게 된다. 많은 건강 지표들이 기술 발전 수준에 따라 혹은 측정하는 사람이나 응답하는 사람의 성향에 따라, 그리고 이들이 속한 사회문화적 맥락에 따라 영향을 받게 된다. 반면, 사망은 상태가 모호하지 않고 명확하기 때문에 건강 지표로 오래 전부터 널리 사용되어 왔다(Victor, 2005). 사망률과 대응해서 볼 수 있는 지표는 기대여명이다. 기대여명이란 특정연령 *x*세의 사람이 앞으로 생존할 것으로 기대되는 평균 생존연수이다. 건강을 사회적 역할을 수행할 수 있는 기본 역량이라고 할 때, 기대여명의 길고 짧음은 사회적 역능성의 기본 수준을 나타내는 것으로 볼 수 있기 때문에 건강상태의 지표로 간주된다(조병희, 2017). 기대여명 중 0세에서의 기대여명(즉 출생아가 몇 세까지 살 것으로 기대되는지)을 '기대수명'이라 부르는데, 기대수명을 다 채우지 못하고 병이나 사고, 자살 등으로 일찍 사망하는 사람들이 존재하기 때문에 60세나 65세, 혹은 75세의 기대여명은 기대수명(0세에서의 기대여명)에 근거한 예측치보다 더 길다.

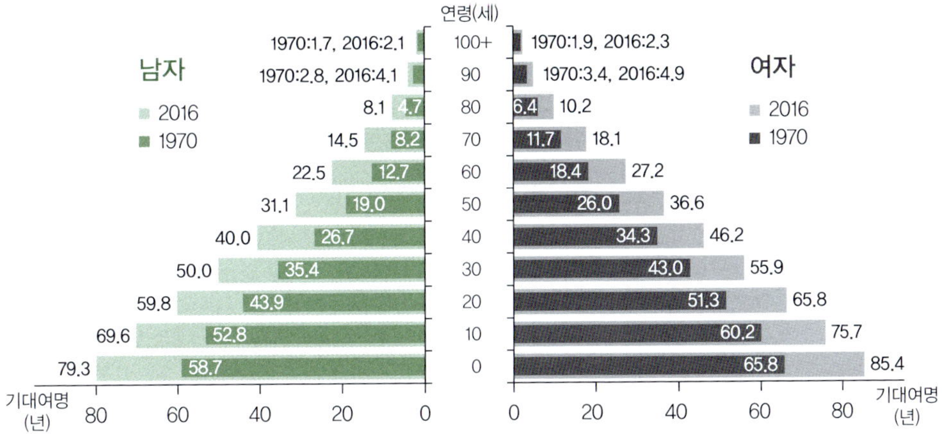

❖ 그림 12-2 성 · 연령별 기대여명(1970, 2016년)

출처: 통계청. 2016 생명표.

건강수명

건강수명은 인구의 사망 패턴과 질환(상병) 패턴이 현재와 유사한 양상으로 일정하게 유지된다고 가정할 때, 질병이나 장애가 없이 건강하게 살 수 있는 기간을 나타낸 것이다. 따라서 기대수명과 건강수명 간의 차이는 장애나 질병을 가지고 살아가야 하는 삶의 기간이라고 볼 수 있다. 사용되는 자료의 종류나 산출방법에 따라 여러 가지 건강수명이 산출될 수 있다. 대표적인 건강수명의 유형은 다음과 같다.

- Disease–free life expectancy: 질병의 유무를 정의하고, 질병이 없는 수명을 계산하는 방법으로, 현재의 사망과 상병 유형이 지속된다고 가정할 때 질병 없이 사는 평균연수이다.
- Disability–free life expectancy: 손상, 장애, 불구가 없는 수명. 인간으로서 통상적으로 인정되는 정상 범위 내의 활동을 수행할 수 있는 능력에 제한이나 부족함, 장애가 없이 살 수 있는 평균연수이다.
- Healthy life expectancy: 건강상태에 대한 주관적 평가에 근거한 건강수명으로, 건강상태가 '매우 좋음' 혹은 '좋음'의 상태로 살 수 있는 평균연수이다.

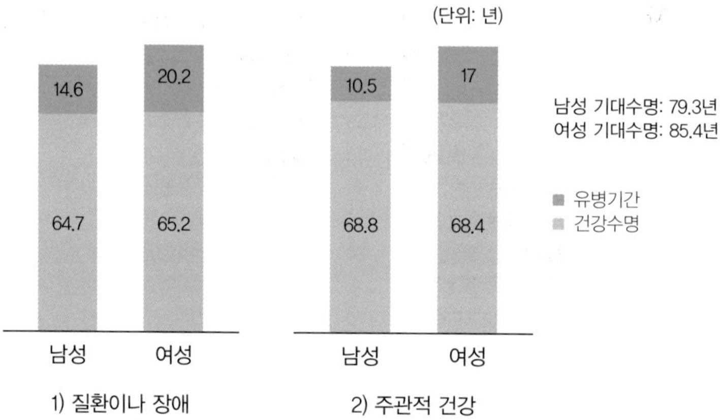

1) 질환이나 장애 등으로 고통 받는 기간을 제외한 건강수명
2) 주관적으로 건강하다고 평가하는 기간(healthy life expectancy)

❖ 그림 12–3 성별 건강수명

출처: 통계청(2016). 생명표.

2. 정신건강

많은 사람들이 연령이 증가할수록 정신건강문제가 증가한다고 생각한다. 노화가 진행되면서 신체건강문제가 증가하는 것처럼, 정신건강문제 또한 증가하게 된다는 인식이다. 노화는 필연적으로 우울과 같은 정신건강문제를 증가시키는 것일까? 미국의 Zarit 교수는 "노인들은 젊은이나 중년층보다 정신건강문제 발생이 더 낮으며, 이러한 정신건강문제들은 대부분 노화로 인한 것이 아닌 생애과정에 걸쳐 만성적이고 반복되는 것들이다"라고 지적한다(Zarit, 2009). 그런가 하면 살아가면서 수많은 생활사건(life events)들을 경험하는데, 노년기에 경험하게 되는 생활사건들이 건강문제나 배우자 혹은 친구의 사망 등과 같이 불가항력적인 것들이 많을 뿐 아니라 이에 대처하는 데 필요한 신체, 심리, 사회적 자원들이 취약해지면서 정신건강을 위협하게 된다는 시각도 존재한다(김애순, 2012). 실제로 치매를 제외한 대부분의 정신건강문제는 상당 부분 노화과정 그 자체에서 기인되기 보다는 노인이 경험하게 되는 사회문화적, 경제적 환경 등과 밀접하게 관련되어 있기 때문에 노화에 따른 보편적 양상이 과연 무엇인지를 기술하는 것은 쉽지 않다. 노년기에 경험하게 되는 정신건강문제의 정도와 양상은 시대에 따라, 그리고 개인이 속한 사회문화적 배경에 따라 달라질 수 있는 것임을 염두에 두고 이 절의 내용을 살펴보기로 하자.

젠더 패러독스(gender paradox)

여성은 남성보다 더 오래 살지만 건강상태는 더 나쁘다. 이러한 현상을 '젠더 패러독스', 혹은 '성과 건강의 패러독스'라고 하는데, 우리나라를 포함한 대부분의 국가에서 보편적으로 관찰되고 있는 현상이다. '왜 여성이 남성보다 더 오래 사는가?', '여성을 사망의 위험으로부터 보호하는 기제는 무엇인가?', '여성이 남성보다 건강상태가 나쁜 것은 단순히 남성보다 더 오래, 고령까지 생존하기 때문에 발생하는 자연스러운 현상인가?', '여성을 사망의 위험으로부터 보호하는 기제는 질환이나 장애의 위험을 낮추지 못하는가?' 이러한 질문들이 '젠더 패러독스'라는 현상과 관련하여 연구자들이 제기해 온 질문들이다.
젠더 패러독스와 관련한 생물학적 설명들은 남성은 심장발작, 뇌졸중, 암 등 생명을 위협하는 치명적인 질환을 여성보다 더 많이 경험하고 이로 인해 조기 사망의 위험이 큰 반면, 여성은 임신과 출산에 관련된 호르몬과 생리학적 체계가 폐경기 이전 시기까지 관상동맥질환 위험을 낮추는 데 기여한다는 것이다. 그런가 하면 사회구조적 측면의 영향력을 강조하는 입장에서는 남성이 흡연과 음주 등 건강에 해로운 행동은 많이 하는 반면 예방이나 치료 등을 위해 의료서비스를 이용하는 것을 상대적으로 꺼려하는 등의 라이프스타일과 관련된 요인이나, 성별화된 사회구조 속에서 여성이 점유하게 되는 낮은 사회경제적 위치 등에 초점을 두어 왔다.

그러나 지속되는 연구들에 의해 생물학적 요인이나 사회구조적 요인, 어느 한가지만으로는 젠더 패러독스를 충분히 설명하지 못한다는 점이 밝혀짐에 따라, 생물학적 요인과 사회적 요인 모두에 주목하려는 시도들이 등장하고 있다(i.e. Rieker & Bird(2005)의 model of constrained choice; Moen & Chermack(2005)의 process model of strategic selection 등). 어떠한 요인, 과정들이 남성과 여성의 사망 및 건강에서의 격차를 가져오는지에 대한 정확한 이유는 아직 밝혀지지 않았지만, 많은 학자들은 이것이 남성과 여성의 생물학적 차이로 인한 상대적 불리함·이득이나 남성과 여성의 삶이 어떻게 사회적으로 구조화되어 있는지와 같은 좁은 개념 이상으로 복잡한 원인과 과정들이 연관되어 있다고 보고 있다(Hooyman & Kiyak, 2011).

우울

우울증의 정의

우울(depression)은 노년기 정신건강문제 중 가장 빈번하게 나타나는 유형의 하나이다(Blazer, 2002; Hooyman & Kiyak, 2011). 우리는 살아가면서 종종 우울하거나 만사에 의욕이 없다고 느끼지만, 정신건강문제의 하나로 간주되는 우울은 단발적이고 일시적인 감정이 아닌 일상생활에 지장을 줄 정도의 상태가 일정 기간 이상 지속되는 상태를 일컫는다. 우울증은 슬픈 감정이나 외로움, 공허감, 흥미와 기쁨의 상실과 같은 정서적 증상 뿐 아니라 다양한 인지적 증상과 신체적 증상도 동반한다(박재연, 2010). 인지적 증상은 자기비난이나 자기비하, 죄의식, 무가치하다는 느낌, 사고력과 주의력 저하 등으로 나타나는데, 자기 자신과 자신을 둘러싸고 있는 주변, 그리고 미래에 대한 인지적 왜곡을 가져와 무력감과 절망감을 갖게 된다. 신체적 증상은 불면증, 식욕감퇴, 체중감소, 피로감 등이다.

우울증에 대해 보다 자세히 살펴보기에 앞서 우울증에 대한 두 가지 접근 방식에 대해 간단히 살펴보자. 접근 방식에서의 차이는 우울증에 대한 정의와 진단 방식 뿐 아니라 유병률, 노화에 따른 양상에서의 차이와 연관된다. 그러나 많은 연구들에서 이 두 가지를 구분하지 않고 기술하며 때로는 상충되는 결과를 제시하여 혼란을 야기하게 된다. 우울에 대한 한 가지 접근은 주요우울장애(major depressive disorder: MDD)로 개념화하고 측정, 진단하는 것이다. 대표적으로 정신의학 분야에서 사용되는데 하나의 질환(disease)

으로 간주하고 특정 진단 도구를 통해 주요우울장애가 있는지 여부를 이분법적으로 정의하게 된다. 다른 하나의 접근은 우울증상(depressive symptoms) 혹은 심리적 디스트레스(psychological distress)로 접근하는 것이다. 사회과학 분야에서 주로 사용하는데 우울을 증상의 개수 혹은 증상의 정도에 따른 연속적인 것으로 보는 것이다(George, 2011). 물론 학문분야에 따라 사용하는 접근법이 완전히 구분되는 것은 아니어서, 정신의학 분야에서도 질병의 심각성 등을 살펴보기 위해 우울증의 정도를 살펴보기도 하고, 사회과학 분야에서도 특정 점수를 기준으로 하여 우울증 여부를 이분법적으로 구분하기도 한다. 그러나 기본적으로 우울을 주요우울장애로 접근하는 것과 우울증상(혹은 심리적 디스트레스)으로 접근하는 것은 사용하는 도구뿐 아니라 유병수준에서도 차이가 있다. 그런가 하면 두 가지 접근을 구분하지 않고 일반적 용어인 우울(depression)이라는 명칭을 사용하기도 하는데, 이 책에서는 특별히 주요우울장애나 우울증상(심리적 디스트레스)의 구분이 필요한 경우를 제외하면, 이 두 가지를 포괄하는 의미로 우울증이라는 용어를 사용할 것이다.

우울증 유병수준

얼마나 많은 노인들이 우울증을 가지고 있을까? 다양한 역학조사나 연구들을 통해 보고되는 우울증 유병수준을 받아들이기에 앞서 조사마다 우울증 여부를 확인하기 위해 사용하는 진단도구와 진단기준 등이 상이하고, 그 결과 유병수준에 대한 추정치가 상당히 달라질 수 있다는 점을 염두에 두어야 한다. Hooyman과 Kiyak(2011)은 노인의 우울증 수준에 대해 여러 조사들을 고찰한 결과, 지역사회에 거주하는 노인들의 10~30%는 경미한 우울증(minor depression), 1~4%는 주요우울장애(major depression), 2%는 기분부전장애(dysthymic disorder), 그리고 0.1%는 조울증을 가지고 있는 것으로 추정한다. 우리나라 노인들의 우울증 유병수준을 질병관리본부가 실시하는 국민건강·영양조사를 통해 살펴보자. 매년 전 국민에 대한 대표성있는 표본을 추출하여 건강과 질병, 영양 부분에 대한 조사를 실시하고 그 결과를 「국민건강통계」라는 이름으로 발표하는데, 가장 최근에 발표된 두 개 년도의 우울증에 대한 조사가 상이하다. 2015년에는 우울감을, 2016년에는 우울장애를 조사하였다. 「2015 국민건강통계」에 의하면 65세 이상 인구의 우울감 경험 비율은 16.2%인 반면, 「2016 국민건강통계」의 65세 이상 인구의 우울장애 경험 비율은

8.7% 이다. 2015년과 2016년의 유병 수준 차이가 큰 것은, 2015년 조사에서는 단일문항으로 응답자들이 일상생활에 지장이 있을 정도로 우울감을 느끼는 상태가 2주 이상 지속된 적이 있었는지를 질문한 반면, 2016년 조사의 경우 정신질환 진단을 위한 도구 중 우울장애 진단을 위한 모듈인 PHQ-9(Patient Health Questionnaire)를 사용하였기 때문이다. PHQ-9는 엄밀한 의미의 주요우울장애(MDD)에 대한 스크리닝 도구는 아니지만, 우울증 위험이 높은 인구집단에서 잠재적인 진단 도구로 사용될 수 있다. 이 도구는 9개 문항으로 구성되어 있는데 각 문항에 대한 응답 범주는 전혀 그렇지 않다(0점)에서 거의 매일 그렇다(3점)로 되어 있으며, 각 문항에 대한 응답을 합산하여(점수범위 0~27점) 사용한다. 정신의학에서 주요 우울장애를 진단하는 도구인 Mental Health Professional(MHP) 인터뷰와 비교한 연구에 의하면, PHQ-9 10점 이상인 경우 88%의 민감도를 가지는 것으로 알려져 있다(Kroenke, Spitzer, & Williams, 2001)

노화와 우울증

노화과정이 진행됨에 따라 우울증과 같은 정신건강문제가 증가하는가? 이 질문에 대한 대답은 앞서 설명한 우울증에 대한 접근 방식의 차이와도 연결되어 결론을 내리기 쉽지 않다. 다만 여러 문헌들을 종합해 보면, 주요우울장애(MDD)를 포함하는 정신질환은 청소년기나 성인 초기에 가장 높고 노년층은 젊은 사람들이나 중년층에 비해 발병률이 상대적으로 더 낮은 것으로 보인다(김은정 외, 2011; George, 2011; Kessler et al., 2005). 반면, 우울증상으로 접근하는 경우에는 노년층의 경제적 어려움이나 사별, 건강상의 문제 등과 연결되어 우울증상을 경험하는 비율이 타 연령층에 비해 높은 것으로 나타나는 연구와 그렇지 않은 결과를 보고하는 연구들이 존재하여 명확한 결론을 내리기는 어렵다. 젊은 성인층과 중년층, 그리고 노년층의 세 개 연령집단의 우울증상 개수를 비교한 Mirowsky와 Ross의 연구(1992)에서는 노년층에서 우울증상 수가 가장 많은 것으로 나타난 반면, Schieman 등(2002)의 연구에서는 노년층이 가장 적은 것으로 나타났다(George, 2011에서 재인용). 우리나라의 연령집단별 우울증 경향을 「2015 국민건강통계」와 「2016 국민건강통계」 결과를 통해 살펴보면([그림 12-4], [그림 12-5] 참조), 남성의 경우 연령집단 간 유병률 차이가 거의 없거나(2016년) 특정한 양상을 관찰하기 어려운 반면(2015년), 여성은 성인기 초기와 노년기에 유병률이 높은 U자형 양상을 보인다.

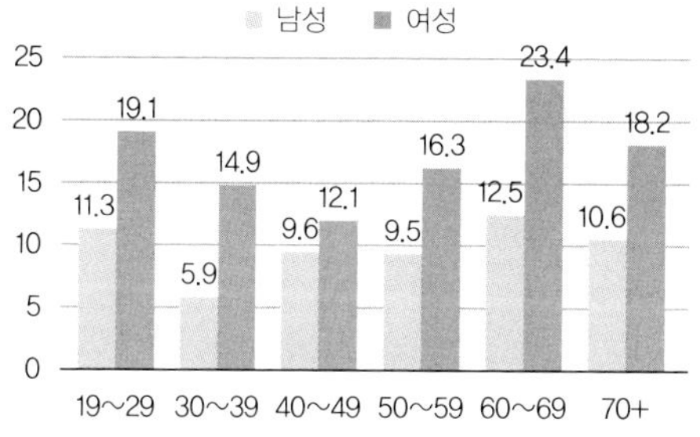

❖ 그림 12-4 우울감(2015)

출처: 질병관리본부(2015). 국민건강통계

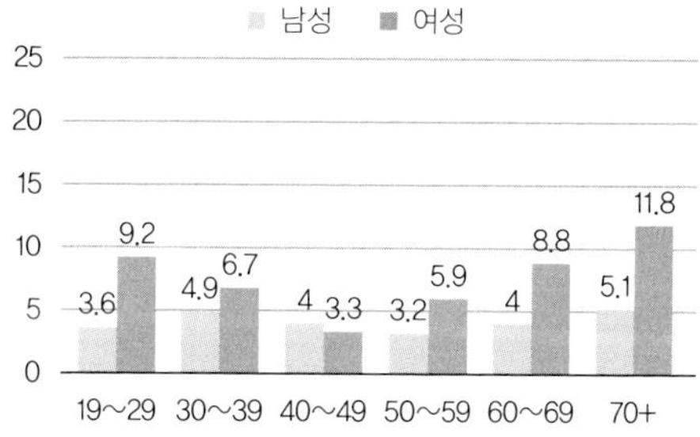

❖ 그림 12-5 우울장애(2016)

출처: 질병관리본부(2016). 국민건강통계.

아직까지 연령 증가에 따라 우울증 유병률이 어떻게 달라지는지 그 양상을 살펴보는 종단연구들이 충분하지 않은 상황으로, 앞서 살펴본 「국민건강통계」를 포함한 많은 연구들이 한 시점에서 다양한 연령집단을 대상으로 하는 횡단조사[2]이기 때문에 그 결과를 우울증에 대한 연령효과로 해석하기에는 무리가 있다. 연령증가에 따라 우울증도 증가하는지에 대해서는 앞으로 보다 많은 연구들이 진행되어야 하겠지만, 한편으로는 연령에 따라 주로 경험하게 되는 우울증의 구체적 양상이 상이할 가능성도 존재한다. George(2011)는 주요우울장애의 경우 슬픈 감정, 무기력함 등의 기분장애(disordered mood)와 흥미의 상실, 소진 등의 자율신경증상(vegetative symptoms), 이렇게 두 가지 유형의 증상이 특징인데, 젊은 사람들에 비해 노년층은 자율신경증상을 더 많이 경험하고 기분장애는 덜 경험하는 경향이 있다고 지적한다. 한편 노년기 우울증상의 경우 인지적·신체적 문제와 함께 가장된 형태로 표출되기도 하기 때문에(김애순, 2012), 치매나 신체적 문제 등으로 오인하여 적절한 진단과 치료를 받지 못하는 상황이 오지 않도록 주의를 기울여야 한다.

우울증에서의 성차

우울증 유병수준에서 남녀 간 차이는 상당히 일관된 양상을 보인다. 앞서 「국민건강통계」에서 확인할 수 있었던 것처럼, 여성이 남성에 비해 우울증(주요우울장애와 우울감 모두

2) 횡단조사에서 발생하는 연령효과와 코호트효과에 대한 설명은 4장을 참고하시오.

포함) 유병수준이 더 높으며, 이는 우리나라를 포함한 대부분의 국가에서 연령집단에 무관하게 관찰된다. 여성이 남성에 비해 우울장애를 경험하는 비율이 50~100% 정도 더 높은 것으로 나타나는데(Kessler et al., 2003; Mirowsky & Ross, 2003), 이러한 여성의 높은 우울증은 남성과 여성 간 건강문제에 대처하는 성향 차이에 의한 것만은 아니다. 한때 연구자들은 여성이 남성보다 건강문제에 더 민감하고 이를 겉으로 드러내며 의사 등 전문가의 도움을 구하는 경향이 있는 반면, 남성들은 민감하지 못하고 숨기려 하는 경향이 있다고 간주하였고, 이러한 차이가 우울증에서의 성차를 인위적으로 만들어 내는 것일 가능성을 제기하였다. 남성과 여성의 성향 차이가 어느 정도는 우울증에서의 성차에 기여할 수는 있지만 이것이 성차의 전부를 설명하지는 못하며, 대부분의 연구자들은 실제로 여성이 남성보다 우울증을 더 많이 경험한다는 데 동의하고 있다(Hooyman & Kiyak, 2011). 여성의 상대적으로 높은 우울증은 호르몬과 같은 생물학적 요인, 기질 등의 심리적 요인, 그리고 성역할, 생활 스트레스 등의 사회적 요인들에 기인하는 것으로 추론되고 있다.

우울증의 원인과 치료

우울증의 원인으로는 유전적, 생리적, 심리 사회적 요인 등 다양하게 지적되고 있다. 생리적 요인으로는 신경전달물질의 불균형이나 불충분한 공급, 낮은 노르에피네프린 및 세로토닌 수준이 지적되며(김애순, 2012; 박재연, 2010), 심리사회적 요인으로는 경제적 어려움, 배우자나 친구의 죽음, 은퇴, 사업의 실패와 같은 각종 상실, 건강 문제, 거주지 변화 등의 중요한 생활사건 혹은 스트레스 상황이 위험요인으로 작용하는 것으로 알려져 있다.

우울증에 대한 치료는 약물 치료뿐 아니라 심리사회적 치료(개입)가 병행되는 것이 효과적이다. 약물 처방은 MAO 억제제(Monoamine oxidase inhibitors)나 트리사이클릭이라는 항우울제가 사용되는데, 증상을 완화하는 데는 효과적이지만, 어지럼증, 변비, 불규칙한 심장박동, 이명, 손떨림, 혼란감 등 부작용이 있을 수 있다(김애순, 2012). 심리사회적 치료는 원인을 찾아내 대처할 수 있는 능력을 키워주는 것을 목적으로 하는데, 환자 본인이나 가족, 친구 등을 대상으로 환자를 지지하고 환자의 주변 환경을 개선시킬 수 있도록 개입이 이루어지는 것이 중요하다.

CES-D10 척도

사회과학 분야에서 우울 증상을 측정하는 데 가장 많이 사용되는 도구로 the Center for Epidemiologic Studies-Depression Scale(이하 CES-D)이 있다. 이 척도는 우울한 기분, 죄의식이나 가치 없는 느낌, 절망감, 정신운동 지체, 식욕상실, 수면장애 등 우울증의 주요 범주를 포함하는 20문항으로 개발되었고, 조사대상의 특성을 고려하거나 문항 수와 응답범주들이 변형된 여러 가지 버전들이 사용되고 있다. 아래에는 「고령화연구패널」에서 최근 사용되고 있는 CES-D10(Boston form)을 제시하였다. 이 척도는 노인·만성질환자를 대상으로 개발한 미국 CES-D20 문항 중 축약·번한되어 사용되고 있는 한국판 CES-D10이다. 여기에서 도출된 결과는 사람들이 경험하는 우울증상 정도를 파악하거나 우울증 위험이 높은 집단을 스크리닝하는 의미로 사용하는 것이 적절하다.

지난 한 주 동안, 얼마나 자주 다음과 같이 느껴지거나 행동하셨습니까?		하루 미만	하루 이틀 정도	3~4일 정도	5~7일 정도
(1)	사람들이 나를 차갑게 대하는 것 같았다.	1	2	3	4
(2)	마음이 슬펐다.	1	2	3	4
(3)	많이 우울하다고 생각했다.	1	2	3	4
(4)	모든 일들이 힘들게 느껴졌다.	1	2	3	4
(5)	비교적 잘 지냈다고 생각한다(역산).	1	2	3	4
(6)	사람들이 나를 싫어하는 것 같았다.	1	2	3	4
(7)	잠을 잘 이루지 못했다.	1	2	3	4
(8)	큰 불만 없이 생활했다(역산).	1	2	3	4
(9)	세상에 홀로 있는 듯 한 외로움을 느꼈다.	1	2	3	4
(10)	도무지 무얼 해갈 엄두가 나지 않았다.	1	2	3	4

(※ 전체 10문항에 대한 응답값을 합하여 우울증상의 정도를 나타내는 값으로 사용하기도 하고, '하루 미만'과 '하루 이틀 정도'를 0점으로, '3~4일 정도'와 '5~7일 정도'를 1점으로 하여, 전체 10점(10문항) 중 4점 이상일 때 우울 증상이 있는 것으로 판단하기도 한다.)

정신의학 분야에서 주요 우울 장애를 진단할 때에는 미국 정신의학협회가 발간한 정신진단 통계편람(Diagnostic and Statistical Manual of Mental Disorders: DSM-Ⅳ)에 기반한 주요우울장애 진단도구인 Diagnostic Interview Schedule(DIS)이나 Composite International Diagnostic Interview(CIDI)을 사용한다(George, 2011). 병적인 우울증, 혹은 임상적인 우울증을 진단하기 위해 사용되는 것으로, 사회과학 분야에서 사용하는 우울증상 측정 도구에 비해 더 복잡하다.

자살

세계보건기구(WHO)에서는 자살을 '이것의 치명적 결과를 충분히 인식하거나 기대하는 상태에서 개인이 의도적으로 시도하고 수행하는 행동'으로 간주한다(OECD, 2015). 우연히 발생한 일이 아니라 인간이라면 당연히 가지고 있는 '생존 본능'에 반하는 의도적 행동이라는 점에서 개인이 가지고 있는 문제가 쉽게 해결되지 않는 심각한 상황임을 의미하는 동시에, 사회가 개인에게 삶의 의지를 유지할 수 있는 조건, 상황을 충분히 제공하지 못하고 있다는 점에서 사회의 '건강성'과도 연결된 문제이다. 자살(고의적 자해)은 우리나라 2016년 사망원인 5위로, 하루 평균 35.8명이 자살로 인해 목숨을 잃은 것으로 나타난다(통계청, 2016). 인구 십만 명당 자살자 수를 나타내는 자살률은 25.6명(국가 간 연령구조의 차이가 사망률에 미치는 영향을 보정하기 위해 연령표준화 사망률을 사용하는 경우 우리나라의 자살률은 24.6명임)으로 OECD 국가 평균(12.0명)의 두 배 이상으로 OECD 국가들 중 가장 높다.

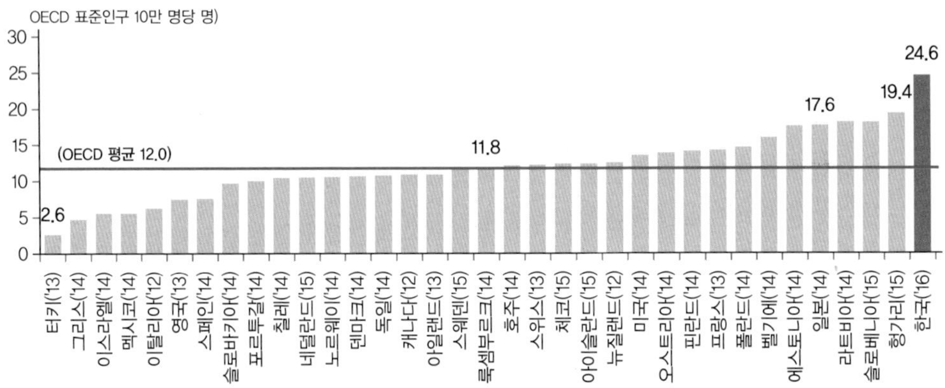

* OECD 평균은 자료 이용이 가능한 35개 국가의 가장 최근자료(OECD STAT, Health Status Data, 2017. 9. 추출)를 이용하여 계산된 수치임.

* 우리나라의 자살률은 OECD 표준인구로 계산한 수치임.

❖ **그림 12-6** OECD 국가들의 자살률

출처: 통계청(2016). 사망원인통계.

노년층의 자살률과 특성

앞서 우리나라의 자살률이 매우 심각한 수준이라는 점을 언급하였는데, 노년층의 자살률은 이보다 훨씬 더 심각한 상황이다. 2016년 성 및 연령집단별 자살률을 보면([그림 12-7] 참조), 전 연령층에 걸쳐 여성보다 남성의 자살률이 더 높고, 70세 이상 고령 남성들의 자살률이 매우 심각함을 확인할 수 있다. 이러한 현상은 비단 우리나라뿐 아니라 많은 나라들에서 관찰되는 현상이다. 남성은 여성보다 자살률이 많게는 3배에서 4배 정도까지 더 높지만, 자살 시도의 경우 남녀 차이는 이보다 훨씬 더 적어, 남성이 여성보다 자살을 시도함에 있어 더 치명적인 방법을 사용하는 것으로 알려져 있다. 남성 노인들의 자살률이 높은 것에 대해 Belsky는 신체기능의 쇠약과 사회적 고립이 남성 노인이 자살을 시도하는 중요한 이유라고 지적한다(김애순, 2012에서 재인용).

자살을 시도할 경우 이러한 시도가 성공하여 죽음에 이를 수도 있고 실패할 수도 있다. 그런데 노년층의 경우 다른 연령대와 달리 자살 성공률이 높다는 점에서 그 심각성이 매우 크다고 할 수 있다. De Leo와 Meneghel은 청소년 자살의 경우 실제로 자살을 원하기보다는 '도움을 청하는 외침'인 경우가 많지만 노인 자살은 보다 심사숙고하여 결정한 자신의 인생에 대한 대안인 경우가 많다고 지적한다(박재연, 2010에서 재인용). 또한 노인의 경우 자살계획을 치밀하게 세우는 경향이 있고, 자신의 자살계획을 주변에 알리는 경우가 드물기 때문에(서화정, 2005) 성공확률이 높은 것으로 알려져 있다.

김현순과 김병석(2008)은 노인 자살의 경우 청소년이나 성인 자살과는 조금 다른 특성을 보인다고 하는데 이를 정리해보면 다음과 같다. 첫째, 노인층은 다른 연령대보다 자살률이 높다. 둘째, 노년기에는 다양한 상실을 경험하게 되고 노년기의 상실은 비가역적이고 대처할 수 있는 자원이 부족하기 때문에 절망을 유발하게 되는 경우가 많은데, 타 연령층에 비해 절망이 자살에 큰 영향을 미칠 수 있다. 셋째, 학업성취에 대한 압박이나 실연 등과 같이 단일요인에 의해 주로 발생되는 청소년 자살과 달리, 노인 자살은 역할상실, 건강악화, 만성질환, 사회관계의 축소, 배우자 사망, 경제적 불안정, 우울증상 등 다양한 복합요인들이 작용하여 발생하게 된다.

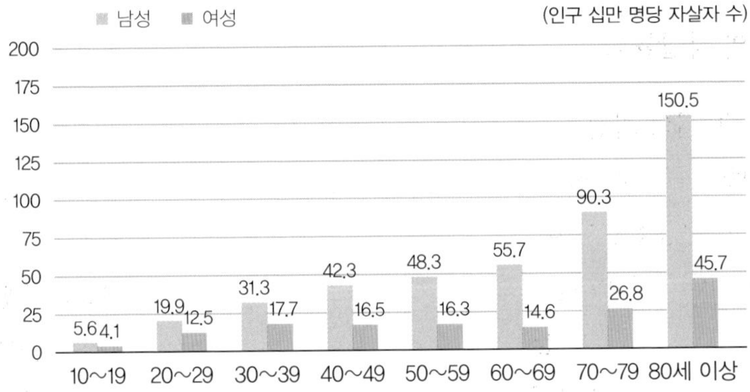

❖ **그림 12-7** 2016년 성, 연령집단별 자살률

출처: 통계청(2016). 2016 사망원인통계 자료를 기반으로 작성함.

자살의 원인과 예방

자살 관련 요인, 혹은 원인에 대한 정보는 자살생각(suicide ideation)이나 자살시도(suicide attempt)에 대한 연구결과를 사용하는 경우들이 많다. 자살한 사람을 대상으로 하여 이들이 왜 자살을 하게 되었는지 그 원인을 알아내는 것이 쉽지 않다는 점, 그리고 자살을 자살생각과 자살시도, 자살행위에 이르는 연속적인 개념으로 파악하기도 한다는 점(김현순·김병석, 2008; 최연희·김수현, 2008)을 고려해 볼 때 자살생각이나 자살시도에 대한 연구결과에서 자살 원인을 추론하는 것은 크게 무리가 없을 것이다. 관련 연구들을 보면, 자살에 영향을 미치는 요인들은 스트레스, 힘든 생활사건, 절망, 우울, 신체적 건강악화 및 질병, 경제적 어려움, 가족 및 사회적 관계에서의 문제나 고립 등 다양하다.

이러한 다양한 요인들 중 특히 주목할 만한 부분은 우울이다. 많은 연구들이 우울이 자살충동과 직접적인 상관을 보인다는 점을 보고하고 있고 자살에 있어 단일요인으로 가장 결정적인 위험요인으로 간주되기도 한다. OECD 보고서(2015)에 의하면 자살을 시도한 사람들 중 상당 비율이 심각한 우울이나 양극성 장애, 조현병과 같은 정신질환으로 인해 고통받는다고 한다. 또한 미국 정신의학협회가 발간한 정신진단 통계편람 4권(DSM-IV)과 국제질병분류 제10판(ICD-10)에 의하면, 우울증의 가장 보편적인 증세 중 하나가 자살충동이 반복적으로 일어나거나 자살 시도 혹은 자살하려는 구체적인 계획을 가지는 것이라고 한다(박재연, 2010에서 재인용).

우울증과 같은 정신질환 외에 낮은 수입, 알코올, 약물, 실직, 사회적 고립 또한 높은 자살율과 연관되는데(OECD, 2015), 이러한 요인들은 자살에 직접적으로 영향을 미치기도 하지만 우울을 통해 간접적으로 영향을 미치기도 한다. 최연희와 김수현(2008)은 노인 자살 행동을 줄이기 위해 가장 중요한 점은 먼저 자살 위험성이 높은 노인들을 정확하게 예측하는 일이라고 지적한다. 이러한 맥락에서 볼 때 자살과 관련성이 높은 요인들은 자살 위험성이 높은 집단을 조기에 발견하여 자살을 예방하는 데 중요한 역할을 할 수 있다.

3. 치매

치매(Dementia/major or mild Neuro-cognitive Disorder: NCD)는 '후천적으로 발생한 다발성 인지기능 저하로 인하여 사회생활 및 일상생활에 유의한 장애가 발생한 상태'로 정의된다(APA, 1994). 이전에는 치매, 혹은 dementia라는 용어를 많이 사용하였지만, 점차 다른 용어로 대체하려는 움직임이 진행되고 있다. 일본의 경우 치매라는 용어가 병의 특징을 제대로 나타내지 못하고 편견을 가져온다는 인식 하에 전문가들의 논의를 거쳐 2004년부터 '인지증'이라는 용어로 변경하여 사용하고 있다. 미국정신의학회(American Psychiatric Association: APA)의 정신장애 진단 및 통계편람(Diagnostic and Statistical Manual of Mental Disorders: DSM)에서도 4판(DSM-IV)까지는 'dementia'라는 용어를 사용하였다. 그러나 이 용어가 라틴어의 '미친(mad)' 혹은 '비정상적인(insane)'이라는 말과 연관되어 있기 때문에 용어 자체가 주는 부정적인 편견과 낙인으로 인해 5판(DSM-V, 2013)부터는 dementia 대신 'major/mild Neuro-cognitive Disorder'라는 범주로 대체하였다.

치매는 어떤 하나의 질병을 지칭하는 말이 아니라, 다양한 원인에 의해 뇌기능 장애가 발생하여 일상생활을 수행하는 데 지장이 초래된 상태로 질병의 명칭이 아닌 '증후군'이라 할 수 있다. 서울대학교 정신건강의학과 이동영 교수는 치매를 '이전에 비해 기억력을 포함한 여러 인지기능이 저하되고 일상생활 수행에 지장이 초래된 상태로서, 의식장애에 의해 발생한 현상과는 구분되어야 한다'고 지적한다. 즉 치매를 진단하는 데 있어 이전에는 인지기능이나 일상생활 수행에서 문제가 없었지만 어떠한 원인으로 인해 이 부분에서 문제가 생기게 되었다는 점, 그리고 통상적으로 수술이나 외상 이후에 일시적으로 나타나게 되는 인지기능 저하 등과는 구별되어야 한다는 것이다.

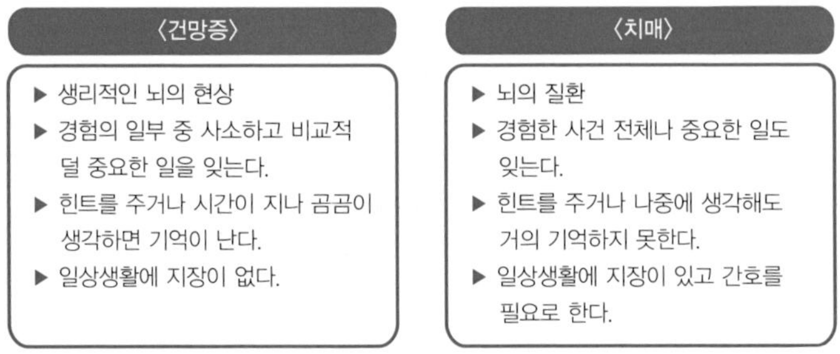

❖ **그림 12-8** 건망증과 치매의 차이

출처: 국가건강정보포털.

치매 유병수준

세계보건기구(WHO)에 의하면 2015년 기준 치매환자는 전 세계적으로 약 4,750만 명이 있을 것으로 추산되고 있다(WHO, 2015). 우리나라의 경우 2016년 기준 65세 이상 노인의 9.8%인 66만여 명이 치매환자로 추정되고 있으며, 고령화 진전에 따라 치매환자의 수도 급증하여 2024년에는 100만 명, 2041년에는 200만 명이 넘을 것으로 추정되고 있다(중앙치매센터, 2017).

치매 유병률은 연령과 매우 밀접하게 관련되어 있다. 전 세계적으로 치매는 65세 이상 노인에서 약 5~10%의 유병률을 보이는 것으로 알려져 있는데, 연령별로 보면 65세 이후에는 5세 증가할 때마다 유병률이 거의 두 배 정도씩 증가한다고 한다(Jorn, 2000). 65~69세 연령집단의 경우 치매 유병률이 1.3~3.6%인데 비해 85세 이상은 30.5~33.2%로 상당히 높다. 연령 외에도 성별이나 학력에 따른 차이도 관찰되어 여성이 남성보다, 그리고 교육수준이 낮을수록 치매 유병률이 높은 것으로 알려져 있다.

치매의 진단

임상적으로 치매를 진단하는 데에는 ① 인지기능평가, ② 일상생활기능평가, ③ 이상행동 평가, ④ 치매의 중증도 평가 ⑤ 치매의 원인 질환을 찾기 위한 검사의 다섯 가지 평가가 필요하다. 최성혜(2012)가 치매의 임상적 진단에 대해 설명한 것을 기초로 간단히 살펴보자.

인지기능평가 기억력, 언어능력, 시공간 능력, 전두엽 집행기능(목표에 도달하기 위한 행동에 필요한 기능으로 행동을 통제하고 조절하는 인지기능), 계산능력 등 여러 인지 영역에 대한 평가를 하게 된다. 많이 사용되고 있는 인지기능 검사도구로는 Mini-Mental State Examination(MMSE)이다. MMSE 등을 통한 인지기능평가는 치매 여부를 직접적으로 진단하기보다는 치매가 의심되는지를 선별하기 위해 주로 사용되고 있다.

일상생활기능평가 인지기능 저하로 인하여 일상생활기능에서 저하가 있는지를 평가하게 된다. 일상생활수행능력(ADL)과 도구적 일상생활수행능력(IADL)을 통해 평가하게 된다.

이상행동에 대한 평가 치매에 흔하게 동반되는 이상행동들이 존재하는지, 만약 존재한다면 어떤 종류의 이상행동이 존재하는지를 확인하게 된다. 이상행동으로는 무감동, 무관심, 화를 잘 냄, 우울증, 불안, 망상, 수면장애, 식습관 변화, 초조, 공격성, 충동조절이 안되는 것, 반복적 행동, 환각 등이다.

치매의 중증도 평가 인지기능, 이상행동, 일상생활능력에 대한 평가를 기초로 치매 증상이 얼마나 심각한지를 평가하게 된다.

치매의 원인질환에 대한 검사 치매를 가져올 수 있는 원인질환이 다양하기 때문에 환자가 어떠한 원인에 의해 치매 증상이 발생되었는지를 검사를 통해 확인한다. 원인질환을 찾기 위해서는 신경학적 검사, 혈액검사, 뇌촬영 등이 기본적으로 필요하고, 그외 의심되는 질환에 따라 추가적인 검사가 시행된다. 치매의 원인질환을 알아냄으로써 적절한 치료 및 관리가 이루어지도록 해야 한다. 그 비율이 높지는 않지만 가역성 치매, 즉 어떤 다른 의학적 원인에 의해 2차적으로 치매 증상이 발생한 경우에는 원인질환에 대한 치료를 통해 치유가 가능하다(홍숙자, 2010).

치매의 유형

치매는 매우 다양한 원인들에 의해 발생되는 것인 만큼 치매라는 증상을 가져온 원인이 무엇인가에 따라 유형을 구분할 수 있다. 대표적으로는 알츠하이머병을 포함하는 퇴행성 뇌질환형 치매, 혈관성 치매, 그리고 기타 치매의 세 가지 유형으로 구분할 수 있다.

퇴행성 뇌질환형 치매(알츠하이머성 치매) 퇴행성 뇌질환에 의한 치매의 가장 대표적인 것은 알츠하이머병이다. 독일 의사인 A. Alzheimer에 의해 처음으로 진단된 알츠하이머병(Alzheimer's Disease: AD)은 가장 흔한 치매의 원인 질환으로 알려져 있는데, 국가나 인종 등에 따라 그 비율은 다르지만 대체적으로 전체 치매의 50~80% 정도(김숙희·한설희, 2012; OECD, 2015)를 차지하는 것으로 보고되며, 우리나라의 경우에는 전체 치매환자의 74.66%가 알츠하이머성 치매인 것으로 추정되고 있다(중앙치매센터, 2017).

알츠하이머 환자의 뇌에서 특징적인 점은, 뇌가 위축되어 있고, 비정상적인 단백질인 베타 아밀로이드 단백질이 침착되면서 생긴 노인반(senile plaque), 그리고 타우 단백질이 비정상적으로 엉켜 붙으면서 형성된 신경섬유다발(neurofibrillary tangle)이 다수 관찰되는 것이다. 노인반과 신경섬유다발이 뇌에 점차 쌓이고 이로 인하여 신경세포들이 죽으면서 알츠하이머병이 발생하게 되는데, 이러한 두 물질이 왜 쌓이는지에 대해서는 아직 명확하게 밝혀지지 않았다. 일반적으로 연령이 높을수록 알츠하이머에 걸릴 위험도 높아지는데, 가족력과 같은 유전적 소인이 밀접하게 관련되어 있는 것으로 알려져 있다.

뇌 MRI 사진을 통해 알츠하이머 환자의 뇌가 위축되어 있는 것을 확인할 수 있으며([그림 12-9] 참조), 뇌에 축적된 베타 아밀로이드 단백질을 영상화하여 나타내는 "아밀로이드

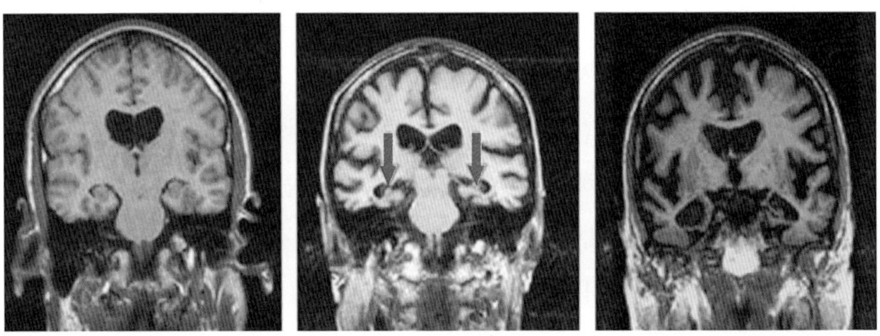

정상　　초기 알츠하이머병　　말기 알츠하이머병

정상적인 뇌와 비교할 때, 초기 알츠하이머병 환자의 뇌는 기억을 담당하는 부분들이 위축(부피가 줄어듦)되어 있고, 말기 환자의 뇌는 기억을 담당하는 부분뿐 아니라 다른 부분들도 위축되어 있다.

❖ **그림 12-9** 정상인과 AD 환자의 뇌 MRI 사진

출처: 중앙치매센터.

PET 영상기법"을 통해 알츠하이머병을 조기에 진단할 수 있다. 알츠하이머병의 대표적인 증상으로는 공격성, 소리 지르기, 초조, 배회 등의 행동증상과 망상, 환각, 우울증, 불안 등의 심리증상이 있다. 알츠하이머성 치매 외에도, 파킨슨병 치매, 루이체성 치매, 전두측두엽 치매, 기타 퇴행성 뇌질환에 의한 치매 등이 퇴행성 뇌질환형 치매에 포함된다.

혈관성 치매 (뇌)혈관성 치매(Cerebrovascular dementia: CVD)는 뇌 혈액공급이 원활하지 못하여 뇌세포에 산소공급이 제대로 되지 못하고 손상되어 뇌기능(특히 인지능력)에 문제가 발생한 것이다. 뇌에 혈액을 공급하는 혈관이 막히거나 터져 출혈이 발생하여 혈류 공급이 중단되는 응급 상황을 뇌졸중(중풍이라고도 함)이라 하는데, 뇌졸중이 여러 번 반복되면서 인지기능이 점점 악화되어 혈관성 치매가 생기게 되거나(다발성경색 치매), 뇌졸중이 발생하지 않을 정도의 작은 뇌혈관장애가 반복되어 혈관성 치매가 나타나기도 한다(피질하경색 치매). 혈관성 치매의 진단은 뇌 CT나 MRI 상에서 인지기능장애를 가져올 만한 허혈성(뇌혈관이 좁아지거나 막히는 것) 또는 출혈성(뇌혈관의 파열로 인해 출혈이 발생하는 것) 뇌혈관질환 병변이 관찰되어야 한다(최성혜, 2012). 우리나라의 경우 전체 치매환자의 8.64%가 혈관성 치매환자로 추정되고 있으며(중앙치매센터, 2017), 혈관성 치매의 경우 뇌로 가는 혈액공급이 원활하지 못해 뇌세포가 괴사되어 발생한 것이므로 뇌세포의 괴사가 어떤 부분에 발생하였는지에 따라 증상도 다양하게 나타날 수 있다.

혈관성 치매의 위험인자로는 고령, 뇌졸중, 고혈압, 고지혈증, 당뇨, 심부전, 관상동맥질환, 흡연, 과음, 기립성 저혈압, 유색인종, 저학력, 머리를 많이 쓰지 않는 직업 등이며, 급성 뇌졸중 시에 경련, 폐렴, 심장부정맥 등으로 저산소성 뇌손상을 받은 경우도 혈관성 치매의 위험성을 높인다(최성혜, 2012).

기타 치매 앞서 설명한 퇴행성 뇌질환형 치매와 혈관성 치매 외에, 갑상선기능저하증, 비타민 B12 결핍증, 알코올 중독, 우울증 등에 의해 치매 증상을 보이기도 한다. 이러한 유형의 치매는 치매 증상을 보이지만 뇌병변이 없는 기능성 장애라는 점에서 '가성 치매'라 불리기도 한다. 특히 갑상선기능저하증이나 비타민 B12 결핍에 의해 발생한 치매는 원인질환을 치료하는 것을 통해 완치 가능하다. 이외에도 뇌염과 같은 감염성 질환이나 경막하혈종과 같은 두부 외상, 뇌종양 등으로 인해 치매 증상을 보일 수 있다.

치매의 원인과 예방

치매는 다양한 원인질환에 의해 발생한 것이기 때문에, 원인질환에 따라 그 원인과 예방법, 그리고 치료 여부가 달라진다. 가장 많은 비율을 차지하고 있는 알츠하이머병의 경우 발병 원인이 명확하게 알려지지 않았기 때문에 이에 대한 근본적인 치료방법은 현재로서는 없다. 인지기능 악화를 지연시키는 약물을 사용하거나 정신행동 증상에 따라 적절한 약물 치료를 하는데, 꾸준한 약물투여를 통해 질병의 진행속도를 늦추고 인지기능을 다소 향상시킬 수 있는 것으로 평가되고 있다(김정은 외, 2014). 혈관성 치매의 경우 이미 손상된 뇌신경은 다시 살릴 수 없지만, 더 이상의 뇌경색, 뇌출혈이 발생하지 않도록 관리하고 이와 동시에 남아있는 뇌신경의 기능을 보다 활성화시켜 증상을 완화시키는 약물요법을 사용하게 된다. 혈관성 치매의 경우 특히 예방이 매우 중요하여, 고혈압, 당뇨, 고지혈증, 심질환, 흡연, 비만 등 혈관성 질환의 위험요인을 피하는 것이 필요하다. 한편 일부 치매의 경우는 원인질환을 치료함으로써 치매증상을 치료할 수 있는데, 이러한 가역성 치매의 원인으로는 우울증, 알코올 및 화학물질 중독, 갑상선기능저하증, 비타민 B12

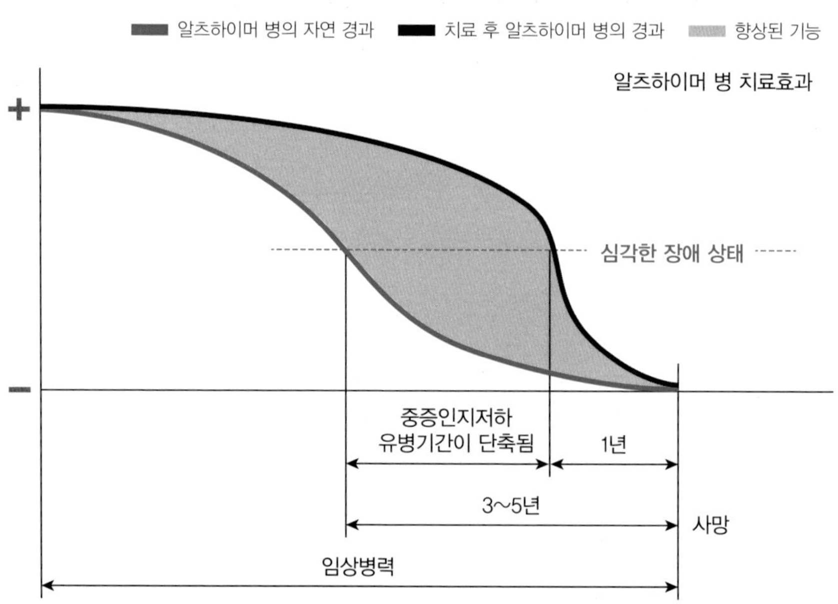

약물 치료와 비 약물적 치료를 통해 알츠하이머병으로 인한 심각한 장애가 지속되는 기간을 단축시킬 수 있다.

❖ **그림 12-10 알츠하이머병 치료 효과**

출처: 보건복지부지정 노인성치매임상연구센터(http://public.crcd.or.kr/).

결핍증, 두부외상, 뇌종양, 뇌염 등이 있다(홍숙자, 2010). 다만 가역성 치매라 할지라도 이로 인해 뇌세포가 죽었다면 이미 죽은 뇌세포를 재생하는 것은 불가능하다.

치매의 경우 조기에 발견하여 가역성 치매는 원인질환 제거를 통해 치료하고 가역성 치매가 아닌 경우라 할지라도 병의 진행을 지연시키고, 손상되지 않은 뇌 기능을 극대화하여 증상 자체를 완화시키고 일상생활을 유지하게 함으로써 환자 자신과 가족의 삶의 질을 향상시키는 것이 중요하다. 많은 사람들이 치매는 치료가 불가능하다고 생각하여 검사를 받지 않거나 혹은 진단 후 지속적인 관리를 하지 않는 경우가 많다. 그러나 치매환자에게 사용되는 가장 대표적인 인지기능개선 약물인 아세틸콜린분해효소억제제(Acetylcholinesterase inhibitors: ACEI)의 경우 병의 경과를 6개월에서 2년 이상 늦출 수 있고 특히 병의 초기와 중기에 효과가 큰 것으로 알려져 있는 만큼, 치매를 조기에 진단하고 꾸준히 관리하는 것이 필요하다.

치매환자에 대한 돌봄

치매는 환자 자신의 삶뿐 아니라 이들을 보호하는 가족 및 사회에 상당한 부담을 가져오게 된다. 먼저 경제적 부담을 살펴보자. 치매관리비용에는 치매환자에 대한 치료 및 돌봄을 위해 지출되는 직접 비용과 치매돌봄자의 노동시간 손실이나 돌봄부담으로 인한 건강관리비용 등의 간접 비용이 포함되는데, 2015년 기준 전 세계적으로 치매로 인한 전체 비용은 8,180억 달러로 추산되고 있다. 이러한 비용은 2010년 6,040억 달러에서 35.4% 더 증가한 것으로, 노인인구 증가로 인한 치매환자 수의 증가와 치매환자 1인당 비용 증가로 인해 2018년에는 약 1조 달러에 달할 것으로 추정되고 있다(보건복지부, 2015). 우리나라의 경우에는 2016년 기준 치매환자 연간 총 관리비용은 13조 6천억 원, 그리고 치매환자 1인당 연간 관리비용은 2,054만 원으로 상당한 경제적 부담이 소요되고 있다(중앙치매센터, 2017).

경제적 부담 외에 치매환자를 직접적으로 돌보는 가족 및 지역사회의 부담 또한 상당하다. 치매환자들의 경우 대부분 일상생활에서 돌봄을 필요로 하며 치매의 정도가 심해질수록 돌봄을 필요로 하는 정도도 증가하게 된다. 중앙치매센터에 의하면 치매환자를 돌보는 돌봄제공자의 경우 매일 6~9시간을 치매환자를 보살피기 위해 사용하는 것으로 추정되고 있다(중앙치매센터, 2015). 돌봄은 가족이나 친척, 친구 등에 의해 제공되는 비공식적 돌봄(informal care)과 전문적인 조직 및 관리체계에 의해(이와 연계된 전문가 및 자원봉사자 포함) 제공되는 공식적 돌봄(formal care)으로 구분되는데, 치매의 경우 비공식적 돌봄이 차지하는 비율이 상당히 크다. 미국은퇴자협회(AARP)에 의하면, 알츠하이머환자의 70% 정도가 질병의 전 기간동안 가족에 의해 집에서 돌봄을 받는다고 한다(Ginzler, 2009). 또한 치매환자에게 비공식적 돌봄을 제공하는 사람들의 경우 다른 질병에 대한 돌봄 제공자들에 비해 목욕, 식사, 대소변 수발 등 가장 어려운 유형의 돌봄을 제공하고 주당 돌봄노동 시간이 더 많으며 더 오랫동안 돌봄을 지속하는 것으로 나타났다. 이러한 치매환자를 돌보는 사람들의 과도한 육체적, 심리적 부담으로 인해 건강문제의 위험성 또한 높은 것으로 알려져 있다.

치매 관련 참고 사항

치매환자에 대한 돌봄을 가족에게만 전가시키던 과거와 달리 이제 치매는 국가적 차원에서 대응해야 할 과제의 하나로 인식되고 있다. 이에 정부에서는 치매관리종합대책을 수립하고 2012년 『치매관리법』을 제정, 시행하고 있으며, '치매검진사업', '장기요양 대상자 확대', '치매등록관리', '치매 국가책임제' 등 국가적 차원의 종합계획을 마련하고 있다. 이와 함께 치매센터(중앙·광역치매센터), 치매상담센터(전국의 모든 보건소), 치매상담콜센터, 지역치매지원센터 등을 설치, 운영하고 있다. 치매와 관련하여 유용한 정보 및 상담, 도움을 받을 수 있는 센터 및 앱 프로그램, 가이드북을 아래에 제시하였다.

- 치매상담콜센터: 국번 없이 1899-9988로 24시간 치매 돌봄 및 정보상담 가능.
- 치매종합포털앱 〈치매체크〉: 치매위험검사, 돌봄 관련 정보, 치매환자 실종대응가이드 등 치매 관련 다양한 정보와 서비스들을 제공받을 수 있는 앱.
- 2017 나에게 힘이 되는 치매가이드북: 치매 예방과 진단, 다양한 지원 서비스, 돌봄지침, 신청방법 등을 한눈에 파악할 수 있도록 구성되어 있음.
- 중앙치매센터(www.nid.or.kr): 치매와 관련하여 다양한 정보를 제공하고 교육과 서비스를 제공하는 컨트롤타워 역할을 수행.

치매노인 인식표 착용의 중요성 치매환자의 경우 혼자 집을 나간 후 집을 찾아오지 못하거나 과거 어느 시점의 기억에 의존하여 집을 찾아가는 행동 등으로 인해 실종사건이 자주 발생하게 된다. 따라서 실종에 대비하기 위해 인식표 등을 손목에 착용하는 것이 도움이 될 수 있다. 중앙치매센터에서는 치매 등으로 실종이 염려되는 어르신에게 인식표를 제작, 보급하고 있는데, 2016년 기준 인식표 보급률은 아직 2.5%에 불과하다.

사회경제적 지위에 따른 건강 불평등

이 장의 전반에 걸쳐 살펴본 바와 같이 건강문제를 경험하는 정도는 교육수준이나 소득, 직업지위, 성별, 인종 등에 따라 차이가 있다. 이러한 건강에서의 차이를 '불평등'이라는 용어로 표현하는 것은 이러한 차이가 무작위적인 다름, 혹은 자연스럽거나 필연적인 현상이 아니라는 의미를 내포하는 것이다. 사회를 층화(stratification)하는 다양한 축에 따라 질병이나 장애의 위험요인에의 노출 정도나 건강과 관련된 다양한 자원들이 상이하게 분배됨으로써 건강 불평등으로 이어지고 있다는 문제의식을 표현하는 것이다. 건강 불평등은 사회 층화의 축에 따라 다양한 양상이 존재하지만, 여기에서는 가장 대표적인 사회경제적 지위에 따른 건강 불평등에 대해 살펴볼 것이다.

건강과 질병의 '근본적 원인' 연구들을 통해 확인된 건강 불평등 양상은 더 부유하고, 더 교육받고, 더 권력이 있는 사람들이 그렇지 못한 사람들보다 더 건강하고, 더 오래산다는 것이며, 이러한 현상은 국가, 사회, 시간과 장소를 불문하고 관찰되는 양상이다(Diderichsen, Evans, & Whitehead, 2001; Macintyre, 1998). 사망원인이 급성, 유행성 질환에서 만성질환으로 질병의 유형이 변화함에 따라 건강 위험요인이 변화된 것처럼, 시대에 따라 건강의 위험요인은 항상 변화되어 왔다. Bruce(1995)가 지적한 것처럼 사회구조에서 유리한 위치에 있는 사람들은 건강에 대한 정보를 더 쉽게 접하고 더 잘 수용하며 가능한 모든 자원을 동원하여 위험요인을 피할 것이며, 설혹 질병에 걸린다 할지라도 이로 인한 부정적 결과를 최소화할 수 있기 때문에, 질병의 유형이 변화되고 위험요인이 변화될지라도 건강 불평등은 존재하게 된다. 즉 시회경제적 지위와 같은 자원이나 권력의 배분과 관련된 축들이 건강과 질병의 '근본적 원인(fundamental causes)(Link & Phelan, 1995)'으로 작용하는 것이다.

행동의 사회적 맥락 현재 주요 질병 유형인 만성질환은 생활습관질환이라 불릴만큼 무엇을 먹고 어떻게 행동하는지와 같은 라이프스타일이 중요하게 작용한다. 흡연이나 음주, 운동, 적절한 식사 등은 건강에 해를 미치거나 도움이 되는 행동으로 생활습관의 일부분이다. 그런데 이러한 생활습관에서도 사회적 격차가 존재한다. 관련 연구들에 의하면, 사회경제적 지위가 낮은 사람들이 흡연, 과도한 음주, 고열량의 영양가는 낮은 적절하지 않은 식사를 하는 반면, 사회경제적 지위가 높은 사람들은 규칙적인 운동, 적절한 식이 등 건강에 도움이 되는 행동을 보다 많이 하는 경향이 있다. 즉, 건강과 관련된 행동, 생활습관이 인구집단 내에 무작위로 분포되어 있는 것이 아니라, 사회적으로 유형화되어 있는 것이다. 사회환경은 ① 행동에 대한 규범을 형성함으로써, ② 특정한 사회적 통제의 유형을 강화함으로써, ③ 어떤 행동에 참여할 수 있는 환경적 기회를 제공하거나 제한함으로써, ④ 스트레스를 양산하거나 경감함으로써 행동에 영향을 미치게 된다. 지극히 '개인적'인 것처럼 보이는 많은 행동들이 사실상 개인이 놓여있는 사회 환경에 의해 '제약된 선택'으로, 사회적 맥락에서 발생한 것이라는 점이다. 이러한 사실을 간과한다면 건강과 관련된 행동이나 건강 불평등의 원인을 개인에게 돌리게 될 위험이 존재한다.

절대적 박탈 vs 상태적 박탈 하버드 대학 아마티아 센(Amartya Sen) 교수는 '소득'이라는 공간에서 생긴 상대적인 박탈(상대적 빈곤)은 '가능성'의 공간에서는 절대적인 박탈을 가지고 올 수 있다고 지적하는데, 이는 불평등의 이슈를 절대 빈곤층에 한정되는 문제로 보아서는 안된다는 것을 의미한다. 소득이 증가한다고 해서 건강이 그와 똑같은 비율로 좋아지는 것은 아니지만, 관련 연구들은 소득수준에 따라 건강상태에서 단계적인 차이가 존재한다고 보고한다. 건강 불평등은 단지 물질적 결핍이나 의료이용의 제한, 직업지위가 낮은 사람들이 처하게 되는 위험한 작업환경에 국한되는 것이 아니라, 건강과 관련된 다양한 행동, 삶에 대한 지배력, 사회에 전적으로 참여할 기회, 중요한 사회적 관계 등이 사회경제적 지위에 따라 차등적으로 분배되기 때문에 발생하게 된다. 따라서 적절한 소득을 통해 가장 기본적인 물질적 조건이 만족된다 해도 소득 사다리를 하나씩 올라설 때마다 건강에 유익한 새로운 편익들을 계속해서 얻게 되는 것이고, 이러한 건강의 계층화된 현상을 '지위 신드롬(status syndrome)'(Marmot, 2004)이라고 부르기도 한다.

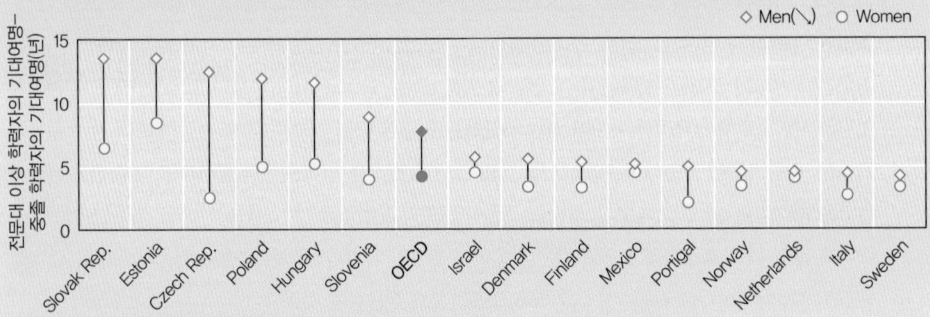

교육수준이 높은 사람이 교육수준이 낮은 사람보다 평균 6년 정도를 더 오래 산다.
(교육수준에 따른 기대여명의 격차 정도는 여성보다 남성에게 더 크다.)

❖ 그림 12-11 중학교 졸업자와 고등교육(전문대 이상)을 받은 사람 간 기대여명의 차이: 2013년 30세 남녀 기준

출처: OECD(2016). Eurostat database complemented with national data for Israel, Mexico and the Netherlands.

우리가 살고 있는 환경은 건강에 지대한 영향을 미치게 되고, 삶이 사회에 의해 조직화되는 방식이 결국 우리의 건강을 형성하게 된다. 이런 점에서 건강 불평등을 완화시키기 위해서는 개개인의 노력 이상으로 사회가 보다 평등하게 조직화될 수 있도록 하는 정책적 노력이 필요하다. 사회적 맥락을 간과하고 개인적 노력만을 강조하게 될 경우, 건강악화의 책임을 개인에게만 전가할 뿐 아니라 그 효과 또한 미미할 수밖에 없다.

CHAPTER

13

노년기 사회참여

CHAPTER

13 노년기 사회참여

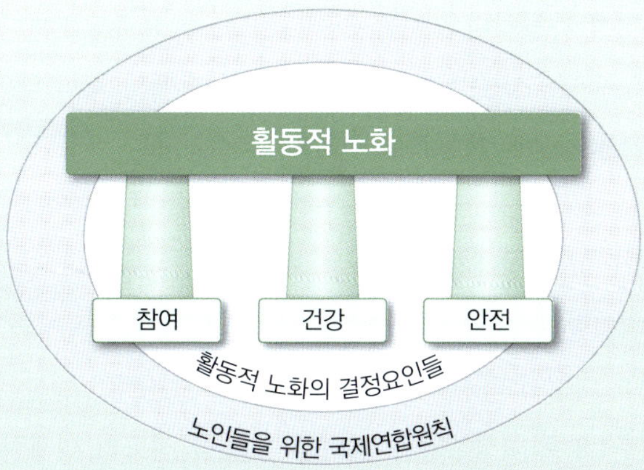

세계보건기구(World Health Organization, 2002)에서는 긍정적으로 나이 들어 가려면 길어진 수명과 함께 건강하고 안전하게 그리고 사회에 참여하면서 살 수 있는 기회가 있어야 한다는 생각으로 활동적 노화라는 개념을 제시하였다. 활동적 노화는 사람들이 나이 들어 가면서 삶의 질을 높이기 위해 참여, 건강, 안전의 기회를 최적화하는 과정이다. "활동적"이라는 말은 단순히 신체적 활동이나 직업세계의 참여뿐 아니라 사회적, 경제적, 문화적, 영적, 그리고 시민활동에 계속해서 참여하는 것을 말한다. 노년기에 사회에 계속해서 참여하는 것이 왜 중요할까? 그리고 사회참여는 노인 개인에게나 사회적으로 어떤 의미를 지니는 것일까?

사회참여와 삶의 질

우리는 흔히 노인이라는 말을 들으면 수름, 빈곤, 실병, 소외, 고집스러움 등의 부정적인 모습을 떠올리게 된다. 실제로 서구에서는 노화(aging)를 치매, 의존성, 질병의 소위 3D(dementia, dependence, disease)와 연결시켜 생각해 왔다. 여기에 대한 반작용으로 많은 노년학자들은 노화에 관한 부정적 시각에서 벗어나 노화과정의 다양성을 수용해야 한다고 주장해 왔다. 이런 맥락에서 노화의 모습을 병리적 노화(pathological aging), 일반적 노화(normal, usual aging), 그리고 성공적·최적의 노화(successful, optimal aging)로 구분했는데, 병리적 노화란 질병과 장애로 점철된 노화로 이는 정상적으로 나이 들어가는 과정이 아닌 질병에 의한 문제가 나타난 모습이다. 일반적 노화는 심각한 질환이나 기능장애는 없지만 연령증가와 함께 나타나는 변화들로 질환에 걸릴 위험요소를 가지고 있는, 혹은 사회적 세계가 축소되어 고독하고 활기차지 못한 날을 보내는 모습이다. 이에 비해 성공적 노화는 일반적 노화를 개인의 노력과 환경에 대한 적절한 통제를 통해 극복하거나 지연시키는 것이 가능하다고 보는 것이다(Baltes & Baltes, 1990; Rowe & Kahn, 1998).

Rowe와 Kahn(1998)은 성공적 노화를 ① 질병과 장애의 회피, ② 높은 수준의 인지적, 신체적 기능 유지, ③ 생산적 활동과 타인과의 관계를 통한 적극적인 인생참여라는 세 가지 주요 행동 또는 그 특성을 유지하는 능력으로 정의한다. 질병과 장애의 회피는 단순히 질병이나 장애가 없는 상태를 의미하는 것이 아니라 질병과 장애에 대한 위험요인들도 피하는 것을 의미한다. 높은 수준의 인지적, 신체적 기능유지는 질병과 장애에 대한 위험을 피하는 것에 더해서 타인에게 의존하지 않고 기본적인 일상의 욕구들을 충족시키기 위한 능력, 독립적으로 일상생활을 영위할 수 있을 정도의 신체적 기능과 정신적 기능을 유지하는 것을 의미한다. 더 나아가 적극적인 인생참여는 다른 사람과 친밀한 관계를 유지하는 것과 생산적인 활동에 참여하는 것으로 구성된다.

이상의 세 가지 요소는 성공적 노화를 구성하는 주요 요인으로, 위계적인 성격을 갖는다([그림 13-1] 참조). 질병과 장애가 없으면 정신적 기능이나 신체적 기능을 유지하기가 더 쉽고, 정신적·신체적 기능을 유지함으로써 적극적인 인생참여가 가능해진다는 것이다. 즉, 각 요소들은 상위 위계의 기능을 보장해 주지는 못하지만, 이를 가능하게 하고 용이하게 수행할 수 있도록 하는 데 도움이 된다는 것이다. 성공적 노화 요소들의 위계적 관계를 고려할 때, 노년기 인생참여, 사회참여는 노년기 삶의 질에 매우 중요한 영향을 미친다고 볼 수 있다.

Rowe와 Kahn은 인생에의 참여가 다양한 형태로 이루어질 수 있지만 타인과의 관계와 생산적 활동 참여로 가장 잘 구현될 수 있다고 한다. 타인과의 관계를 통해 친밀감을 얻는 것, 그리고 삶의 의미와 목적을 제공하는 활동의 중요성은 생애 전반에 걸쳐 중요하며 노년기에도 그 중요성은 결코 감소하지 않는다. 따라서 이러한 친밀감과 의미를 제공하는 관계와 활동을 발견하는 것이 성공적 노화의 과제가 된다고 Rowe와 Kahn은 설명

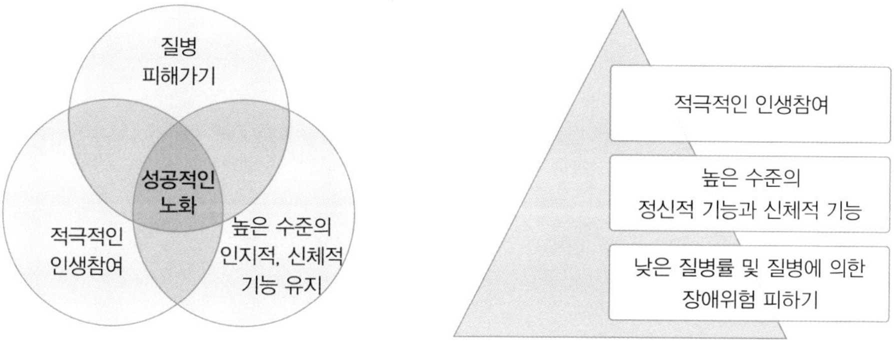

❖ 그림 13-1 성공적 노화의 구성 요소와 구성 요소 간 위계성

출처: Rowe & Kahn(1998).

한다. 여기에서 생산적 활동이란 직업을 통해 돈을 버는 유급(paid) 활동만을 의미하는 것이 아니라, 집안일을 하거나 가족 및 친구를 돌보는 일, 교회나 시민단체에서 자원봉사를 하는 활동과 같이 보수 여부에 상관없이 가치를 창출하는 모든 활동들을 포함하는 것이다.

한국 베이비부머의 사회참여활동

한국 베이비부머 패널 연구(한경혜 외, 2016) 보고서에 의하면 베이비부머의 상당수가 2개 이상의 사회모임에 참여하고 있고 주로 정서적 교류에 기반한 친목활동에 참여하고 있다고 하였다. 참여하는 모임의 유형을 보면 동창모임이 58.1%로 가장 많고, 각종 스포츠모임, 지역사회단체, 향우회와 취미 및 교양모임 순으로 나타났다. 반면 정당, 시민 및 사회단체 모임에 참여하는 비율은 매우 적게 나타났다. 사회기여활동을 자원봉사와 기부활동을 중심으로 살펴볼 때, 베이비부머의 사회기여활동은 많지 않다고 볼 수 있다. 현재 종교기관이나 다른 기관을 통해 자원봉사를 하고 있다고 응답한 베이비부머는 13.3%에 불과하며, 지난 1년간 기부를 한 적이 있다고 응답한 베이비부머는 37.0%였다. 정기적으로 기부를 하고 있는 베이비부머는 15.5%이고 비정기적으로 기부를 하고 있는 베이비부머는 21.4%였다. 자원봉사에 참여하는 베이비부머의 비율이 낮은 반면, 자원봉사에 참여하는 베이비부머들의 82.3%가 한 달에 한 번 이상 봉사활동을 한다고 응답하였으며 특히 1주일에 한 번 이상 봉사활동을 하는 비율은 38.3%로서 이들의 활동 강도가 높다는 사실을 알 수 있었다. 기부를 하는 베이비부머들이 지난 1년간 기부한 액수를 보면, 10~19만 원 수준에서 기부한 베이비부머가 29.8%로 가장 많은 한편 100만 원 이상 기부한 베이비부머도 15.4%나 되었다. 이러한 결과는 베이비부머의 사회기여활동 참여율이 높지는 않으나, 참여하는 경우 활동에의 헌신 정도는 매우 높은 편이라는 사실을 시사한다.

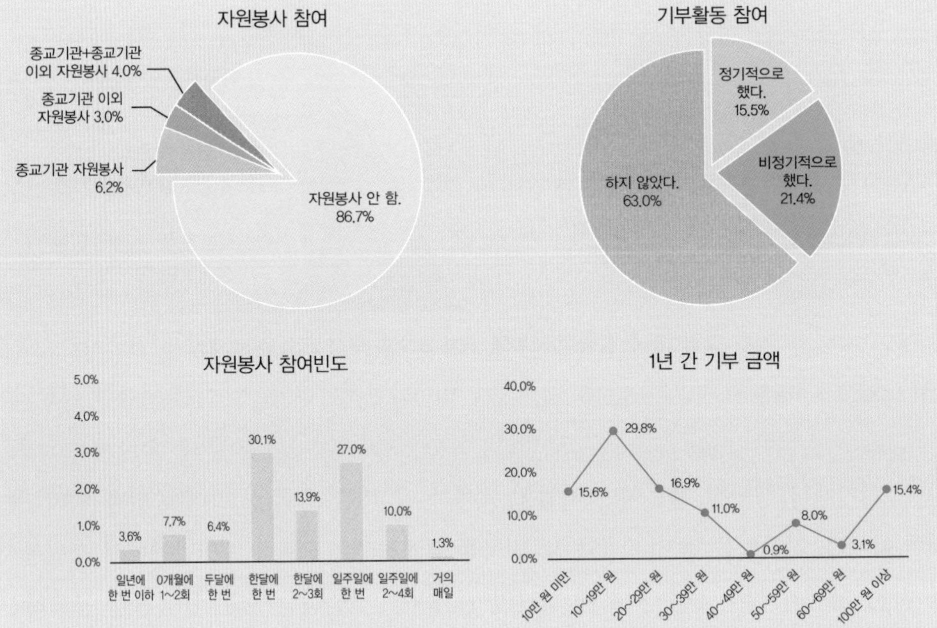

베이비부머들의 대다수가 현재와 과거, 미래의 삶에 대해 긍정적으로 평가하였지만, 50% 정도는 노화에 대해 부정적 인식을 가지고 있었다. 이들의 53.6%가 "노인이 되었을 때 내 인생이 아무런 의미가 없을까봐 두렵다"고 응답하였으며, 47.5%가 "늙는다는 것은 쓸모없어지는 것이다"라고 응답하였다. 즉, 베이비부머들의 상당수가 늙는다는 것을 쓸모없어지는 것으로 인식하고, 노년기에 자신의 인생이 아무 의미가 없을까봐 두려워하고 있었다. "은퇴 후에도 생산적이고 가치있는 삶을 영위하는 것"에 대해 걱정하는 베이비부머들에게 노년기 인생의 의미를 추구하고자 하는 경향은 자원봉사활동이나 종교활동 등과 같은 사회참여활동으로 충족될 수 있다.

노년기 사회참여는 사회구성원으로서의 참여활동으로 10장에서 살펴본 사회적 관계와는 조금 다른 맥락에서 볼 수 있다. 사회참여(civic engagement)는 투표나 공동활동 참여, 자원봉사활동 등과 같은 개인적 또는 공동의 활동을 통해 지역사회의 삶에 적극적으로 참여하는 과정으로 정의되며(Hooyman & Kiyak, 2011), 이는 살만한 지역사회를 만들고 유지하는데 매우 중요한 요소로 여겨진다. 이러한 의미에서 노년기 사회참여는 교육참여, 자원봉사 참여, 종교활동 참여, 지역사회모임 참여 등 매우 다양한 형태로 이루어질 수 있다. 노인은 정치적으로 보수이든 진보이든 사회참여활동을 할 수 있으며 종종 종교적 또는 사회적 신념에 근거해서 자원봉사자로서 사회서비스의 사각지대를 채울 수도 있다. 노인의 사회참여는 개인의 책임과 자립, 기여 등을 강조한다는 점에서 활동적 또는 성공적 노화와도 깊이 관련되어 있다. 성공적 노화 또는 활동적 노화에서 강조하는 사회참여는 삶의 의미를 찾게 하고 자존감을 향상시키며 사회에 공헌할 수 있는 등 개인의 삶의 질을 향상시키는 동시에 사회적으로 효율적인 인적자원의 활용 등과 같은 이점이 있다. Freedman(2002)에 의하면 노인의 사회참여는 "21세기 사회에 횡재를 만들 수 있으며 … 노년기 삶의 더 큰 충족감과 목적을 만드는 기회를 가져다 줄 수 있는" 사회와 노인 개인 모두에게 도움이 되는 활동이다.

현대사회는 시민의식의 향상과 더불어 한국 사회 변화와 발달의 주역이었던 베이비부머들의 은퇴가 시작되었다는 점에서 상당수의 노인이 자신의 기술과 지식을 지역공동체와 사회의 이익을 위해 사용할 수 있게 준비되었다고 볼 수 있다. 이런 점에서 사회참여는 은퇴한 노인의 역할(civic engagement as a retiree's role)이라고 볼 수 있다(Wilson & Harlow-Rosentraub, 2008). 한국의 베이비부머들은 나이가 들면서 사회에서 쓸모없는 존재가 되거나 자기 인생이 의미가 없어질까 두려움을 가지고 있으므로, 삶의 의미를 찾을 수 있는 사회기여활동이 그들의 삶의 질에 매우 중요하다. 대부분의 노인이 개인적, 영적, 종교적, 예술적, 정치적 등의 의미와 목적을 추구하기 때문에 현대사회는 노인에게 의미 있는 다양한 사회참여 역할을 만들어 내는 것이 주요 과제가 될 것이다(Emerman, 2006). 다음에서는 노년기 삶에 의미를 제공하는 활동으로 여겨지는 교육, 자원봉사, 지역사회참여 등의 사회참여활동들에 대해 살펴보겠다.

노인교육

노인교육은 노인을 대상으로 교육을 통해 노인문제를 스스로 해결할 수 있도록 하며 노인의 삶의 질을 향상시키고자 하는 사회참여 영역이다. 동시에 노인과 관련 있는 종사자들에게 노인과 노화에 대해 교육하는 것이며, 노인이 스스로 교수자가 되어 교육을 담당하는 것을 포함하는 매우 넓은 분야의 교육활동을 의미한다.

노인교육의 필요성과 의의

한국 사회의 변화가 매우 빠르게 진행되면서 노인교육의 필요성이 부각되고 있다. 특히 현대 한국 사회는 모든 연령층이 다양한 교육에 참여할 수 있고 새롭게 변화하는 사회에 적응하고 살아가기 위해 계속해서 학습을 해야 하는 평생학습사회로 변화하였다(Sherron & Lumsden, 1990). 한정란(2015)은 평생학습사회가 출현하고 사회변화가 가속화되면서 노인에게 새로운 사회의 변화와 지식 기술의 발전을 학습하기를 기대하고, 핵가족화와 세대 간 갈등의 증가로 인해 세대 간 이해를 위한 노인교육이 요구된다고 강조하였다. 또한 가치관의 변화로 노인 스스로 독립적인 행복한 노년을 위해 학습이 필요하며 노인의 다양한 욕구변화와 노인에 대한 시각의 변화 등으로 인해 노인교육의 필요성을 주장하였다. 특히 노인교육은 길어진 노년기를 어떻게 보내야 할지에 대한 대안으로서 노인을 학습대상자로만이 아니라 노인 스스로가 교육의 주체가 될 수 있다는 점을 강조하여 노년기 삶의 의미를 제공하는 활동임을 제시하였다(한정란, 2015). McClusky는 노인학습자들이 대처욕구, 표현욕구, 공헌하고자 하는 욕구, 영향을 주고자 하는 욕구와 초월의 욕구를 가지고 있으며, 이러한 욕구들은 자기충족적이고 타인을 도우며 삶의 질 향상과 자신의 연령과 관련된 제약 등을 해결하고 최소화하는 능력들과 관련된 것이라고 하였다(Daniele, 2016).

실제로 우리 사회의 고령화가 진행되면서 다양한 개인적 노인문제들과 경제성장둔화 등의 사회문제들을 해결하기 위한 방법으로 노인교육의 중요성이 부각되고 있다. 노인 스스로 부양인구가 아닌 생산가능인구로 재편입되기 위해서 교육을 통한 취업 등으로 노인 부양의 사회적 부담을 감소시킬 수 있으며, 다양한 영역에서의 노인교육 프로그램들은 노인의 소외문제나 무위고 문제 등을 해결할 수 있도록 한다. 즉 교육을 통해 자신의 문제를 스스로 해결하고 예방하게 하는 임파워먼트(empowerment)를 통해 자신의 삶에 적극적으로 참여하게 하는 것이 노인교육의 가장 중요한 의의라고 볼 수 있다.

노인교육의 목표와 범위

많은 성인들이 평생교육을 받으려는 목표는 경제적 이유(직업적 이유), 사회적/시민의식 이유, 개인적 웰빙, 즉 삶의 질 향상으로 구분된다(Daniele, 2016). 우선 자신의 직업 경력을 더 발전시키거나 또는 직업을 준비하고자 적응적인 지식과 기술을 얻기 위해서 직업교육을 받고자 한다. 예전과 달리 고령화가 빠르게 진행되는 현대사회에서 고정된 수입 없이 연금이나 은퇴 전 축적된 재산만으로 길어진 노년기를 보내기 어렵기 때문에 새로운 직업준비를 위해 교육을 받는 것이다. 다음으로 자신의 요구와 흥미가 변하였거나 사회의 구성원으로 보다 잘 기능하기 위해서이다. 예를 들어 중년의 여성들이 자녀양육기 이후에 사회에서 새로운 역할을 갖고 성숙한 시민이 되기 위해 준비하는 것과 같은 이유이다. 마지막으로 자신의 노화과정들을 이해하고 웰빙을 유지하고자 하는 목표 때문이다. 특히 노인은 자신의 떨어지는 기억력이나 인지능력의 변화 등에 대해 관심이 많고 남아있는 능력을 최대한 유지하고자 하는 욕구를 가지고 교육에 참여한다. 또한 새롭고 만족스러운 은퇴생활과 여가활동을 개발하고자 교육에 참여한다. 예를 들어 해외여행을 위해 외국어를 공부하거나 은퇴 후에 예전에 하지 못했던 새로운 흥미를 발견하려는 목표를 갖는 것이다. 즉, 직업과 시민으로서의 사회화, 그리고 여가문화 등에 대한 목표를 가지고 노인교육에 참여하는 것이다.

노인교육은 노인을 위한 교육과 노인에 관한 교육, 노인에 의한 교육내용을 모두 포함하고 있다(한정란, 2015). 보통 노인교육이라 하면 노인이 학습자가 되어 배우는 교육만을 생각하기 쉽다. 그러나 노인이 학습자가 되고 학습의 내용이 되기도 하고 교수자가 되기도 하는 것을 모두 포함하는 것이 노인교육이다. 노인을 위한 교육은 노인이 학습자이고 노인의 능력을 향상시키고 배움에 대한 욕구를 충족시키는 것을 목적으로 하는 교육이다. 주로 노인의 사회통합이나 여가활용 및 직업교육 등을 포함하여 다양한 영역에서 노인의 욕구를 충족시켜주는 것을 목적으로 한다. 노년기 역할이나 자기관리, 인간관계, 여가문화 등의 내용을 학습한다. 노인에 관한 교육은 어느 연령대에 있든 노인과 관련된 직업에 종사하거나 노년기를 준비하고자 하는 사람이나 노년기에 있는 사람들 모두를 학습자로 한다. 노인에 관한 교육은 노화와 노인에 관한 지식과 적응기술, 고령친화산업의 이해, 고령친화 능력개발 및 노인과 상호작용하는 데 필요한 지식과 기술을 학습한다. 마지막으로 노인에 의한 교육은 교수자가 노인으로 노인이 평생 동안 축적해 온 지식과 기술을 활용하여 개인적으로는 삶의 의미와 자기효능감을 높이고 사회적으로는 노인인적자원을 활용한다는 의의를 갖는 교육이다. 역사나 전통, 다양한 영역에서의 노인자원봉사와 사회참여활동 등이 모두 노인에 의한 교육에 포함된다고 볼 수 있다(노인교육연구회, 2004; 한정란, 2001). 이러한 노인을 위한 교육, 노인에 관한 교육, 그리고 노인에 의한 교육 등은 사회통합과 능력개발, 그리고 삶의 질을 높이는 가치를 지니고 있다(송선희 외, 2011)([그림 13-2] 참조).

노인교육의 가치	범위	내용(예)
사회통합 (시민교육)	노인을 위한 교육	• 노년기 역할 • 현대적 노인상
		• 노년기 직업능력교육 • 직업탐색기술 • 일의 의미와 중요성
		• 노화에 대한 이해 • 노년기 자기관리 • 인간관계
능력개발 (직업교육)	노인에 관한 교육	• 노인과의 상호작용기술 • 더불어 사는 사회 • 경로와 효친
		• 고령친화사업 이해 • 노인고객의 이해 • 고령친화 직업능력개발
		• 노화에 대한 이해 • 노인의 특성 • 자신의 노화
삶의질 (여가문화)	노인에 의한 교육	• 노인자원봉사 • 노년의 사회적 책임 • 어르신에 대한 예절
		• 일과 자원봉사 • 세대공동체교육 산업 • 직장 내 세대공동체 활동
		• 세대통합의 의의 • 세대의 특성 • 노년세대의 특성 • 노년세대의 경험과 문화 이해

❖ 그림 13–2 노인교육의 범위

출처: 송선희 외(2011). 노인교육론.

노인교육 프로그램

새로운 사회적, 문화적 변화에 적응을 하고 길어진 노년기를 의미 있게 보내고자 노인은 다양한 교육 프로그램에서 배우기도 하고 가르치기도 한다. 또한 노인을 대상으로 하는 다양한 직종들이 만들어지면서 노인에 관한 교육들도 많이 이루어지고 있다. 앞에서

송선희 외(2011)가 제시한 노인교육의 가치를 중심으로 실제 노인교육기관에서 행해지고 있는 다양한 교육 프로그램들의 내용들을 살펴보면 현대사회에 시민의 한사람으로서 통합될 수 있도록 돕는 시민교육, 새로운 직업을 위한 직업교육, 삶의 질을 향상시키는 여가교육 등으로 구분할 수 있다. 각 영역별로 다양한 프로그램들이 있지만 대표적인 몇 가지의 국내외 교육프로그램을 노인교육에서 추구하는 가치인 사회통합, 능력개발, 삶의 질을 중심으로 살펴보고자 한다.

시민교육: 사회통합 시민교육은 변화하는 사회에서 구성원들이 적응할 수 있는 능력과 사회발전을 위해 훌륭한 시민으로서의 자질을 기르는 데 목적을 둔 교육이다. 시민교육의 형태는 나라마다 다르지만 공통적으로 정규교육과정의 혜택을 받지 못한 사회구성원들을 위해 공민학교 형식으로 시작되었고 현재는 전체 시민들의 기초교육과정으로 발전하였다. 시민교육은 시민의 사회화를 위한 교육으로 건전한 미래사회 형성을 위해 현실에서의 문제를 해결하는 능력을 키우는 것에 중점을 둔다(서울대학교 교육연구소, 2011).

독일의 시민대학(Volkshochschule: VHS)은 시민교육의 대표적 예라 할 수 있다. 이는 정부가 1970년 독일의 모든 시민들에게 평생교육을 제공하도록 만든 교육기관으로, 14세 이상의 독일 내 거주자들이 수강가능하고 노인과 성인, 학교에 다니지 않는 청소년을 주요 교육대상으로 한다. 국가가 지원하여 교육비가 저렴하고 실업자는 전액 무료, 학생이나 주부는 20% 정도의 수강료만 받는 등 개인의 경제 상태에 따라 수강료에 차등을 둔다. 대개 단기강좌의 경우 6주 과정이 가장 많고 자격증 과정은 장기로 개설된다. 시민대학 이외에도 대학별로 노인교육 프로그램들을 특성화시키고 다양한 교수법을 활용하면서 다른 교육프로그램들과 함께 시민교육 프로그램들이 운영되고 있다. 특히 대학 내에 전문적 노인교육을 강조하는 노인대학(Senioren-Universität)을 설치하여 각 대학별 학생들의 요구와 지역사회의 특징에 따라 운영되고 있다. 강의내용은 매우 다양하지만 노인의 사회통합을 돕는 교육들이 주를 이루고 있다. 미국의 지역사회 대학에서는(college) 각종 자격증 교육 프로그램들과 65세 이상 노인의 기초학력인정(General Education Diploma: GED)을 위한 검정고시 학습과정 등도 운영한다(최운실 외, 2017; 한정란 외, 2006).

한국의 경우 시민교육만을 운영하는 기관은 거의 없지만, 12장에서 소개했듯이 서울대학교의 제3기 인생대학, 부산대학교의 50+ 생애재설계 대학, 서울시의 50플러스 등과 같은 다양한 교육 프로그램 안에 시민교육의 내용을 포함하고 있다. 예를 들어 서울시

50플러스의 "시민큐레이터", "시민후견인", "50+ 시민학교" 등의 프로그램들은 대표적인 시민교육이라 할 수 있다.

U3A(University of the Third Age)

프랑스에서는 건강한 노년기를 보내는 인생3기를 위한 대학중심의 노인교육으로 U3A를 실시하고 있다. 이는 일정한 수준의 선수학습을 마친 프랑스어와 영어가 가능한 50세 이상의 학습자를 대상으로 하여 학점 중심의 대학교육을 제공함으로 자격취득을 하도록 구성되어 있다. 이 프로그램의 목표는 대학의 인적, 물적 자원을 활용하여 제3의 인생기에 있는 성인 학습자들이 인생의 경험을 탐구하고 통합하게 하여 정서적, 인지적 능력을 향상시키고 사회환경의 변화에 적응해나갈 수 있도록 하는 것이다(한정란, 2015). U3A는 1972년 Vellas가 제안하여 1973년 툴루즈 대학에서 시작하였고, 1974년 스웨덴, 스페인, 이탈리아, 벨기에, 폴란드 등으로 확산되었다. 1975년 국제연합체인 AIUTA(The International Association of Universities of the Third Age, http://worldu3a.org)가 결성되었고 지금은 영국, 유럽, 미국 등 세계전역으로 확산되어 최근에는 온라인 강의도 제공하고 있다. 교육은 은퇴한 성인들을 대상으로 자기개발과 건강증진, 육체적 정신적 활동 등의 프로그램을 제공하고 있다(최운실 외, 2017). 프로그램은 기본 교육과정과 개인발달을 위한 교육과정, 사회적 발달을 위한 교육 과정 등으로 이루어져 있고 과목별로 학점을 부여하도록 구성되어 있다. 한국에서는 대학과 함께 비형식적 교육기관에서도 진행되며 다양한 주제를 중심으로 교육이 이루어진다.

한국에도 U3A 프로그램이 다양한 기관에서 운영 중이다. 대표적인 예로, 서울대학교 제3기 인생대학은 40대 이후 중년기와 노후생활을 보다 건강하고 보람 있게 보낼 수 있도록 서울대학교 노화고령사회연구소가 마련한 프로그램이다. 제3기 인생대학은 90명 정원에, 한 학기 15주간, 2학기제로 운영된다. 강의만 듣는 것이 아니라, 토론 및 분반 활동도 활발히 이루어지고 있어 수강생의 참여 및 만족도도 높다. 제3기 인생대학은 수강생들에게 생각의 전환과 자신감을 가져다 줬다는 점에서 더욱 의미가 크다. 수강생들은 노화를 숙명으로 받아들였는데 이제 나이에 따른 자신의 변화에 관심을 갖게 되었다거나, 중장년이라는 시기를 '인생의 황혼기'가 아닌 '인터체인지'로 인식하면서 새로운 삶을 계획하게 됐다는 등 적극적인 모습을 보였다(서울대학교 노화고령사회연구소, 2009).

직업교육: 능력개발 노년기에 가장 대표적인 인생사건 중의 하나가 은퇴인데, 은퇴로 인해 발생 가능한 노인의 문제들은 정기적 수입단절로 인한 가난, 신체적 활동 감소로 인한 질병, 사회적으로 역할이 없게 되는 무위, 사회활동의 단절로 인한 고독 등이 있다. 이러한 문제들을 해결하기에 가장 효과적인 것 중의 하나가 노인직업교육이다. 노인직업교육 중 노인취업교육은 노인이 근로를 제공하고 반대급부로 임금을 받도록 교육하는 것인데, 노인이 취업을 하고자 하는 이유는 경제적 어려움을 해결하고 활동을 하고자 하는

욕구를 충족시키며 자신들의 능력을 활용하고자 하기 때문이다. 따라서 노인은 은퇴이후 재취업을 통해 정기적 임금으로 경제적 빈곤문제를 해결할 수 있고 신체적·사회적 활동을 유지하므로 건강을 증진하고 고독의 문제를 경감할 수 있다.

취업교육을 받는 노인은 고졸 이하가 가장 많고 연령층이 낮을수록 남성일수록 취업률이 높다(한국노동연구원, 2005). 중노년기 취업교육의 내용은 주로 이전 경력을 살릴 수 있는 경우와 완전히 새로운 분야에 취업하는 경우로 구분하여 이루어지는데, 대부분 노년기 인생에 대한 의식교육과 경제사회의 변화에 대한 내용들을 포함하며, 직종별 구체적 내용들을 교육내용으로 한다. 취업교육은 주로 상담, 실습, 기술과 기능훈련 등으로 이루어지며 필요한 서류작성기법 등에 대한 교육도 포함된다. 노인에게 취업기회를 제공하고 취업을 지원하는 기관은 고용노동부, 보건복지부, 여성가족부, 중소기업청, 지식경제부, 지방자치단체, 한국노인인력개발원 등 많은 공공기관들 중심으로 이루어지고 있으며, KOTRA나 KOICA 등의 민간부문에서도 교육을 진행하고 있다.

또한 노인을 대상으로 하는 다양한 직종과 산업이 개발되고 있는데, 노인요양관련기관이나 노인전문 의료기관, 금융기관, 상담기관, 복지기관 등에서 노인을 대상으로 일하는 전문가들이 노인관련 교육을 받는 것 역시 노인교육 중 직업교육의 예이고 이는 대표적인 노인에 관한 교육이다. 앞장들에서 살펴본 바와 같이, 노인은 다른 인생주기의 개인들과 다른 신체적, 심리적, 사회적 특성을 가지고 있고 노인의 이러한 특성에 맞는 서비스와 상품을 개발하는 것이 위의 직장에서는 중요한 직무능력이 되기 때문에 노인과 상호작용 기술이나 노인고객과 노화에 대한 이해, 고령친화산업에 대한 이해 등이 주요 교육내용으로 포함된다.

여가교육: 삶의 질 여가(leisure)는 일과 반대되고 즐거움과 자발성을 가지고 있으며 의무성이 최소화되고 문화적 가치에 위배되지 않으며 다양한 관심과 놀이의 요소를 포함하고 있는 것이라고 할 수 있다(Kaplan, 1960). 노인은 일정한 역할이 없어서 의무적인 활동은 적지만 자발적 선택에 의한 시간이나 역할이 아닌 자유시간이 많기 때문에 이러한 여가시간을 어떻게 보내느냐는 노인에게 중요한 문제이다. 노인의 여가활동은 교육이 필요한데, 그 이유는 여가활동도 구체적인 교육목표를 가지고 계획된 교육과정을 통해야 하며 여가관련 지식과 기술의 습득을 통해 삶의 질을 높이는 평생교육과정이기 때문이다(송선희 외, 2011).

노인에게 여가교육은 주로 레크리에이션 중심으로 이루어졌지만, 여가지식 증진에 초점을 두는 여가교육들은 노인의 자존감과 유능감을 향상시켜(Searle & Mahon, 1991) 노년기에 발생할 수 있는 여러 문제들을 해결하는데 도움을 줄 수 있다. 따라서 노인에게 여가교육은 자신들에게 적합한 여가활동을 발전시켜 촉진하도록 하는 것이라 볼 수 있다.

가장 대표적인 여가교육으로 미국과 유럽의 여러 나라들에서 실행되고 있는 Road Scholar 프로그램 등이 있다. 로드스칼라는 1975년 뉴햄프셔 대학에서 생활과 학습 모델 중심으로 하는 엘더호스텔로 시작하였고, 1980년대에 학습과 여행을 접목한 모델로 전세계적인 네트워크를 형성하였다. 2010년에 엘더호스텔에서 로드스칼라로 이름을 바꾸고 7개 대륙 150개 나라에서 여행-학습 프로그램을 제공하고 있다(http://www.roadscholar.org).

현재 우리나라에서 노인의 여가교육은 노인복지관이나 경로당, 평생교육기관 등을 중심으로 이루어지고 있으며 여행, 예술, 문화, 인문, 건강관련 등의 매우 다양한 교육프로그램들이 있어, 다른 교육보다는 상대적으로 선택의 폭이 넓고 활발하게 노인이 참여하고 있다.

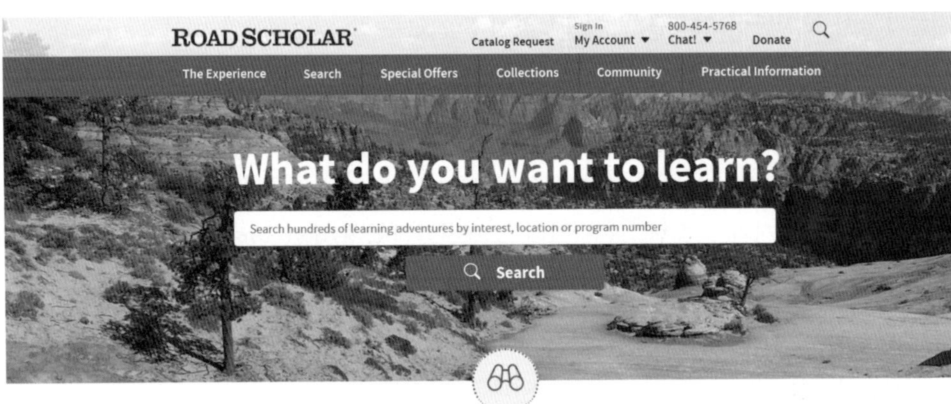

❖ 그림 13-3 로드스칼라

출처: 로드스칼라 홈페이지(https://www.roadscholar.org).

웰다잉교육

최근 들어 노인교육기관에서 자주 소개되는 프로그램 중 하나인 웰다잉교육 프로그램은 죽음에 대한 준비와 교육을 통해 노인의 삶을 보다 의미 있게 살아가도록 돕는다는 의미에서 삶의 질 향상이라는 노인교육 가치에 잘 부합되는 교육프로그램이라 볼 수 있다.

노년기 발달과업 중의 하나는 이제까지의 삶을 통합하고 다가오는 죽음에 대한 공포를 극복하며 죽음을 수용하는 것이다(Erikson, 1963). 노인이 죽음을 긍정적으로 수용하게 되면 자아존중감이 높아지고 자신의 삶을 긍정적으로 반영할 수 있다(문난숙·남기민, 2008). 따라서 웰다잉교육을 통해 죽음을 인생의 한 과정으로 준비하고 죽음에 대한 태도를 정립하여 심리적으로 성숙하는 것은 매우 중요하다.

웰다잉교육은 갑자기 다가올 수 있는 죽음에 대비해 삶을 보다 의미 있고 제대로 살도록 하기 위한 교육으로(오진탁, 2008), 죽음의 참된 의미를 가르치고 죽음에 대한 바른 태도를 갖게 함으로 삶을 더 바람직하게 살아가도록 하는 교육이다(이기숙, 2001). 웰다잉교육은 자신의 생을 잘 마무리하고자 하는 이들에게 죽음에 대해 인식할 기회를 제공하거나, 소중한 사람의 죽음을 지켜보거나 경험한 사람들에게 죽음과 관련한 고통에 대처하고 극복하도록 하는 교육, 그리고 직업적으로 타인의 죽음을 자주 경험하는 직업인(의료인, 종교인, 요양보호사, 호스피스 등)들에게 죽어가는 사람에 대한 이해와 가족들의 심리에 대한 이해를 높이는 교육 등을 포함한다(최운실 외, 2017).

웰다잉에 대한 관심이 증가하면서 다양한 종류의 웰다잉교육 프로그램들이 실행되고 있다. 국민건강보험공단과 건강보험정책연구원에서 공동개발한 웰다잉교육 프로그램인 "아름답고 존엄한 나의 삶"교육 프로그램은 2015년 국민건강보험공단의 일부 지사에서 시범사업으로 진행되고 있으며, 자신의 삶을 돌아보고 죽음에 대한 이해와 죽음에 대한 준비를 하도록 돕는 내용으로 이루어져 있다. 또한 복지관 등에도 다양한 웰다잉교육 프로그램들을 운영중인데, 죽음에 대한 교양, 결정 및 절차윤리, 상담 및 돌봄교육 등이 진행되고 있다.

웰다잉교육은 자신의 삶을 아름답게 마무리하기 위한 교육내용이나 타인의 죽음에 대한 대처 등의 내용으로 구성된다. 예를 들면 자신의 삶을 돌아보고 정리하며 실제적으로 유언장 쓰기나 영정사진 찍기, 타인과의 관계회복하기, 죽음의 과정에 대한 이해와 장례, 사별 후 생활의 변화와 대처방법 등으로 구성된다. 유언장은 건강할 때 자신의 삶에 대해 돌아보고 남은 인생방향을 결정하는 데 도움이 되는데 주로 임종과 장례방식에 대해 제시하고 유산상속이나 금융정보 등을 제시하여 가족들이 겪을 수 있는 문제를 예방해 줄 수도 있다. 유언장의 법적 효력을 위해 반드시 내용과 작성날짜, 주소, 성명, 날인 등을 포함하여야 한다. 민법에서는 자필증서, 녹음, 공증증서, 비밀증서, 구수증서(받아쓴 유언증서)의 5가지 유언장을 인정한다. 자필증서는 연월일, 주소, 성명이 꼭 포함되어야 하고, 녹음은 증인이 첨부된 것이 인정받는다. 공증증서는 공증인이 있어야 하고, 비밀증서는 봉투에 봉인이 있어야하며 2명의 증인과 확정일자인이 필요하다. 구술증서의 경우 2인 이상의 증인이 필요하며 7일 이내 법원에 제출하여야 한다. 증인의 배우자나 직계혈족, 이익을 받는 자는 증인이 될 수 없다.

또한 죽음에 임박한 상황에 대비하여 개인이 자신의 의료행위에 대한 자신의 의사를 미리 작성하는 "사전의료의향서" 관련 교육이 있다. 이는 2018년부터 시행된 "호스피스·완화 의료 및 임종과정에 있는 환자의 연명의료결정에 관한 법률안" 일명 '존엄사법'에 환자가 본인의 의지에 따라 생을 마감하는 권리를 제도적으로 보장하도록 하는 내용을 담고 있다([그림 13-4] 참조). 사전의료의향서는 작성자가 보관하거나 가족 등 타인에게 위탁할 수 있으며, 작성확인증은 이름, 생년월일, 작성일자, 보관자나 장소 등의 내용을 기입하여 소지하여야 한다.

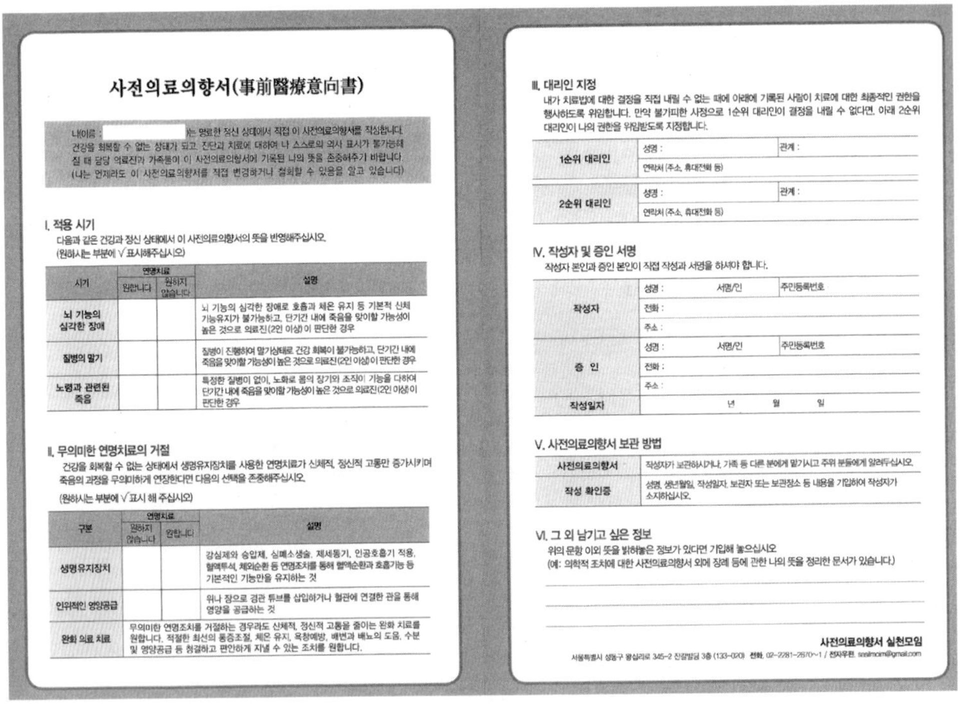

사전의료의향서(事前醫療意向書)

나(이름 :   )는 명료한 정신 상태에서 직접 이 사전의료의향서를 작성합니다. 건강을 회복할 수 없는 상태가 되고 진단과 치료에 대하여 나 스스로의 의사 표시가 불가능해질 때 담당 의료진과 가족들이 이 사전의료의향서에 기록된 나의 뜻을 존중해주기 바랍니다. (나는 언제라도 이 사전의료의향서를 직접 변경하거나 철회할 수 있음을 알고 있습니다)

I. 적용 시기

다음과 같은 건강과 정신 상태에서 이 사전의료의향서의 뜻을 반영해주십시오.
(원하시는 부분에 √표시해주십시오)

시기	연명치료		설명
	원합니다	원하지 않습니다	
뇌 기능의 심각한 장애			뇌 기능의 심각한 장애로 호흡과 체온 유지 등 기본적 신체 기능유지가 불가능하고, 단기간 내에 죽음을 맞이할 가능성이 높은 것으로 의료진(2인 이상)이 판단한 경우
질병의 말기			질병이 진행하여 말기상태로 건강 회복이 불가능하고, 단기간 내에 죽음을 맞이할 가능성이 높은 것으로 의료진(2인 이상)이 판단한 경우
노령과 관련된 죽음			특정한 질병이 없이, 노화로 몸의 장기와 조직이 기능을 다하여 단기간 내에 죽음을 맞이할 가능성이 높은 것으로 의료진(2인 이상)이 판단한 경우

II. 무의미한 연명치료의 거절

건강을 회복할 수 없는 상태에서 생명유지장치를 사용한 연명치료가 신체적, 정신적 고통만 증가시키며 죽음의 과정을 무의미하게 연장한다면 다음의 선택을 존중해주십시오.

(원하시는 부분에 √표시 해 주십시오)

구분	연명치료		설명
	원하지 않습니다	원합니다	
생명유지장치			강심제와 승압제, 심폐소생술, 제세동기, 인공호흡기 적용, 혈액투석, 체외순환 등 연명조치를 통해 혈액순환과 호흡기능 등 기본적인 기능만을 유지하는 것
인위적인 영양공급			위나 장으로 경관 튜브를 삽입하거나 혈관에 연결한 관을 통해 영양을 공급하는 것
완화 의료 치료	무의미한 연명조치를 거절하는 경우라도 신체적, 정신적 고통을 줄이는 완화 치료를 원합니다. 적절한 최선의 통증조절, 체온 유지, 욕창예방, 배변과 배뇨의 도움, 수분 및 영양공급 등 청결하고 편안하게 지낼 수 있는 조치를 원합니다.		

III. 대리인 지정

내가 치료법에 대한 결정을 직접 내릴 수 없는 때에 아래에 기록된 사람이 치료에 대한 최종적인 권한을 행사하도록 위임합니다. 만약 불가피한 사정으로 1순위 대리인이 결정을 내릴 수 없다면, 아래 2순위 대리인이 나의 권한을 위임받도록 지정합니다.

1순위 대리인	성명 :	관계 :
	연락처(주소, 휴대전화 등)	
2순위 대리인	성명 :	관계 :
	연락처(주소, 휴대전화 등)	

IV. 작성자 및 증인 서명

작성자 본인과 증인 본인이 직접 작성과 서명을 하셔야 합니다.

작성자	성명 : 서명/인	주민등록번호
	전화 :	
	주소 :	
증 인	성명 : 서명/인	주민등록번호
	전화 :	
	주소 :	
작성일자	년 월 일	

V. 사전의료의향서 보관 방법

사전의료의향서	작성자가 보관하시거나, 가족 등 다른 분에게 맡기시고 주위 분들에게 알려두십시오.
작성 확인증	성명, 생년월일, 작성일자, 보관자 또는 보관장소 등 내용을 기입하여 작성자가 소지하십시오.

VI. 그 외 남기고 싶은 정보

위의 문항 이외 뜻을 밝혀놓은 정보가 있다면 기입해 놓으십시오
(예: 의학적 조치에 대한 사전의료의향서 외에 장례 등에 관한 나의 뜻을 정리한 문서가 있습니다.)

사전의료의향서 실천모임
서울특별시 성동구 왕십리로 345-2 진갑빌딩 3층 (133-020) 전화. 02-2281-2870~1 / 전자우편. snsilmoim@gmail.com

❖ 그림 13-4 사전의료의향서

출처: 사전의료의향서 실천모임.

장례와 관련하여서는 매장·화장 및 개장에 관한 사항과 묘지·화장장·납골시설 및 장례식장의 설치·관리 등에 관한 사항을 규정하여 보건위생상의 위해를 방지하고, 국토의 효율적 이용 및 공공복리의 증진을 목적으로 하는 '장사 등에 관한 법률'에 대한 교육이 있다. 예전과 달리 매장보다는 화장의 비율이 높아지면서 유골을 안치해 두는 봉안당이나 봉안묘의 사용이 증가하고 있으며 최근에는 자연친화적 장례에 대한 관심도 증가하고 있다.

자연친화적 장례에 대한 관심으로 주검을 화장한 뒤 뼛가루를 나무뿌리나 잔디 또는 화초에 묻는 장례 방식도 등장하였다. 수목장은 나무의 뿌리 부분에 화장한 고인의 뼛가루를 묻는 방법이고 주로 고인의 이름이 새겨진 표시를 나뭇가지에 걸어둔다. 잔디장이나 화초장은 화장 후 뼛가루를 잔디 또는 꽃 아래 묻거나 뿌리는 방법으로 매우 간단한 장례방법이라 할 수 있다. 이러한 자연친화적인 장례방법들은 인구 증가에 따라 나타나는 묘지 부족 문제를 해결하고 국토를 효율적으로 활용할 수 있도록 한다고 평가되는 장례 방식이다. 국토가 좁은 데도 불구하고 확대되는 묘지 때문에 목초지와 주거지가 훼손되었던 스위스가 1999년 1월 가장 먼저 수목장을 도입하였는데, 화장한 뒤 뼛가루를 지정된 나무 주위에 묻는 외에 산림 훼손을 금지한다(두산백과). 한국은 2004년 김장수 고려대학교 명예교수의 장례식을 고려대학교 연습림에서 수목장으로 치르면서 관심이 시작되었고, 최근 LG 구본무회장이 연명치료를 거부하고 고인의 뜻에 따라 수목장을 치르면서 다시 한 번 더 대중의 관심을 받게 되었다.

일본 대기업 사장의 생전 장례식… 고령화 사회의 '종활' 바람

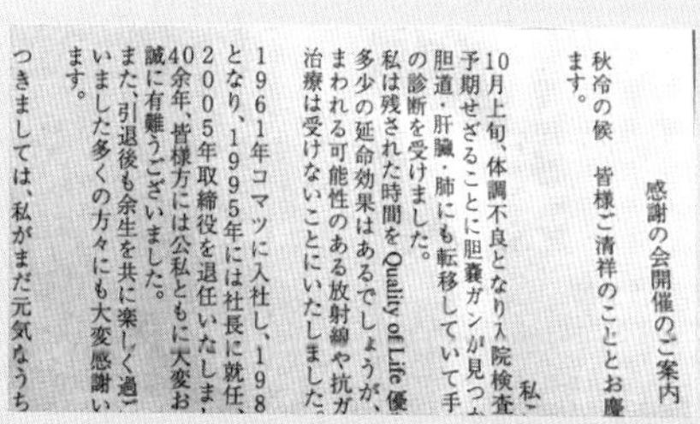
感謝の会開催のご案内
秋冷の候　皆様ご清祥のこととお慶
ます。
私
10月上旬、体調不良となり入院検査
予期せざることに胆嚢ガンが見つ
胆道・肝臓・肺にも転移していて手
の診断を受けました。
私は残された時間をQuality of Life優
多少の延命効果はあるでしょうが、
まわれる可能性のある放射線や抗ガ
治療は受けないことにいたしました
1961年コマツに入社し、198
となり、1995年には社長に就任、
2005年取締役を退任いたしま
40余年、皆様方には公私ともに大変お
誠に有難うございました。
また、引退後も余生を共に楽しく過
いました多くの方々にも大変感謝い
ます。
つきましては、私がまだ元気なうち

"10월 초 몸 상태가 좋지 않아서 병원에서 검사를 받아보니 예상치 못하게 담낭암이 발견됐습니다. 폐 등에 전이돼 수술은 불가능하다는 진단을 받았습니다. 아직 기력이 있을 동안 여러분에게 감사의 마음을 전달하고 싶어 감사의 모임을 개최하려 합니다."

❖ 안자키 사토루 전 고마쓰 사장이 신문에 감사의 모임이라는 이름으로 낸 '생전 장례식' 광고

대기업 회장의 이례적 '생전 장례식'이 일본 사회에 반향을 일으키고 있다. 생전 장례식을 여는 이는 건설 기계로 유명한 대기업 고마쓰의 전 사장 안자키 사토루(80)다. 안자키 전 사장은 20일 〈니혼게이자이신문〉에 실은 광고에서 "남은 시간 삶의 질을 우선하겠다"며 "약간의 연명 효과가 있다고는 하지만 부작용 가능성이 있는 방사선 치료와 항암제 치료는 받지 않기로 했다"고 밝혔다. "1961년 고마쓰 입사 뒤 퇴임한 2005년까지 40여 년 동안 신세를 진 이들 그리고 퇴임 뒤 여생을 같이 즐긴 이들에게 감사의 마음을 전하고 싶다"고도 했다. 그는 1995년부터 2001년까지 사장을 역임하고 이후 회장과 고문 격인 상담역을 거쳤다. 퇴임 뒤에는 강연활동 등을 해왔다. 〈마이니치신문〉은 대기업 사장 출신이 생전 장례식을 여는 것은 이례적인 일이며, 인터넷에서는 인생의 마지막을 정리하기 위한 활동이라는 뜻의 '종활'(終活)로 받아들여지고 있다고 전했다.

일본에서 '생전 장례식'은 에도 막부 시대에도 간혹 있었다고 할 만큼 역사가 오래됐지만, 활발해진 것은 고령화 사회가 진전된 최근의 일이다. 연예인들이 이벤트 형식으로 여는 경우가 많았다. 전 적군파 의장으로 지난 14일 숨진 시오미 다카야가 2010년 연 생전 장례식도 화제를 모았다. 시오미는 여객기를 납치해 북한으로 간 1970년 '요도호 사건' 등을 주도한 일로 19년을 복역한 뒤 노년에는 주차관리원으로 일하며 시민운동도 했다. 그의 생전 장례식은 오키나와 미군 기지 문제 해결을 위한 시민운동 자금 모금을 겸한 것이었다. 생전 장례식은 주위에 감사의 마음을 전하는 목적이 크기 때문에 사후에 작더라도 다시 장례식을 여는 경우도 많다. 시오미의 경우에도 친지들을 중심으로 소규모 장례식이 열렸다.

생전 장례식 자체는 아직 이례적이지만, 2010년께부터 유행한 '종활'은 비즈니스로까지 발전했다. 일본은 65살 이상 고령자 비율이 27.7%를 차지하는 고령사회인데다가 출산율은 낮아서, 고령자들이 장례식부터 유산 정리까지 스스로 준비해 놓아야 주위에 부담을 주지 않는다는 의식이 확산되고 있다. 이 때문에 생전에 미리 장례식 비용을 치르는 장례식 생전 계약이 증가하고 있다. 생전에 묘를 미리 사놓는 경우도 많고, 물품 정리 대행 사업도 있다. 〈엔에이치케이〉(NHK) 방송은 종활 사업 시장 규모를 연간 1조 엔(약 10조 원)대로 추산했다.

출처: 한겨레신문(2017. 11. 22.).

노인자원봉사활동

노인자원봉사활동 개념

자원봉사활동은 의지라는 의미를 지닌 라틴어 'volo'에서 유래되었고 자유의지 'voluntas'라는 용어로 변화된 것으로, 자유의사에 의한 자발적 행동을 강조한다. 자원봉사는 '개인, 집단, 지역사회에서 발생하고 있는 여러 가지 사회문제를 예방하거나 통제, 개선하고자 하는 노력으로서 공적 및 사적 조직에서 제공하는 서비스에 보수를 받지 않고 자발적으로 참여하는 개인의 지속적 활동'이라고 정의된다(권중돈, 2009). 자원봉사관련 새로 생긴 용어들을 살펴보면, 선진국 국민이 개발도상국가에 가서 노동을 하는 봉사활동인 볼런투어리즘(voluntourism), 부담없이 쉽고 재미있는 봉사활동인 볼런테인먼트(voluntainment), 그리고 공익을 위한 전문직종의 사회공익봉사활동인 프로보노(pro bono publico) 등이 있어 자원봉사의 세분화가 이루어지고 있다고 볼 수 있다(한경혜, 2010).

자원봉사활동은 자신이 자발적으로, 도움의 대상자를 먼저 생각하고, 소요경비를 자원봉사자 스스로 책임지며, 일정기간 계속하고, 봉사 중에 자아실현을 하게 되며, 일정기간 공식적 비공식적 교육에 참여함으로 학습이 이루어지기도 하고, 자신의 시간과 비용 등을 희생하며, 사회문제 해결을 위한 공공성에 바탕을 두고, 봉사자 상호 간 협동이 필요하며, 대상과 영역에 따라 전문성이 요구되기도 한다. 정리하면, 노인자원봉사활동은 노인이 여가시간을 유용하게 보낼 수 있게 해주며 노년기 삶에 의미를 부여해 주는 사회활동이다(이은희, 2008).

노인자원봉사활동의 필요성과 현황, 활성화 방안

노인인구가 증가하면서 노인으로 살아가는 기간이 증대되었고, 이는 경제적으로 안정된 노인인구의 증가와도 연결된다. 또한 노인이 활용할 수 있는 여가시간이 늘어났고 노인의 건강수준도 향상되어 사회에 기여함으로써 생의 만족과 보람을 찾으려는 적극적인 노인이 증가하였다. 사회연대 차원에서 공동체 의식과 태도의 형성에 노인의 경험과 지식을 활용하는 것이 필요하다는 인식전환과 노인에 의한 노인의 케어활용이 필요하다는 인식의 전환 등도 노인자원봉사활동의 중요성을 강조한다. 또한 노인참여활동의 증가로 사회자본이 증가될 수 있으므로 늘어나는 노인인구의 자원봉사활동은 매우 중요하다.

그렇다면 노인자원봉사활동은 어떤 장점이 있을까? 자원봉사활동은 노인에게 지역사회활동 참여의 기회와 함께 자기유용감을 느낄 수 있는 기회를 제공하여 노년기 삶에 긍정적 효과가 있다(김주현·한경혜, 2001). 노인자원봉사활동은 개인적으로는 새로운 지위와 역할을 제공하고 자아실현 및 자기의 사회적 가치회복에 도움이 되며, 자존심을 유지시켜주고 소외감 극복에 도움이 된다. 그리고 노인의 경험과 책임감을 발휘할 수 있는 기회를 제공하며 노인과 다른 세대의 교류와 연대를 강화시킬 수 있다. 노인자원봉사활동을 통해 노인의 신체적 활력유지 및 형성에도 도움이 된다. 노인의 자원봉사활동의 참가는 자존감을 향상시키고(김주현·한경혜, 2001) 은퇴 후 적응 및 고독감 감소와 생활만족도 향상에 기여한다(윤미혜, 1995). 김주현과 한경혜(2001)는 자원봉사활동이 자원봉사자들의 경험욕구, 사회적 책임감 욕구, 사회적 접촉욕구, 타인의 기대부응 욕구, 사회적 인정 욕구, 사회적 교환욕구, 성취욕구 등을 충족시켜 줄 수 있다는 것을 선행연구 중심으로 제시하였다. 사회적으로도 노인에 대한 이미지를 긍정적으로 변화시키는 데 기여하고 시민단체나 복지기관 등의 인력과 재정부족에 도움을 제공할 수 있다. 다시 말하면, 지역사회문제를 해결하는 데 공헌을 하며 사회에 인적자원을 제공함으로 사회발전에 기여할 수 있다

자원봉사활동은 다양한 활동을 통해 개인과 집단을 도우면서 사회적 통합과 안정에 도움이 되어 사회적 공동체의 약화를 방지한다. 또한 자원봉사활동 이전에 대개 사전교육이 이루어지므로 시민교육과 동시에 복지에 대한 교육의 효과를 볼 수 있다. 노인자원봉사활동은 자기성숙의 기회가 되고 공동체의식을 강화시켜 주며 상황적으로 유사한 욕구를 가진 사람에게 도움을 제공할 수 있다. 노인자원봉사활동은 노인이 자원봉사의 수혜자도 공급자도 될 수 있으므로 개인적, 사회적 노인문제를 해결하는 데 매우 도움이 되는 사회활동이라 볼 수 있다(한경혜, 2010).

노인자원봉사활동이 개인적으로나 사회적으로 매우 유용함에도 불구하고, 우리나라 노인의 자원봉사활동에 대한 참여율은 높지 않다. 〈표 13-1〉에서 보는바와 같이 2017년 전체인구 중 자원봉사활동에 참여비율이 17.8%인데 60세 이상 노인의 참여비율은 7.8%에 불과하다.

❖ **표 13-1** 자원봉사활동 참여 현황 (단위: %)

	2011	2013	2015	2017
전체인구	19.8	19.9	18.2	17.8
10대	77.7	80.1	76.6	78.4
20대	13.2	13.7	11.6	11.5
30대	11.2	11.2	10.6	10.7
40대	17	17.3	15.6	17
50대	14.6	14.5	14.6	14.2
60세 이상	7.2	7.8	7.8	7.8

출처: 통계청(각 연도). 사회조사보고서.

자원봉사활동은 성과 교육수준에 따라 차이가 있다. 한경혜 등(2016)의 베이비부머 보고서에 의하면 베이비부머 중 남자의 11.6%가 자원봉사활동에 참여하며 여자는 14.1%가 참여하는 것으로 나타났다. 기부활동에서도 성차가 나타나 남자는 35.2%, 여자는 38.0%가 기부를 정기적 또는 비정기적으로 한다고 응답하였다. 교육수준별로 비교해 보면, 중졸 이하나 고졸의 학력을 가진 베이비부머들 보다 전문대졸 이상의 학력을 가진 베이비부머들이 자원봉사와 기부활동에 더 높은 참여율을 보인다([그림 13-5] 참조).

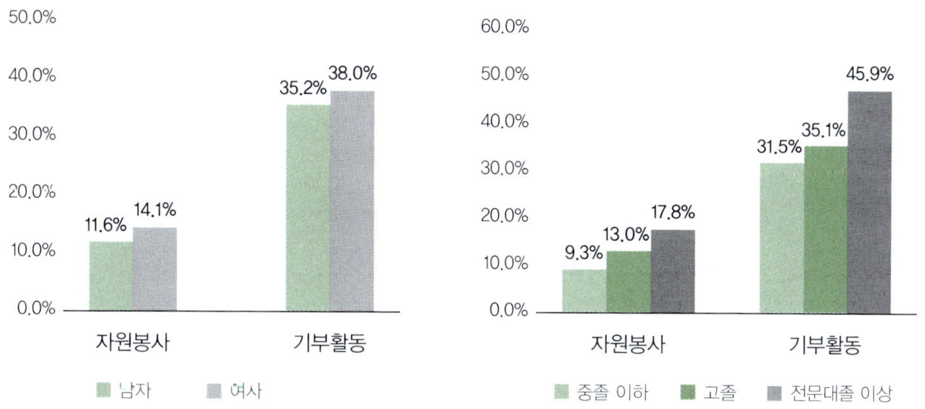

❖ **그림 13-5** 사회적 기여활동에서의 성과 교육수준에 따른 차이

출처: 한경혜 외(2016). 한국 베이비부머 패널 연구.

노인의 연령, 교육수준, 경제수준, 건강상태, 사회적 관계망과 이전의 경험이 노인자원봉사활동에 중요한 요인으로 작용하기 때문에 노인의 계층적 특성을 이해하고 그들의 특성에 맞는 자원봉사 프로그램의 개발 및 선별이 필요하다. 또한 인터넷 이용율이 높은 예비노인세대들에 맞는 인터넷을 이용한 자원봉사활동의 개발도 필요하다고 여겨진다. 한경혜(2010)에 의하면 예비노인인 베이비붐세대들의 자원봉사활성화를 위해서 ① 중년층을 타겟으로 하는 사회참여정책 및 프로그램을 제공하여 선택으로 자원봉사 역할에 주목하도록 해야 하며, ② 베이비붐 세대의 성별, 계층별 차이를 고려한 다양성에 주목하고, ③ 다양한 내용과 성격의 사회참여 기회가 모색되어야 한다고 하였다. 또한 ④ 베이비붐 세대의 사회참여 동기와 욕구에 대해 주시하여 성취감을 얻을 수 있고 삶의 경험을 활용하고 적용할 수 있도록 해야 하며, ⑤ 민간영역과 비즈니스와의 연계를 활성화하고, ⑥ 제도적인 지원과 보상을 체계화하기 위해 홍보전략과 조직을 형성하는 것이 필요하다고 주장하였다.

지역사회활동

지역사회조직(community association)은 어떤 목적을 달성하기 위한 공통의 목적을 가지고 만들어진 집단이다. 대부분 지역사회는 종교기관, 정치적 정당, 취미 집단, 스포츠 관련 집단 등을 가지고 있다. 노인의 지역사회참여는 사회와 연결되고 정체감의 위기를 극복하는 데 도움을 주고, 관계를 통한 긍정적 자아상을 갖게 하여 성공적 노후생활을 하는데 도움이 된다(최해경, 2013). 다음에서는 지역사회에 있는 취미나 스포츠 관련 활동을 하는 일반적인 노인관련 기관, 종교집단, 정치집단 등에 대해 소개하고자 한다.

지역사회집단: 노인 관련 기관

노인은 노인복지관이나 시니어클럽과 같은 집단에 참여할 수 있다. 그러나 노인은 자신이 늙었다는 것을 확인하는 것을 싫어하는 경향이 있기 때문에 그러한 기관이나 클럽이 노인에게 개방되어 있어도 많은 노인이 참여하기를 거부하기도 한다. 선행연구들에서는 다양한 서비스 시설과 노인에 대한 지지 등이 존재하는 지역사회환경에 거주하는 것이 노인의 성공적 노화 가능성을 증가시키는 것으로 나타나(엄기욱, 2014) 노인 관련 기관의 참여는 노인의 성공적 활동적 노화에 도움이 될 것으로 여겨진다.

Cutler와 Hughes(1982)는 중노년기 성인의 지역사회 기관 참여수준이 기관 유형에 따라 연령차와 성차가 있음을 밝혔다. 남성들의 경우, 스포츠, 직업, 전문적인 조직참여가 중년기에 가장 높았고 노년기에 다소 낮았다. 여성들의 스포츠 관련 기관 참여는 나이가 들수록 감소하는 반면, 취미, 전문적인 조직, 토론그룹이나 스터디 그룹의 참여는 상대적으로 안정적이었다. 종교관련 집단들을 제외하고 대부분 기관들의 경우, 조직 회원들 중 절반 정도만이 실제로 참여하고 있었다. 우리나라의 경우 2017년 기준으로 평생교육을 받아본 기관들은 노인복지관(34.8%)과 경로당(19.2%)의 비율이 높게 나타나고 있으며 공공문화센터 등에의 참여도 높은 것으로 나타났다(보건사회연구원, 2017).

그러나 거주 이동, 은퇴, 사별과 같은 변화들은 지역사회 기관 참여를 증가 또는 감소시키기도 한다. 건강과 재정 자원이 감소되면 참여율이 낮아지게 된다. 지역사회 기관에 계속 참여하는 사람들의 경우, 상당한 시간을 관련기관에서 보낸다. 그러나 나이가 증가함에 따라 '나와 다른 종류의 사람들이 들어오는 것' 또는 기관이 '예전과 달리 상당히 변화된 것으로 인식하기 때문에 참여로부터 오는 만족이 감소한다. 또한 이동수단문제는 노인의 지역사회 기관의 참여를 제한할 수 있다.

따라서 노인관련 지역사회 기관의 참여활동은 노인의 건강한 노후생활과 관련이 있지만 노화 자체보다는 대부분 건강, 소득, 이동 문제들이 노인의 지역사회 기관참여에 영향을 미치는 것으로 보인다.

종교기관 참여

전세계의 모든 남녀에게 종교는 위기와 힘든 순간에 대처기술과 사회적지지, 그리고 삶의 경험들을 이해하고 해석하는 참고틀을 제공한다(Marcoen, 2005). 종교기관 참여는 노인이 가장 흔하게 선택하는 지역사회 모임이다. 나이가 들수록 종교기관의 참여는 높아지며, 종교기관에서 리더쉽 지위도 노인에게 집중되는 경향이 있다. 그리고 종교기관의 참여는 다른 기관에서의 참여보다도 훨씬 오래도록 지속되는 경향이 있다(Hooyman & Kiyak, 2011). 노인의 종교기관 참여는 다른 연령대와 비교할 때 압도적으로 높아서 미국의 65세 이상 노인의 50% 이상이 일주일에 한 번 이상 종교기관에 참석하는 것으로 나타났다. 또한 노인의 60% 이상이 종교가 매우 중요하다고 대답하였다(Hooyman & Kiyak, 2011에서 재인용).

종교기관 참여자 중 절반 정도는 규칙적으로 참여하고, 여성이 남성보다 더 자주 참여한다. 교회 참여는 소득과 교육수준이 높고 그 지역의 거주기간이 길수록 높아진다. 보건사회연구원(2017)의 결과에 따르면, 우리나라 노인들의 지난 1년간 여가문화활동 참여율 중 종교활동 참여율이 전체의 10.7%를 차지하였고 남자노인의 참여보다(6.4%) 여자노인의 참여율이(13.9%) 높은 것을 알 수 있다. 종교기관에는 젊은 사람을 위한 프로그램이 강조되지만 동시에 노인을 위한 모임이 형성되어 있으며, 종교기관들은 은퇴한 노인에게 관심을 기울인다(Atchley & Barush, 2004).

종교활동에 참여하는 것은 노인의 정신적 신체적 건강에 영향을 미치는데, 이는 공식적 종교활동 참여 뿐 아니라 기도나 명상 등의 비공식적 종교활동도 그러하다. 종교활동은 정신적, 신체적 웰빙과 삶의 마무리 단계의 질을 높이며, 죽음의 위험을 감소시키고 자신의 죽음을 대면하는 데 도움을 준다(Hooyman & Kiyak, 2011; Koenig, 2000, 2002). 또한 면역력 증강, 인지적 기능, 혈압수치의 감소, 전반적인 수명의 증가, 삶의 질 향상, 건강

증진, 자존감, 삶의 만족, 삶의 유용감 등과 연관이 있는 것으로 나타났다(문태인·변상해, 2012; 박홍자·김경호·김현옥, 2011; 우희순·최유임, 2017; Atchley, 2008, 2009; Bosworth et al., 2003; Hill, 2008; Idler, 2006; Nelson-Becker, 2004; Schaie, Krause, & Booth, 2004; Seeman, Dubin, & Seeman, 2003). 따라서 노인들의 종교활동 참여는 매우 흔하고 영향력 있는 노년기 사회참여 활동의 하나로 볼 수 있다.

정치 참여

사람들은 인생 후기에 정치에 더 많은 관심을 가진다. 나이가 증가할수록 투표참여나 정당활동과 같은 정치적 관심과 참여가 증가하고, 노년기 신체적 기능과 사회적 참여 기회가 감소하는데 대한 반사적 반응으로 사회에서의 위상강화에 대한 욕구가 증가하면서 정치참여의 경향이 증가한다(이인수, 2001). 노인들의 욕구가 다양해지고 노인들 스스로 자신들의 삶에 영향을 미치는 노인복지나 권익발전 등에 대해 관심이 증가하면서 노인은퇴자협회 같은 노인복지 관련 정치단체들이 형성되는 것은 노인들의 정치 참여에 대한 욕구를 보여준다(현회성, 2002). 노인 정당 멤버들은 정당 내 지명자가 될 가능성도 높고 정당 지명자 선택에 강력한 영향을 미치기도 한다. 정치 정당의 노인 멤버들이 영향력이 있는 한 가지 이유는 다른 연령집단과 비교해 볼 때, 지혜로운 현인의 역할을 담당하기 때문이다. 정치적 힘 또는 지혜는 전문적인 공부나 책에서보다는 오히려 경험에서 주로 학습되는 것이다.

한국 사회에서 노인정치 참여인구가 증가하고 있고 투표참여 노인인구도 증가하면서 노인들의 정치적 권력(senior power)도 증가하고 있다(이기학, 2006). 노인들의 정치참여행동은 주로 투표, 정당참여, 정치행동집단참여 등이 있는데, 노인들에게 가장 적극적인 정치참여행동은 선거 참여이다. 2016년 20대 국회의원선거에서 60세 이상의 투표율은 64.3%로 다른 연령층보다 높았으며 그중에서도 70대의 투표율이 73.3%로 가장 높았다. 50대부터 70대까지는 선거인수 비율보다 투표자수 비율이 더 높아 중·노년층이 투표참여에 더 적극적인 것으로 나타났다(중앙선거관리위원회, 2016). 한국노인들의 정치사회단체 활동 참여율은 0.4%로 참여자 중 76.2%가 월1회 이하의 간헐적 참여를 하고 있는 것으로 나타났다. 읍·면부 노인의 경우 0.7%가 정치사회단체에 참여하고 있는데, 이는 매우 낮은 수준이지만 동부 노인의 참여율보다는 높다. 성별 특성을 살펴보면, 남자노인의 참여율이 0.8%로 여자노인 0.1%에 비해 높은 분포를 보이고 있으며, 연령의 경우 연령이 낮을수록 참여율이 높았다(한국보건사회연구원, 2017).

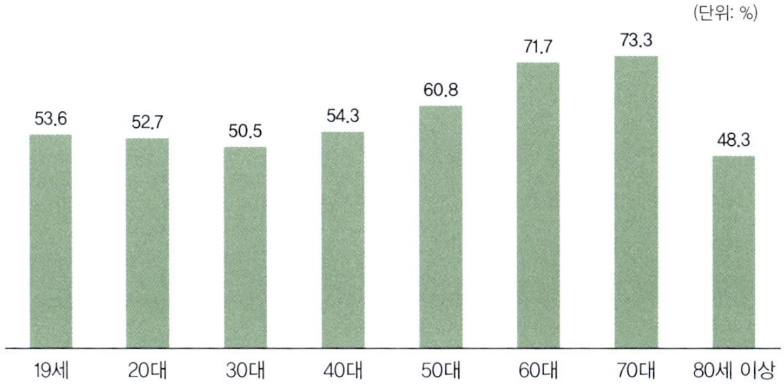

❖ **그림 13-6** 제20대 국회의원선거 투표율 분석

출처: 중앙선거위원회. 제20대 국회의원선거 투표율 분석결과 공개.

이 장에서 계속 강조하는 노년기 사회참여의 장점들을 고려할 때, 교육과 자원봉사활동, 지역사회참여활동들을 포함한 다양한 노인사회활동을 개발하고 지원하는 것이 필요하다.

현대 사회의 많은 노인이 사회활동에 참여한다. 그들은 왜 사회활동에 참여할까? 사회활동 참여 정도는 성별이나 연령, 거주지역 등에 따라 다를까? 한경혜, 김주현, 박경숙, Akiyama, 이재인(2011)의 연구에서는 도시지역에 사는 젊은 노인의 사회활동참여 동기에 대해 접근하였다. 도시에 사는 50대에서 60대까지의 남녀성인들을 대상으로 사회참여활동에 대한 자기지향동기, 관계지향동기, 사회지향동기 요인을 살펴보았다. 이러한 동기요인의 구분은 Katagiri(2006)의 사회참여위계모델에 근거한 것이다. 이 모델에 따르면 세 가지 지향동기 모두 낮은 것은 0수준으로 사회에서 고립된 것이고, 자기지향동기만 높은 수준은 1수준으로 혼자 하는 취미활동만 하는 것이다. 2수준은 자기지향동기와 관계지향동기만 높은 것으로 모임/단체 활동을 중심으로 하는 것이다. 그리고 세 가지 동기가 모두 높은 3단계는 자원봉사와 같은 생산적 활동에 참여한다.

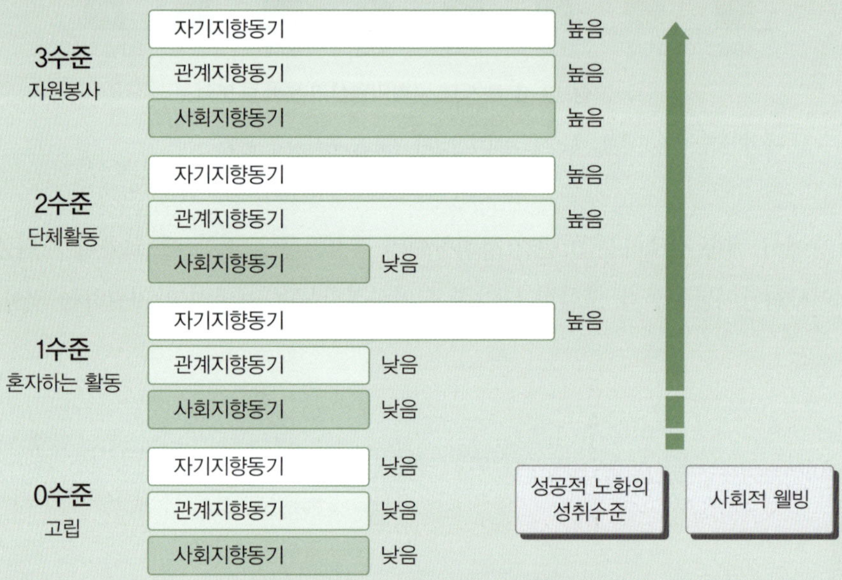

❖ 그림 13-7 사회참여의 위계모델

한경혜 등(2011)의 연구결과에 의하면 도시지역에 거주하는 50~60대의 연소노인은 자기지향과 관계지향동기가 높아 자신의 삶을 향상시키고 타인과 친밀한 관계를 맺고자 하는 동기가 높았다. 또한 관계지향 동기와 사회지향 동기가 높을수록 사회참여의 정도가 높았지만, 자기지향 동기는 사회참여 정도와 유의한 관련성을 보이지 않았다. 그리고 사회참여의 정도나 유형, 동기 수준에서 남녀의 차이가 나타났다. 남성이 여성에 비해 참여하는 단체의 수가 더 많고, 참여하는 단체 유형에서도 남성은 여성에 비해 상대적으로 동창회와 향우회, 직장과 관련된 모임, 그리고 동업자나 노동단체에의 참여율이 더 높은 반면, 여성은 종교기관에의 참여가 더 높은 것으로 나타났다. 또한 동기수준에서도 남성이 여성에 비해 사회지향 동기 수준이 더 높았다. 따라서 노인의 사회활동참여를 활성화하기 위해서는 남녀 간의 차이와 연령, 거주지역 등을 고려하고 사회참여의 동기별 접근이 필요하다고 여겨진다.

CHAPTER

14

노인정책

1. 노인정책의 필요성과 현황 / 2. 소득 보장 / 3. 건강 보장 / 4. 주거 보장

CHAPTER

14 노인정책

출처: 기획재정부(2018).

- 주거급여 제도, 10월부터 부양의무자 기준 폐지(취약계층, 사회적 약자)
- 저소득층 대상 평생교육 바우처 지원 실시(취약계층, 사회적 약자)
- 여성새로일하기센터 확대 운영(청년~중장년(19세~64세))
- 노인장기요양보험 본인일부부담금 감경 대상 확대(취약계층, 사회적 약자)
- 기초연금 '18년 9월부터 25만 원으로 인상 지급(어르신)
- 중증치매 독거노인 공공후견제도 시행(어르신)
- 고령 은퇴농업인 대상, 조합의 명예조합원 제도 도입으로 지원 확대(어르신)

한국 노인의 빈곤율은 34개 OECD 회원국 중에서 가장 높은 수치를 나타내며 국민연금과 기초연금 등을 포함해도 노인의 경제상태는 매우 불안정하다. 정부에서는 노인들의 삶의 질 향상을 위한 다양한 정책들을 시행하려고 한다. 과연 노인돌봄은 누구의 책임일까? 그리고 사회는 노인을 어떤 영역까지 돌볼 것인가?

1. 노인정책의 필요성과 현황

노인정책의 필요성

개인의 삶과 그 개인이 속해 있는 사회의 정책과의 연결은 어느 누구에게나 중요하지만, 특히 노인의 삶에 미치는 사회정책의 영향은 인생의 다른 어느 시기보다도 크다고 볼 수 있다. 사회구조와 정치적 이데올로기 등이 나라마다 차이가 있음에도 불구하고, 국가에서 운영하는 사회복지정책들은 대다수 노인의 삶에 중요한 소득원이 된다(Myles, 1989). 노인은 은퇴를 경험하면서 정기적인 수입이 단절되고 세납자의 역할보다는 사회보장정책의 혜택을 받는 집단으로 여겨진다. 물론 노인의 경제적 상태는 상대적으로 젊은 노동인구들과 비교할 때 좋다고 볼 수는 없고 소득을 얻을 수 있는 원천도 변화한다. 노인의 소득욕구를 산정하기 위해서는 생활양식의 연속성을 고려하여 은퇴 이전 소득대체 정도를 고려해야 하지만, 절대적 빈곤 수준에 있는 노인의 경우 의식주 문제를 해결하는 데 대한 우선적 배려를 고려해야 한다. 노년기 상대적 수입문제는 세 가지 요인으로 분류되는데, 1) 수입안정감의 결여, 즉 생활수준이 상황변화에도 불구하고 보호를 받는다는 느낌이 부족하고, 2) 배우자 사망이나 이혼과 같은 생애전이와 함께 일어나는 소득과 생활수준의 저하를 경험하며, 3) 젠더나 인종 등에 따라 인생주기 동안 적절한 은퇴소득을 가져오는 일자리에 접할 기회를 얻지 못한 결과가 노년에도 지속되는 것을 의미한다. 예를 들어 여성들은 남성들과 직업세계에서 경쟁하면서 승진이나 포상 등에 상대적으로 불이익을 당하고, 이는 연봉차이와 더불어 은퇴 이후 연금에서의 차이도 불러일으킨다. 전반적으로 절대적인 수입문제보다 상대적인 수입문제는 사회적으로 덜 심각하게 여겨지는데, 사회정책은 이 둘 다에 접근해야만 한다. 모든 연령층과 소득수준 계층의 개인은 자신의 소득 안전에 위협을 경험할 수 있지만, 노인은 특히 취약할 수 있으므로 노인은 국가 연금 체계, 사회 안전보장에 다수가 의존한다.

특히 건강이 악화되고 경제적 능력이 부족하여 열악한 주거환경에 있는 노인에게는 돌봄이 요구된다. 유교문화권인 한국에서는 과거에 가족이 노인돌봄의 책임을 지고 장남과 큰며느리가 노인돌봄을 제공하는 것이 당연하다고 여겨졌다. 그러나 산업화와 더불어 도시화로 인해 젊은 세대와 노인세대의 물리적 거리가 멀어지고 여성의 사회진출과 노부모와 자녀의 동거가 각자의 욕구수준에 따라 선택이 된 현대사회에서는 노인돌봄의 문제가 더 이상 가족만의 책임이 아니게 되었다.

노인의 돌봄 및 자녀와 동거의식은 과거와 비교하여 '스스로 해결해야 한다'는 비율이 2010년 18.4%에서 2016년 27.2%로 계속적으로 증가하고 있다([그림 14-1] 참조). 2016년 65세 이상 노인은 부모의 노후를 '가족과 정부·사회', '가족'이 책임져야 한다고 생각하는 사람이 각각 32.6%로 높고, 그 다음은 '부모 스스로 해결'해야 한다고 생각하는 사람이 27.2%이다. 가족이 전적으로 부양해야 한다는 비중은 계속적으로 감소하고 있다. 가족 중에서 부양해야 한다면 '모든 자녀'가 부모를 부양해야 한다는 견해가 60.0%로 가장 많았고 다음으로는 '자식 중 능력 있는 자'가 부양해야 한다는 비중이 늘어났다. '장남이나 아들이 부양해야 한다'는 견해는 지속적으로 감소하고 있는 추세여서 노인의 사회적 돌봄에 대한 요구가 증가하고 있고, 그에 따라 노인관련 정책들도 계속해서 변화하고 있다는 것을 알 수 있다.

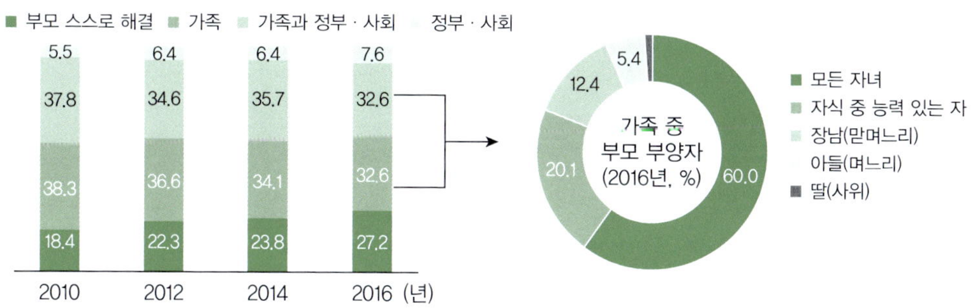

❖ **그림 14-1** 돌봄의무에 대한 견해

출처: 통계청(2017). 사회조사.

한국의 노인관련 정책

한국의 노인관련 정책은 그 기원을 삼국시대의 양로연이나 고려시대의 시정, 조선시대의 양민원 등에서 그 기원을 찾을 수 있지만, 현대적 의미의 노인관련 정책들은 1960년대와 70년대 노인복지법 제정 이전의 연금제도나 의료보호제도 등에서 시작되었다고 볼 수 있다. 1981년 노인복지법이 제정되면서 요보호노인을 주 대상으로 다양한 정책들이 수립되었고, 1990년대에 노인복지법의 개정을 통해 2000년대부터 재가복지, 고령친화산업, 기초연금, 노인고용정책 등 다양한 노인관련 정책들이 실시되기 시작하였으며 현재도 계속해서 변화 중이다.

노인에 대한 정책은 노인의 욕구를 충족시키면서 공공부문과 사적 영역에서의 책임구분에 대한 사회의 결정이다. 따라서 노인정책은 노인이 어떤 기준으로 혜택을 받고 정책마다 어떤 재원을 사용하는지 등에 대해 명확한 구분을 한다. 노인정책은 자격과 혜택의 유형, 재원방식 등을 기준으로 구분한다. 예를 들면, 국민연금 중 노령연금처럼 연령을 자격기준으로 하거나 국민기초생활 수급과 같은 요구자격을 기준으로 구분할 수 있다. 또는 기초연금처럼 노인이 직접 수령하는 직접적 소득보장제도와 경로우대제도나 세제감면과 같은 간접적 소득보장제도처럼 혜택의 유형별로 구분할 수 있다. 그리고 국민연금처럼 가입자의 기여금과 사용자의 부담액을 토대로 운영되는 사회보험형식의 프로그램과 국민기초생활 수급비와 같이 비기여적 재원으로 운영하는 공적부조 등 재원방식을 기준으로 구분할 수 있다.

다음에서는 노인의 의식주 등 기본적인 욕구를 충족시키는 정책 중에서 노년기 빈곤과 건강문제 등에 대한 대책인 소득보장정책, 건강보장정책, 주거보장정책을 자격과 혜택의 유형, 그리고 재원방식 등을 중심으로 살펴보고자 한다.

2. 소득 보장

노년기는 은퇴 이후 정기적 소득이 감소하고 신체적 쇠약으로 인한 의료비 지출의 증가 등으로 인해 경제적 자원이 줄어드는 시기이다. 따라서 노인의 빈곤에 대한 사회적 대책으로 노년기 경제생활에 대한 최소한의 안전망이 요구된다. 한국 노인의 경제상황을 살펴보면 60세 이상 노인이 경험하는 생활상의 어려움에서 경제적 어려움이 차지하는 비율이 매우 높게 나타나며(통계청, 2017), 도시지역의 노인과 여자노인이 상대적으로 더 어려움을 많이 느끼는 것으로 나타났다. 우리나라 전체의 빈곤율은 2016년 14.7%인데 65세 이상 노인의 상대적 빈곤율은 46.5%로 나타나 노인의 다수가 소득빈곤상태에 있는 것을 알 수 있다(통계청, 2017).

현재 노인소득보장정책은 빈곤선 이하의 노인에게 국민기초생활 수급비를 지급하고 저소득 70%에 해당하는 노인에게 기초연금을 지급하는 최종안전망을 기반으로 한다(〈표

14-1〉 참조). 다음으로 공적연금을 1차 안전망으로 하고 그 다음 안전체계로 사적연금과 같은 추가보장과 사적소득, 사적 이전소득까지 추가적인 2, 3, 4층의 구조를 보인다(정경희, 2009).

공적연금제도는 국민연금과 특수직연금으로 구분되며 특수직으로는 공무원, 사학교원, 군인 등이 포함된다. 국민연금의 경우, 도입 이후 아직 성숙하지 못해서 효과성이 충분히 발휘되지 않아 현재 노인의 대다수가 연금수급권을 확보하지 못하였고, 이에 사각지대에 있는 노인세대에게 국가적 사회적 소득보장을 위해 2008년 기초노령연금이 도입되었고 2015년부터 기초연금으로 전환되어 실행되고 있다(양옥남 외, 2016).

❖ 표 14-1 현행 노년소득보장제도의 구성

<table>
<tr><th colspan="2" rowspan="2">구분</th><th colspan="3">일반소득계층</th><th colspan="2">저소득층</th></tr>
<tr><th>피용자</th><th>자영자</th><th>공무원, 사학교원, 군인</th><th>저소득층</th><th>빈곤선 이하 계층</th></tr>
<tr><td>사적소득</td><td>4층</td><td colspan="5">사적 근로, 사적 이전소득 등</td></tr>
<tr><td rowspan="2">추가보장
(사적연금)</td><td>3층</td><td colspan="3">개인연금</td><td></td><td></td></tr>
<tr><td>2층</td><td>퇴직금
(기업연금)</td><td></td><td rowspan="2">공무원
사학교원
군인연금</td><td></td><td></td></tr>
<tr><td>1차 안전망
(공적연금)</td><td>1층</td><td colspan="2">국민연금</td><td></td><td></td></tr>
<tr><td>최종안전망</td><td colspan="6">기초연금</td></tr>
<tr><td>빈곤선</td><td>0층</td><td colspan="5">기초생활보장제도</td></tr>
</table>

출처: 정경희(2009).

공공부조

법에서 정한 일정 자격기준을 조사하여 국가의 세금으로 재원을 충당하는 공공부조는 해당대상자의 최저생활수준을 보장하는 제도이다. 국민기초생활보장제도는 소득평가액과 재산의 소득환산액을 합산한 소득인정액이 일정 기준 이하인 자를 대상으로 한다. 기초연금은 경로연금, 기초노령연금을 거쳐 기초연금으로 전환되었는데, 만 65세 이상의 노인으로 가구의 소득인정액이 선정기준 이하(소득하위 70%)인 자를 대상으로 한다.

국민기초생활보장제도

국민기초생활보장제도는 1961년 도입되어 시행되어온 생활보호제도를 대체하여 2000년부터 시행하고 있는 공공부조이다. 이후 경제성장과 여러 복지제도의 시행과 더불어 복지수요가 다양화되면서 2013년 각 급여대상별 특성에 맞게 상대적 빈곤관점을 반영하여 생계, 의료, 주거, 교육 등의 영역을 구분하여 급여별 최저보장수준을 현실화하고자 '기초생활보장제도 맞춤형 급여체계'로 개편하고자 노력하였다. 이는 부양의무자 기준을 완화하여 사회보장을 강화하고, 급여별로 수급자 선정기준을 다층화해서 필요한 급여를 계속 지원하도록 하며 최종적으로는 자립을 하도록 하는 것을 목적으로 한다. 기존의 제도는 모든 급여를 일괄 지원하는 통합급여방식이었는데, 이는 일정수준 이상의 소득이 생기면 급여가 중단되어 자립자활에 대한 유인이 부족한 문제가 있었다. 이를 개별급여방식으로 개편하고 대상자 선정 및 급여수준을 별도 설정하여 개별급여를 통해 근로능력자의 자활을 유도하고자 하였다(보건복지부).

수급대상자의 자격요건은 소득인정액이 최저생계비 이하이고 부양의무자가 없거나, 있어도 부양능력이 없거나 부양을 할 수 없는 자이어야 한다. 이 제도는 노인만을 대상으로 하는 것이 아니라 전체 국민 가운데 저소득층 가구를 대상으로 하는데, 노인의 빈곤율이 높다는 것을 감안하면 주요한 노인소득보장정책 중의 하나로 여겨진다. 한편, 국민기초생활보장제도의 수급자 중 노인인구 비율은 높지만, 빈곤노인가구 중 기초생활보장제도의 혜택을 받는 가구는 부양의무자의 부양능력 판정기준 때문에 노인가구의 탈락가능성이 매우 높았다. 국민기초생활보장제도 수급에서 제외된 노인은 인구학적 특성과 소득특성이 수급자 집단과 유사하여 공공부조 수급의 욕구가 큰데도 수급에서 제외된 것으로 나타나(최희경, 2004) 이에 대한 대책으로, 보건복지부에서 2017년 11월부터 기초생활수급신청과 부양의무자 가구 모두에 만 65세 이상의 노인이나 장애인 등급 1~3등급의 중증 장애인이 있는 경우 부양의무자 기준을 폐지하고 생계, 의료, 주거급여 수급자로 지원을 하고 있다. 실제로 빈곤층인 국민기초생활보장 대상자 중 노인비율은 상당히 높은데 2016년 기준으로 전체수급자의 27.3%가 65세 이상 노인으로 나타나 노인의 빈곤문제가 심각함을 알 수 있다. 또한 여성노인과 남성노인의 수급율은 6.9%대 4.5%로 여성노인의 빈곤문제가 더 심각한 것으로 나타났다(〈표 14-2〉 참조).

❖ 표 14-2 전체 노인 대비 국민기초생활보장 수급 노인 비율

연도	65세 이상 노인인구(A)			기초생활수급 노인 수(B)			비율(B/A)		
	전체	남성	여성	전체	남성	여성	전체	남성	여성
2010	5,506,352	2,239,581	3,266,771	391,214	106,723	284,491	7.1	4.8	8.7
2013	6,250,986	2,597,151	3,653,835	376,112	110,189	265,924	6.0	4.2	7.3
2016	7,075,518	3,005,890	4,069,628	420,731	137,078	283,653	5.9	4.5	6.9

출처: 통계청(2017). 고령자통계.

기초연금

기초연금은 1991년 시행된 노령수당제도가 1998년 경로연금으로 명칭이 변경되어 국민기조생활보호수급자와 저소득층 노인에게 지급되었고, 2007년 경로연금이 폐지되어 기초노령연금으로 65세 이상 노인 중 정부가 정한 소득인정액 이하의 노인에게 지급하다가, 2014년 기초연금으로 지급되고 있다. 이는 현재 노인세대들 중 국민연금 가입기회를 갖지 못했거나 가입기간이 짧아 연금의 혜택을 받지 못하는 저소득 노인을 위한 공적연금의 보완적인 연금제도로 국민연금제도의 성숙까지 한시적으로 도입된 공공부조식 지원체제이다(박선태 외, 2016).

기초연금의 대상자는 만 65세 이상의 대한민국 국적이어야 하며, 가구의 소득인정액이 하위 70%이다. 기초연금액은 기준연금액과 국민연금 급여액 등을 고려하여 산정한다. 2018년 선정기준액은 월소득평가액과 재산의 월소득환산액을 합산한 금액이 노인단독가구 1,310,000원, 노인부부가구 2,098,000원이다. 대상자는 1) 직역(공무원·사립학교교직원·군인·별정우체국직원) 재직기간이 10년 미만인 국민연금과 연계한 연계퇴직연금 또는 연계퇴직유족연금 수급권자 및 그 배우자, 2) 장해보상금, 유족연금일시금, 유족일시금(유족연금 대신 받은 경우)을 받은 이후 5년이 경과한 수급권자 및 그 배우자, 3) 2014년 6월 30일 당시 기초노령연금을 받고 계신 분, 4) 기초연금법 시행 당시 장애인연금 특례수급자였던 자가 나중에 만 65세에 도달하여 기초연금 특례대상자로 전환된 경우가 해당된다(보건복지부).

사회보험

사회보험이란 국가가 정책을 수행하기 위해 보험의 원리를 도입하여 만든 제도로, 보험료를 국민들로부터 강제적으로 징수하고 정형화된 보험금 지급을 특징으로 한다. 우리나라에서 사회보험 형식으로 운영되는 사회보장은 공적연금, 국민건강보험, 산재보험, 고용(실업)보험, 노인장기요양보험의 다섯 가지인데, 각 제도의 성격에 따라 가입 대상이나 보험료 부과방식, 급여방식, 재원조달 방식 등에서 다소 차이가 있지만, 사회공동의 책임을 강조하는 사회연대성을 원칙으로 하고 일정 조건에 해당되는 사람들은 의무적으로 가입하여 소득 등의 수준에 따라 보험료가 차등적으로 부과되는 특성을 갖는다.

우리나라의 공적연금은 사회보험형식으로 운영되는데 가입자는 소득수준에 따라 기여금을 납부하고 정부 또는 사용자는 그 보험료에 상응하는 부담금을 납부하여 노령, 장애, 사망 등의 경제적 어려움이 발생할 시, 피보험자의 기여를 기준으로 급여를 지급하는 것이다(권중돈, 2013). 사회보험으로 운영되는 공적연금은 국민연금과 특수직연금(공무원연금, 군인연금, 사립학교교직원연금)이 있다.

국민연금

국민연금은 1988년 10인 이상 사업장 상시근로자를 대상으로 시행되다가 사업장 범위를 확대하고 농어촌지역도 연금을 적용하여 1999년 전국민에게 적용되었다. 국민연금은 '모든 경제활동 계층을 대상으로 하여 가입자가 노령, 장애, 사망 등의 사회적 위험에 처해 소득이 감소되거나 상실되는 경우 본인이나 유족에게 경제적으로 안정적인 생활을 보장할 수 있도록 연금형태의 급여를 제공함'으로 노년기 소득보장과 빈곤예방을 위한 제도이다(박선태 외, 2016). 국내에 거주하는 18세 이상 60세 미만의 사용자 또는 근로자와 국내에 거주하는 외국인이나 국민연금 가입 사업장에 고용된 외국인도 가입대상이다.

연금의 급여종류는 10년 이상 가입자가 60세 도달 시에 지급하는 노령연금, 가입 중 발생한 사고나 질병으로 인하여 신체 또는 정신의 장애가 발생하였을 때 지급하는 장애연금, 가입중인 자 또는 10년 이상 가입자 사망 시 지급하는 유족연금, 그리고 혼인기간 5년 이상의 배우자가 국민연금 수급권자일 경우 배우자의 노령연금 중 혼인기간의 연금액을 나누어 지급하는 분할연금이 있다. 또한 10년 미만 가입자가 자격을 상실할 경우 지급하는 반환일시금이 있다(국민연금 관리공단).

가입자의 유형은 사업장가입자, 지역가입자, 임의가입자, 임의계속가입자로 구분되며, 사업장가입자는 가입자와 사용자가 각각 기준소득월액의 4.5%씩 납부하고 다른 유형의 가입자는 본인이 9%를 납부한다. 가입자는 사업장가입자가 가장 많고, 급여별로는 노령연금 수급자가 많으며, 금액별로는 10만 원에서 25만 원을 받는 수급자가 가장 많은 것으로 나타났다(통계청, 2017). 가입기간이 10년 이상 20년 미만이며 60세인 경우는 감액된 노령연금을, 가입기간 20년 이상이고 60세 이상인 경우는 완전노령연금을 수령하게 된다. 가입기간이 10년 이상이지만 연령이 55세에서 60세이면 조기노령연금을 수령할 수 있다(국민연금관리공단).

특수직연금

국민연금 이외에 특수직연금으로는 공무원연금, 사립학교교직원연금, 군인연금 등이 있다. 공무원연금제도는 1960년 공무원연금법이 제정되면서 실시되었다. 공무원연금제도는 공무원이 퇴직, 사망, 근무 중 부상이나 질병 등으로 경제적 어려움에 처할 때 기준에 따리 급여를 제공하는 것으로 장기급여와 단기급여로 구분된다. 장기급여는 퇴직급여, 유족급여, 장해급여, 퇴직수당 등이 있고 단기급여로는 요양급여와 부조급여 등이 있다. 사립학교교직원연금은 1973년 사립학교교원연금법이 제정되고 1975년부터 시행되었다. 연금은 교육부장관의 위탁을 받아 사립학교 교직원연금관리공단에서 운영한다. 사립학교교직원의 퇴직, 사망 및 근무 중 부상이나 질병을 당한 경우 지급하는 것으로 단기급여와 장기급여로 구분된다. 군인연금은 1963년 군인연금법을 제정하여 시행하였다. 이 연금제도의 운영주체는 국방부장관이며 국방부 인사복지실 보건복지관실 군인연금과에서 실무를 담당하고 있다.

기타간접소득보장제도

경로우대제도와 세제감면제도 등은 노인에게 직접 현금을 지원하지는 않지만 노인의 지출을 경감하여 소득을 보전하는 제도이다. 노인복지법 제 26조에 의하면, ① 국가 또는 지방자치단체는 65세 이상의 자에 대하여 대통령령이 정하는 바에 의하여 국가 또는 지방자치단체의 수송시설 및 고궁·능원·박물관·공원 등의 공공시설을 무료로 또는 그 이용요금을 할인하여 이용하게 할 수 있다. ② 국가 또는 지방자치단체는 노인의 일상생활에 관련된 사업을 경영하는 자에게 65세 이상의 자에 대하여 그 이용요금을 할인하여 주도록 권유할 수 있다. ③ 국가 또는 지방자치단체는 제2항의 규정에 의하여 노인에게 이용요금을 할인하여 주는 자에 대하여 적절한 지원을 할 수 있다고 규정한다. 노인복지법에 의해 65세 이상의 노인에게 철도나 국공립 박물관이나 공원 등의 공공영역과 국내 항공기와 여객선 등의 민간영역에서 경로우대제도를 시행하고 있다(〈표 14-3〉 참조).

❖ 표 14-3 경로우대제도 내용

운영주체	내용	
공영	철도	• 통근열차: 운임의 50% 할인 • 무궁화호: 운임의 30% 할인 • 새마을 열차 및 KTX 30% 할인(단, 토 · 일요일, 공휴일 제외)
	수도권전철, 도시철도, 시내버스, 여객선박, 극장, 고궁, 능원, 국 · 공립 박물관, 국 · 공립 공원 및 국 · 공립 미술관: 운임 또는 입장료 100% 할인	
	국 · 공립 국악원, 고궁, 능원, 목욕, 이발, 시외버스(완행), 사찰 : 입장료 50% 할인	
민간	국내 항공기	운임의 10% 할인
	국내 여객선	운임의 20% 할인
	타 경로우대업종(목욕, 이발 등)은 자율적으로 실시	
기타	지방자치단체는 지역사회 내 복지 수요 및 공급과 복지대상자들의 욕구 등을 고려하여 노인의 노후의 생활안정, 효행장려 등 복지서비스 제공이 필요한 경우 조례, 규칙 등을 제정하여 지원(노인복지법 제4조)	

출처: 보건복지부(2018). 노인보건복지사업안내 II.

또한 노인과 60세 이상 노부모를 동거부양하거나 동거하지 않더라도 부양을 입증하는 자녀들에게 상속세 공제, 소득세 공제, 양도소득세 면제 등의 세제감면혜택을 시행하고 있다(〈표 14-4〉 참조).

❖ 표 14-4 감면혜택 내용

법	내용
상속세 및 증여세법	• 제20조: 상속인(배우자 제외) 및 동거가족 중 60세 이상인 사람에 대해서는 3천만 원 인적공제함
소득세법	• 제50조(기본공제): 거주자의 직계존속으로서 60세 이상인 사람 1명당 연간 150만 원씩 부양가족 공제 • 제51조(추가공제): 70세 이상인 사람(경로우대자)인 경우 1명당 연 100만 원 공제 • 제89조(비과세 양도소득): 1세대 1주택자가 60세 이상의 직계존속을 동거봉양하기 위하여 세대를 합친 경우 세대를 합친 날로부터 5년 이내 양도 시 먼저 양도하는 주택(양도일 현재 3년 이상 보유)을 비과세
조세특례 제한법	• 제88조의2(비과세 종합저축에 대한 과세특례): 비과세 종합저축은 고령자와 장애인, 독립유공자에게 5,000만 원 한도까지 비과세 혜택을 제공함. 다만, 현행 60세인 것을 2019년까지 단계적으로 1세씩 상향조정해 최종 65세 이상인 자로 한정함

출처: 보건복지부(2018). 노인보건복지사업안내 II.

3. 건강 보장

노년기에는 다른 어느 시기보다 건강 문제, 특히 만성질환이 발생할 위험이 높아 의료비 부담이 클 뿐 아니라, 일상생활에서의 돌봄, 간병 요구가 증가하기 때문에 가족의 부담 또한 높아질 수 있다. 이러한 점에서 노년기 건강 보장은 이들의 의료적 필요에 적절히 대응하고, 악화된 건강상태로 인해 발생될 수 있는 돌봄문제 또한 포함할 수 있어야 한다. 노인을 위한 건강보장정책은 사회보험형식으로 운영되는 국민건강보험과 노인장기요양보험, 저소득층을 위한 공공부조인 의료급여, 그리고 노인의 건강증진을 위한 다양한 사회서비스들이 포함된다. 이 절에서는 우리나라 건강보장정책의 근간이 되는 국민건강보험과 노인장기요양보험을 중심으로 살펴볼 것이며, 이들 제도들을 살펴보면서 각 제도에 의해 제공되는 보장에 상응되는 의료급여(공공부조)에 대해서도 함께 설명할 것이다.

국민건강보험

현재 우리나라 건강보장정책의 기본을 이루고 있는 것은 국민건강보험제도이다. 국민건강보험은 '생활상의 질병·부상에 대한 예방·진단·치료·재활과 출산·사망 및 건강증진에 대하여 보험급여를 실시함으로써 국민보건을 향상시키고 사회보장을 증진함으로써 보험의 원리를 이용하여 의료비의 지출부담을 국민건강보험 가입자 모두에게 분산시켜 국민생활의 안정을 도모하기 위한 사회보험'이다(보건복지부). 앞서 살펴보았던 국민연금과 동일하게 사회보험 방식으로 운영되지만, 연금제도의 경우 나중에 받게 되는 급여액은 가입자 자신이 낸 연금액에 비례하지만(그러나 완전히 비례하는 것은 아니어서, 소득재분배 원칙에 따라 소득수준이 낮은 사람의 경우 자신의 기여에 비해서는 상대적으로 많은 연금을 받을 수 있도록 설계되었다), 건강보험은 보험료 부담수준과 관계없이 균등하게 필요에 따라 급여가 지급된다.

국민건강보험은 의료보험을 전신으로 하는데, 제도 시행 초기에는 가입 대상의 범위(특히 강제 적용되는 당연적용 대상자)가 대기업, 공무원, 사립학교 교직원 등으로 매우 제한적이었지만, 적용대상이 확대되고 지역의료보험이 실시되면서 전 국민을 대상으로 하는 의료보험제도(저소득층의 경우 의료보호)가 확충되었다.

※ 건강보험제도의 주요 발달

- 1963년 의료보험법 제정(300인 이상 사업장 임의적용 근거마련)
- 1977년 500인 이상 사업장근로자 당연적용, 생활보호대상자에 대한 의료보호 실시
- 1979년 공무원 및 사립학교교직원 당연 적용
- 1988, 1989년 농 · 어촌지역의료보험과 도시지역의료보험(전 국민 의료보험 실시)
- 2000년 직장, 공무원 및 사립학교교원, 지역의료보험을 '국민건강보험'으로 통합

적용 대상(coverage)과 급여 내용(benefits)

국민건강보험과 의료급여를 통해 전 국민이 일정 수준의 의료보장을 받게 되는데, 공공부조인 의료급여 대상자를 제외한 모든 국민이 건강보험 가입자로서 보험료를 납부하는 것은 아니다. 개인을 단위로 하여 설계, 운영되는 공적연금[1]과 달리, 건강보험은 피부양자에게도 급여가 제공된다. 피부양자는 보험가입자에게 생계를 의존하는 배우자, 부모, 자녀 등으로 재산과 소득이 일정 기준 이하인 사람이 여기에 해당된다.

1) 공적연금도 유족연금이나 분할연금(이혼한 배우자가 연금의 일정 부분을 받는 것)처럼 보험가입자의 배우자를 포함한 가족이 연금을 받을 수 있지만, 기본적으로 제도에 가입한 개인이 연금의 수급대상이 된다.

건강보험에 의해 적용되는 급여는 현물급여와 현금급여의 두 가지 형태가 있다. 현물급여는 의료 그 자체를 보장하는 것으로 요양급여(진찰·검사, 약제·치료재료 지급, 처치·수술·기타 치료, 예방·재활, 입원, 간호, 이송이 포함됨)와 건강검진이 포함되며, 현금급여는 요양비, 장애인보장구 급여비, 본인부담상한액, 임신 및 출산진료비 등 현금으로 지급되는 것이다. 건강보험의 경우 입원이나 외래진찰, 약국 등을 이용할 때 비용의 일정 부분을 환자 자신이 부담하도록 하고 있는데 이를 본인부담금이라고 한다. 건강보험의 적용을 받는 사람들은 각 급여를 이용할 때 일정 금액 혹은 비용의 일정 비율을 본인부담금으로 지불하고 나머지는 건강보험재정에서 지불된다. 본인부담금은 이용하는 의료서비스의 유형 등에 따라 차이가 있으며, 환자가 부담한 본인부담액이 연도별 상한액 기준을 초과하는 경우 초과분을 환급해주는 본인부담상한제가 있다. 본인부담상한액은 소득수준에 따라 차등 적용된다.

재원조달

국민건강보험의 재정은 납부의무자들의 보험료와 국가의 보조금으로 충당되는데 국가의 보조금은 주로 공단 운영비를 충당하는 정도이므로 거의 대부분의 비용은 보험료로 충당된다(최성재, 2012). 보험료는 납부의무자로부터 징수하는데, 직장가입자와 지역가입자가 다소 상이하다.

직장가입자 기본적으로 보수월액에 보험료율을 곱하여 보험료를 산정하고, 여기에 보험료 경감이나 면제 등의 사유를 고려하여 최종 보험료를 산출하는 보수월액보험료가 부과되며, 보험가입자 개인과 사용자(직장)가 보험료를 절반씩 나누어 부담한다. 보수월액이란 동일사업장에서 지급받은 급액을 의미하는데, 보수 이외의 소득이 일정기준 이상인 경우에는 소득월액보험료가 추가로 부과된다. 보수월액보험료를 산정할 때 적용되는 보험료율 및 소득월액보험료가 부가되는 보수 외 소득기준은 주기적으로 변경된다.

지역가입자 소득과 재산, 자동차 등에 대해 점수를 부과하여, 총부과점수에 점수당 금액을 곱하여 보험료를 산정한 후, 보험료 경감이나 면제 등의 사유를 고려하여 최종 보험료를 산출한다. 보험료산출을 위해 고려되는 점수부과 요소에는 사업·이자·배당·연금·기타·근로소득 등의 소득과 토지, 주택, 건축물, 선박, 항공기, 전/월세 등의 재산, 그리고 자동차가 포함된다. 세대 단위로 부과되며, 가입자와 사용자(직장)가 보험료를 분담하는 직장가입자와 달리, 지역가입자는 가입자 본인이나 가족이 전액 부담한다. 지역가입자의 보험료를 산출하는 데 적용되는 점수당 금액 역시 주기적으로 변경된다.

※ 참고: 2018년 7월 1일 기준

- 직장가입자의 보수월액보험료 산출시 적용되는 보험료율: 6.24% (보험가입자 3.12% + 사용자(직장) 3.12%)
  소득월액보험료가 부가되는 보수 외 소득은 연간 3,400만 원 이상임
- 지역가입자의 보험료 산출에 적용되는 부과점수 당 금액은 183.3원(점)임

출처: 국민건강보험 홈페이지(http://www.nhis.or.kr).

공공부조: 의료급여

국민건강보험이 일정한 자격요건을 갖춘 사람들이 의무적으로 가입해야 하는 사회보험 형식이라면, 저소득층에 대한 공공부조로 제공되는 건강보장은 의료급여제도이다. 의료급여는 '생활유지 능력이 없거나 생활이 어려운 저소득 국민의 의료문제를 국가가 보장하는 공공부조로 건강보험과 함께 국민 의료보장의 중요한 수단이 되는 사회보장제도'이다. 원래 기초생활보장제도에 생계급여, 의료급여, 주거급여, 교육급여가 포함되어 있었으나, 2014년 12월에 국민기초생활보장법 개정안이 국회를 통과하면서 각 급여들이 별도의 선정기준과 급여수준을 갖는 제도로 분리되었다. 개정안은 의료급여의 소득기준은 기존의 최저생계비 방식에서 상대 기준선 방식으로 개편하고(의료급여는 중위소득의 40% 이상으로 명시) 부양의무자 기준은 부양능력을 중위소득 이상으로 상향 조정하는 것을 골자로 한다(노대명, 2015).

의료급여 수급 대상의 경우 국민기초생활보장법에 따른 수급자 외에도 「재해구호법」에 따라 인정되는 이재민, 의사상자, 「입양특례법」에 따라 국내에 입양된 18세 미만의 아동, 국가무형문화재 보유자 등도 일부 포함되며, 2016년 기준 전체 인구의 2.9%가 이에 해당된다. 의료급여의 재원은 국고보조금(80%)과 지방자치단체의 출연금(20%)으로 구성되며, 여기에 의료급여 대상자들이 의료서비스 이용시 부담하게 되는 본인부담금이 일부 포함된다. 본인부담은 1종 수급자는 이용하는 의료기관의 유형에 따라 무료에서 2,500원 정도

이며(CT, MRI, PET 등의 특수장비촬영은 총액의 5%), 2종 수급자 역시 이용하는 의료기관의 유형에 따라 무료에서 비용의 15%까지 부담하게 된다. 의료급여 대상자들은 본인부담보상금제도 혹은 본인부담금상한제가 적용되어, 본인부담금이 특정 금액을 초과하는 경우 초과금액의 50%(본인부담보상금) 혹은 초과금액 전액(본인부담금상한제)을 돌려받게 된다.

국민건강보험에 대한 평가

국민건강보험(의료급여 포함)에 대한 평가를 보장성, 지속가능성, 형평성의 세 가지 이슈와 관련하여 간단히 살펴보고자 한다.

보장성 제도가 국민의 의료적 필요에 대해 얼마나 충분히 보장하고 있는가의 문제로, 세계보건기구(WHO)에서 보편적 의료보장(Universal Health Coverage)의 3가지 차원으로 간주하는 대상인구, 급여서비스 범위, 그리고 비용부담수준을 모두 포괄하는 접근이 필요하다(강희정, 2017). 대상인구라는 측면에서 보면, 우리나라는 전 국민이 건강보험(의료급여 포함)의 가입자 혹은 가입자의 피부양자가 되는 보편적 제도로 기능하고 있다. 그러나 급여서비스 범위나 비용부담수준의 측면에서 보면 보장성이 충분하지 못하다는 비판들이 제기되어 왔다. 충분한 보장성을 갖기 위해서는 의학적으로 필요한 의료 행위·서비스의 대부분이 보험 급여항목으로 포함되고 본인부담금 수준도 높지 않아야 한다. 치료목적으로 사용된 전체 의료비 중 건강보험에서 부담하는 건강보험 보장률(National health insurance coverage)은 2016년 기준 62.6%이다(건강보험정책연구원, 2018). 나머지 37.4%는 본인부담금 혹은 비급여항목으로 가계가 직접 부담한 것인데, 2014년의 경제협력개발기구(OECD)의 가계직접부담 의료비 비율(19.6%, 강희정, 2017에서 재인용)에 비해 상당히 가계의 부담이 높다. 이에 건강보험의 보장성 강화를 주 골자로 하는 건강보험 개편이 추진되고 있다. 2018년 상반기까지 선택진료비 폐지, 상급병실(2~3인실) 입원비에 대한 건강보험 적용, 노인·아동 등 일부 대상자들에 대한 본인부담금 경감, 재난적 의료비(catastrophic health expenditure) 지원 확대, 본인부담금 상한액의 개선 등이 진행되고 있다. 참고로 재난적 의료비 지원이란 고액의 의료비 부담으로 인한 가계파탄의 위험을 예방하고 빈곤 위기 가구를 지원하기 위한 것으로, 2014년 가처분 소득 40% 이상 의료비가 발생한 가구의 비율이 4.49%에 이르는 것으로 나타났다(보건복지부, 2017).

지속가능성 건강보험의 보장성을 향상시키기 위해서는 비급여 항목을 줄여 급여 서비스 범위를 확대하고 본인부담금 수준을 낮춰(혹은 본인부담금 상한제의 확대를 통해) 가계의 비용 부담수준을 경감시키는 방향으로 개선되어야 하지만, 동시에 건강보험 재정 건전성을 해치지 않아 지속가능한 제도로 유지하는 문제를 고려해야 한다. 지속가능성을 위해서는 보험 수입과 지출간 장·단기 균형이 전제되어야 하는데(노대명, 2015), 여기에서 '수입'이란 건강보험을 위한 재원을 어떻게 조달할 것인가의 이슈이고, '지출'은 확보된 재원을 누구에게서, 어느 정도의 수준으로 배분할 것인지의 이슈이다. 수입과 지출, 각각에 관련되어 있는 이슈들은 그 자체로 매우 복잡하고 중요한 문제이지만, 여기에서는 수입과 지출간의 균형에 대해서만 논의의 초점을 한정해 보자.

현재 건강보험재정은 수입이 지출보다 더 큰 흑자상태이다. 건강보험재정의 경우 공적연금과 같이 달리 미래에 사용할 수 있도록 적립하는 구조가 아니라 해당년도에 필요한 비용을 산출하여 보험료로 부과하여 사용하는 방식(부과식)을 기본으로 한다. 따라서 수입에 비해 지출이 적다는 것은 국민들이 필요로 하는 의료 보장을 충분히 하지 못하고 있음을 의미하는 것일 수 있다. 그러나 다른 한편으로는 적자상태, 특히 적자의 폭이 큰 상태로 운영하는 것 역시 제도의 지속가능성을 담보하기 어렵다. 현재 한국사회는 고령인구가 급속히 증가하고 이에 따른 건강보험지출도 큰 폭으로 증가될 것이 예측되는 상황인 만큼, 향후에는 어떠한 방식으로 건강보험의 보장성과 재정 건전성 간의 균형을 맞추어가야 할 것인지에 대한 진지한 논의가 필요한 시점이다. 만약 수입의 증가가 필요하다면 이를 어떠한 방식으로 달성할 것인지, 보험재정을 지출하는데 있어 누구에게 어느 정도의 수준으로 할 것인지에 등에 대한 이슈를 공론화하고 국민적 합의를 이루면서 진행되어야 할 것이다.

형평성 다양한 측면에서 형평성 문제가 제기될 수 있지만, 가장 대표적인 보험료 부담의 형평성에 대해 살펴보자. 앞서 재원조달 부분에서 간단히 살펴본 바와 같이 직장가입자와 지역가입자에 대한 보험료를 산출하는데 사용되는 부과요소가 상이하고 보험료 산정방식이 상이하다. 직장과 지역가입자간 이원화된 보험료 부과기준으로 인해 소득파악률이 높은 직장가입자에게 보험료가 상대적으로 높게 부과된다는 주장이나, 고액의 자산, 임대소득 등이 있는 사람들이 피부양자로 무임승차하게 된다는 주장, 지역가입자에 대한 보험료 산정에서 소득 외에도 재산, 자동차까지 고려되어 부담이 너무 크다는 주장 등 형평성과 관련한 다양한 비판들이 제기되고 있다(최재우 외, 2015). 이에 지역가입자와 직장가입자간 보험료 부담의 형평성을 보다 향상시킬 수 있도록 건강보험료 부과기준을 2018년 7월과 2022년 7월 두 번에 걸쳐 단계적으로 변경하는 방안이 확정, 시행되고 있다. 국민건강보험이 사회적 연대 원칙에 따라 운영되는 사회보험제도인 만큼, 형평성 이슈를 고려하면서 경제적 약자에게 과도한 부담을 부과하지 않고 소득재분배의 효과를 달성할 수 있는 방식으로 보험료 부과체계를 마련하는 것이 필요할 것이다.

이상에서 지적한 건강보험의 보장성, 지속가능성, 형평성의 이슈는 분리된, 별개의 문제이기 보다는 서로 밀접하게 연계되어 있기 때문에 통합적으로 접근하면서 해결방안을 모색해가는 것이 필요할 것이다. 또한 다양한 인구집단의 이해관계가 상충될 수 있는 부분이 많은 만큼 해결방안을 모색하는 과정에서 어느 일방의 목소리에만 귀를 기울이기 보다는 충분한 논의를 통해 사회적 합의를 이루는 것이 필수적으로 선행되어야 한다.

노인장기요양보험

고령이 될수록 여러 만성질환과 치매 등의 건강상의 문제로 일상생활에서 돌봄을 필요로 하는 비율도 높아지는데, 이러한 노인들에 대한 돌봄은 급성 질환 중심으로 서비스가 제공되는 기존 의료체계로 대처하기에는 적절하지 않은 부분이 많다. 특히 급속한 고령화와 함께 장기적인 돌봄을 필요로 하는 노인의 수도 크게 증가함에 따라, 이들에 대한 새로운 사회적 비용부담 체계와 서비스 체계의 필요성이 대두되었다. 장기적 돌봄을 필요로 하는 노인들을 과연 누가 돌볼 것인가, 여기에 드는 비용은 누가, 어떠한 방식으로 지불할 것인가, 그리고 요보호 대상인 노인 개인이나 이들을 돌보는 가족의 삶의 질을 어떻게 담보할 수 있을 것인가의 이슈가 제기되는 것이다. 이러한 맥락에서 많은 나라들에서 노인에 대한 장기요양보호제도가 등장하게 되었는데, 장기요양보호는 신체적, 정신적 기능 면에서 일상생활상 활동장애를 가진 노인에게 상당한 기간에 걸쳐 건강보호와 사회보호를 제공하는 서비스이다(최성재·장인협, 2010). 장기요양보호에는 건강·의료서비스(health care service)뿐 아니라 대인보호서비스(personal care service)와 사회보호서비스(social care service)들이 포함된다(최성재, 2012). 건강·의료서비스는 영양, 건강관리, 간호, 투약관리, 기능회복 훈련, 재활훈련 등을 의미하며, 대인보호서비스는 식사, 배설, 목욕, 일상동작 등에 대한 서비스, 그리고 사회보호서비스는 세탁, 청소, 요리, 집안일, 사회관계, 심리·사회적 문제해결 등의 서비스를 포괄한다.

우리나라에서 장기요양보호를 위한 제도는 노인장기요양보험과 노인돌봄종합서비스, 그리고 장애인활동지원제도가 있는데, 이 중 장애인활동지원제도는 비노인층을 위한 제도이기 때문에 이 책에서는 다루지 않을 것이다. 뒤에서 자세히 살펴보겠지만, 적용대상의 범위나 제공되는 서비스 내용에 비춰보면, 우리나라 노인대상 장기요양보장은 '노인장기요양보험'을 중심으로 운영되고 있고, 부가적으로 '노인돌봄종합서비스제도'가 실시되고 있다고 볼 수 있다.

노인장기요양보험제도의 특징

노인장기요양보험제도는 고령이나 노인성 질병 등의 사유로 일상생활을 혼자서 수행하기 어려운 노인 등에게 신체활동 또는 가사활동 지원 등 장기요양급여를 제공하여 노후의 건강증진 및 생활안정을 도모하고 그 가족의 부담을 덜어줌으로써 국민의 삶의 질을 향상하도록 함을 목적으로 시행하는 사회보험제도이다(국민건강보험공단 장기요양보험 홈페이지). 2008년 7월부터 시행되고 있으며, 국민건강보험과는 별개의 제도이지만 제도 운영의 효율성을 위해 보험자 및 관리운영은 국민건강보험공단으로 일원화되어 있다. 보험자가 건강보험과 일원화되어 있다는 것은 국민건강보험 가입자는 자동으로 노인장기요양보험제도에 가입된다는 것을 의미한다. 보험자 및 관리운영기관이 국민건강보험제도와 일원화되어 있음에도 불구하고 별개의 제도로 도입하여 운영하는 것은, 건강보험재정의 압박을 방지하기 위함이다. 일반적으로 노년층의 경우 만성질환 등으로 인해 다른 연령층에 비해 의료를 많이 이용하기 때문에 인구고령화는 건강보험의 재정을 압박하게 된다. 감사원의 「노인의료지원사업 추진실태」 보고서에 의하면, 2016년 만 65세 이상 노인의료비는 30조 원으로 전체 의료비의 43%를 차지한 것으로 나타난다(연합뉴스, 2017. 11. 09). 만약 장기요양을 위한 별도의 제도나 시설, 서비스 등이 갖추어져 있지 않다면, 많은 노인들이 장기요양을 위해 급성질환 중심의 일반 병원을 이용해야 할 것이고 이는 의료재정에 대한 심각한 압박으로 작용하게 될 것이다. 또한 장기요양보호의 경우 의료적 처치보다는 대인보호 및 사회보호 서비스를 필요로 하는 경우가 많기 때문에, 건강보험이 아닌 별도의 제도를 도입하고 적절한 서비스를 제공할 인프라를 갖춤으로써 장기요양보호 대상자가 일반 병원에 장기적으로 입원하는 '사회적 입원'을 줄여 건강보험의 재정 압박을 감소시키고자 하는 것이다.

적용 대상(coverage)과 급여 내용(benefits)

노인장기요양보험제도는 국민건강보험과 동일하게 모든 사람들이 적용 대상이 되지만, 실제로 급여를 받는 사람은 '65세 이상의 노인 또는 65세 미만의 자로서 치매·뇌혈관성 질환 등 노인성 질병을 가진 사람 중 6개월 이상 혼자서 일상생활을 수행하기 어렵다고 인정되는 사람'(국민건강보험공단 장기요양보험 홈페이지)이다. 우리가 감기에 걸리면 병·의원에 가서 진찰받고 약국에서 처방약을 구입하는 것처럼 건강보험의 경우 대부분 의료서비스를 이용하면 자동으로 보험혜택이 적용된다. 그러나 장기요양보험의 경우에는 신청, 전문가의 조사, 판정 등의 일정한 절차를 걸쳐 장기요양급여를 받을 수 있는 권리를 인정받아야 한다. 신체기능, 인지기능 및 행동변화, 간호처치, 재활영역 등 다양한 영역에 걸쳐 조사하여 그 점수를 기준으로 하여 등급을 판정하고 있다. 제도 도입 당시에는 3개 등급으로 구분되어 있었으나 현재는 5개 등급과 한 개의 인지지원등급으로 구분되며, 각 등급으로 인정을 받은 사람들만 보험급여를 받을 수 있다. 참고로, 기존에는 신체기능을 중심으로 1등급에서 5등급까지 장기요양등급을 판정하였으나, 2018년부터 신체적 기능과 관계없이 치매가 확인된 경우 장기요양보험의 대상자가 될 수 있도록 '인지지원등급'이 신설되었다.

❖ 표 14-5 장기요양등급별 기능상태

구분		기능 상태
1등급		심신의 기능상태 장애로 일상생활에서 전적으로 다른 사람의 도움이 필요한 자로서 장기요양인정 점수가 95점 이상인 자.
2등급		심신의 기능상태 장애로 일상생활에서 상당 부분 다른 사람의 도움이 필요한 자로서 장기요양인정 점수가 75점 이상 95점 미만인 자.
3등급		심신의 기능상태 장애로 일상생활에서 부분적으로 다른 사람의 도움이 필요한 자로서 장기요양인정 점수가 60점 이상 75점 미만인 자.
4등급		심신의 기능상태 장애로 일상생활에서 일정 부분 다른 사람의 도움이 필요한 자로서 장기요양인정 점수가 51점 이상 60점 미만인 자.
5등급	등급 외 A	치매환자로서(노인장기요양보험법 시행령 제2조에 따른 노인성질병으로 한정) 장기요양인정 점수가 45점 이상 51점 미만인 자.
인지지원등급	등급 외 B, C	치매환자로서(노인장기요양보험법 시행령 제2조에 따른 노인성질병으로 한정) 장기요양인정 점수가 45점 미만인 자.

출처: 국민건강보험공단 홈페이지.

급여는 재가급여와 시설급여, 특별현금급여로 구분되는데, 특별현금급여는 도서·벽지 등 장기요양기관이 현저히 부족한 지역에 거주하거나 천재지변이나 그 밖에 이와 유사한 사유로 인하여 장기요양기관에서 실시하는 급여를 이용하기 어려운 자 등 특별한 경우에 한하여 수급자에게 현금으로 제공하는 것(가족요양비)이다. 이렇게 특수한 경우를 제외하면 현물·서비스 급여를 원칙으로 하고 있는데, 특정 시설에 입소하여 24시간 서비스를 제공하는 방식(시설급여)과 일반주택에 생활하면서 필요한 장기요양서비스를 제공하는 방식(재가급여)이 있다. 재가급여에는 방문요양, 방문목욕, 방문간호, 주간·야간보호, 단기보호, 복지용구 대여, 제공 등이 포함된다. 다만 등급별로 급여 한도액이 존재하기 때문에, 이러한 한도액을 초과하여 이용한 급여에 대해서는 보험적용이 되지 않고 전액 본인이 부담하여야 한다. 또한 요양인정을 받을 때 등급에 대한 판정과 함께 필요로 되는 요양급여의 종류와 내용이 정해지기 때문에, 인정된 급여의 종류 및 내용과 다른 급여를 이용하는 경우에는 비용을 본인이 부담하여야 한다.

한편, 노인장기요양보험에서 현물·서비스급여 대신 현금으로 지급하는 것과 관련하여 우려의 목소리 또한 존재한다. 일반적으로 현금급여의 장점은 서비스를 필요로 하는 대상에게 현금을 제공함으로써 그들이 원하는 사람으로부터 서비스를 직접 구입하도록 할 수 있다는 것이다. 즉 노인의 선호와 선택을 존중할 뿐 아니라, 노인이 가족원으로부터 돌봄을 받고자 할 때 가족에게 일정 정도의 비용을 제공함으로써 비공식 수발자 역할을 유지할 수 있도록 하는 데 기여할 수 있다는 것이다. 반면, 현금으로 급여를 제공할 경우 이를 비공식 수발자가 악용함으로써 서비스를 필요로 하는 노인이 적절한 돌봄을 받지 못하게 될 수 있다는 우려와, 비공식적 수발자가 제공하는 서비스의 질 관리에 대한 문제, 그리고 장기요양서비스를 사회화한다는 제도의 취지에 역행한다는 비판 또한 존재한다. 영국의 요양보호자 수당(carer's allowance)이나 일본의 일부 지방자치단체에서 도입하고 있는 개호 위로금, 독일의 요양보호 수당이 현금급여에 해당된다. 독일의 요양보호 수당의 경우 동일한 등급의 사람에게 제공하는 현물(서비스)급여의 절반 수준의 현금을 제공하는데, 전체 대상자 중 50% 정도가 현금급여를 선택하고 있으며 이로 인해 재정안정에 도움이 된다는 긍정적 평가도 존재한다.

재원조달

장기요양보험의 재원은 사회보험을 통해 징수된 보험료와 국가 및 지방자체단체의 부담금, 그리고 본인부담금을 통해 조달된다. 보험료는 건강보험료에 장기요양보험료율을 곱하여 산출하기 때문에 기본적으로 소득이나 재산 등에 따라 차등 부과되는 방식이라고 이해할 수 있는데, 장기요양보험요율은 제도가 처음 시행되던 2008년 당시 4.05%에서 이후 점진적으로 증가되어 2018년 7월 기준 7.38%이다. 공공부조인 의료급여 수급권자의 경우에는 장기요양보험제도의 가입자가 되는 것은 아니지만 국가 및 지방자치단체의 부담으로 장기요양보험의 적용을 받는다. 본인부담금은 재가급여는 비용의 15%, 시설급여는 비용의 20%를 부담하게 되는데, 대상자의 소득수준에 따라 40~60%까지 본인부담금을 차등 경감받는다. 2018년 7월 기준 건강보험 가입자(직장, 지역)의 보험료를 직장 및 지역가입자 순위별로 나열하여, 0~25% 이하에 해당되는 경우 본인부담금의 60%를, 25% 초과~50% 이하에 해당되는 경우에는 40%를 경감받게 된다.

노인돌봄종합서비스제도

노인돌봄종합서비스는 2006년 시작된 노인돌보미 바우처 서비스와 독거노인 생활관리사 파견서비스를 2009년부터 통합한 서비스이다(최성재, 2012). 혼자 힘으로 일상생활을 영위하기 어려운 노인에게 가사·활동지원 또는 주간보호서비스를 제공하는 것으로 방문서비스, 주간보호서비스, 단기가사서비스, 그리고 치매가족휴가지원서비스가 포함된다. 사회보험방식으로 운영되는 노인장기요양보험과 달리 조세를 재원으로 하여 운영되고 있으며, 만 65세 이상의 노인(독거노인) 중 노인장기요양등급 외 A, B 판정자로서 가구소득이 기준 중위소득의 160% 이하이거나 시군구청장이 인정하는 장애 1~3등급 및 중증질환자 중 차상위계층 이하자(사회서비스 전자바우처 홈페이지, 2018)에게만 제한적으로 적용되는 서비스이기 때문에, 2016년 한 해 이용자 수도 32,534명에 불과하다(보건복지부, 2017).

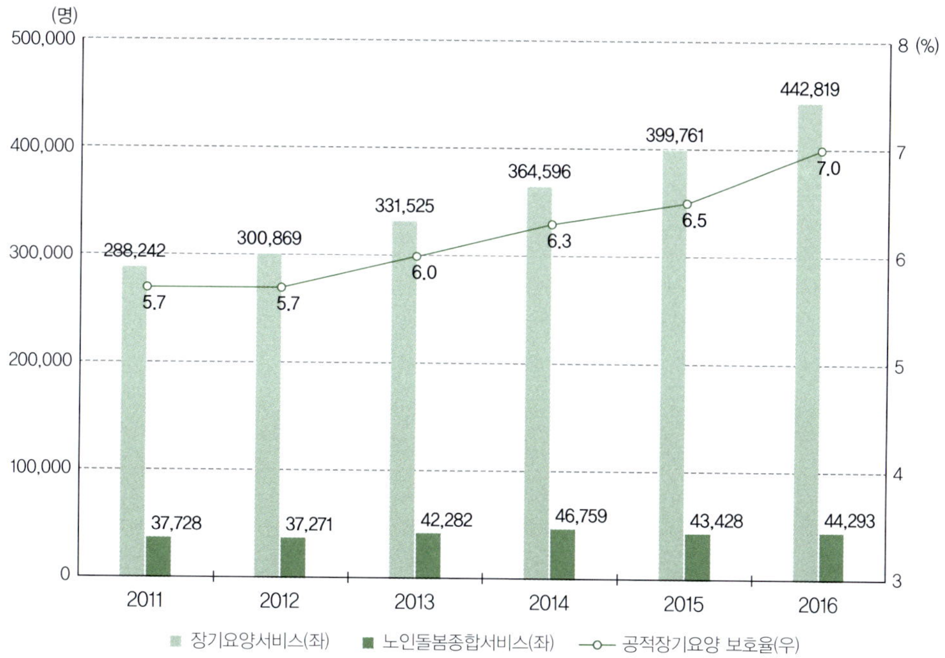

주: 장기요양서비스 이용자는 장기요양 급여비용 지급 기준으로, 인정자 중 각 연도 1월~12월까지 누적하여 장기요양 급여비용이 지급된 자(중복자, 사망자 제외)

❖ **그림 14-2** 노인의 공적 장기요양보호율(2011~2016)

출처: 보건복지부(2017). 통계로 보는 사회보장 2017.

2016년 기준 노인돌봄종합서비스를 포함하여 공적 장기요양서비스에 의해 급여혜택을 받는 비율은 전체 노인의 7%(보건복지부, 2017)로, 노인장기요양보험제도가 처음 시행되었던 2008년 4.2%에 비해서는 상당히 증가하였다. 일본의 경우 노인인구의 20% 정도가 개호보험(우리나라의 노인장기요양보험에 해당)의 수급 대상으로 포함되는 것에 비하면 적용대상이 제한적이라 할 수 있지만, 2018년 1월부터 신체기능과 무관하게 치매가 확인된 노인에게는 인지지원등급이 부여되는 등 적용대상을 확대하여 보장성을 강화하려는 대책들이 시행되고 있다.

4. 주거 보장

인간에게 있어 주거환경은 전생애에 걸쳐 생존과 관련된 요소이지만 특히나 노년기 주거공간은 노인이 가장 시간을 많이 보내는 곳이며 삶의 주된 터전이기에 노년기 일상생활과 삶의 질에 매우 중요하다. 현대사회는 산업화와 더불어 도시화 및 핵가족화로 인하여 노인단독가구가 증가하고 있으며 가족 내 부양에 대한 기대가 점차 낮아지고 있어 사회적 부양에 대한 기대가 증가하고 있다. 따라서 노인의 경제적 능력과 건강수준에 따른 노인주거 환경의 필요성과 이에 대한 정책보완 등이 요구되고 있다. 다음에서는 우리나라의 노인주거현황과 노인주거정책을 소개하고자 한다.

노인주거현황

2017년 고령자 가구는 전체 가구의 20.5%를 차지하며([그림 14-3] 참조), 고령자 가구를 유형별로 보면, 1인 가구 비중이 33.4%로 가장 많고, 그 다음은 부부(32.7%)순으로 나타난다([그림 14-4] 참조). 2016년 가구주 연령이 65세 이상인 고령자 1인 가구는 전체 고령자 가구 중 33.5%를 차지하고 있어 독거노인수가 증가하고 있다. 성별로 보면, 1인 가구에서 여성의 비율이 남성보다 3.0배 정도 많고, 연령별로는 2016년 70대 1인 가구의 비중이 46.9%를 차지하고 80세 이상의 비중도 지속적으로 증가하고 있다.

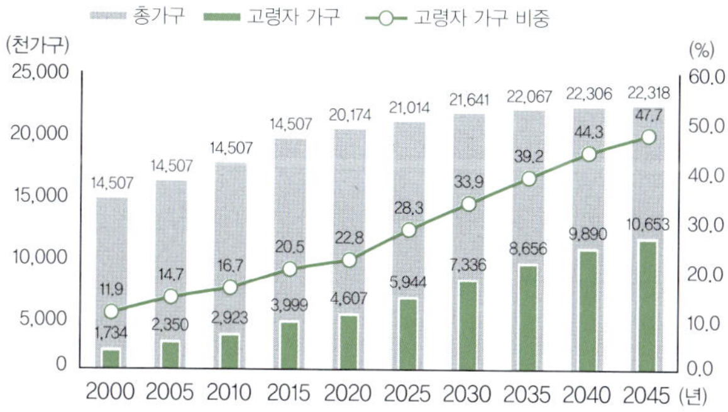

❖ 그림 14-3 고령자 가구추이

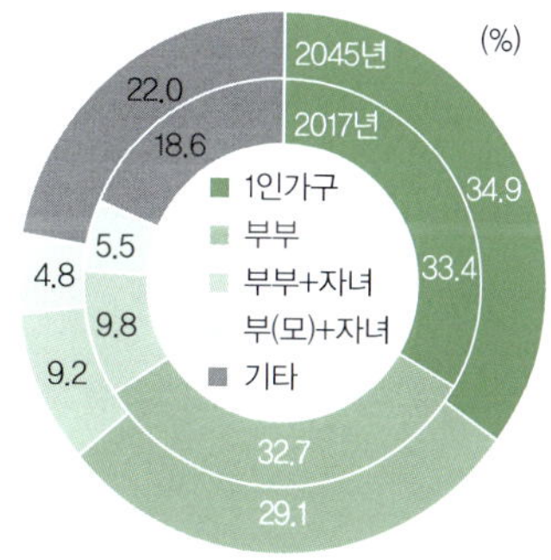

❖ 그림 14-4 고령자 가구 유형별 구성비

노인만 사는 가구는 늘어가고 있지만, 노인의 안전사고에 대한 준비는 부족한 것으로 여겨진다. 노인의 안전사고(집안 내 화재, 가스누출, 누수 등) 경험률을 살펴보면 노인의 3.0%가 지난 1년간 안전사고를 경험한 것으로 나타났다. 가구형태별로 노인독거가구, 기타가구의 안전사고 경험률이 4.5%로 노인부부가구 2.2%, 자녀동거가구 2.9%보다 높은 편으로 나타났다. 또한 보건복지부의 조사결과에 따르면 2017년 노인의 전체 낙상율은 15.9%이고 1년간 2.1회 낙상횟수를 보고하였다. 노인의 낙상이유는 바닥이 미끄러워서 26.4%로 나타났고, 다리에 힘이 풀려서가 20.1%로 가장 많이 보고되어(정경희 외, 2017) 노인의 낙상예방과 관련하여 운동 및 미끄럼방지에 대한 주거대책이 필요하다고 볼 수 있다. 또한 노인독거가구의 안전사고율이 증가하는 것을 볼 때, 노인 1인가구의 주거환경에 대한 정책적 접근이 필요하다.

노인주거보장정책

우리나라의 노인주거관련 제도로는 재가노인지원정책과 노인전용주거시설의 공급 등이 있다. 재가노인지원정책은 주택개조정책과 재가노인복지서비스 정책으로 간접적인 가족부양을 장려하는 제도이다. 재가노인수거지원정책은 수로 부모를 모시는 자녀의 소득세 공제, 양도소득세 면제, 주택자금 할증지원, 무주택 노부모 부양자에 대한 주택분양 우선권부여 등의 간접적 주거보장제도가 있고, 직접적인 주택개량지원 정책 및 노인주거개선사업단을 중심으로 혼자 사는 노인의 장판, 도배 등의 주거환경개선을 위한 정책 등이 있다. 국민기초생활보장제도에서 주거보장은 주택을 임대 시 거주지역 및 가구원 수에 따라 기준임대료의 상한선을 정해 지원하며 자가의 경우 주택개보수에 필요한 수선유지 급여를 지원한다. 노인복지법에 의하면 재가노인복지시설에서는 방문요양서비스, 주야간 보호서비스, 단기보호서비스, 방문목욕서비스, 방문간호서비스, 재가지원서비스 등을 제공하고 있다(〈표 14-6〉 참조). 이러한 주거정책들은 노인의 주거환경개선을 목적으로 하고 있지만 실적이 미미하고 실질적 도움이 되지 못한다는 지적이 있다(김윤재 외, 2016).

❖ 표 14-6 노인복지시설 현황 통계표 (단위: 개소)

		2013	2014	2015	2016	2017
노인주거복지시설	소 계	435	443	427	425	404
	양로시설	285	272	265	265	252
	노인공동생활가정	125	142	131	128	119
	노인복지주택	25	29	31	32	33
재가노인복지시설	소 계	2,832	2,797	3,089	3,168	3,216
	방문요양서비스	1,042	992	1,021	1,009	1,001
	주야간보호서비스	848	913	1,007	1,086	1,174
	단기보호서비스	110	96	112	95	80
	방문목욕서비스	603	588	617	588	609
	방문간호서비스	0	0	0	0	10
	재가지원서비스	229	208	332	390	342

출처: 보건복지부(2018). 2018년 노인복지시설현황.

노인전용주거시설은 노인복지법에 기초한 노인주거복지시설과 국토해양부의 고령자 전용 국민임대주택으로 구분된다(김윤재 외, 2016). 노인복지시설은 노인주거복지시설, 노인의료복지시설, 노인여가복지시설, 재가노인복지시설, 노인보호전문기관, 노인일자리지원기관 등이 포함되고, 그중 노인주거복지시설에는 양로시설, 노인공동생활가정, 노인복지주택이 포함된다(〈표 14-6〉). 양로시설은 노인을 입소시켜 급식과 그밖에 일상생활에 필요한 편의를 제공하는 곳이고, 노인공동생활가정은 노인에게 가정과 같은 주거여건과 급식, 그 밖에 일상생활에 필요한 편의를 제공하는 곳이다. 노인복지주택은 노인복지법상 노인에게 주거시설을 분양 또는 임대하여 주거의 편의, 생활지도, 상담 및 안전관리 등 일상생활에 필요한 편의를 제공함을 목적으로 하는 시설을 말한다. 노인복지주택은 단독취사 등 독립된 주거생활을 하는 데 지장이 없는 60세 이상의 자이고 입소대상자의 배우자는 60

세 미만이어도 입소자와 함께 입소할 수 있다. 2017년 기준으로 볼 때, 노인주거복지시설의 입소자는 전체노인 인구의 0.27%만이 사용하고 있으며, 그 중에서도 양로시설의 이용이 가장 많다(〈표 14-7〉 참조).

❖ 표 14-7 노인 주거복지시설 공급현황(2017년 기준)

구분	65세 이상 시니어인구	합계			양로시설		공동생활시설		노인복지주택	
		시설 수	정원	시니어 수용률	시설 수	정원	시설 수	정원	시설 수	정원
합계	7,356,106	404	19,652	0.27%	252	12,562	119	1,092	33	5,998

출처: 보건복지부(2018). 2018년 노인복지시설현황.

또한 국민임대주택, 공공임대주택과 영구임대주택 등도 노인이 사용할 수 있는 주거시설로 볼 수 있다. 국민임대주택은 국토해양부에서 저소득층 국민들이 소액의 자금으로 주거안정을 할 수 있도록 지방자치단체나 한국토지주택공사에서 건설하고 30년 이상 장기임대하는 공공건설 임대주택이다. 고령자용 국민임대주택은 노인편의시설 구비 및 무장애설계로 건설하고 비교적 저렴한 임대료로 경제적 약자인 노인의 주거비 부담을 덜어줄 수 있다. 국민임대주택은 장기거주를 선호하는 노인에게 적합한 주거형태가 될 수 있다. 공공임대주택은 5년의 임대기간이 종료한 후 분양을 받아 소유권을 이전받을 수 있는 주택과 분양전환하지 않고 임대로만 거주할 수 있는 주택으로 2년 단위로 임대차계약이 갱신되며 50년까지 거주할 수 있는 주택의 2종류가 있다. 영구임대주택은 저렴한 임대조건으로 영구적으로 거주할 수 있는 주택으로 입주자격이 한정되어 있다(한국토지주택공사).

2017년 "사회통합형 주거사다리 구축을 위한 주거복지로드맵"에서는 생애단계별 소득수준별 맞춤형 주거지원을 핵심으로 하여 노인에게는 무장애설계적용·복지서비스 연계 등 맞춤형 공공임대주택 5만호 공급을 제시하고 있다. 또한 연금형 매입임대(고령자 주택을 매입하고 리모델링하여 임대로 공급하며 대금은 연금식으로 지급)와 주택 개보수 지원을 위한 수선유지급여 지원을 확대하고자 한다고 밝혔다. 노인이 다수 포함되어 있는 취약계층을 위한 주거지원으로는 저소득층을 위한 공적임대주택 공급과 그룹홈 활성화 등을 제시하였고 주거급여 지원대상 및 지원금액을 확대하는 것을 강조하였다. 이러한 로드맵들이 발표되는 것은 노인들의 다양한 주거관련 욕구들을 반영한 주거복지정책들의 개선이 계속해서 이루어지고 있음을 알 수 있다.

- 기초연금 http://www.basicpension.mohw.go.kr
- 국민연금 http://www.nps.or.kr
- 공무원연금 https://www.geps.or.kr
- 사립학교 교직원연금 http://www.tp.or.kr
- 군인연금 https://www.mps.mil.kr

CHAPTER

15

노인과 지역사회

GERONTOLOGY

1. 노인과 환경 관련성에 대한 이론

2. 노인의 삶의 질과 지역사회 환경 특성 / 3. Aging in Place

CHAPTER

15 노인과 지역사회

가난한 사람들에게는 골목이 있어야 했다. 모두가 배고팠던 시절, 따닥따닥 붙은 집과 그 사이로 난 좁은 골목에 사람들이 모였다. 골목은 서로에게 부족한 것을 채워주는 통로였다. 먹고살기 바쁜 생활 중에도 함께 밥을 나누거나 이웃에게 아이를 잠깐 맡길 수 있었던 그곳. 과거에는 골목이 이웃과 만나고 멈춰 서서 혹은 둘러앉아서 상호작용을 하는 공간이었다. 하지만 현대 도시에서 골목은 주차된 자동차들에 자리를 빼앗기면서 점차 그러한 기능을 상실하였다. 서울의 골목은 대부분 사라졌고 사람 사이를 벽으로 가른 아파트가 차곡차곡 들어섰다.

그런데 1960~70년대 그 시절 그 모습 그대로 보존된 골목이 있다. 바로 서울시 성북구 삼선동 '장수마을'이다. 장수마을에는 막다른 골목도, 한 사람만 겨우 지날 수 있는 좁은 골목도 많다. 주민들은 이 골목에서 만나 안부를 나누고 소통한다. 골목의 누구네 집은 주민들의 뜨끈한 사랑방이 되곤 한다. '장수마을'은 주민들의 소통 창구로 여섯 골목마다 통신원을 두고 골목회의를 위해 주민을 소집하고 마을 소식을 전하는 역할을 한다. 70, 80대의 할머니 중 이옥순 씨도 골목통신원으로 활동하고 있다.

주민들이 모이는 '사랑방' 중 하나인 박노순 씨 집에서 수제비 파티가 열린 날, 골목의 최고령인 86세 손귀례 할머니를 비롯해 마을의 주민들이 모였다. "노인이든 애들이든 어떻게든 어울려 있으면 서로 보살피고, 소외되는 사람이 줄어들겠죠. 끼리끼리 골목에서 모이고 자꾸 어울리면 서로 정이 생길 수밖에 없어요."

출처: 오마이북스(2013). "마을의 귀환"에서 발췌.

앞의 챕터들에서는 노년기 적응과 삶의 질에 관련된 중요한 개인의 심리적 특성 및 가족과 같은 사회적 관계에 대해 살펴보았다. 그런데 최근 노년학계서는 노년기 건강과 삶의 질 등 나이 듦의 경험이 노인의 개인적, 가족적 특성 못지않게 노인이 거주하는 지역사회의 환경적 특성의 영향을 받는다는 점에 주목하기 시작하였다. 지역사회 환경은 공간디자인과 같은 물리적 특성에서부터 지역주민 간의 유대와 같은 사회적 특성, 거주하는 동네에 대해 노인이 가지는 장소애착과 같은 심리적 특성까지 포괄하는 개념이다. 이들 다양한 지역사회 환경 특성과 노년기 삶의 질과의 연계성은 많은 실증연구에 의해 확인되고 있다. 이 챕터에서는 먼저 이러한 논의의 근간을 이루는 이론을 살펴보고, 노인의 삶의 질에 영향을 미치는 주요한 지역사회 특성에 대해 구체적으로 알아본다. 또한 노인이 나이 들어서도 자신이 살던 지역사회에서 계속 거주할 수 있도록 돕는 다양한 정책적 노력에 대해 살펴보기로 한다.

1. 노인과 환경 관련성에 대한 이론

노인의 삶의 질과 관련하여 개인적 자원이나 특성뿐 아니라 개인을 둘러싼 환경의 특성이 중요하다는 인식의 확산은 '환경노년학(environmental gerontology)'의 발전과 함께 이루어졌다. 노화의 물리적, 공간적 맥락에 초점을 맞춘 환경노년학은 노화과정에 대한 연구가 일상의 환경 및 생활세계에 주목하지 않고 탈맥락화하는 경향이 있음을 지적하면서, 개인과 환경 간의 상호작용에 주목할 필요성을 강조하였다. 독일의 심리학자 Lewin은 개인의 행동은 인간과 환경의 함수로 간주되어야 한다는 장이론(field theory)을 제안하여 환경의 중요성을 강조하였다. 그는 개인의 특성이나 환경의 특성이 변화하게 되면, 개인의 행동도 변화될 것으로 보았다. 환경의 영향을 강조하는 학자들 중에는 노년의 신체적, 정신적 기능의 저하가 역연령(chronological age)에서 유발되는 것이 아니라 환경의 제약으로부터 유발된다는 주장까지도 등장하게 되었다. 1960~70년대 '환경심리학(environmental psychology)'의 등장도 노인과 환경과의 상호성에 대한 학문적 관심을 확대시키는 계기가 되었다. 노화에 따른 신체적 취약성 이슈나 요양원과 같은 노인을 위한 특별한 환경이 존재한다는 점 등의 이유로 초기 환경심리학 연구에서 노년기가 흥미로운 연구 주제로 주목받게 되었다.

20세기 후반 들어 노화와 관련한 대표적 생태학적 환경이론인 Lawton의 환경압박이론(environmental press theory)이 제시되었다. 개인이 환경 속에서 받는 압박과 그에 적응하는 역량 간의 관계를 설명하는 이론이라는 점에서 '환경압박-역량 모델(press-competence model: PC model)'이라고 불리기도 한다.

환경압박이론에서 환경은 거주하는 집에서부터, 근린, 지역사회, 그리고 거시 사회를 통틀어 일컫는 개념이다. 즉 노인의 삶의 질에 영향을 미치는 환경은, 집이라는 가장 좁은 범위의 물리적 환경뿐 아니라 사회적 환경까지 다양한 측면을 포괄한다. 환경압박은 개인이 적응하고 반응하고 변화하도록 사회적, 물리적 환경이 부과하는 요구를 일컫는다. 열악한 주거 환경, 열악한 지역사회 여건, 대중교통의 부족 등이 노인에게 환경 압박으로 작동한다.

역량은 개인의 다양한 측면의 기능 수행능력을 의미하며, 개인차가 있고 연령에 따라 변화된다(Lawton & Nahemow, 1973). 개인 역량에는 건강, 효과적인 문제해결능력, 학습력, 일상생활능력 등이 포함되고, 나이와 함께 이러한 역량에 있어서의 변화가 오게 된다. 연령 증가에 따른 이러한 변화와 질병으로 인하여 노인은 물리적 환경 특성에 영향 받을 가능성이 크고, 환경과 개인 간의 적합성(congruence/fit)의 중요성도 다른 연령대보다 크게 된다.

환경압박이론의 핵심 주장은 개별 노인의 역량에 적합한 최적의 환경 여건이 세각각 있다는 것이며, 개인의 역량과 환경적 여건의 조합이 최적으로 이루어졌을 때, 행동적으로든 정서적으로든 가장 높은 수준으로 기능할 수 있게 된다는 것이다. 개인의 역량에 적절한 수준의 환경압박이 부여되는 경우 환경압박은 노인의 지역사회 참여와 활동성을 증신시키는 자극이 될 수도 있다. [그림 15-1]에서 X축은 환경압박의 수준을, Y축은 개인의 역량수준을 의미한다. 그래프상에서 점의 위치는 일정한 크기의 환경 압박에 대해 개인이 감당할 수 있는 역량 수준을 나타내며, 개인의 역량과 환경압박의 상호작용에서 결정되는 적응상태(혹은 부적응상태)를 보여준다. 이 그림에서 적응수준(adaptation level: AL)으로 표시된 대각선은 환경압박과 역량 간에 최적의 조합이 이루어지는 범위를 의미한다. 편안함을 느끼는 긍정적인 감정은 적응수준 근처에서 발생한다. 반면 적응수준을 벗어나 오른쪽 영역이나 왼쪽 영역으로 갈수록 부적응 행동이나 부정적 정서를 경험할 가능성이 커진다. 역량에 비해 환경의 압박이 매우 낮은 지점은 권태 상태에 이른 상황이며, 역량에 비해 환경에 대한 압박이 높은 지점은 스트레스가 발생하는 상황이다. 자신이 가진 역량과 환경압박이 서로 균형을 이루면 노인들은 편안함을 느끼며 최대한의 성취를 이룰 수 있다.

이상에서 살펴본 다양한 이론틀에 기반한 실증 연구가 축적되면서, 노년기 주거와 지역사회 환경의 중요성에 대한 인식이 확산되었다.

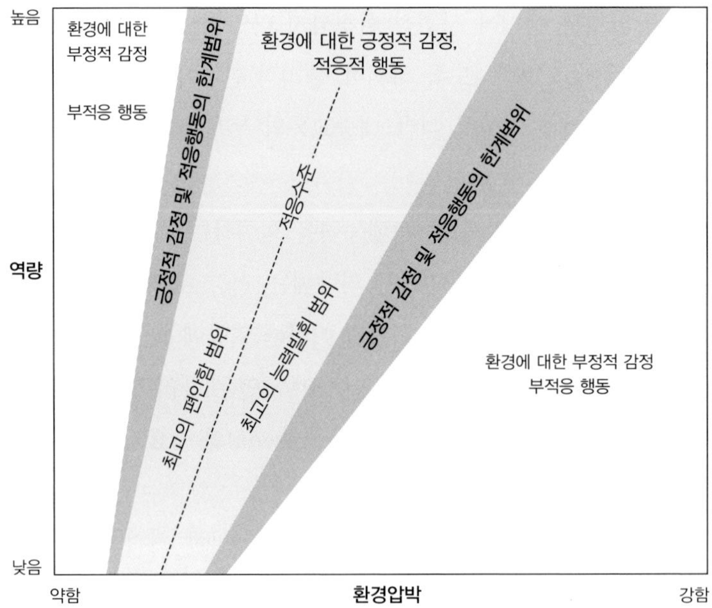

❖ 그림 15-1 환경압박이론 모델

출처: Lawton & Nahemow(1973).

2. 노인의 삶의 질과 지역사회 환경 특성

▶ 로제토 효과(Roseto effect)를 아시나요?

공동체는 사람을 건강하게 만든다. 미국 펜실베니아의 이탈리아 이민자들이 모여 사는 로제토 마을 주민을 연구하던 의사들이 비슷한 환경조건을 가진 이웃마을에 비하여 로제토에서는 유달리 심장병으로 사망하는 사람들의 숫자가 적다는 것을 발견하였다. 그 원인을 규명하기 위한 연구가 1960년대에 집중적으로 진행되었고, 로제토에 계속 거주한 사람들은 그곳을 떠난 사람들보다 심장병 사망률이 낮고 수명이 길다는 결과가 나왔다. 유대가 강한 공동체에서 장수율이 증가하는 현상을 로제토 효과라고 부른다.

노인의 삶의 질과 환경과의 관련성에 대한 관심의 증가와 함께, 삶의 질을 높이는 지역사회의 물리적 환경 특성, 사회경제적 환경 특성에 대한 연구가 지속적으로 이루어졌다.

물리적 환경특성 노인의 보행권과 이동권을 보장해 줄 수 있는 물리적 환경특성이 노인의 독립성을 강화시킬 수 있다. 특히 지역사회 대중교통 이용의 용이성, 근접성, 접근성이 노인들의 주변 공간과 서비스 이용 정도에 직접적 영향을 주는 요인인 것으로 나타났다. 교통사고의 위험, 보도의 단절 문제 등 다양한 양상의 보행권 침해문제는 다른 어느 연령대보다 노인에게 영향이 크다. 「2017년판 OECD 회원국 교통사고 비교(2015년 통계)」에 따르면 우리나라 65세 이상 노인인구 10만 명당 보행 중 사망자수가 13.7명에 달한다. OECD 회원국 중 가장 많은 숫자이며 회원국 평균인 3.0명에 비해 약 4.6배에 달한다. 우리나라 노인의 이동성과 안전성을 담보해 줄 수 있는 보행자 환경 개선, 물리적 환경 개선이 시급하다.

노인친화형 공공 공간과 보행 우선 환경의 조성, 교통약자인 노인의 교통접근성 개선이 이루어지면 노인의 활동성과 지역사회 참여가 증진된다. 근린활동 공간의 중간 중간에 배치된 벤치와 같이 작은 편리성 제공이 노인의 이동 보조에 큰 역할을 하며, 특히 신체적 제한이 있는 노인의 웰빙에 큰 영향을 미친다고 한다(Ottoni, Sims-Gould, Winters, Heijnen, & McKay, 2016). 이렇게 사소한 듯 하지만 노인을 배려하는 물리적 특성이 노인의 지역사회 참여 및 사회통합을 촉진시키는 큰 역할을 할 수 있다.

WHO는 노인이 살기 좋은 지역의 물리적 특성을 3개의 카테고리로 제시하였는데, 첫째는 접근성(community accessibility) 측면에서 노인이 이동하기 편하고 장애물이 없는 물리적 환경이 갖춰져야 한다. 미끄럼 방지 처리가 된 보도, 노인이 건너기에 적절한 시간이 제공되는 횡단보도, 시각 및 청각적 신호를 제공하는 횡단보도 등이 이에 해당된다. 자전거나 휠체어를 이용하는 노인들도 안전하게 이동할 수 있는 공간을 확보하는 것이 필요하며, 대중교통으로 가고자 하는 곳에 쉽게 이동할 수 있는 환경을 만들 것을 권고하고 있다. 둘째, 동네의 경관이나 물리적 디자인이 쾌적한 것이 노인이 거주하는 동네에 대해 형성하는 애착과 삶의 질에 중요하다고 보았다. 이를 위해 깨끗한 공공 공간, 공원과 산책로와 같은 녹지를 충분히 제공할 것을 장려한다. 셋째, 노인의 니즈(needs)가 지역사회 내에서 충족될 수 있도록 일상생활 지원 서비스 및 여가서비스에 대한 접근성이 좋아야한다. 선행연구에 따르면 생활반경 내에 상점, 음식점, 은행, 우체국 등의 서비스가 갖추어진 곳에 사는 노인들은 거주하는 지역사회 환경에 대한 만족도가 매우 높았다(Scharf, Phillipson, & Smith, 2003).

지역사회의 물리적 공간특성이 이렇게 노인이 살기 좋은 방식으로 구성된 동네에서는 노인이 이웃과 자연스러운 상호작용을 할 가능성이 크며, 이는 노인의 지역사회 거주를 지속시키는 중요한 요소이다. 이러한 상호작용이 가능한 장소는 집과 인접한 벤치, 모정, 산책로, 친구 및 이웃 집, 시장, 식음공간, 종교시설과 같은 준공적 공간이나 '제3의 공간' 등이 있다. 노인들이 사회적 상호작용을 할 수 있는 공식적 공간으로는 경로당과 복지관을 포함하는 노인 전용 커뮤니티 시설이 있다. 노인전용 공공 커뮤니티 시설은 노인에게 다양한 프로그램과 노인들 사이에 상호작용을 할 수 있는 공간을 제공하는 등 많은 긍정적 기능을 한다. 그러나 획일적 프로그램이라는 비판이나 '할일 없는 노인들을 모아놓은 공간'이라는 부정적 이미지 또한 존재한다(Cheang, 2002).

한국의 노인에게 제3의 공간(The Third Place)은?

제3의 공간이란 개념은 미국의 사회학자인 레이 올든버그가 1989년 그의 책 『The Great Good Place』에서 처음 소개했다. 산업화된 사회에서 제1의 공간은 기본적 휴식공간인 집이고, 제2의 공간은 작업공간인 회사다. 이에 비해 매일은 아니지만 자주 찾아가서 그곳에 모인 사람들과 상호작용을 하거나 혹은 혼자서 자신의 여유를 찾고 정체성을 확인할 수 있는 공간을 제3의 공간이라 한다. 이 책은 뉴욕타임스 신문의 편집자 추천 도서로 선정된 후 인기를 끌게 되어 제3의 공간이라는 어휘가 사회의 주목을 받기 시작했다. 대중이 모이는 공간이지만 나의 공간인 것처럼 편안하며 집이나 일터와는 또 다른 편안함을 느끼며 시간을 보내는 곳이라고 할 수 있다. 현대인은 점점 더 제3의 공간을 필요로 하며, 커피샵, 서점, 찜질방, 미장원, 보드게임 카페, 사우나, PC방, 기원이나 당구장 같은 곳도 이에 해당된다. 또한 제3의 공간은 어느 정도 규칙적으로 가는 곳이다. 예를 들어 매달 한두 번씩은 청계산에 올라 능선의 어떤 호젓한 곳에서 자신의 생각을 정리할 수 있다면 이 또한 제3의 공간이 될 수 있다. 물론 온라인 커뮤니티 공간도 얼마든지 제3의 공간이 될 수 있다. 한국의 노인들에게는 얼마나 다양한 제3의 공간이 주어지는가? 한국노인들이 선호하는 제3의 공간은 어디일까? 노인정? 노인복지센터? 공원?

동네효과 지역사회 환경이 개인의 삶의 질에 영향을 미치게 되는 메커니즘은 '동네효과(Neighborhood effect)' 개념을 통해 설명되곤 한다. 동네란 지역사회의 가장 작은 단위로서 물리적인 경계를 지닌 공간인 동시에 사회적인 경계를 지닌 장소이기도 하다. 동네의 윤곽을 정확하게 그리는 것은 어렵지만, 동네의 역사와 거주자들 간의 상호작용이 이어지면서 동네에 대한 정체성과 공동체 의식이 형성되고 다른 동네와 구별되는 경계가 만들어지게 된다(곽현근, 2003). 이처럼 지리적 성격과 사회적 성격을 함께 지닌 동네는 일상의 맥락으로 작용하며 개인의 삶에 영향을 미치게 된다. 구체적으로 동네의 사회경제적 지위, 이웃과의 교류 정도, 이웃에 대한 신뢰 수준, 주민조직 참여 정도, 동네의 무질서함, 지역사회서비스의 가용성 등이 개인의 삶에 영향을 미칠 수 있다. Kubzansky 등(2005)은 빈곤율이 높은 동네에 거주하는 노인이 우울감이 높음을 발견하였는데, 개인적 특성의 영향을 통제한 후에도 이러한 관련성이 관찰된 것을 동네효과라고 보았다. Subramanian 등(2006)의 연구에서도 동네의 거주안정성이 높을수록, 다시 말해 동네주민들이 거주지를 자주 옮기지 않을수록 노인의 건강 수준이 높은 것으로 나타났다. 노인의 경우, 학교나 직장에 다니는 아동이나 청·중년층에 비해 동네에서 지내는 시간이 더 많기 때문에 다른 연령대에 비하여 동네의 영향을 직접적으로 받을 가능성이 더 높다(강은나, 2017). 그리고 신체적 변화로 인해 거동이 어려워질수록 가까운 동네환경의 영향을 받기가 쉬워진다.

지역사회자본, 지역사회역량 지역사회가 개인에게 영향을 미치는 메커니즘은 지역사회자본(Neighborhood social capital)이라는 개념을 통해서도 설명된다. 사회자본은 Bourdieu(1986), Putnam(1993)에 의해 제안된 개념으로, 사회자본 개념을 대중적으로 확산시킨 Putnam은 사회자본을 "협력된 행동을 촉진함으로써 사회의 효율을 개선시켜주는 신뢰, 규범, 네트워크와 같은 사회적 조직의 요소들"이라 정의하였다. 지역사회자본은 이웃 간의 유대, 신뢰, 정체성 공유, 상호작용을 통해 형성되는 지역사회 구성원들 간의 결속과 통합 등을 의미한다(정민수·조병희, 2007). 최미영(2008)은 동네에 대한 애착, 이웃과의 유대, 이웃에 대한 신뢰, 주민조직에 참여하는 정도를 파악하여 지역사회자본을 측정하였다(〈표 15-1〉 참고).

앞서 말하였듯이 노인은 지역사회에서 보내는 시간이 많고, 사회적 네트워크가 축소되기 때문에 지역사회 환경의 직접적인 영향에 놓이게 된다(강은나, 2017; Mohnen, Groenewegen, Volker, & Flap, 2011). 노인이 속한 지역사회의 사회자본 수준이 낮으면 상호작용의 기회가 줄어들고, 이웃들로부터 정서적·도구적 지원을 받을 기회도 줄어들어 삶의 질에 부정적인 영향을 받게 된다(Cramm, Van Dijk & Nieboer, 2012; Thompson & Krause, 1998). 특히 독거노인이나 사회경제적으로 열악한 위치의 노인은 지역사회 내 서비스나 자신을 둘러싼 환경개선을 더욱 필요로 하지만, 지역사회자본이 충분하지 않을 경우 그러한 환경적 장애요소에 대처하기가 쉽지 않고, 따라서 열악한 환경의 부정적 영향에 더욱 취약하게 된다(강은나, 2017). 지역사회자본 수준이 낮은 지역은 사망률이 높은 것으로 나타났으며(Lochner, Kawachi, Brennan, & Buka, 2003), 주관적 건강상태 수준도 낮았다 (Kawachi, Kennedy, & Glass, 1999; Mohnen et al, 2011).

❖ 표 15-1 지역사회자본의 측정

	구성요소	측정항목
지역 사회 자본	동네애착	• 내가 살고 있는 동네에 대한 강한 애착을 가지고 있다. • 다른 동네로 이사 가야 한다면 지금 살고 있는 동네를 그리워할 것이다. • 내가 살고 있는 동네는 다른 동네보다 살기 좋은 곳이다. • 지금 사는 동네에 만족한다. • 지금 살고 있는 동네에 자부심을 느끼고 있다.
	이웃과의 유대	• 나는 이웃과 종종 잡담을 나눈다. • 나는 이웃과 간단한 도구나 재료(예 설탕, 연장 등)를 빌리거나 빌려준다. • 나는 종종 이웃을 도와주거나 도움을 받는다(예 차수리, 집수리 등). • 나는 종종 이웃을 초대하여 같이 식사를 하거나 저녁시간을 보낸다. • 나는 이웃과 종종 중요한 개인문제나 감정적 문제에 대해 상의한다(예 건강문제, 이성문제 등). • 나는 종종 이웃과 함께 동네를 벗어난 사회적 모임을 갖는다(예 식사, 영화감상, 스포츠 관람 등).
	이웃신뢰	• 나는 우리 동네에 살고 있는 대부분의 사람들을 신뢰한다. • 우리 동네는 정서적으로 의지할 수 있는 사람들이 많이 살고 있다. • 동네사람들을 대할 때 지나치게 조심할 필요는 없다. • 나에게 어떤 문제가 생긴다면 동네사람들로부터 도움을 받을 수 있다. • 우리 동네 사람들이 내 자신과 비슷하다고 생각한다.
	주민조직 참여	• 동네조직(예 아파트 부녀회, 노인회, 노인복지회관, 주민자치센터, 동네자원봉사단체 등)의 참여유무 • 동네조직의 참여 정도 • 동네조직의 책임 있는 일을 맡아본 경험 여부 • 동네 조직의 책임 있는 일을 수행한 정도

출처: 최미영(2008).

장소애착 장소애착(place attachment)은 거주하는 공간과 지역사회에 대하여 개인이 가지는 정서적·인지적·행동적 유대를 의미한다. Rowles(1983)는 이를 '노인들에게 있어서의 장소의 내부성(inside-ness of place)'이라고 언급하면서 장소 애착의 역할을 세 가지 차원으로 기술하였다. 첫째, 물리적 내부성(physical inside-ness)은 물리적 환경과의 친숙성을 의미하는 것으로, 공간에 대한 친숙성은 시력, 청력 저하와 같은 연령증가에 따른 감각기관 기능의 상실을 보상하고, 노인의 활동성을 유지하도록 해준다. 둘째, 심리적, 자전적 내부성(psychological or autographical inside-ness)은 현재뿐 아니라 살아온 일대기적 경험을 통하여 형성하게 된 정서적 의미를 일컫는다. 장소가 기억의 풍경이 되면서 자아 정체감의 연속성을 제공하게 된다. 마지막으로, 사회적 내부성(social inside-ness)은 그 장소공간에서 오랜 기간에 걸친 사회적 교환을 통하여 형성되는, '우리 동네' 개념이다. 거주하는 지역사회에 대한 소속감과 필요시 같은 지역사회에 거주하는 친구나 이웃으로부터 지원과 원조를 받을 수 있다는 사회적 신뢰(social credit)를 제공한다(Battisto, 2004). 이러한 세 가지 측면의 장소애착이 노인을 고립되지 않도록 돕고 지역사회와 연계시켜 주는 역할을 한다.

3. Aging in Place

최근 노년기의 주거와 돌봄과 관련된 논의에서 'aging in place(AIP)'라는 개념이 정책적 지향점이자 캐치프레이즈가 되고 있다. aging in place를 우리말로 풀이하면 '살던 곳에서 나이 들어가기'라 할 수 있다. 우리는 노년기에도 건강하고 독립적으로 살아가기를 원하지만, 노화가 진행되고 신체 및 정신적 기능이 쇠퇴하게 되면서 타인의 도움 없이 살아가는 것이 힘들어지는 시기가 오게 된다. 우리나라의 경우, 전통적으로 노인보호를 가족의 책임으로 간주해 왔고, 노인보호시설은 주로 무의탁, 저소득 노인에 대한 시설 중심으로 이루어져왔지만, 서구의 경우에는 이렇게 독립적으로 살아가는 것이 힘들어진 노인들이 입소할 수 있는 다양한 시설이 많이 확충된 바 있다. 그러나 노인들이 자신이 살던 터전을 떠나 시설에 입소하는 것이 과연 노인 당사자가 원하는 삶의 방식일까, 노인의 삶의 질을 위해 바람직할까 하는 점 등에 대한 우려와 논의가 증가하였다. aging in place는 이러한 사회적 우려를 반영하는 개념으로 노인들이 시설 입소보다는 독립성을 유지하고 가능한 한 오래도록 자신의 집에 머무르고자 하는 강한 선호를 가진다는 인식에 기초하여 등장하였다. 연구자들은 aging in place가 노인이 자기효능감, 독립성, 정체감, 삶의 질을 유지하기 위해 스스로가 선택하는 전략이라는 측면을 강조한다(Battisto, 2004). 노인이라도 독립주거를 유지할 수 있는 건강과 능력을 가진 비율이 늘어나고 있으며, 앞에서도 언급하였듯이 노인들이 오랜 시간에 걸쳐 거주해 온 집과 지역사회에 다양한 의미를 부여하고, 강한 애착을 형성한다는 것이다.

Aging in Place와 노멀라이제이션

노인이 자신이 살던 곳에서 계속 거주하며 나이 들어가는 Aging in Place와 관련하여, 노멀라이제이션(Normalization)이라는 개념이 함께 논의되곤 한다. 노멀라이제이션에 대한 정의는 학자마다 조금씩 상이하지만, 대체적으로 노인이든 장애인이든 연령이나 장애여부와 상관없이 가족, 이웃과 함께 살아갈 수 있어야 한다는 것을 의미한다. 즉, 노인이나 장애인이라는 이유로 그들의 공간을 지역사회 내에서 분리하고 고립시켜선 안 된다고 보았다. 처음에는 주로 장애인을 염두에 두었지만 점차 노인에게도 적용되는 개념으로 확장되었는데, 그 핵심은 노인이 신체적·정신적 능력이 젊은 연령층에 비해 떨어지더라도 이들을 지역사회와 분리된 공간에서 생활하도록 해서는 안 된다는 것이다. 이에 따르면 노인들을 보호대상으로 보고 시설에 거주하도록 하는 것은 노멀라이제이션 원칙에 어긋나는 것이라고 보았다.

예컨대 이해욱(2010)은 정부와 기업이 노인을 위한 대규모 노인주거시설을 건설·분양하는 것은 노멀라이제이션의 원칙에 어긋나며 비효율적이라고 지적했다. 그보다는 노인주택을 부분적으로 고쳐주는 리모델링 지원 제도를 도입하여 노인이 거주하던 집에서 계속 거주할 수 있도록 하는 것이 필요하다는 주장이다. 현재 노멀라이제이션은 우리나라의 노인복지제도의 기본이념 중 하나로 언급되고 있으며, 이처럼 노인복지의 흐름이 시설돌봄(institutionalism)에서 점차 벗어나는 추세를 보이는 것은 정책적 지향점으로서의 Aging in Place와 맞닿아 있다. 노인의 자립생활과 지역사회 내 통합을 중요시하는 시각으로의 변화가 반영된 것이다.

Aging in Place를 위한 재가복지 서비스와 커뮤니티 프로그램

Aging in place가 정착되기 위해서는 노인이 거주하는 주거 및 커뮤니티와 연결된 사회적 서비스가 필요하다. 이러한 인식하에 서구에서는 1990년대 들어서 살던 곳에 계속 살고자 하는 노인들을 지원하는 가정과 지역사회 기반의 서비스들(Home & Community Based Services: HCBS)이 크게 증가하였다. 우리나라에서는 재가노인복지서비스가 유사한 기능을 한다. 노인들이 최소한의 제약을 주는 환경에서 P-E 적합성을 유지하도록 도울 수 있는 서비스를 포괄한다. 대표적인 서비스로 노인주(야)간보호센터[1]를 꼽을 수 있는데, 인지적 혹은 기능적 장애가 있는 노인들이 가정에 머물면서 지역의 센터에 가서 서비스를 받을 수 있어서 노인과 가족에게 큰 도움이 된다. 노인주(야)간보호센터는 노인장기요양보험의 요양등급 판정을 받아 자격이 되는 노인에게 국가에서 그 비용의 상당부분을 지원해준다. 2017년 기준 1,174개가 운영되고 있고 노인인구 증가 및 재가복지 서비스 확대로 그 수는 증가하는 추세이다. 이 센터에서는 간호/의료, 물리치료, 인지향상, 여가지원, 정서지원, 가족지원서비스 등을 제공하고 있는데 구체적으로 웃음치료, 인지활동, 공연감상, 장보기 등 노인의 잔존능력을 고려해서 다양한 프로그램이 제공되고 있다. Assisted living(AL: 생활보조주거)은 일부 ADL에서 제한이 있어 개인적 돌봄을 필요로 하지만, 24시간 내내 숙련된 의료적 돌봄을 필요로 하지는 않는 노인들에게 적합한 주거 모델이다. 공동 식당에서 함께 식사하고, 집안 청소, 세탁, 그리고 약 복용과 같은 일부 ADL에 대한 도움을 제공하는 주거시설이다. AL은 일반적으로 요양원보다 거주자들에게 더 많은 자율성, 사생활을 허용하고, 돌봄 관련 의사 결정에 참여할 기회를 제공한다. 요양원보다 더 적은 규모로 집과 같은 환경을 만들어 거주자들이 통제감 및 사생활 유지가 가능하도록 계획되었는데, 점차 다양한 AL 모델들이 나타나기 시작하였다.

테크놀로지와 AIP

테크놀로지를 활용하여 노인들이 독립주거를 유지할 수 있는 다양한 방안이 마련되고 있으며, 노년공학(gerontechnology)이 이러한 방향의 발전을 주도하고 있다. 노인들의 신체적, 정신적 기능 저하에 맞추어 주거를 디자인하는 것은 노인들이 자기 집에서 계속 거주를 할 수 있도록 돕는데 있어 중요한 고려사항이다. 그런 면에서 집을 설계할 때 거주자의 니즈가 변화함에 따라 방을 확장하거나 좁힐 수 있는 이동식 벽을 설치하거나, 방을 욕실로 변경할 수 있도록 배관을 하는 등 flexible housing이 증가하고 있다. 노인들이 집에서 머무는 시간이 다른 연령집단보다 길고, 따라서 낙상 등 안전사고가 상당부분 거주하는 집 내부에서 일어나기 때문에 집 내부 디자인에 다양한 배려가 필요하다. 센서를 통해 불이 켜지도록 하여 노인들이 밤에 일어났을 때 넘어지는 낙상 사고를 방지하

1) 부득이한 사유로 가족의 보호를 받을 수 없는 심신이 허약한 노인과 장애노인을 주간 또는 야간 동안 보호시설에 입소시켜 필요한 각종 편의를 제공하여 이들의 생활안정과 심신기능의 유지, 향상을 도모하고, 그 가족의 신체적, 정신적 부담을 덜어주기 위한 서비스(보건복지부, 2018).

는 것, 무게의 변화를 감지하는 침대의 센서를 통해 노인들이 밤에 얼마나 자주 일어나는지를 모니터하는 것, 미끄럼방지 바닥, roll-in shower(휠체어를 탄 채 샤워할 수 있게 설계된 욕실), 욕실에 안전바를 설치하는 등 노인의 안전을 돕는 보조장치 설치와 집 개조가 권장된다. 이외에도 사람들의 키 차이를 고려하여 서로 높이가 다른 두 종류의 핸드레일을 나란히 설치한 계단이나 복도, 시력이 떨어지는 사람들 또는 돋보기가 필요한 사람들을 위해 글자 크기를 조절할 수 있도록 준비된 인터넷 홈페이지, 어린이와 어른이 함께 사용할 수 있도록 높이가 조절되는 세면대, 휠체어를 타고서도 그릇을 수납할 수 있도록 상하로 움직이는 싱크대 수납장, 신발을 신고 벗을 때 편리하도록 자그마한 의자를 현관에 놓아둔 노인주거복지시설 등이 한국 사회에도 도입되었다(임연옥, 2010). 노인과 일정한 정도의 상호작용이 가능하여 고립감을 완화해 주는 기능을 하거나 돌봄 제공이 가능한 다양한 로봇이 개발되어 소개되고 있으며 급격하게 확산되는 추세이다. 우리나라 여러 곳에 있는 고령친화체험관에 가면 이러한 시설을 직접 보고 체험해 볼 수 있다(예 성남고령친화체험관: www.miraeseum.or.kr).

거동 불편 독거 노인도 걱정 無 … KIST, 독거노인 토털 서비스 로봇 공개

한국과학기술연구원(KIST) 로봇·미디어연구소가 독거노인을 위한 토털 서비스를 제공하는 로봇을 개발했다. 거동이 불편한 노인일지라도 이 로봇 시스템만 있으면 혼자서도 전혀 불편함이 없을 듯 보인다. 시연행사장에서 로봇은 방 안을 자유로이 움직이다가 바닥에 앉아 있는 작은 하얀 곰인형을 발견하고 "도와드릴까요?"라고 말을 건네기도 했다. 이는 낙상으로 움직이지 못한 노인을 돕기 위한 서비스다. 노인이 도움을 요청할 시 로봇은 멀리 떨어진 가족에게 알림을 보내준다. 또 이 로봇이 있으면 혼자 사는 부모님이 식사는 제대로 하는지 걱정하지 않아도 된다. 한국인이 가장 많이 먹는 99가지 음식 별로 1,000장의 이미지 데이터베이스(DB)를 구축하고 딥러닝 알고리즘을 통해 테이블 위에 올린 음식과 실시간 사용자 식습관을 자동 분석해 준다. 일명 스마트 테이블 기술이다. 칼로리는 물론 영양세부정보까지 모니터로 보여주고 노인이 먹은 음식의 양까지 계산해 주어 노인의 영양불균형 문제를 개선할 수 있다. 거동이 불편한 독거노인에겐 자리에 앉고 일어설 때 도움을 주는 기립보조로봇이 있다. 이 로봇의 개발자는 '노인들은 허벅지 근육이 많이 손실되므로 앉았다 일어날 때 뭔가를 지지하며 일어나야 하고 그러다 보면 낙상을 일으키기 쉽기 때문에 이 로봇을 개발하게 됐다'고 설명했다. 충전이나 이동성의 문제를 해결하기 위해 전기적 동작 없는 무전동 방식으로 만들었다. 모터 대신 가스 스프링이 들어가기 때문에 상용화 됐을 때의 가격은 100만 원 정도일 것이라고 예상했다. 상용화 단계까지는 다소 시간이 걸릴 것으로 보이기는 하지만 로봇이 노인의 AIP에 활용되는 시기가 가까워지고 있다.

AIP와 고령친화적 지역사회 구축

노인이 자신이 살던 곳에서 계속 거주할 수 있도록 돕기 위해 WHO는 2002년 스페인 마드리드 노인 강령(Madrid International Plan Action on Ageing: MIPAA)을 선포하면서 고령친화도시(age-friendly city) 네트워크 구축의 필요성을 강조하였고, 2007년에는 고령친화도시에 대한 가이드라인을 제시하였다. '고령친화도시'란 나이가 들어도 불편하지 않고 활기차고 건강한 노년생활을 할 수 있도록 조성된 도시를 말한다. WHO가 제시한 가이드라인에는 ① 안전 및 고령친화 시설, ② 교통편의 환경, ③ 주거편의 환경, ④ 지역사회 활동 참여, ⑤ 사회적 존중 및 포용, ⑥ 고령자원 활용 및 일자리 지원, ⑦ 의사소통 및 정보 제공, ⑧ 지역복지 및 보건의 8개 영역에 대한 지침이 구체적으로 적시되어 있다. WHO의 고령친화도시 네트워크에 처음으로 가입한 도시는 뉴욕이고 2018년 기준 39개국 705개 도시가 가입하였다. 국내에서는 서울시가 2013년에 139번째 '고령친화도시' 회원 가입 인증서를 받았고, 이후 많은 지자체들이 관심을 기울여 2018년 현재 서울, 전북 정읍, 부산, 수원, 제주, 광주 동구, 서울시 강북구 7개 자치단체가 가입하고 있다. 고령친화도시는 '노인이 살기 좋은 도시'라는 개념에서 꼭 노인만이 아니라 '어떤 연령도 함께'라는 의미, 즉 '연령통합적 도시'를 지향하는 개념으로 확장되었다. 한국보건사회연구원(2008)에서는 우리나라의 특성과 현실에 적절한 지역사회 고령친화성 점검 척도를 개발하였다.

유니버셜 디자인

AIP를 위해 노인의 자율성, 독립성을 보장하는 고령친화적 환경의 중요성이 강조되는 추세이지만, 한편으로는 노화로 인해 경험하는 주거생활의 불편함이나 장애에 초점을 맞추는 결과를 가져와 노인, 노화에 대한 부정적 시각이 확산되거나 또 다른 연령차별 문제를 불러일으킬 수 있다는 지적이 있다. 이러한 문제의식에서 1990년대부터 유니버셜 디자인(universal design) 개념이 제시되었다. 유니버셜 디자인은 약자를 위한 별도의 배려가 아니라 인간의 기본권인 평등을 누구나 보장받아야 한다는 인식에 기초하여, 모두를 위한 디자인을 해야 한다는 개념이다. 이 개념을 처음 제창한 건축가 로널드 메이스(Ronald Mace) 교수는 유니버셜 디자인을 '특별한 개조나 특수설계를 하지 않고 되도록 모든 사람들이 최대한까지 이용할 수 있도록 배려된 제품이나 환경 디자인'이라고 정의하였다(임강혁·전양덕, 2010). 다시 말하면 연령이나 심신의 능력 혹은 주변 환경에 관계없이 모든 사람이 사용하기 쉬운 디자인을 목표로 하는 개념이다. 홍형옥(2005)의 연구에 따르면 노인의 55.7%가 주택 내에서 안전사고를 경험한 적이 있는 것으로 나타났는데, 이러한 결과는 AIP를 위해서는 주택과 지역사회가 장애 없는(barrier-free) 공간디자인, 더 나아가 유니버설 디자인에 의해 구성되어야 할 필요성을 말해준다.

노년기 거주지 이동(relocation)

노년기에 거주지를 이동하는 것이 노인의 삶의 질에 부정적 영향을 미친다는 견해가 1970년대 초반까지는 노년학자들 사이에서 지배적이었다. 이러한 관점에서 주거 이동의 부정적 효과를 강조하는 주거이동 트라우마 가설(relocation trauma hypothesis)에 기초한 실증연구들이 많이 이루어졌다. 하지만 최근에는 주거이동이 삶의 질에 미치는 영향은 주거이동의 동기 및 유형에 따라 다르다는 주장이 노년학자들 사이에서 더 설득력을 갖는다.

노년기 거주지 이동은 크게 3가지 성격으로 분류할 수 있다. 첫째 유형은 노년기에 지향하는 라이프스타일에 적합한 지역으로 이주하는 경우로, 기후나 주변 편의시설 확보 등이 주거이동의 주요 선택요건이 된다. 주로 젊은 노인, 갓 은퇴한 사람들에게서 나타난다. 예를 들면 미국의 많은 노인들이 플로리다, 캘리포니아, 텍사스 등의 따뜻한 지역의 은퇴촌으로 이주하는 경우가 이에 속한다. 두 번째 유형은 주로 일상생활수행능력을 제한하는 만성질환에 의해 촉발되는데, 식사준비나 가사일 등의 도움을 제공하는 은퇴촌이나 생활보조주거(assisted living facilities)로의 이주가 여기 속한다. 대략 70대나 80대 초반에 이루어지며 자녀 등 친족과 가까운 곳으로 주거지를 옮기는 경우도 여기에 속한다. 세 번째 주거이동은 심각한 질환 등으로 독립주거가 어려운 고령에 이르렀을 때 장기요양시설에 입소하게 되면서 이루어지는 거주지 이동이다(Oswald & Rowles, 2006). 독립주거가 어려워 거주지를 이동해야 하는 경우와 조금 더 나은 환경으로 옮기기 위한 거주지 이동은 그 성격이 매우 다르기 때문에 노인의 삶의 질에 미치는 영향 또한 다르다. 자발적 이든 비자발적이든 노년기 거주지 이동은 적응을 요하는 사건이다. 자발적으로 더 안전하고 편안한 환경으로 이사를 한 경우라도 노인들은 친숙한 집과 환경을 포기하는 데서 오는 상실감을 경험한다는 점에서 일정한 정도의 적응을 요하게 된다.

AIP를 지원할 수 있는 다양한 서비스가 지역사회 내에서 제공되고 접근성이 높다면,

친숙하지 않은 환경으로의 거주지 이전, 혹은 장기 요양시설로의 이주를 지연시키거나 피할 수 있을 것이다. 이러한 것을 가능하게 하는 것으로 자연 발생적 노인 커뮤니티(naturally occurring retirement communities: NORCs), 공동주거(cohousing), intentional communities 등이 서구에서는 상당 정도 확산되었고 한국에서도 최근 나타나고 있다. NORC는 노인들을 위해 계획된 주거단지가 아닌데 자신이 살던 집에서 계속 거주하거나 이사를 오는 노인들이 늘어나게 되면서 노인비중이 커지고 자연스럽게 그 주택단지나 마을이 은퇴촌으로 형성된 것을 말한다. 미국은 고령자의 AIP를 위한 모델로 NORC를 제안하면서 노인이 자신의 주거지에 지속적으로 살 수 있도록 건물의 리모델링이나 다양한 프로그램 제공 등 물리적·사회적 서비스를 제공하는 노력을 통해 노인을 위한 환경으로 전환시키는 작업을 하고 있다. 한국의 경우에는 노인의 상대적 비중이 높은 농촌지역이 일종의 NORC 라고 할 수 있지만 노인들의 독립적 계속거주를 가능하게 하는 서비스가 부족하다. 공동주거(co-housing)는 1980년대 말 덴마크에서부터 시작되었는데, 10~30명 정도의 개별적인 주거 소유자들이 커뮤니티를 이루고 사는 주거양식이다. 이들은 각자 자기 집에서 독립적으로 거주하지만, "공동주택(common house)"을 공유하면서 여기에서 사회활동과 레크리에이션 활동, 커뮤니티 회의, 그리고 때때로 함께 식사를 하기도 한다. Intentional community 는 AIP를 장려하는 또 다른 최근의 주거 모델로 종교, 취미 등 공통의 관심사를 가지고 있는 사람들이 주거단지를 공유하는 형태이다. 노인들만을 대상으로 하기도 하고 세대통합적 형태의 커뮤니티로 운영되기도 하며 공동주거(co-housing)에 비하여 더 많은 활동을 공유하는 특징을 가진다.

한편, 건강악화, 신체기능 저하 등의 이유로 aging in place 가 어렵게 된 노인을 위한 주거 선택지도 증가하였다. 대표적인 것이 CCRC라고 부르는 은퇴촌이다. 연속적 돌봄 은퇴촌(continuing care retirement communities: CCRC)은 재정적인 자원이 있는 노인들을 위한 하나의 옵션이다. CCRC에서는 다양한 범위의 주거, 사회, 그리고 건강 서비스를 제공하며 미국의 Sun City가 대표적 사례이다. 한국도 그 숫자가 증가하고 있으며, 노블 카운티, 더 클래식 500, 서울 시니어스 타워, 시그넘 하우스 등이 대표적이다.

버스가 한 대도 오지 않는 독일 요양시설 앞의 버스 정류장

출처: desonance(2011. 12. 18).

독일 Düsseldorf의 Benrath Senior Center 앞에는 버스가 한 대도 오지 않는 버스정류장이 있다. 이 정류장은 2008년에 세워진 이래 치매노인들의 배회를 막는 역할을 톡톡히 하고 있다. 치매노인은 자신이 어디에 있는지 혼란스러워하면서 집에 가야겠다는 생각으로 무작정 길을 나서는 경우가 종종 있다. Benrath Senior Center 입소노인 중 한 명이 집에서나 입을 평상복 차림으로 30 Km 떨어진 마을에서 배회하다가 발견된 경우도 있었다. 단기기억은 소멸되고 장기기억만이 남는 것이 치매의 특성 중 하나로 과거에 살던 집을 기억하고 돌아가고자 밖으로 나왔으나 길을 잃은 것이다. 센터에서는 집에 돌아가기를 원하는 노인들이 앉아서 버스를 기다릴 수 있도록 정류장을 설치하였다. 단, 버스는 오지 않는 정류장이다. 애초에 이 아이디어에 회의적인 사람들이 많았지만, 그러나 많은 노인들이 버스정류장에 앉아서 기다리는 것만으로도 정서적 안정감을 찾고 정류장에 앉아서 주변을 바라보기를 즐긴다는 것을 알게 되었다. 가끔은 차를 마시며 환담을 나누기도 한다. 집에 돌아가야겠다는 감정은 매우 강렬하지만 지속기간이 짧고 치매노인의 특성상 곧 그 사실자체를 망각하기 때문이다. 치매노인의 귀소본능을 이해하고 '집에 간다'는 경험의 소중함을 존중하면서도, 시설에서 탈출하려는 치매노인의 배회와 안전사고를 방지한다는 점에서 '하얀 거짓말'이라고 할 수 있다. 노인을 위한 서비스 디자인의 성공사례로 꼽힌다.

치매노인의 삶이 우선인 네덜란드 '호그백 마을'과 케어팜 드포트(De Port)

네덜란드의 호그백(Hogeweyk) 마을

일종의 치매 노인 마을로, '치매노인도 자유롭게 생활하고 활동하며 삶의 재미를 느낄 수 있어야 한다'는 생각에서 2009년 간호사 이본반아메롱겐(Yvonne van Amerongen)이 중앙정부와 지역기관의 협조로 네덜란드 베스프 마을 북쪽 외곽에 마을을 조성했다. '호그백 마을'은 슈피마켓, 거피숍, 미용실, 공원 등이 있는 15,000㎡ 규모의 거다란 마을이다. 23가구, 152명의 중증 치매 환자와 250명의 스텝이 거주하고 있다. 곳곳에 설치된 CCTV와 교육을 받은 전문 강사, 자원봉사자들로 인해, 치매 환자라고 시설에 갇혀 살지 않고, 어디든 자유롭게 돌아다니고 무료로 수퍼마켓, 미용실도 이용할 수 있다. 치매를 기존의 의료적 접근에서 사회적 접근으로 확대한 것이다. 이런 시도는 실제로 치매노인들에게 긍정적인 영향을 주는 것으로 나타났는데, 호그백 마을 거주 치매노인들은 거주하기 전보다 약물 복용량이나 공격성은 감소한 반면 식사량은 늘었고, 상대적 수명 또한 증가하였다. 이를 벤치마킹하여, 프랑스에서는 파이 외곽 랑드 지역에 알츠하이머 마을을 만들고 있고, 독일과 영국 등지에서도 새로운 시각에서 접근한 치매노인 시설을 마련하고 있다.

네덜란드 케어팜

치매 노인을 위해 기존 요양원을 대신한 케어팜을 운영하고 있는 드포트(De Port). 드포트는 기존 요양원의 대안으로도 주목받고 있다. 2005년에 노인들을 위한 주간보호를 시작했으며, 2013년부터는 치매 어르신들을 24시간 돌보는 서비스를 제공하고 있다. 드포트는 총 20명 이내의 적은 인원의 고령층을 대상으로 운영한다. 기본적으로 가족과 같은 분위기를 유지하면서 개인적 삶을 보장하기 위해 6~7명이 한 가구를 구성한다. 특히 활동이 가능한 치매노인의 경우에는 자존감을 높이고 사회와의 지속적인 관계가 중요하다. 드포트에서는 일반적으로 농장에 나가 걷거나, 동물에게 먹이를 주거나 농장활동에 참여해 자연과 최대한 교감할 수 있도록 하고 있다. 이를 통해 자신의 육체적 건강상태를 유지·향상시킨다. 또 동물·자연과의 교감, 참여자간의 교류를 통해 심리적 안정감을 높이고 음식섭취량도 증가했다는 연구도 발표되고 있다.

네덜란드 드포트 케어팜에서 한 노인이 텃밭에 씨를 뿌리고 있다(사진 유튜브 캡쳐).

출처: 중앙일보(2017. 10. 26). 치매 노인과 함께 사는 네덜란드 마을.

참/고/문/헌

강은나 (2017). 노년기 근린환경 유형과 삶의 만족에 관한 연구. 한국노년학, 37, 669-686.

강지숙 (2008). 노인의 은퇴 적응과정에 대한 근거이론적 접근. 한국노년학, 28(3), 477-496.

강희정 (2017. 01). 2017년 건강보험 정책 방향: 혁신을 통한 형평과 효율의 조화. 보건복지포럼, 18-28.

건강보험정책연구원 (2018. 4. 26). 보도자료. “건강보험 보장률 하락, 비급여관리 대책 시행 시급”.

공세권, 박인화, 조애저, 김진숙, 장현섭 (1987). 한국 가족구조의 변화: 가족생활주기 조사를 중심으로. 서울: 한국보건사회연구원.

곽현근 (2003). 동네관련 사회자본의 영향요인에 관한 연구. 한국사회와 행정연구, 14(3), 259-285.

권중돈 (2009). 노인복지론. 서울: 학지사.

권중돈 (2013). 노인복지론. 서울: 학지사.

권태환 (2001). 한국 인구변동의 환경적 함의. 한국인구학, 24(2), 5-45.

권태환, 김두섭 (1990). 인구의 이해. 서울: 서울대학교 출판부.

김기홍, 장창원, 심인선 (2011). 고령인력 고용지원서비스 강화 방안. 한국직업능력개발원, The HRD Review, 14(1).

김민희, 민경환 (2010). 지혜의 연령차와 중노년기 심리적 적응과의 상관. 한국노년학, 30(3), 947-971.

김성원, 문진영, 정순둘 (2010). 고령은퇴자의 사회적 관계망과 은퇴만족도 관계 연구. 한국노년학, 30(4), 1145-1161.

김소진 (2009). 황혼이혼 여성노인들에 대한 생애사 연구. 한국노년학, 29(3), 1087-1105.

김수영 (2015). 혼인상태별 사망력 차이: 1990~2010. 한국인구학, 38(3), 25-48.

김수완 (2012). 중고령자 근로에 영향을 미치는 요인에 관한 비교사회정책학적 연구. 한국사회정책, 19(2), 69-97.

김숙희, 한설희 (2012). 한국인 치매 유병률. The Journal of Korean Diabetes, 13(3), 124-128.

김승권, 김유경, 김혜련, 박종서, 손창균, 최영준, 김연우, 이가은, 윤아름 (2012). 2012년 전국 출산력 및 가족보건 · 복지실태조사. 서울: 한국보건사회연구원.

김애순 (2012). 장, 노년 심리학. 서울: 시그마 프레스.

김영범, 박준식 (2006). 노인의 사회관계망 결정요인에 대한 연구: 비혈연집단을 중심으로. 한국노년학, 26(2), 261-273.

김영천 (2013). 질적연구방법론 II: Methods. 파주: 아카데미 프레스.

김윤재, 강영숙, 조미라, 김영기 (2016). 노인복지론. 파주: 교육과학사.

김익기, 김정석 (2000). 세대간 지원교환의 형태와 노인들의 생활만족도. 한국사회학회 사회학대회 논문집, 120-124.

김정은, 이종혁, 정치훈, 강민구, 방준석 (2014). 우리나라 건강보험 청구자료를 이용한 알츠하이머성 치매 치료제의 사용현황 분석. 한국임상약학회지, 24(4), 255-264.

김주현, 주경희, 오혜인 (2013). 경제활동 노인의 연령차별 경험에 관한 근거이론적 접근. 노인복지연구, 60, 287-321.

김주현, 한경혜 (2001). 노년기 자원봉사활동과 자아존중감. 한국노년학, 21(2), 209-224.

김지경, 송현주 (2010). 중고령 은퇴자들의 은퇴 후 경과기간별 은퇴생활적응의 영향요인. Family and Environment Research, 48(6), 83-101.

김현순, 김병석 (2008). 노인과 청소년의 자살생각 비교 연구. 한국노년학, 28(2), 325-343.

나수영, 한경혜 (2016). 가교일자리에서의 근로가 베이비부머의 결혼만족도 변화에 미치는 영향. 한국노년학, 36, 541-562.

남순현 (2017) 노인의 은퇴 후 삶의 적응에 대한 Glaser의 근거이론적 접근. 한국사회복지질적연구, 11(1), 5-29.

노대명 (2015. 4). 한국 복지제도의 현황과 쟁점. 보건복지포럼, 6-21.

노인교육연구회 (2004). 노인교육. 서울: 학지사.

도로교통공단 (2018). OECD 회원국 교통사고 비교 2017년판(2015년 통계)(2017-0216-043). 서울: 도로교통공단.

동아일보 (2017. 3. 27). 일자리, 2030세대 먼저? 4050세대 먼저? http://news.donga.com/List/Series_70030000000787/3/70030000000787/20170327/83543501/1에서 인출.

두송화, 장재윤 (2015). 은퇴자들의 심리적 건강의 변화. 한국심리학회지: 산업 및 조직, 28(2), 99-126.

맘앤앙팡 매거진 (2009. 2). 5대 가족 그 건강 족보를 파헤치다 3.

매일경제 (2005. 9. 28.). 이웃 사는 여동생 보살핌에 97세 할아버지 행복한 노후, http://news.mk.co.kr/newsRead.php?year=2005&no=358921에서 인출

문난숙, 남기민 (2008). 노인의 죽음준비도와 성공적 노화의 관계: 우울 및 죽음불안의 매개효과를 중심으로. 한국노년학, 28(4), 1227-1248.

문정희, 안정신 (2014). 노부모에 대한 성인자녀의 양가감정 탐색. 한국노년학, 34(2), 409-429.

문태인, 변상해 (2012). 노인의 종교활동 참여가 자기존중감 및 죽음불안과 삶의 질에 미치는 영향. 벤처창업연구, 7(3), 115-120.

박경란 (1994). 부모-조부모 관계의 질이 청소년기 손자녀-친조부간의 유대관계에 미치는 영향-부산시 중 고등학교를 중심으로. 한국노년학, 14(2), 74-89.

박경숙 (2003). 세대관계의 다양성과 구조. 한국사회학, 37(2), 61-94.

박경애 (1992). 결혼, 성역할 및 사망력: 한 · 미 비교 연구. 한국가정관리학회지, 10(2), 51-59.

박경애 (1994). 혼인상태가 성별 사망력에 미치는 영향: 이론적 통합. 한국사회학, 28(겨울호), 117-137.

박선태, 최병태, 서보준, 송은희, 김극명, 신성일, 이은경 (2016). 노인복지론. 고양: 공동체.

박세진 (2008). 혼인상태에 따른 자살률의 동향에 관한 연구. 서울대학교 대학원 석사학위논문.

박재간, 최성재 (2008). 한국노년학회 30년을 돌아보며. 한국노년학, 28(4), 715-731.

박재연 (2010). 노인의 우울 및 자살. 한림대학교 고령사회연구소(편). 고령사회의 이해: 노년과 사회(pp. 133-139). 서울: 소화.

박홍자, 김경호, 김현옥 (2011). 노인의 영성과 종교참여가 삶의 만족도 및 우울에 미친 영향에 관한 연구. 경남과학기술대학교 논문집, 20, 91-116.

보건복지부 (2015). 제3차 치매관리종합계획(2016~2020) 수립연구.

보건복지부 (2017. 8.). 모든 의학적 비급여, 건강보험이 보장한다.

보건복지부 (2018). 노인보건복지사업안내 II.

보건복지부 (2018). 노인복지시설 현황. 세종: 보건복지부 요양보험운영과.

보건복지부, 한국보건사회연구원 (2017) 통계로 보는 사회보장 2017.

빈보경, 최희정 (2017). 성인 자녀의 결혼 및 부모기로의 전이가 세대 간 접촉 (만남과 연락) 에 미치는 영향. 한국가족관계학회지, 22(2), 119-145.

서미경 (2012). 중 고령기 여성의 재취업 경험과 생애적 의미에 대한 현상학적 연구. 사회복지정책, 39(1), 199-226.

서울대학교 교육연구소 (2011). 교육학용어사전. 하우동설.

서울신문 (2018. 7. 5). 실제 나이보다 젊다고 느끼는 사람, 뇌도 덜 늙는다. http://www.mice-seoul.com/webzine/201308/k_sub1_3.html#.WyELgIozaiM에서 인출.

서화정 (2005). 노인자살예방을 위한 사회사업 개입전략: 노인자살의 영향요인을 중심으로. 부산대학교 대학원 박사학위논문.

석재은 (2010). 성공적 노화의 의미. 한림대학교 고령사회연구소 편. 고령사회의 이해: 노년과 사회. 서울: 소화.

성규탁 (1990). 한국노인의 가족중심적 상호부조망-강화하는 문화적 전통. 한국노년학, 10, 163-181.

세계일보 (2017. 2. 18.). 한정된 일자리.. 부모 vs 자식 세대갈등 어쩌나. https://news.v.daum.net/v/20170218050138134에서 인출.

손정연, 한경혜 (2015). 베이비부머의 생애사건 경험이 부부관계의 질에 미치는 영향: 자기-상대방 상호의존 모형(APIM)의 적용. 한국노년학, 35(2), 491-507.

송선희, 최명숙, 이상매, 서경조, 이화식, 문미, 최상, 유찬열, 주민경, 권승숙, 문형남, 정의정, 하경분, 최숙희 (2011). 노인교육론. 서울: 신정.

송유미, 이선자 (2011). 조손가족 조부모의 양육스트레스와 우울 간 사회적 지지와 대처행동의 조절효과. 한국노년학, 31(3), 795-811.

송인주 (2008). 퇴직 남성노인 재취업 과정의 의미-사회적 일자리를 중심으로. 한국노년학, 28(3), 497-514.

송지은 (2006). 성인자녀와의 관계가 부모의 정신건강에 미치는 영향. 한국노년학, 26, 581-599.

신화용, 조병은 (1999). 남편이 은퇴한 부부의 상호작용 특성과 결혼만족도. 한국노년학, 19(1), 31-44.

아시아경제 (2012. 5. 7.). 고용연장으로 청년 일자리 감소... 세대간 갈등 우려. http://www.asiae.co.kr/news/view.htm?idxno=2012050706593211820에서 인출.

안정신 (2015). Erikson의 9단계 노년초월척도의 한국판 타당화. 한국지역사회생활과학회지, 26(1), 51-61.

양옥남, 김혜경, 박화옥, 정순둘 (2016). 노인복지론. 고양: 공동체.

엄기욱 (2014). 성공적인 노후생활을 위한 조건들. 지역사회, 96-100.

연합뉴스 (2017. 5. 8.). 은퇴 못 하는 노년층… 75세 이상 고용률, OECD 5년째 1위. http://www.yonhapnews.co.kr/bulletin/2017/05/04/0200000000AKR20170504121800002.HTML에서 인출.

오지현, 이명선 (2014). 퇴행성 관절염 노인의 삶의 질 구조모형. 대한간호학회지, 44(1), 75-85.

오진탁 (2008). 자살, 세상에서 가장 불행한 죽음. 서울: 세종서적.

우국희, 주경희, 이연순 (2012). 취업노인의 직장 내 연령차별 경험 연구. 사회복지정책, 39(4), 281-304.

우희순, 최유임 (2017). 노인의 삶의 만족도와 참여에 대한 종교 활동의 영향. 예술인문사회 융합 멀티미디어 논문지, 11, 747-756.

유기웅 (2012). 질적연구방법의 이해. 서울: 박영사.

유재언 (2017). 세대 간 돌봄이 성인 자녀와 부모 간의 지리적 근접성에 미치는 영향. 여성연구, 31-56.

윤경자, 이기숙, 김은경 (2001). 성인발달과 노화. 파주: 교문사.

윤덕중, 김태헌 (1989). 사회 · 경제적 요인별 차별사망력의 변화: 1970~1986 사망신고자료를 중심으로. 한국인구학, 12(2), 1-21.

윤미혜 (1995). 노인의 고독감과 자원봉사활동에 관한 연구. 이화여자대학교 대학원 석사학위 논문.

은기수 (2005. 4.). 미혼에서 결혼으로 이행: 최근 우리나라에서 저출산에 갖는 의미. 보건복지 포럼, 25-35.

이가옥, 서미경, 고경환, 박종돈 (1994). 노인생활실태 분석 및 정책과제. 서울: 한국보건사회연구원.

이기숙 (2001). 중 · 노년기 가족 대상의 '죽음대비 교육 프로그램'개발을 위한 예비적고찰. 사회과학연구, 5, 107-134.

이기학 (2006). 노인의 가치체계와 정치의식. 노인복지연구, 34, 191-211.

이데일리 (2018. 9. 16.). "거동 불편 독거 노인도 걱정 無"…KIST, 독거노인 토털 서비스 로봇 공개. http://www.edaily.co.kr/news/read?newsId=01459606619340776&mediaCodeNo=257&OutLnkChk=Y에서 인출.

이민아 (2010). 결혼상태에 따른 노인의 우울도와 성차. 한국사회학, 44(4), 32-62.

이수림, 조성호 (2012). 한국판 지혜 척도의 개발 및 타당화 연구. 한국심리학회지: 문화 및 사회문제, 18(1), 1-26.

이윤정 (2014). 조손가정 내 조부모의 여가활동이 우울감에 미치는 영향. 한국노년학, 34(2), 229-243.

이은희 (2008). 노인대상 자원봉사자의 활동유효성에 영향을 미치는 관련요인. 한국비교정책학보, 14(2), 263-280.

이인수 (2001). 한국 노인의 정치 및 사회활동을 위한 과제. 노인복지연구, 14, 35-66.

이정화, 한경혜 (2008). 농촌 조손가족의 세대관계와 손자녀 양육 조모의 심리적 복지. 한국노년학, 28(1), 177-196.

이지현, 한경혜 (2012). 예비노인의 친구관계망 특성이 행복감에 미치는 영향 : 성별 차이를 중심으로. 보건사회연구, 32(2), 170-205.

이해욱 (2010). 지정발표: Normalization 개념의 노인복지주거환경 개선 시스템 구축. 한국노인과학학술단체연합회 국제학술대회, 181-190.

이흔정 (2004). 내러티브의 교육과정적 의미 탐색. 한국교육학 연구, 10(1), 151-170.

인사이트 (2016. 11. 28.). 결혼 70주년 기념으로 웨딩 사진 재현한 노부부. http://www.insight.co.kr/newsRead.php?ArtNo=84712에서 인출.

임강혁, 전양덕 (2010). 노인복지 사이트에 적용된 유니버설 디자인에 관한 연구-김포지역 뉴실버세대를 중심으로. 정보디자인학연구, 14, 141-152.

임미혜, 이승연 (2014). 청년기 손자녀-친/외조부모간 유대와 접촉, 가치유사성및 부모-조부모 관계 질과의 관계. 한국노년학, 34(2), 277-297.

전병유, 장지연, 홍민기, 윤자영, 조준모, 신동균, 이형오 (2008). 고령자 고용정책의 고용효과 분석. 서울: 노동부.

정경희 (2009). 안정적인 노후소득보장을 위한 정책과제. 보건복지포럼, 156, 6-14.

정경희 (2011). 백세시대의 노인의 연령기준 관련 논점과 정책적 함의. 보건복지포럼, 16-27.

정경희, 오영희, 강은나, 김경래, 오미래, 이윤경, 황남희, 김세진, 이선희, 이석구, 홍송이 (2017). 2017년도 노인실태조사. 서울: 보건복지부, 한국보건사회연구원 정책보고서.

정경희, 오영희, 강은나, 김재호, 선우덕, 오미애, 이윤경, 황남희, 김경래, 오신휘, 박보미, 신현구, 이금룡 (2014). 2014년도 노인실태조사 정책보고서. 서울: 한국보건사회연구원.

정경희, 오영희, 석재은, 도세록, 김찬우, 이윤경, 김희경 (2004). 2004년도 전국 노인생활 실태 및 복지욕구조사. 서울: 한국보건사회연구원.

정경희, 이윤경, 박보미, 이소정, 이윤환 (2012). 2011년도 노인실태조사 심층분석 연구보고서. 서울: 한국보건사회연구원.

정경희, 한경혜, 김정석, 임정기 (2006). 노인문화의 현황과 정책적 함의 : '성공적 노화'담론에 대한 비판적 검토를 중심으로. 서울: 한국보건사회연구원.

정민수, 조병희 (2007). 지역사회역량이 주민 건강수준에 미치는 영향. 보건과 사회과학, 22, 153-182.

정성호 (2009). 산업국가에서의 제2차 인구변천. 한국인구학, 32(1), 139-164.

정순둘, 문진영, 김성원 (2010). 고령은퇴자의 사회적 관계망과 은퇴만족도 관계 연구. 한국노년학, 30(4), 1145-1161.

정순둘, 이루리 (2014). 중장년층, 노년층의 노화인식과 세대간 결속도가 삶의 만족도에 미치는 영향. 한국가족관계학회지, 19(3), 25-42.

정영숙, 박영선, 정명숙, 안정신, 노수정 (2018) 인간발달: 문화적접근. 서울: 시그마프레스.

정옥분 (2000). 성인발달의 이해: 성인 · 노인심리학. 서울: 학지사.

정옥분 (2008). 성인노인심리학. 서울: 학지사.

조선일보 (2011. 1. 3.). 150세까지도 살 수 있을까... 과학계 '뜨거운 논쟁'. http://news.chosun.com/site/data/html_dir/2011/01/03/2011010300026.html에서 인출.

조선일보 (2017. 5. 10.). [경제초점] 세대 간 일자리와 복지 갈등. http://news.chosun.com/site/data/html_dir/2017/05/09/2017050901908.html에서 인출.

조선일보 (2018. 3. 26.). 2018 신년기획, "아이가 행복입니다."

중앙선거관리위원회 (2016). 제20대 국회의원선거 투표율 분석 결과 공개.

중앙일보 (2017. 10. 26.). [더, 오래] 치매 노인과 함께 사는 네덜란드 마을. http://news.joins.com/article/22050635에서 인출.

중앙일보 (2017. 3. 15.). 사다리 걷어차기? 2년 새 일자리 둘러싼 '세대갈등'급증. https://news.joins.com/article/21371598에서 인출.

중앙치매센터 (2015). 중앙치매센터 연차보고서.

중앙치매센터 (2017). 대한민국 치매현황.

지은정 (2012). OECD 15 개국 청년고용과 중고령자 고용의 대체관계. 한국사회복지학, 64(4), 233-259.

질병관리본부 (2015). 2015 국민건강통계: 국민건강영양조사 제6기 3차년도.

질병관리본부 (2017). 2016 국민건강통계: 국민건강영양조사 제7기 1차년도.

차승은 (2007). 노인의 결혼지위 점유에 따른 건강차이: 노년기 사회적 관계망의 매개효과를 중심으로. 한국노년학, 27(2), 371-392.

차승은, 한경혜 (2006). 남녀의 가족 역할 점유와 건강 문제. 한국인구학, 29(2), 167-194.

최명선, 조선화, 정유진 (2008). 사회조사방법론. 파주: 교문사.

최미영 (2008). 노인우울에 미치는 동네효과와 사회자본의 영향에 관한 연구. 한국사회복지조사연구, 18, 25-46.

최성재 편 (2012). 모든 세대가 함께하는 고령화사회: 선진국의 경험과 한국의 정책 방향. 서울: 서울대학교출판문화원.

최성재, 장인협 (2010). 고령화 사회의 노인복지학. 서울: 서울대학교 출판 문화원.

최성혜 (2012). 치매의 임상적 진단. The Journal of Korean Diabetes, 13(3), 133-139.

최슬기, 최새은 (2012). 세대간 애정적 결속에 있어서 부계와 모계의 비교 연구. 조사연구, 13(1), 89-112.

최연희, 김수현 (2008). 재가 노인의 우울에 따른 자살생각과 관련요인. 한국노년학, 28(2), 345-

355.

최운실, 송성숙, 최라영, 김경은, 김정진, 이춘석 (2017). 노인교육론. 파주: 양서원.

최재우, 정재욱, 김재현, 김정림, 박은철 (2015). 우리나라 국민건강보험제도의 보험료 부담 형평성에 관한 연구. 보건사회연구, 35(3), 199-221.

최해경 (2013). 지역사회거주 노인의 성공적 노화수준과 예측요인: 한국적 성공적 노화 개념을 중심으로. 사회과학연구, 24(1), 193-217.

최희경 (2004). 공공부조 수급에서 제외된 빈곤노인의 현황과 특성. 한국사회복지학, 56(2), 237-59.

최희정, 남보람 (2016). 기혼자녀와 부모의 특성이 세대 간 거주근접성에 미치는 영향. 한국가족관계학회지, 21(1), 123-141.

최희정, 민주홍 (2015). 성인자녀-부모관계와 부모의 인지기능. 한국가정관리학회지, 33(4), 105-118.

최희진, 한경혜 (2017). 세대 간 지원교환의 장기적 · 단기적 호혜성. 한국노년학, 37, 83-102.

통계청 (2006, 2011, 2013, 2015, 2016, 2017). 사회조사보고서.

통계청 (2014). Exploring Korea through Statistics 2014.

통계청 (2014, 2017, 2018). 고령자통계.

통계청 (2015). 세계와 한국의 인구현황 및 전망 보고서.

통계청 (2015). 인구주택총조사.

통계청 (2016). 생명표.

통계청 (2016, 2017). 사망원인통계.

통계청 (2016, 2017). 한국의 사회동향.

통계청 (2017). 가계동향조사.

통계청 (2017). 장래인구 · 가구추계.

통계청 (2017). 한국의 사회지표.

통계청 (2017). 혼인 · 이혼통계.

하정연, 오윤자 (2003). 성공적인 노화를 위한 선택 · 적정화 · 보상책략 관련 변인 연구: 중산층 노인을 중심으로. 한국가정관리학회지, 21(2), 131-144.

한겨레신문 (2017. 11. 22.). 일본 대기업 사장의 생전 장례식…고령화 사회의 '종활' 바람. http://www.hani.co.kr/arti/international/japan/820214.html에서 인출.

한경혜 (2009). 도시의 은퇴 남성노인의 사회참여에 관한 한국 · 일본 비교 연구. 미발간 보고서.

한경혜 (2010). 베이비붐 세대의 은퇴 후 자원봉사를 통한 사회참여. 노인사회참여 활성화 포럼 발표자료.

한경혜 (2016). 가족과 가구 영역의 주요 동향. 한국의 사회동향 2016. 서울: 통계청, 통계개발원.

한경혜 (2017). 가족과 가구 영역의 주요 동향. 한국의 사회동향 2017. 서울: 통계청, 통계개발원.

한경혜, 김상욱 (2010). 세대 간 지원교환 설명요인에 있어서의 부계와 모계의 비교. 한국사회학, 44(4), 1-31.

한경혜, 김주현 (2005). 농촌마을의 환경특성과 노인들의 사회적 상호작용에 대한 사례연구. 한국지역사회생활과학회지, 16(1), 73-88.

한경혜, 김주현, 강혜원 (2004). 성인 남녀의 이혼 과정 각 단계에서의 성별차이. 한국가족관계학회지, 9(2), 93-118.

한경혜, 김주현, 김경민 (2003). 중년기 남녀의 사회적 관계망과 정신건강. 한국노년학, 23(2), 155-170.

한경혜, 김주현, 박경숙, Akiyama, H., 이재인 (2011). 도시지역 연소노인들의 사회참여와 동기요인간의 관련성. 한국노년학, 31(4), 1189-1208.

한경혜, 김주현, 백옥미 (2012). 베이비부머들의 은퇴에 대한 재정적 준비와 건강 준비의 관련요인 탐색: 심리적 요인과 자원 요인을 중심으로. 노인복지연구, 58, 133-162.

한경혜, 손정연 (2012). 베이비붐 세대의 은퇴 과정, 경제적 · 관계적 자원과 심리적 복지감: 남녀차이를 중심으로. 한국가족복지학, 38, 291-330.

한경혜, 윤성은 (2004). 한국가족 친족관계의 양계화 경향: 세대관계를 중심으로. 한국인구학, 27(2), 177-202.

한경혜, 이정화, 옥선화 (2002). 중년기 남녀의 사회적 역할과 정신건강. 한국노년학, 22, 209-225.

한경혜, 주지현, 이정화 (2008). 조손가족 조모가 경험하는 손자녀 양육의 보상과 비용. 한국노년학, 28(4), 1147-1164.

한경혜, 최현지, 은기수, 이정화, 주소현, 김주현 (2010). Korean Baby Boomers' in Transition: 한국 베이비부머들의 삶의 지평. 한국 베이비부머 패널 연구 1차년도 보고서. 서울: 서울대학교 노화고령사회연구소 & MetLife Korea Foundation.

한경혜, 최혜경, 우석진, 호정화, 김주현, 손정연 (2016). 한국 베이비부머 패널 연구: 3차년도 보고서(미발간). 서울대학교 노화고령사회연구소 · 매트라이프코리아재단.

한국경제 (2015. 7. 1). [일자리 둘러싼 세대갈등] 뿔난 청년들 "아버지 · 삼촌, 임금피크제로 일자리 나눠주세요. http://news.hankyung.com/article/2015070176841에서 인출.

한국노동연구원 (2005). 중장기 인력수급전망: 2005-2020.

한정란 (2001). 교육노년학. 서울: 학지사.

한정란 (2005). 노인교육의 이해. 서울: 학지사.

한정란 (2015). 노인교육론. 서울: 학지사.

한정란, 이이정, 조해경, 전수경, 박성희, 김형수, 나항진, 이화정, 이경희, 이호선 (2006). 세계의 노인교육. 서울: 학지사.

함선유, 홍백의 (2015). 부부은퇴의 상호의존성 연구. 한국사회복지학, 67(3), 281-303.

현회성 (2002). 한국의 정치와 노인복지정책. 노인복지연구, 17, 7-25.

홍숙자 (2010). 노년학 개론. 서울: 도서출판 하우.

홍승우, 최혜경 (2012). 한국 노인의 조부모역할 유형과 손자녀를 위한 소비행동. 한국노년학, 32(4), 1163-1180.

홍형옥 (2005). 지역사회 노인을 위한 주택수리 및 개조 최저기준에 관한 연구. 한국가정관리학회지, 23(2), 11-22.

未來の年表 (2018). 미래연표. 최미숙 역. 서울: 한국경제신문.

Alpaugh, P. K., & Birren, J. E. (1977). Variables affecting creative contributions across the adult life span. *Human Development, 20*(4), 240-248.

Alwin, D. F. (2012). Integrating Varieties of Life Course Concepts, *Journal of Gerontology: Psychology Science and Social Science, 67B*(2): 206-220.

Amato, P. R., Booth, A., Johnson, D. R., & Rogers, S. J. (2007). *Alone Together: How Marriage in America is Changing*. Cambridge, MA: Harvard University Press.

American Federation for Aging Research(AFAR) (2011). Infoaging Guide to Theories of Aging (https://www.afar.org/docs/migrated/111121_INFOAGING_GUIDE_THEORIES_OF_AGINGFR.pdf)

Antonucci, T. C., & Akiyama, H. (1987). An Eexamination of Sex Differences in Social Support in Mid and Later Life. *Sex Roles, 17*, 737-749.

APA (1994). American Psychiatric Association Diagnostic and Statistical Manual of Mental Disorders(4th Ed.).

APA (2013). American Psychiatric Association Diagnostic and Statistical Manual of Mental Disorders(5th Ed.).

Arber, S., & Ginn, J. (1991). *Gender and Later Life: A Sociological Analysis of Resources and Constraints*. Londong: Sage.

Atchley, R. C. (1982). Retirement as a Social Institution. *Annual Review of Sociology, 8*, 263-287.

Atchley, R. C. (1989). A continuity theory of normal aging. *The Gerontologist, 29*, 183-190.

Atchley, R. C. (2000). *Social forces and aging: an introduction to social gerontology(9th ed.)*. Belmont, Ca.: Wadsworth.

Atchley, R. C. (2003). Why most people cope well with retirement. *Mental wellness in aging*, 123-138.

Atchley, R. C. (2008). Spirituality, meaning, and the experience of aging. *Generations, 32*, 12-16.

Atchley, R. C. (2009). *Spirituality and aging*. Baltimore: John Hopkins University Press.

Atchley, R. C., & Barusch, A. S. (2004). Social forces and aging; an introduction to social gerontology. USA: Thomson Learning.

Atlantis, E., Martin, S. A., Haren, M. T., Taylor, A. W., & Wittert, G. A. (2008). Lifestyle factors associated with age-related differences in body composition: the Florey Adelaide Male Aging Study. *American Journal of Clinical Nutrition, 88*, 95-104.

Ausubel, D. P. (1968). *Educational Psychology*. NY: Holt, Rinehart & Winston.

Baltes, M., & Carstensen, L. (1999). Social-Psychological Theories and Their Applications to Aging: From Individual to Collective. In V. Bengtson & K. Schaie(Eds.), *Handbook of Theories of Aging*(pp. 209-226). NY: Springer Publishing Company.

Baltes, P. (1987). Theoretical propositions of life-span developmental psychology: On the dynamics between growth and decline. *Developmental Psychology, 23*(5), 611-626.

Baltes, P. B. (1993). The aging mind: Potential and limits. *The Gerontologist, 33*(5), 580-594.

Baltes, P. B., & Baltes, M. M. (1990). Psychological Perspectives on Successful Agin: The Model of Selective Optimization with Compensation. In P. B. Baltes & M. M. Baltes(Eds.), *Successful Aging: Perspectives from the Behavioral Sciences* (pp. 1-34). NY: Cambridge University Press.

Baltes, P. B., & Kunzmann, U. (2003). *Wisdom. Psychologist*, 16, 131-133.

Baltes, P. B., & Smith, J. (1997). A systemic - wholistic view of psychological functioning in very old age: Introduction to a collection of articles from the Berlin Aging Study. *Psy-*

chology and aging, 12(3), 395.

Baltes, P. B., Lindenberger, U., & Staudinger, U. M. (1998). Life-span theory in developmental psychology. In R. M. Lerner(Ed.), *Handbook of child psychology: Vol.1*. Theoretical models of human development (pp. 1029-1143). New York: Wiley.

Baltes, P. B., Mayer, K. U., Helmchen, H., & Steinhagen-Thiessen, E. (1993). The Berlin aging study (BASE): Overview and design. *Ageing & Society, 13*(4), 483-515.

Barssuk, S., Glass, T., & Berkman, L. (1999). Social Disengagement and Incident Cognitive Decline in Community-Dwelling Elderly Persons. *Annals of Internal Medicine, 131*(3), 165-173.

Baxter, J., & Gray, E. (2003). For Richer or Poorer: Women, Men and Marriage. Negotiating the Life Course Discussion Paper Series. Discussion Paper DP-012.

Beach, S. R. H., Fincham, F. D., Amir, N., & Leonard, K. E. (2005). The taxometrics of marriage: Is marital discord categorical? *Journal of Family Psychology, 19*, 276-285.

Bedford, V. H., & Avioli, P. S. (1996). Affect and sibling relationships in adulthood. In Handbook of emotion, adult development, and aging (pp. 207-225).

Bedford, V. H., Volling, B. L., & Avioli, P. S. (2000). Positive consequences of sibling conflict in childhood and adulthood. *The international journal of aging and human development, 51*(1), 53-69.

Belsky, J. K. (1999). *The psychology of aging*(3re ed.). Pacific Grove, CA : Brooks/Cole.

Bengtson, V. L., & Kuypers, J. A. (1971). Generational difference and the developmental stake. *Aging and Human development, 2*(4), 249-260.

Bengtson, V. L., Burgess, E. O. & Parrott, T. M. (1997). Theory, Explanation, and a Third Generation of Theoretical Development in Social Gerontology. *Journal of Gerontology: Social Sciences, 52*(2), 572-588.

Berger, P. L., & Luckmann, T. (1966). *The Social Construction of Reality: A Treatise in the sociology of knowledge*, Garden City. NY: Anchor.

Berkman, L., & Glass, T. (2003). 사회통합, 사회네트워크, 사회적 지지와 건강. 신영전, 김명희, 전희진, 김석현 역. 사회역학(pp. 183-225). 서울: 한울아카데미.

Berkman, L., & Syme, S. (1979). Social Networks, Host Resistance, and Mortality: A Nine Year Follow-up of Alameda County Residents. *American Journal of Epidemiology, 109*(2), 186-204.

Biggs, S. (1999). The mature imagination. Buckingham: Open University Press.

Birditt, K. S., Fingerman, K. L., & Zarit, S. H. (2010). Adult children's problems and successes: Implications for intergenerational ambivalence. *Journals of Gerontology Series B: Psychological Sciences and Social Sciences, 65*(2), 145-153.

Birren, J. E., & Cunningham, W. R. (1985). Research on the psychology of aging, In J E. Berren & K. Warner Schaie(eds.), *Handbook of the Psychology of Aging.* NY: Van Nostrand Reinhold.

Bitter, L. K. (2015), *The Grandparent Economy*. Paramount Market Publishing.

Blackburn, M., & Korenman, S. (1994). The Declining Marital-status Earnings Differential. *Journal of Population Economics, 7*, 247-270.

Blazer, D. G. (2002). *Depression in Later Life*. NY: Springer.

Blazer, D. G. (2008). How Do You Feel About?: Health Outcomes in Later Life and Self-perceptions of Health and Well-being. *The Gerontologist, 48*(4), 415-422.

Blumer, H. (1969). *Symbolic Interactionism: Perspective and Method*. New Jersey: Prentice-Hall, Inc.

Bohannan, P. (1970). *Divorce and After: An Analysis of the Emotional and Social Problems of Divorce*. Garden City, NY: Anchor.

Boll, T., Ferring, D., & Filipp, S. H. (2003). Perceived parental differential treatment in middle adulthood: curvilinear relations with individuals' experienced relationship quality to sibling and parents. *Journal of Family Psychology, 17*(4), 472.

Booth, A., & Amato, P. R. (1991). Divorce and Psychological Stress. *Journal of Health and Social Behabior, 32*, 396-407.

Bosworth, H. B., Schaie, K. W., & Willis, S. L. (1999). Cognitive and sociodemographic risk factors for mortality in the Seattle Longitudinal Study. *Journal of Gerontology: Psychological and Social Sciences, 54B*, 273-282.

Bosworth, H., Park, K., McQuoid, D., Hays, J., & Steffens, D (2003). The impact of religious practice and religious coping on geriatric depression. *International Journal of Geriatric Psychiatry, 18*, 905-914.

Bourdieu, P. (1986). The forms of capital. 241-258. Teoksessa Richardson.

Boyle, S. H., Jackson, W. G., & Suarez, E. C. (2007). Hostility, anger, and depression predict increases in C3 over a 10-year period. *Brain, behavior, and immunity, 21*(6), 816-823.

Brockmann, H., & Klein, T. (2004). Love and Death in Germany: The Marital Biography and its Effect on Mortality. *Journal of Marriage and Family, 66*, 567-581.

Burman, B., & Margolin, G. (1992). Analysis of the Association between Marital Relationships and Health Problems: An Interactional Perspective. *Psychological Bulletin, 112*, 39-63.

Burr, W. R. (1970). Satisfaction with Various Aspects of Marriage over the Life Cycle: A Random Middle Class Sample. *Journal of Marriage and the Family, 32*, 29-37.

Butler, N. R. (1988), "The New Gerontology". In J. F. Schroots et al.(Eds.), *Health and Aging: Perspectives and Prospects*(pp. 143-146). New York: Springer.

Calvo, E., Sarkisian, N., & Tamborini, C. R. (2012). Causal effects of retirement timing on subjective physical and emotional health. *Journals of Gerontology Series B: Psychological Sciences and Social Sciences, 68*(1), 73-84.

Cantor, M. H. (1980). The informal support system: Its relevance in the lives of the elderly. *Aging and Society, 111*, 146.

Carstensen, L. L. (1991). Selectivity Theory: Social Activity in Life-span Context. *Annual Review of Gerontology and Geriatrics, 11*, 195-217.

Carstensen, L. L. (1995). Evidence for a Life-span Theory of Socioemotional Selectivity. *Current Directions in Psychological Science, 4*, 151-156.

Carstensen, L. L. (1998). A Life-Span Approach to Social Motivation. In J. Heckhausen & C. S. Dweck (Eds.), *Motivation and Self-Regulation across the Life Span* (pp. 341-364). New York: Cambridge University Press.

Carstensen, L. L., Fung, H. H., & Charles, S. T. (2003). Socioemotional selectivity theory and the regulation of emotion in the second half of life. *Motivation and emotion, 27*(2), 103-123.

Carstensen, L. L., Graff, J., Levinson, R. W., & Gottman, J. M. (1996). Affect in Intimate Relationships: The Developmental Course of Marriage. In C. Magai & S. H. McFadden(Eds.). *Handbook of Emotion, Adult Development, and Aging*(pp. 227-247). Elsevier Inc.

Carstensen, L. L., Isaacowitz, D. M., & Charles, S. T. (1999). Taking time seriously: A theory of socioemotional selectivity. *American psychologist, 54*(3), 165.

Carstensen, L. L., Mikels, J. A., & Mather, M. (2006). Aging and the intersection of cognition, motivation, and emotion. In *Handbook of the Psychology of Aging* (Sixth Edition) (pp.

343-362).

Carver, C. S., & Scheier, M. F. (1998). *On the self-regulation of behavior.* NY.: Cambridge University Press.

Cattell, R. B. (1963). Theory of fluid and crystallized intelligence: A critical experiment. *Journal of educational psychology, 54*(1), 1.

Cavanaugh, J. C. & Blanchard-Fields, F. (2015). *Adult Development and Aging* (7th Ed.). Cengage Learning.

Cavanaugh, J. C. (1997). *Adult Development and Aging*(3rd Ed.). CA: Brooks/ Cole.

Charles, S. T., & Carstensen, L. L. (2008). Unpleasant situations elicit different emotional responses in younger and older adults. Psychology and Aging, 23, 495-504.

Charles, S. T., Carstensen, L. L., & McFall, R. M. (2001). Problem-solving in the nursing home environment: Age and experience differences in emotional reactions and responses. *Journal of Clinical Geropsychology, 7*(4), 319-330.

Charles, S. T., Mather, M., & Carstensen, L. L. (2003). Aging and emotional memory: The forgettable nature of negative images for older adults. *Journal of Experimental Psychology: General, 132*, 310-324.

Cheang, M. (2002). Older adults' frequent visit to a fast-food restaurant: Non obligatory social interaction and the significance of play in a third place. *Journal of Aging Studies, 16*, 313-321.

Cheng. S. T. (2009). Generativity in later life: Perceived respect from younger generations as a determinant of goal disengagement and psychological well-being. *Journal of Gerontology. 64B*(1), 45-54.

Cherlin, A., & Furstenberg, F. F. (1986). Grandparents and family crisis. *Generations: Journal of the American Society on Aging, 10*(4), 26-28.

Cicirelli, V. G. (1982). Sibling influence throughout the lifespan. Sibling relationships: Their nature and significance across the lifespan, 267-284.

Cicirelli, V. G. (1985). Sibling relationships throughout the life cycle. *The handbook of family psychology and therapy, 1*, 177-214.

Cicirelli, V. G. (2009). Sibling death and death fear in relation to depressive symptomatology in older adults. *Journals of Gerontology Series B: Psychological Sciences and Social Sciences, 64*(1), 24-32.

Clausen, J. (1985). *The Life Course: A Sociological Perspective*. Pearson.

Cobb, A. K., & Forbes, S. (2002). Qualitative Research: What Does It Have to Offer to the Gerontologist? *The Journals of Gerontology: Medical Science, 57*(4), M197-M202.

Cohen, G. D. (2005). *The mature mind: The positive power of the aging brain*. Cambridge, MA: Perseus Books.

Connidis, I. A. (1992). Life transitions and the adult sibling tie: A qualitative study. *Journal of Marriage and the Family*, 972-982.

Connidis, I. A. (2001). *Family Ties and Aging*. California: Sage Publications Inc.

Cornelius, S. W., & Caspi, A. (1987). Everyday problem solving in adulthood and old age. *Psychology and aging, 2*(2), 144.

Costa Jr, P. T., & McCrae, R. R. (1977). Age differences in personality structure revisited: Studies in validity, stability, and change. *The International Journal of Aging and Human Development, 8*(4), 261-275.

Costa Jr, P. T., & McCrae, R. R. (1980). Still stable after all these years: Personality as a key to some issues in adulthood and old age. Life-span development and behavior.

Costa, Jr, P. T., Herbst, J. H., McCrae, R. R., & Siegler, I. C. (2000). Personality at midlife: Stability, intrinsic maturation, and response to life events. *Assessment, 7*(4), 365-378.

Costa, P. T., & McCrae, R. R. (1978). *Objective personality assessment. In The clinical psychology of aging* (pp. 119-143). Springer, Boston, MA.

Costa, P. T., & McCrae, R. R. (1982). An approach to the attribution of aging, period, and cohort effects. *Psychological Bulletin, 92*(1), 238.

Costa, P. T., & McCrae, R. R. (1985). Personality as a lifelong determinant of well-being. In C. Malatesta & C. Izard(Eds.), *Affective processes in adult development and agin*. New York: Sage.

Costa, P. T., & McCrae, R. R. (1986). Cross-sectional studies of personality in a national sample: I. Development and validation of survey measures. *Psychology and Aging, 1*(2), 140.

Costa, P. T., & McCrae, R. R. (1994). Stability and change in personality from adolescence through adulthood. In C. R. Halverson, G. A. Kohnstamm, & R. P. Martin(Eds.) *The developing structure of temperament and personality from infancy to adulthood*. Hillsdale, NJ: Erlbaum.

Costa, P. T., & McCrea, R. R. (1992). Revised neo personality inventory (neo pi-r) and neo five-factor inventory (neo-ffi). Psychological Assessment Resources.

Costa, P. T., McCrae, R. R., & Arenberg, D. (1980). Enduring dispositions in adult males. *Journal of personality and Social Psychology, 38*(5), 793.

Coyne, J. C., Rohrbaugh, M. J., Shoham, V., Sonnega, J. S., Nicklas, J. M., & Cranford, J. A. (2001). Prognostic Importance of Marital Quality for Survival of Congestive Heart Failure. *The American Journal of Cardiology, 88*, 526-29.

Craik, F. I., & Byrd, M. (1982). *Aging and cognitive deficits. In Aging and cognitive processes* (pp. 191-211). Springer, Boston, MA.

Craik, F. I., & Jennings, J. M. (1992). Human memory.

Cramm, J. M., Van Dijk, H. M., & Nieboer, A. P. (2012). The importance of neighborhood social cohesion and social capital for the well being of older adults in the community. *The Gerontologist, 53*(1), 142-152.

Creswell, J. W. (2012). *Educational research: Planning, conducting, and evaluating quantitative and qualitative research*(4th ed.). Upper Saddle River, NJ: Pearson.

Crouter, A. C., & Manke, B. (1994). The changing American workplace: Implications for individuals and families. *Family Relations*, 117-124.

Csikszentmihalyi, M (1997). *Finding flow: The psychology of engagement with everyday life*. Basic Books.

Cunningham, W. R., & Owens, W. A. (1983). The Iowa State study of the adult development of intellectual abilities. *Longitudinal studies of adult psychological development*, 20-39.

Cutler, S. J., & Hughes, J. J. (1982). The age structure of voluntary associations memberships: Some recent evidence. *Paper presented at the Annual Meeting of the Gerontological Society of America*, November 21, Boston, Massachusetts.

Daniele, E. A. (2016). Education across the life course. In Meyer, M. H. & Daniele, E. A.(Eds.). *Gerontology: Changes, challenges, and solutions, Vol, 2. Health and wellbeing*. Santa Barbara: Praeger.

Davey, A., & Szinovacz, M. E. (2004). Dimensions of marital quality and retirement. *Journal of Family Issues, 25*(4), 431-464.

Dennis, W. (1966). Creative productivity between the ages of 20 and 80 years. *Journal of Gerontology, 21*(1), 1-8.

Dennis, W. (1968). Creative productivity between the ages of 20 and 80 years. In B. L. Neugarten(Ed.), *Middle age and aging*. Chicago: University of Chicago Press.

Desonance (2011). Simple, elegant and dignified: my favourite service design(December 18th). https://desonance.wordpress.com/2011/12/18/simple-elegant-and-dignified-my-favourite-service-design

Diderichsen, F., Evans, T., & Whitehead, M. (2001). The Social Basis of Disparities in Health. In T. Evans(ed.). *Challenging Inequities in Health: From Ethics to Action*(pp. 13-33). Oxford University Press.

Diehl, M., Hastings, C. T., & Stanton, J. M. (2001). Self-concept differentiation across the adult life span. *Psychology and aging, 16*(4), 643.

Dingemans, E., & Henkens, K. (2014). Involuntary retirement, bridge employment, and satisfaction with life: A longitudinal investigation. *Journal of Organizational Behavior, 35*(4), 575-591.

Dittmann-Kohli, F.(2005). Self and identity. In Johnson, M., Bengtson, V. L., Coleman, P. G., & Kirkwood, B. L.(Eds.). *The Cambridge handbook of age and ageing*. UK: Cambridge.

Dixon, R. A., & Hultsch, D. F. (1999). Intelligence and cognitive potential in late life. *Gerontology: Interdisciplinary perspectives*, 213-237.

Dorfman, L. T. (2002). Retirement and family relationships: An opportunity in later life. *Generations, 26*(2), 74.

Dowd, J. J. (1980). Exchange rates and old people. *Journal of Gerontology, 35*(4), 596-602.

Effros, R. B. (2009). The Immunological Theory of Aging Revisited in Reshma Shringarpure, Kelvin J. A. Davies(2009), Free Radicals and Oxidative Stress in Aging, In Bengtson, V. L. (Ed.), *Handbook of Theories of Aging, Second Edition* (pp. 214-224). New York: Springer Publishing Company.

Ekerdt, D. J., Baden, L., Bosse, R., & Dibbs, E. (1983). The effect of retirement on physical health. *American Journal of Public Health, 73*(7), 779-783.

Elisas, P. K., Elisas, M. F., Robbins, M. A., & Budge, M. M. (2004). Blood pressure-related cognitive decline: Does age make a difference? *Hypertension, 44*(5), 631-636.

Emerman, J. (2006). On life's new stage-and its challenge to the field of aging. *Aging Today*, 3-4.

Erikson, E. H. (1963). *Childhood and Society*(2nd ed.). New York: Norton.

Erikson, E. H. (1968). *Youth: Identity and crisis*. New York: Norton.

Erikson, E. H., & Erikson, J. M. (1998). *The life cycle completed* (extended version). WW Norton & Company.

Erlingsson, C., & Brysiewicz, P. (2013). Orientation among multiple truths: An introduction to qualitative research. *African Journal of Emergency Medicine, 3*, 92-99.

Estes C. L., Linkins K. W., & Binney E. A. (1996). The political economy of aging. Binstock R. H., George L. K., , ed. *Handbook of aging and the social sciences 4th ed*. 346-361. Academic Press, San Diego.

Field, D., & Millsap, R. E. (1991). Personality in advanced old age: continuity or change?. *Journal of Gerontology, 46*(6), P299-P308.

Fingerman, K. L., Cheng, Y. P., Wesselmann, E. D., Zarit, S., Furstenberg, F., & Birditt, K. S. (2012). Helicopter parents and landing pad kids: Intense parental support of grown children. *Journal of Marriage and Family*, *74*(4), 880-896.

Fingerman, K. L., Pitzer, L., Lefkowitz, E. S., Birditt, K. S., & Mroczek, D. (2008). Ambivalent relationship qualities between adults and their parents: Implications for the well-being of both parties. *The Journals of Gerontology Series B: Psychological Sciences and Social Sciences, 63*(6), P362-P371.

Fitzpatrick, T. R., & Vinick, B. (2003). The impact of husbands' retirement on wives' marital quality. *Journal of Family Social Work, 7*(1), 83-100.

Freedman, M. (2002). Civic windfall? Realizing the promise in an aging America. *Generations*, 26, 86-89.

Freund, A. M., & Baltes, P. M. (1998). Selection, Optimization, and Compensation as Strategies of Life Management: Correlations with Subjective Indicators of Successful Aging. *Psychology & Aging, 13*(4), 531-543.

Friedman, H. S., Tucker, J. S., Schwartz, J. E., Martin, L. R., Tomlinson-Keasey, C., Wingard, D. L., & Criqui, M. H. (1995). Childhood conscientiousness and longevity: health behaviors and cause of death. *Journal of personality and social psychology, 68*(4), 696.

Friedman, M., & Rosenman, R. H. (1974). *Type A behavior and your heart*. Fawcett.

Fries, J. F, (1989). Compression of Morbidity: Near or Far?. *The Milbank Memorial Fund Quarterly, 67*(2), 208-232.

Fries, J. F., & Crapo, L. M. (1981). *Vitality and Aging*. San Francisco: W. H. Freeman.

Fuller-Iglesias, H., Smith, J., & Antonucci, T. C. (2010). Theories of aging from a life-course and life-span perspective: An overview. In T. C. Antonucci & J. S. Jackson (Eds.), *Annual review of gerontology & geriatrics: Life Course Perspectives on Later Life Inequalities*, *29*, Springer Publishing Company.

George, L. K. (1993). Sociological perspectives on life transitions. *Annual Review of Sociology, 19*, 353-373.

George, L. K. (2011). Social Factors, Depression, and Ageing. In R. H. Binstock & L.K. George(Eds.), *Handbook of Aging and the Social Sciences*(7th ed., pp. 149-162). Academic Press.

Gerstorf, D., Ram, N., Hoppmann, C., Willis, S. L., & Schaie, K. W. (2011). Cohort differences in cognitive aging and terminal decline in the Seattle Longitudinal Study. *Developmental psychology, 47*(4), 1026.

Geurts, T., Poortman, A. R., van Tilburg, T. G,, & Dykstra, P. A. (2009). Contact between grandchildren and their grandparents in early adulthood. *Journal of Family Issues, 30*(12), 1698-1713.

Giniger, S., Dispenzieri, A., & Eisenberg, J. (1983). Age, experience, and performance on speed and skill jobs in an applied setting. *Journal of Applied Psychology, 68*(3), 469.

Glass Jr, J. C., & Kilpatrick, B. B. (1998). Gender comparisons of baby boomers and financial preparation for retirement. *Educational Gerontology: An International Quarterly, 24*(8), 719-745.

Glenn, N. D. (1998). The Course of Marital Success and Failure in Five American 10-year Marriage Cohorts. *Journal of Marriage and the Family, 60*, 569-576.

Gold, D. T. (1990). Late-life sibling relationships: Does race affect typological distribution?. *The Gerontologist, 30*(6), 741-748.

Guilford, J. P. (1967). The nature of human intelligence.

Guo, M., Chi, I., & Silverstein, M. (2013). Sources of older parents' ambivalent feelings toward their adult children: The case of rural China. *Journals of Gerontology Series B: Psychological Sciences and Social Sciences, 68*(3), 420-430.

Haan, N., Millsap, R., & Hartka, E. (1986). As time goes by: Change and stability in personality over fifty years. *Psychology and Aging, 1*(3), 220.

Hagestad, G., & Herlofson, K. (2007). Micro and Macro Perspective on Intergenerational Relations and Transfers in Europe. In Department of Economic and Social Affairs, United Nations Organization (UNO), Report from United Nations Expert Group Meeting on Social and Economic Implications of Changing Population Age Structures, 339-357. New York: UNO.

Hagestad, G., & Neugarten, B. (1985). Age and the life course. In E. Shanas & R. Binstock(Eds.), *Handbook of aging and the social sciences*, 2nd Edition. (pp. 36-61). NY: Von Nostrand and Remold.

Harris, D. K. (1998). 노년 사회학. 최신덕, 김모란 공역. 서울: 하나의학사.

Havighurst, R. (1968). Personality and patterns of ageing, *Gerontologist, 8*, 20-23.

Hawkins, D. N., & Booth, A. (2005). Effects of Long-Term, Low-Quality Marriages on Well-Being. *Social Forces, 84*(1), 451-471.

HelpAge International. (2005). Global Age Watch Index 2015.

Helson, R., & Moane, G. (1987). Personality change in women from college to midlife. *Journal of Personality and Social Psychology, 53*(1), 176.

Hendricks, J. (1996). Qualitative Research: Contributions and Advances, in Handbood of Aging and the Social Science, 4th Edition, In R. H. Binstock & L. K. George(Eds.), *Handbook of aging and the social sciences*(pp. 56-66), San Diego: Academic Press.

Henning, G., Lindwall, M., & Johansson, B. (2016). Continuity in well-being in the transition to retirement. *The Journal of Gerontopsychology and Geriatirc Psychiatry, 29*, 225-237.

Hershey, D. A., & Mowen, J. C. (2000). Psychological determinants of financial preparedness for retirement. *The Gerontologist, 40*(6), 687-697.

Hill, T. D. (2008). Religious involvement and healthy cognitive aging: Patterns, explanations, and future directions. *Journal of Gerontology: Psycho- logical Sciences, 63A*, 478-479.

Hooyman, N. R., & Kiyak, H. A. (2011). *Social Gerontology: A Multidisciplinary Perspective*(9th. Ed.). Boston: Allyn & Bacon.

Horn, J. L. (1982). The aging of human abilities. *Handbook of developmental psychology*, 847-870.

Hornstein, G. A., & Wapner, S. (1986). Modes of experiencing and adapting to retirement. *The International Journal of Aging and Human Development, 21*(4), 291-315.

Horowitz, A. V., McLaughin, J., & White, H. R. (1997). How the Negative and Positive Aspects of Partner Relationships Affect the Marital Health of Young Married People. *Journal of Health and Social Behavior, 39*, 124-136.

House, J, S., & Kahn, R. (1985). Measures and Concepts of Social Support. In S. Cohen & S.L. Syme(Eds.), *Social Support and Health*. Orlando: Acamemic Press.

Hoyer, W. J., & Roodin, P. (2003). *Adult development and aging*. McGraw-Hill.

Hu, Y., & Goldman, N. (1990). Mortality Differentials by Marital Status: An International Comparison. *Demography, 27*, 233-250.

Idler, E. & Bonyamini, (1997). Self-rated Health and Mortality: A Review of Twenty-seven Community Studies. *Journal of Health and Social Behavior, 38*, 21-37.

Idler, E. L. (2006). Religion and aging. In R. Binstock & L. K. George(Eds.). *Handbook of aging and the social sciences*(6th ed.). New York: Academic Press.

Inouye, S. K., Albert, M. S., Mohs, R., & Sun-Kolie, R. (1993). Cognitive performance in a high functioning, community-dwelling elderly population. *Journals of Gerontology, 48*, M146-M151.

Izard, C. E. (1997). Emotions and facial expressions: A perspective from Differential Emotions Theory. *The Psychology of Facial Expression, 2*, 57-77.

James, J. B., & Zarrett, N. (2006). Ego integrity in the lives of older women. *Journal of Adult Development, 13*, 61-75.

Jin, K. (2010). Modern Biological Theories of Aging, Aging and Disease, Oct, 1(2), 72-74.

Kahn, R. L., & Antonucci, T. C. (1980). Convoys over the Life Course: Attachment, Roles and Social Support. In P. B. Baltes & O. G. Brim(Eds.), *Life-span Development and Behavior*(pp. 254-283). New York: Academic Press.

Kalmijn, M. (2003). Shared Friendship Networks and the Life Course: An Analysis of Survey Data on Married and Cohabiting Couple. *Social Networks, 25*(3), 231-249.

Kalwij, A., Kapteyn, A., & De Vos, K. (2010). Retirement of older workers and employment of the young. *De Economist, 158*(4), 341-359.

Kamarch, T. W., Manuck, S. B., & Jennings, J. R. (1990). Social Support Reduces Cardiovascular Reactivity to Psychological Challenge: A Laboratory Model, *Psychosomatic Medicine, 52*(1), 42-58.

Kamp Dush, C. M., & Taylor, M. G. (2012). Trajectories of Marital Conflict across the Life Course: Predictors and Interactions with Marital Happiness Trajectories. Journal of Family Issues, 33(3), 341-368.

Kamp Dush, C. M., Taylor, M. G., & Kroeger, R. A. (2008). Marital happiness and psychological well-being across the life course. *Family Relations, 57*, 211-226.

Kaplan, M. (1960). *Leisure: Theory and Policy*. New York: Wiley.

Katagiri, K. (2006). Hierarchical Model of Civic Engagement. Proposal for 'Successful Aging and a Hierarchical Model of the Civic Engagement of Japanese Retirees'. Tokyo University, Japan.

Kawachi, I., Kennedy, B. P., & Glass, R. (1999). Social capital and self-rated health: a contextual analysis. *American Journal of Public Health, 89*(8), 1187-1193.

Kessler, R. C., Berglund, P., & Demler, O. (2003). The Epidemiology of Major Depressive Disorder: Results from the National Comorbidity Survey Replication. *Journal of American Medical Association, 289*(23), 3095-3105.

Kessler, R. C., Chiu, W. T., Demler, O., & Walters, E. E. (2005). Prevalence, Severity, and Comorbidity of Twelve-month DSM-IV Disorders in the National Comorbidity Survey Replication. *Archives of General Psychiatry, 62*, 617-627.

Keyes, C. L. M., & Ryff, C. D. (1998). Generativity in adult lives: Social structural contours and quality of life consequences. In D. McAdams & E. de St. Aubin (Eds.), *Generativity and adult development: Perspectives on caring for and contributing to the next generation* (pp. 227-263). Washington, DC: American Psychological Association.

Kiecolt-Glaser, J. K., Glaser, R. Cacioppo, J. T., MacCallum, R. C., Snydersmith, M. A., Kim, C., and Malarkey, W. B. (1997). Marital Conflict in Older Adults: Endocrinological and Immunological Correlates. *Psychosomatic Medicine, 59*, 339-349.

Kiecolt-Glaser, J. K., Glaser, R., Cacioppo, J. T., B. & Malarkey, W. B. (1998). Marital Stress: Immunologic, Neuroendocrine, and Autonomic Correlates. *Annals of the New York Academy of Sciences, 840*, 656-663.

Kiecolt-Glaser, J., Cacioppo, J. T., Malarkey, W. B., & Glaser, R. (1992). Acute Psychological Stressors and Short-Term Immune Changes: What, Why, for Whom, and to What Extent? *Psychosomatic Medicine, 54*, 680-685.

Kim, H. K., Hisata, M., Kai, I., & Lee, S. K. (2000). Social support exchange and quality of life among the Korean elderly. *Journal of Cross-Cultural Gerontology, 15*(4), 331-347.

Kim, S., & Feldman, D. C. (2000). Working in retirement: The antecedents of bridge employment and its consequences for quality of life in retirement. *Academy of management Journal, 43*(6), 1195-1210.

Kitson, G. C., & Morgan, L. A. (1990). The Multiple Consequences of Divorce: A Decade Review. Journal of Marriage and the Family, 52(4), 913-924.

Koenig, H. G. (2000). Spiritual aspects of surgery. *Ophthamology Clinics of North America, 13*(1), 71-83.

Koenig, H. G. (2002). An 83-year-old woman with chronic illness and strong religious beliefs. *Journal of the American Medical Association, 288*, 487-493.

Kozma A., M. G. Parker, & M. Thorslund (2007). Aging in disguise: age, period and cohort effects in mobility and edentulousness over three decades, *European Journal of Ageing, 4*(2), 83-91.

Kposawa, A. J. (2000). Marital Status and Suicide in the National Longitudinal Mortality Study. *Journal of Epidemiology and Community Health, 54*(4), 254-261.

Krause, N. (2001). Social Support. In R. H. Binstock & L. K. George(Eds.), *Handbook of Aging and Social Science*(5th ed., pp. 293-294). San Diego: Academic Press.

Kroenke K., Spitzer R. L,, & Williams, J. B. (2001). The PHQ-9: Validity of a Brief Depression Severity Measure. *J Gen Intern Med, 16*(9), 606-613.

Kryla-Lighthall, N., & Mather, M. (2009). The role of cognitive control in older adults' emotional well-being.

Kubzansky, L. D., Cole, S. R., Kawachi, I., Vokonas, P., & Sparrow, D. (2006). Shared and unique contributions of anger, anxiety, and depression to coronary heart disease: a prospective study in the normative aging study. *Annals of Behavioral Medicine, 31*(1), 21-29.

Kubzansky, L. D., Subramanian, S. V., Kawachi, I., Fay, M. E., Soobader, M. J., & Berkman, L. F. (2005). Neighborhood contextual influences on depressive symptoms in the elderly. *American Journal of Epidemiology, 162*(3), 253-260.

Kunzmann, U., & Gruhn, D. (2005). Age differences in emotional reactivity: the sample case of sadness. *Psychology and Aging, 20*(1), 47-59.

Kunzmann, U., & Thomas, S. (2014). Multidirectional age differences in anger and sadness. *Psychology and Aging, 29*(1), 16.

Kunzmann, U., Richter, D., & Schmukle, S. C. (2013). Stability and change in affective experience across the adult life span: Analyses with a national sample from Germany. *Emotion, 13*(6), 1086-1095.

Kupperbusch, C., Levenson, R. W., & Ebling, R. (2003). Predicting husbands' and wives' retirement satisfaction from the emotional qualities of marital interaction. *Journal of Social and Personal Relationships, 20*(3), 335-354.

Labouvie-Vief, G. (1990a). Modes of knowledge and the organization of development.

Labouvie-Vief, G. (1990b). Wisdom as integrated thought: Historical and developmental perspectives. Wisdom: Its nature, origins, and development, 1990, 52-83.

Labouvie-Vief, G. (2005). The psychology of emotions and ageing.

Labouvie-Vief, G., & Marquez, M. G. (2004). Dynamic integration: Affect optimization and differentiation in development. *Motivation, emotion, and cognition: Integrative perspectives on intellectual functioning and development*, 237-272.

Labouvie-Vief, G., & Medler, M. (2002). Affect optimization and affect complexity: Modes and styles of regulation in adulthood. *Psychology and Aging, 17*(4), 571.

Labouvie-Vief, G., Lumley, M. A., Jain, E., & Heinze, H. (2003). Age and gender differences in cardiac reactivity and subjective emotion responses to emotional autobiographical memories. *Emotion, 3*(2), 115.

Lang, E. R. (2000). Endings and Continuity of Social Relationships: Maximizing Intrinsic Benefits within Personal Networks when Feeling near to Death. *Journal of Social and Personal Relationships, 17*, 155-185.

Langer, E. J. (1989). *Mindfulness*. Reading, MA: Addison-Wesley.

Lawton, M. P., & Nahemow, L. (1973). Ecology and the aging process.

Lazarus, R. S. (2000). Toward better research on stress and coping.

Lee, G. R., & Shehan, C. L. (1989). Retirement and marital satisfaction. *Journal of Gerontology, 44*(6), S226-S230.

Lee, G. R., Netzer, J. K., & Coward, R. T. (1995). Depression among Older Parents: The Role of Intergenerational Exchange. *Journal of Marriage and the Family, 57*(3), 823-833.

Lee, G. R., Willetts, M. C., & Seccombe, K. (1998). Widowhood and Depression: Gender Differences. *Research on Aging, 20*, 611-630.

Lee, H. J., & Szinovacz, M. E. (2016). Positive, Negative, and Ambivalent Interactions With Family and Friends: Associations With Well—being. *Journal of Marriage and Family,*

78(3), 660-679.

Lehman, H. C. (1953). Age and achievement. Princeton University Press.

Lemme, B. H. (2006). Development in Adulthood, Boston: Pearson.

Leopold, T., & Raab, M. (2013). The temporal structure of intergenerational exchange: A within-family analysis of parent-child reciprocity. *Journal of aging studies, 27*(3), 252-263.

Lepore, S. J. (1992). Social Conflict, Social Support, and Psychological Distress: Evidence of Cross-domain Buffering Effect. *Journal of Personality and Social Psychology, 63*, 857-867.

Levenson, R. W., Carstensen, L. L., & Gottman, J. M. (1993). Long-term Marriage: Age, Gender, and Satisfaction. *Psychology and Aging, 5*, 301-313.

Levinson, D. J. (1978). The seasons of a man's life. Random House Digital, Inc..

Levitt, H. M. (1999). The development of wisdom: An analysis of Tibetan Buddist experience. *Journal of Humanistic Psychology, 39*, 86-105.

Lillard, L. A., & Waite, L. J. (1995). Till Death Do Us Part: Marital Disruption and Mortality. *American Journal of Sociology, 100*, 1131-1156.

Lindwall, M., Berg, A. I., Bjlkebring, P., Buratti, S., Hansson, I., Hassing, L., Henning, G., Kivi, M., Knig, S., Thorvaldsson, V., & Johansson, B. (2017). Psychological health in the retirement transition: Rationale and first findings in the Health, Ageing and Retirement Transitions in Sweden (HEARTS) study. *Frontiers in psychology, 8*, 1634.

Link, B. G., & Phelan, J. C. (1995). Social Conditions as Fundamental Causes of Disease. *Journal of Health and Social Behavior, extra issue*, 80-94.

Litwack, E., & Messeri, P. (1989). Organizational Theory, Social Supports, and Mortality Rates: A Theoretical Convergence. *American Sociological Review, 54*, 49-66.

Litwak, E. (1985). Complementary roles for formal and informal support groups: A study of nursing homes and mortality rates. *The Journal of applied behavioral science, 21*(4), 407-425.

Litwin, H. (2003). The Association of Disability, Sociodemographic Background, and Social Network Type in Later Life. *Journal of Aging and Health, 15*(2), 391-408.

Lochner, K. A., Kawachi, I., Brennan, R. T., & Buka, S. L. (2003). Social capital and neighborhood mortality rates in Chicago. *Social Science & Medicine, 56*(8), 1797-1805.

Loevinger, J. (1976). Ego development: Conceptions and theories (No. 04; BF175, L6.).

Loevinger, J. (1997). Stages of personality development. In R. Hogan & J. A. Johnson(Eds.), *Handbook of personality psychology* (pp. 199-208). St. Louis: Washington University.

Loevinger, J. (Ed.). (1998). Sentence completion test. In J. Loevinger(Ed.). *Technical foundations for measuring ego development: The Washington University sentence completion test*. Psychology Press. Mahwah, NJ: Erlbaum.

Lovelace, E. A. (1990). Basic Concepts in Cognition and Aging. In *Advances in Psychology, 72*(pp. 1-28). North-Holland.

Lowenstein, A., Katz, R., & Gur-Yaish, N. (2007). Reciprocity in parent-child exchange and life satisfaction among the elderly: a cross-national perspective. *Journal of Social Issues, 63*(4), 865-883.

Lüscher, K., & Pillemer, K. (1998). Intergenerational ambivalence: A new approach to the study of parent-child relations in later life. *Journal of Marriage and the Family*, 413-425.

Lynott, R. J., & Lynott, P. P. (1996). Tracing the course of theoretical development in the sociology of aging, *The Gerontologist, 36*, 749-760.

Macintyre, S. (1998). Social Inequalities and Health in the Contemporary World: Comparative Overview. In S. S. Strickland & P. S. Sgetty(Edt.). *Human Biology and Social Inequality*(pp. 20-35). Cambridge University Press.

Mackinnon, A., Christensen, H., Hofer, S. M., Korten, A. E., & Jorm, A. F. (2003). Use it and still lose it? The association between activity and cognitive performance established using latent growth curve techniques in a community sample. *Aging, Neuropsychology and Cognition, 10*, 215-229.

Macnicol, J. (2010). *Ageism and Age Discrimination*. London, UK: International Longevity Center-UK.

MaCrae, R. R., Arenberg, D., & Costa, P. T. Jr. (1987). Declines in divergent thinking with age: Cross-sectional, longitudinal, and cross-sequential analysis. *Psychology & Aging, 2*(2), 130-137.

Magai, C. (2001). Emotions over the life span. In J. E. Birren & K. W. Schaie (Eds.) *Handbook of the psychology of aging* (5th ed.). 5, 399-426. San Diego: Academic Press.

Magalhaes, J. P. (2011). The Biology of Aging: A Primer, In I. Stuart-Hamilton (Ed.) *An Introduction to Gerontology*, 21-47.

Malatesta, C. Z., Fiore, M. J., & Messina, J. J. (1987). Affect, personality, and facial expressive characteristics of older people. *Psychology and Aging, 2*(1), 64.

Marcoen, A. (2005). *Religion, spirituality, and older people*. Cambridge University Press.

Markus, H., & Cross, S. (1990). The interpersonal self. Gilford Press.

Marmot, M. (2006). 사회적 지위가 건강과 수명을 결정한다. 김보영 역. 서울: 상지사.

Mather, M., & Ponzio, A. (2016). Emotion and aging. In L. Feldman Barrett, M. Lewis, & J. Haviland Jones(Eds.), *Handbook of Emotions*. USA: Guilford Press.

McCrae, R. R., & P. T. Costa. (1990). *Personality in adulthood*. New York: Guilford Press.

McCrae, R. R., Costa, P. T., de Lima, M. P., Simes, A., Ostendorf, F., Angleitner, A., & Chae, J. H. (1999). Age differences in personality across the adult life span: parallels in five cultures. *Developmental Psychology, 35*(2), 466.

McEvoy, G. M., & Cascio, W. F. (1989). Cumulative evidence of the relationship between employee age and job performance. *Journal of applied psychology, 74*(1), 11.

McKee, P., & Barber, C. E. (2001). Plato's Theory of Aging. *Journal of Aging and Identity, 6*(2), 93-104.

Midanik, L. T., Soghikian, K., Ransom, L. J., & Tekawa, I. S. (1995). The effect of retirement on mental health and health behaviors: The Kaiser Permanente Retirement Study. *The Journals of Gerontology Series B: Psychological Sciences and Social Sciences, 50*(1), S59-S61.

Mineou, G. P., Smith, K. R., & Bean, L. L. (2002). Historical Trends of Survival among Widows and Widowers. *Social Science and Medicine, 54*, 245-254.

Mirowsky, J., & Ross, C. E. (1992). Age and Depression. *Journal of Health and Social Behavior, 33*, 187-205.

Mirowsky, J., & Ross, C. E. (2003). Education, Social Status, and Health. Walter de Gruyter Inc.

Mischel, W., & Shoda, Y. (1995). A cognitive-affective system theory of personality: reconceptualizing situations, dispositions, dynamics, and invariance in personality structure. *Psychological Review, 102*(2), 246.

Mitchell, V., & Helson, R. (1990). Women's prime of life: Is it the 50s?. *Psychology of Women Quarterly, 14*(4), 451-470.

Moen, P., & Chermack, K. (2005). Gender Disparities in Health: Strategic Selection, Vareers, and Cycles of Control. The Journal of Gerontology: Series B, 60(Special Issue 2), 99-108.

Moen, P., Kim, J. E., & Hofmeister, H. (2001). Couples' work/retirement transitions, gender, and marital quality. *Social Psychology Quarterly*, 55-71.

Mohnen, S. M., Groenewegen, P. P., Volker, B., & Flap, H. (2011). Neighborhood social capital and individual health. *Social Science & Medicine, 72*(5), 660-667.

Morgan, D. L., Neal, M. B., & Carder, P. (1997). The Stability of Core and Peripheral Networks over Time. *Social Networks, 19*, 9-25.

Morgan, L., & Kunkel, S. (2007). *Aging: The Social Context, Third Edition*. NY: Springer Publishing Company.

Mroczek, D. K., & Kolarz, C. M. (1998). The effect of age on positive and negative affect: a developmental perspective on happiness. *Journal of personality and social psychology, 75*(5), 1333.

Mueller, M. M., Wilhelm, B., & Elder Jr, G. H. (2002). Variations in grandparenting. *Research on aging, 24*(3), 360-388.

Murphy, M., Grundy, E., & Kalogirou, S. (2007). The Increase in Marital Status Differences in Mortality up to the Oldest Age in Seven European Countries, 1990-99. *Population Studies, 61*, 287-298.

Murray, J. E. (2000). Marital Protection and Marital Selection: Evidence from a Historical-Prospective Sample of American men. *Demography, 37*, 511-521.

Myers, S. A., & Goodboy, A. K. (2006). Perceived sibling use of verbally aggressive messages across the lifespan. *Communication Research Reports, 23*(1), 1-11.

Myles, J. (1989). *Old Age in the Welfare state: The Political Economy of Public Pensions* (Vol. 2). Lawrence: University Press of Kansas.

Naegele, G., & Walker, A. (2006). A guide to good practice in age management, European Foundation for the Improvement of Living and Working Conditions, Luxembourg: Office for Official Publications of the European Communities.

Nature(2016. 10. 18.). Scientists up stakes in bet on whether humans will live to 150. https://www.nature.com/news/scientists-up-stakes-in-bet-on- whetherhumans-will-live-to-150-1.20818에서 인출.

Nelson-Becker, H. (2004). Meeting life challenges: A hierarchy of coping styles in African-

American and Jewish elders. *Journal of Human Behavior in the Social Environment, 10*, 155-174.

Neugarten, B. L. (1964). *Personality in middle and late life* (2nd ed.). New York: Atherton Press.

Neugarten, B. L., & Datan, N. (1973). Sociological perspectives on the life cycle, In P. In B. Baltes & K. W. Shaie(Eds.), *Life-Span Developmental Psychology*. NY: Academic Press, pp.53-71.

Neugarten, B. L., & Gutmann, D. L. (1964). Age-sex roles and personality in middle age: A thematic apperception study. In B. L. Neugarten & Associates (Eds.), *Personality in middle and late life*(pp.58-89). New York: Atherton.

New York Times. (https://www.nytimes.com/1997/08/05/world/jeanne-calment-world-s-elder-dies-at-122.html)

Ng, T. W., & Feldman, D. C. (2008). The relationship of age to ten dimensions of job performance. *Journal of Applied Psychology, 93*(2), 392.

Noone, J. H., Stephens, C., & Alpass, F. M. (2009). Preretirement planning and well-being in later life: A prospective study. *Research on Aging, 31*(3), 295-317.

Noone, J., Alpass, F., & Stephens, C. (2010). Do men and women differ in their retirement planning? Testing a theoretical model of gendered pathways to retirement preparation. *Research on Aging, 32*(6), 715-738.

OECD (2015). Health at a Glance 2015: OECD Indicators. OECD Publishing, Paris.

OECD (2016). Society at a Glace 2016: OECD Social Indicators. OECD Publishing, Paris.

OECD (2017). Pensions at a Glance 2017: OECD and G20 Indicators, OECD Publishing, Paris, (https://doi.org/10.1787/pension_glance-2017-en).

Oldenburg, R. (1989). The Great Good Place: Cafes. Coffee Shops, Community Centers, Beauty Parlors, General Stores, Bars, Hangouts, and How They Get You Through the Day.

Omran, A. R. (1971). The Epidemiologic Transition: A Theory of the Epidemiology of Population Change. *Milbank Quarterly, 49*, 509-538.

Orbuch, T. L., House, J. S., Mero, R. P., & Webster, P. S. (1996). Marital Quality over the Life Course. *Social Psychology Quarterly, 59*, 162-171.

Oswald, F., & Rowles, G. D. (2006). Beyond the Relocation Trauma in Old Age: New Trends in Elders' Residential Decisions. New dynamics in old age: Environmental and societal perspectives, 127-152.

Ottoni, C. A., Sims-Gould, J., Winters, M., Heijnen, M., & McKay, H. A. (2016). "Benches become like porches": Built and social environment influences on older adults' experiences of mobility and well-being. *Social Science & Medicine, 169*, 33-41.

Owens, W. A. (1966). Age and mental abilities: A second adult follow-up. *Journal of Educational Psychology, 57*(6), 311.

Papalia, D. E., Sterns, H. L., Feldman, R. D., & Camp, C. J. (2007). *Adult Developent and Aging, Third Edition*. NY: McCraw-Hill.

Papalia, D. E., Sterns, H., Feldman, R. D., & Camp, C. (2002). *Adult development and aging*. McGraw-Hill.

Perlmutter, M., & Hall, E. (1992). *Adult Development and Aging*. John Wiley & Sons, Inc.

Petkoska, J., & Earl, J. K. (2009). Understanding the influence of demographic and psychological variables on retirement planning. *Psychology and aging, 24*(1), 245.

Pettit, E. J., & Bloom, B. L. (1984). Whose Decision was It? The Effects of Initiator Status on Adjustment ot Marital Disruption. *Journal of Marriage and Family, 46*(3), 587-595.

Pinquart, M., & Schindler, I. (2007). Changes of life satisfaction in the transition to retirement: a latent-class approach. *Psychology and aging, 22*(3), 442.

Polenick, C. A., DePasquale, N., Eggebeen, D. J., Zarit, S. H., & Fingerman, K. L. (2016). Relationship quality between older fathers and middle-aged children: Associations with both parties' subjective well-being. *The Journals of Gerontology: Series B, 73*(7), 1203 -1213.

Popenoe, D. (1993). American family decline, 1960-1990: A review and appraisal. *Journal of Marriage and the Family*, 527-542.

Pulkki-Rback, L., Elovainio, M., Kivimki, M., Raitakari, O. T., & Keltikangas-Jrvinen, L. (2005). Temperament in childhood predicts body mass in adulthood: the Cardiovascular Risk in Young Finns Study. *Health Psychology, 24*(3), 307.

Putnam, R. D. (1993). The prosperous community. *The American Prospect, 4*(13), 35-42.

Quadagno, J. (2008). *Aging and the Life Course: An Introduction to Social Gerontology*. NY: McGraw-Hill.

Rebok, G. W. (1987). Life-span cognitive development. Holt Rinehart & Winston.

Reed, A. E., & Carstensen, L. L. (2012). The theory behind the age-related positivity effect. *Frontiers in psychology, 3*, 339.

Reed, A. E., Chan, L., & Mikels, J. A. (2014). Meta-analysis of the age-related positivity effect: Age differences in preferences for positive over negative information. *Psychology and Aging, 29*(1), 1.

Reitzes, D. C., & Mutran, E. J. (2004). The transition to retirement: Stages and factors that influence retirement adjustment. *The International Journal of Aging and Human Development, 59*(1), 63-84.

Rendall, M. S., Weden, M. M., Favreault, M. M., & Waldron, H. (2011). The Protective Effect of Marriage for Survival: A Review and Update. *Demography, 48*, 481-506.

Rieker, P. P., & Bird, C. E. (2005). Rethinking Gender Differences in Health: Why We Need to Integrate Social and Biological Perspectives. *Journal of Gerontology: Series B, 60B*(Special Issue II), 40-47.

Riley, M. W. (1979). *Aging from Birth to Death*. Washington, D.C.: American Association for the Advancement of Science,

Riley, M. W. (1987). On the significance of age in sociology. *American Sociological Review, 52*, 1-14.

Riley, M. W., Johnson, J., & Foner, A. (1972). *Aging and Society: A Sociology of Age stratification* (Vol. 3). NY: Russell Sage Foundation.

Rittenour, C. E., Myers, S. A., & Brann, M. (2007). Commitment and emotional closeness in the sibling relationship. *Southern Communication Journal, 72*(2), 169-183.

Roberto, K. A., Allen, K. R., & Blieszner, R. (2001). Grandfathers' perceptions and expectations of relationships with their adult grandchildren. *Journal of Family Issues, 22*(4), 407-426.

Roberts, P., & Newton, P. M. (1987). Levinsonian studies of women's adult development. *Psychology and Aging, 2*(2), 154.

Rook, K. S. (1994). The Negative Side of Social Interaction: Impact on Psychological Well-being,*Journal of Personality and Social Psychology, 46*(5), 1097-1108.

Rook, K. S. (1997). Positive and Negative Social Exchanges: Weighing their Effects in Later Life. *Journal of Gerontology: Social sciences, 52B*(4), S167-S169.

Rosen. J., & Neugarten, B. (1964). Ego functions in the middle and later years : a TAT study of normal adults. *Journal of Gerontology, 15*, 62-67.

Rosnick, C. B., Small, B. J., Graves, A. B., & Mortimer, J. A. (2004). The association between health and cognitive performance in a population-based study of older adults. *Aging Neuropsychology and Cognition, 11*, 89-99.

Ross, C. E., Mirowsky, J., & Goldstein, K. (1990). The Impact of Family on Health: The Decade in Review. *Journal of Marriage and The Family, 52*, 1059-1078.

Rowe, J., & Kahn, R. (1998). *Successful Aging*. New York: Dell Publishing.

Rowles, G. (1983). Place and personal identity in old age. *Journal of Environmental Psychology 3*, 299-313.

Ruhm, C. J. (1990). Bridge jobs and partial retirement. *Journal of labor economics, 8*(4), 482-501.

Rupp, D. E., Vodanovich, S. J., & Crede, M. (2006). Age bias in the workplace: The impact of ageism and causal attributions. *Journal of Applied Social Psychology, 36*(6), 1337-1364.

Ruth, J. E., & Birren, J. E. (1985). Creativity in adulthood and old age: Relations to intelligence, sex and mode of testing. *International Journal of Behavioral Development, 8*(1), 99-109.

Ryff, C. D. (1991). Possible selves in adulthood and old age: a tale of shifting horizons. *Psychology and Aging, 66*, 286-296.

Ryff, C. D., Kwan, C. M., & Singer, B. H. (2001). Personality and ageing: Flourishing agendas and future challenges. In J. E. Birren & K. W. Schaie (Eds.), *Handbook of the psychology of aging* (5th ed.), 477-499. San Diego: Academic Press.

Salthouse, T. A. (1991). *Theoretical perspectives on cognitive aging*. Hillsdale, NJ: Erlbaum.

Schaie, K. W. (1990). Intellectual development in adulthood. In J. E. Birren & K. W. Schaie(Eds.), *Handbook of the psychology of aging* (pp. 291-309). San Diego: Academic Press.

Schaie, K. W. (1996). Intellectual development in adulthood. *Handbook of the psychology of aging, 4*, 266-286.

Schaie, K. W. (2005). *Developmental influences on adult intelligence: The Seattle Longitudinal Study*. New York: Oxford University Press.

Schaie, K. W., & Willis, S. L. (1986). Can decline in adult intellectual functioning be reversed?. *Developmental Psychology, 22*(2), 223.

Schaie, K. W., & Willis, S. L. (1991). Adult personality and psychomotor performance: Cross-sectional and longitudinal analyses. *Journal of Gerontology, 46*(6), 275-284.

Schaie, K. W., & Willis, S. L. (1993). Age difference patterns of psychometric intelligence in adulthood: generalizability within and across ability domains. *Psychology and aging, 8*(1), 44.

Schaie, K. W., & Willis, S. L. (1996). *Psychometric intelligence and aging. Perspectives on cognitive change in adulthood and aging*. New York: McGraw Hill, 293-322.

Schaie, K., Krause, N., & Booth, A.(Eds.). (2004). *Religious influences on health and well-being in the elderly*. New York: Springer.

Scharf, T., Phillipson, C., & Smith, A. (2003). Older Peoples Perceptions of the Neighbourhood: Evidence from Socially Deprived Urban Areas. *Sociological Research Online, 8*(4), 1-12.

Scheidt, R. J., & Schaie, K. W. (1978). A situational taxonomy for the elderly: Generating situational criteria. *Journal of Gerontology, 33*, 848-857.

Schoenfeld, D., Malmrose, L., Blazer, D., Gold, D., & Seeman, T. (1994). Self-rated Health and Mortality in the High-functioning Elderly- A Closer Look at Healthy Individuals: MacArthur Field Study of Successful Aging. *Journal of Gerontology: Medical Sciences, 49*, M109-M115.

Schooler, C., Mulatu, M. S., & Oates, G. (2004). Occupational self-direction, intellectual functioning, and self-directed orientation in older workers: Findings and implications for individuals and societies. *American Journal of Sociology, 110*(1), 161-197.

Schwarz, B., Trommsdorff, G., Zheng, G., & Shi, S. (2010). Reciprocity in intergenerational support: A comparison of Chinese and German adult daughters. *Journal of Family Issues, 31*(2), 234-256.

Searle, M. S., & Mahon, M. J. (1991). The Effects of a Leisure Education Program Selected Social-psychological Variables a Three Month Follow-up Investigation. *Therapeutic Recreation Journal, 27*(1). 9-21.

Sherron, R. H., & Lumsden, D. B. (1990). *Introduction to educational gerontology*(3rd ed.). NY: Hemisphese Publishing Corp.

Siegler, I. C., Costa, P. T., Brummett, B. H., Helms, M. J., Barefoot, J. C., Williams, R. B.,

Dahlstrom, W. G., Kaplan, B. H., Vitaliano, P. P., Nichaman, M. Z., Day, R. S., & Rimer, B. K. (2003). Patterns of change in hostility from college to midlife in the UNC Alumni Heart Study predict high-risk status. *Psychosomatic Medicine, 65*, 738-745.

Silverstein, M., Conroy, S. J., Wang, H., Giarrusso, R., & Bengtson, V. L. (2002). Reciprocity in parent-child relations over the adult life course. *The Journals of Gerontology Series B: Psychological Sciences and Social Sciences, 57*(1), S3-S13.

Simonton, D. K. (1990). Creativity and wisdom in aging. Handbook of the psychology of aging, 320-329.

Sitte, N., & Von Zglinicki, T. (2003). Free radical production and antioxidant defense: A primer, T. Von Zglinicki Ed. Aging at the Molecular level, Kluwer Academic Publisher, 1-10.

Skirbekk, V. (2004). Age and individual productivity: A literature survey. Vienna yearbook of population research, 133-153.

Smith, J., & Antonucci, T. (2009). Theories of Aging From a Life-Course and Life-Span Perspective: An Overview, Annual Review of Gerontology and Geriatrics. pp.3-26.

Snyderman, M., & Rothman, S. (1987). Survey of expert opinion on intelligence and aptitude testing. *American Psychologist, 42*(2), 137.

Spanier, G. B., Lewis, R. A., & Cole, C. (1975). Marital Adjustment over the Family Life Cycle: The Issue of Curvilinearity. *Journal of Marriage and the Family, 37*, 263-275.

Spearman, C. (1927). *The abilities of man: Their nature and measurement* (Vol. 8). New York: Macmillan.

Staudinger, U. M., & Kunzmann, U. (2005). Positive adult personality development: Adjustment and/or growth? *European Psychologist, 10*, 320-329.

Sternberg, R. J. (2001). What is the common thread of creativity? Its dialectical relation to intelligence and wisdom. *American Psychologist, 56*(4), 360.

Sternberg, R. J., Conway, B. E., Ketron, J. L., & Bernstein, M. (1981). People's conceptions of intelligence. *Journal of personality and social psychology, 41*(1), 37.

Stoller, E. P. (1985). Exchange patterns in the informal support networks of the elderly: The impact of reciprocity on morale. *Journal of Marriage and the Family*, 335-342.

Stone, A. A., Schwartz, J. E., Broderick, J. E., & Deaton, A. (2010). A snapshot of the age distribution of psychological well-being in the United States. *Proceedings of the Na-*

tional Academy of Sciences, 107(22), 9985-9990.

Subramanian, S. V., Chen, J. T., Rehkopf, D. H., Waterman, P. D., & Krieger, N. (2006). Comparing individual-and area-based socioeconomic measures for the surveillance of health disparities: a multilevel analysis of Massachusetts births, 1989-1991. *American Journal of Epidemiology, 164*(9), 823-834.

Suitor, J. J., Sechrist, J., Gilligan, M., & Pillemer, K. (2011). Intergenerational relations in later-life families. *In Handbook of sociology of aging* (pp. 161-178). New York: Springer.

Suitor, J. J., Sechrist, J., Plikuhn, M., Pardo, S. T., Gilligan, M., & Pillemer, K. (2009). The Role of Perceived Maternal Favoritism in Sibling Relations in Midlife. *Journal of Marriage and Family, 71*(4), 1026-1038.

Svancara, J. (2012). The emergence of life span developmental psychology-approaches, theories, models, methods, implementation. *E-psychologie [online], 5*(1), 24-4.

Terracciano, A., & Costa, P. T. (2004). Smoking and the Five-Factor Model of personality. *Addiction, 99*(4), 472-481.

Thomese, F., van Tilburg, T., van Groenou, M. B., & Knipscheer, K. (2005). Network Dynamics in Later Life. In M.L. Johnson, V.L. Bengtson, P.G. Coleman, & T.B. Kirkwood(Eds.), *The Cambridge Handbook of Age and Ageing*(pp. 463-468.). Cambridge: Cambridge University Press.

Thompson, E. E., & Krause, N. (1998). Living alone and neighborhood characteristics as predictors of social support in late life. *The Journals of Gerontology Series B: Psychological Sciences and Social Sciences, 53*(6), S354-S364.

Timiras, P. S. (2007). **노인병태생리학**. 김영경, 안도환, 조명옥, 김대란, 김명애, 김욕수, 서순림, 신성례, 이영휘, 이지원 공역. 서울: 현문사.

Topa, G., Moriano, J. A., Depolo, M., Alcover, C. M., & Morales, J. F. (2009). Antecedents and consequences of retirement planning and decision-making: A meta-analysis and model. *Journal of Vocational Behavior, 75*(1), 38-55.

Tornstam, L. (2005). Gerotranscendence: A developmental theory of positive aging. Springer Publishing Company.

Tornstam, L. (2011). Maturing into gerotranscendence. *Journal of Transpersonal Psychology, 43*(2).

Torrance, E. P. (1988). The nature of creativity as manifest in its testing. The nature of creativity: Contemporary psychological perspectives, 43.

Traupmann, J. & Hatfield, E. (1981). Love and Its Effect on Mental and Physical Health. In R. Fogel, E. Hatfield, S. Kiesler, & E. Shanas(Eds.). *Aging: Stability and Change in the Family*(pp.253-274). NY: Academic Press.

U.S. Census Bureau (2018). https://www.census.gov/library/visualizations/2018/comm/century-of-change.html.

Uhlenberg, P. (2004). Relationships. Annual Review of Gerontology and Geriatrics, Volume 24, 2004: Intergenerational Relations Across Time and Place, 23, 77.

Umberson, D. (1992). Gender, Marital Status and the Social Control of Health Behavior. *Social Science & Medicine, 24*, 907-917.

Umberson, D., Chen, M. D., House, J. S., Hopkins, K., & Slaten, E. (1996). The Effect of Social Relationships on Psychological Well-Being: Are Men and Women Really So Different?. *American Sociological Review, 61*, 837-857.

Umberson, D., Williams, K., Powers, D. A., Liu, H., & Needham, B. (2006). You Make me Sick: Marital Quality and Health over the Life Course. *Journal of Health and Social Behabior, 47*(1), 1-16.

Umberson, D., Wortman, C. B., & Kessler, R. C. (1992). Widowhood and Depression: Explaining Long-term Gender Difference in Vulnerability. *Journal of Health and Social Behabior, 33*, 10-24.

UNFPA. (2017). The State of World Population 2017.

Vaillant, C. O., & Villiant, G. E. (1993). Is the U-Curve of Marital Satisfaction an Illusion? A 40-Year Study of Marriage. *Journal of Marriage and the Family, 55*, 230-239.

Vaillant, G. (2002). Aging well: Surprising guideposts to a happier life from the landmark Harvard study of adult development. Boston: Little, Brown.

Van der Elst, W., Van Boxtel, M. P., & Jolles, J. (2012). Occupational activity and cognitive aging: a case-control study based on the Maastricht Aging Study. *Experimental aging research, 38*(3), 315-329.

Van Halen, C. (2002). *The uncertainties of self and identity*. Groningen: Jan Noorman.

Van Mannen, J. (1994). 체험연구. 신경림, 안규남 공역. 서울: 동녘.

van Tilburg, T. (1992). Support networks before and after retirement. *Journal of Social and Personal Relationships, 9*(3), 433-445.

VanLaningham, J., Johnson, D. R., & Amato, P. (2001). Marital Happiness, Marital Duration, and the U-Shaped Curve: Evidence from a Five Wave Panel Study. *Social Forces, 79*(4), 1313-1341.

Verbrugge L. M., Gruber-Baldini A. L., & Fozard J.L. (1996), Age differences and age changes in activities: Baltimore Longitudinal Study of Aging. *Journal of Gerontology: psychological sciences and social sciences, 51*(1), S30-S41.

Verbrugge, L. M. (1984). Longer Life but Worsening Health? Trends in Health and Mortality of Middle-aged and Older Persons. *Milbank Memorial Fund Quarterly, 62*, 475-519.

Vespa, J., Armstrong, D. H., & Medina, L. (2018). Demographic Turning Points for the United States: Population Projections for 2020 to 2060.

Victor, C. (2005). The Epidemiology of Ageing. In M.L. Johnson, V.L. Bengtson, P.G. Coleman, & T.B. Kirkwood(Eds.), *The Cambridge Handbook of Age and Ageing*(pp. 95-105). Cambridge: Cambridge University Press.

Voorpostel, M., & Blieszner, R. (2008). Intergenerational solidarity and support between adult siblings. *Journal of Marriage and Family, 70*(1), 157-167.

Waite, L., & Gallagher, M. (2000) *The Case for Marriage: Why Married People are Happier, Healthier, and Better off Financially*. NY: Broadway Books.

Waldman, D. A., & Avolio, B. J. (1986). A meta-analysis of age differences in job performance. *Journal of applied psychology, 71*(1), 33.

Walker, A., & Taylor, P. (Eds.). (1998). Combating age barriers in employment: A European portfolio of good practice. Dublin, Ireland: European Foundation for the Improvement of Living and Working Conditions.

Wang, J. J., Lin, Y. H., & Hsieh, L. Y. (2011). Effects of gerotranscendence support group on gerotranscendence perspective, depression, and life satisfaction of institutionalized elders. *Aging of Mental Health, 15*, 580-586.

Wang, M., Henkens, K., & van Solinge, H. (2011). Retirement adjustment: A review of theoretical and empirical advancements. *American Psychologist, 66*(3), 204.

Wechsler, D.(1958). The measurement and appraisal of adult intelligence(4th ed.). Baltimore: Williams & Wilkins.

Weingarten, H. R. (1986). Strategic Planning for Divorce Mediation. *Social Work, 31*(3), 194-200.

Weingarten, H. R. (1988). Later Life Divorce and the Life Review. *Journal of Gerontological Social Work, 12*(3), 83-97.

Weisberg, R. (1986). *Creativity: Genius and other myths*. WH Freeman/Times Books/Henry Holt & Co.

Wethington, E., & Kessler, R. C. (1986). Perceived Support, Received Support, and Adjustment to Stressful Life Events. *Journal of Health and Social Behavior, 27*(1), 78-89.

Whitbourne, S. K. (1987). Personality development in adulthood and old age: Relationships among identity style, health, and well-being.

Whitbourne, S. K. (2008). *Adult development and aging: Biopsychosocial perspectives*. John Wiley & Sons.

Whitbourne, S. K., & Primus, L. (1996). *Physical identity in later adulthood. Encyclopedia of Gerontology*, 733-742.

Whitbourne, S. K., & Whitbourne, S. B. (2014). *Adult development and aging: Biopsychosocial perspectives*. John Wiley & Sons.

White, N., & Cunningham, W. R. (1988). Is terminal drop pervasive or specific?. *Journal of Gerontology, 43*(6), 141-144.

Wickrama, K. A. S., Lorenz, F. O., Conger, R. D., & Elder, G. H. Jr. (1997). Marital Quality and Physical Illness: A Latent Growth Curve Analysis. *Journal of Marriage and Family, 59*, 143-155.

Wickrama, K. A. S., Lorenz, F. O., Wallace, L. E., Peiris, L., Conger, R. D., & Elder, G. H. Jr. (2001). Family Influence on Physical Health During the Middle Years: The Case of Onset of Hypertension. *Journal of Marriage and Family, 63*, 527-539.

Wilkinson, P. F., & Millington, R. (2009). *Skin* (Digitally printed version ed.). Cambridge: Cambridge University Press.

Williams, K. (2003). Has the Future of Marriage Arrived? A Contemporary Examination of Gender, Marriage, and Psychological Well-being. *Journal of Health and Social Behavior, 44*, 470-487.

Williams, K., & Umberson, D. (2004). Marital Status, Marital Transitions, and Health: A Gendered Life Course Perspective. *Journal of Health and Social Behavior, 45*, 81-98.

Willis, S. L., & Schaie, K. W. (2006). A co-constructionist view of the third age: The case of cognition. *Annual Review of Gerontology and Geriatrics, 26*, 131-151.

Wilson, L. B., & Harlow-Rosentraub, K. (2008). Providing new opportunities for volunteerism and civic engagement for boomers: Chaos theory redefined. In R. B. Hudson(Ed.). *Boomer bust: Economic and political issues of the graying society*(vol. 2). Westport, CT: Praeger.

Windsor, T. D., Anstey, K. J., & Rodgers, B. (2008). Volunteering and psychological well-being among young-old adults: How much is too much? The Gerontologist. San Diego: Academic Press.

World Health Organization (2002). Active aging: A policy framework, Genova: WHO.

World Health Organization (2002). The world health report 2002: reducing risks, promoting healthy life. World Health Organization.

World Health Organization. (2015). Dementia, Fact Sheet No. 362. (www.who.int/media-centre /factsheets/fs362/en/)

Zacks, R. T., Hasher, L., & Li, K. Z. (2000). Human memory. In F. I. M. Craik & T. A. Salthouse(Eds.). *The handbook of aging and cognition*(2nd ed.). NJ: Erlbaum.

Zarit, S. H. (2009). A good old age: Theories of mental health and aging. In Bengtson, V. L., Silverstein, M., Putney, N. M., & Gans, D.(Eds.). *Handbook of theories of aging*, 675-692. New York: Springer.

[홈페이지]

국민연금관리공단(http://www.nps.or.kr).

기초연금 홈페이지(http://www.nps.or.kr).

네이버지식사전(https://terms.naver.com).

두산백과(https://terms.naver.com).

서울대학교 노화고령사회연구소(http://ioau3a.snu.ac.kr).

성남고령친화체험관(http://www.miraeseum.or.kr).

한국토지주택공사(http://www.lh.or.kr).

찾/아/보/기

ㄱ

가교일자리 261
가족생활주기(Family Life Cycle) 194
갈등 관계망 202, 236
감각기관의 변화 113
감각기억 128
개별화(individuation) 206
개인적 시간(life time) 61
건강 279
건강 보장 347
건강 불평등 307
건강수명 286
결속도 모델 167
결정화된 지능 121
결혼만족도 208
결혼만족도의 U자형 곡선 209
결혼보호모델(marital protection model) 197
결혼의 규범성 200
결혼자원모델(marital resource model) 197
결혼코호트 195
경제적 지원 176, 238
계열 연구디자인(sequential design) 87
고령노동자 254
고령노인(old-old) 26
고령사회 16, 38
고령자통계 18
고령친화도시 377
고령친화도시 네트워크 377
고령친화체험관 376
고령화사회 38
고령화 사회(aging society) 15
고령화연구패널조사 18
공공기관 은퇴준비교육 272
공공부조 341, 350
공동주거(co-housing) 379
공식적(formal) 관계 238
공적 이전소득 251
공평이론 176
과다수혜(over-benefit) 178
과소수혜(under-benefit) 178
과업 전문화 모델(Task-specific Model) 237
교통접근성 369
구조적 결속 169
구조적 동등성 227
국민건강보험 347
국민노후보장패널조사 19
귀속적 관계 226
규범적 결속 169
근거이론(Grounded Theory) 92
급성질환 283
기계적 관점(The Mechanistic Perspective) 54
기능적 결속 169
기능적 연령 25
기대수명 41, 205
기대여명 205
기대여명(life expectancy) 287
기업체 은퇴준비교육 273

ㄴ

낙인이론 66
내러티브(Narrative) 연구 93
내부기관계(Organ System)의 변화 110
노년공학 375
노년기 가구형태 173
노년기 노동시장 참여 250
노년기 일 250
노년기 일의 의미 252
노년기 형제간 접촉빈도 187
노년기 형제관계 186
노년부양비 39, 40
노동총량설 256
노령화지수 40
노멀라이제이션 374
노인 22
노인교육 316
노인 단독가구 173
노인돌봄종합서비스 353
노인 부양 239
노인 빈곤율 251
노인 일자리의 보장 255
노인자원봉사활동 326
노인장기요양보험 347
노인장기요양보험제도 239
노인친화형 공공 공간 369
노인하위문화이론 66
노화 23

ㄷ

다세대 관점 166
다학제적 학문 21
단계이론 264
단기기억 128
대체관계 가설 256
대칭적 양계화 179
도구적 지원 176, 238
도움 관계망 202, 236
독거노인 토털 서비스 로봇 376
동네효과 370
동작성 지능 121

ㄹ

라이프코스 관점 264
레빈슨 146
레빙거 144
로제토 효과 368

ㅁ

만성질환 283
맥락적 관점(The Contextual Perspective) 56
목적 있는 노화(purposeful aging) 274
민족기술지(Ethnography) 92

ㅂ

발달적 이해관계 가설 170
백세인(centenarian) 27
백세인 현상 46
베이비붐 세대 195
보상을 수반한 선택적 적정화 모델 161
보행권 369
보호 기능을 제공하는 층(protective layers) 233
본인부담금 349
부계 중심성 179
분리이론(Disengagement Theory) 63
분할연금제도 216
비공식적(informal) 관계 238

비규범적 사건 219
비규범적 영향요인(Nonnormative Influences) 59
비대칭적 양계화 179
비스마르크 259
비용 168
비진술 기억 129
비판이론(Critical Theory) 71
빈둥지기(empty nest) 195

ㅅ

사망률(mortality) 287
사회 관계망(social networks) 226
사회 관계망의 구조적 측면 232
사회 관계망의 내용적 측면 232
사회교환이론 68, 167
사회구성주의(Social Constructionism) 70
사회보험 344, 348
사회적 건강 280
사회적 상호작용을 동기화 240
사회적 시간(social time) 61
사회적 양가성 170
사회적 역할과 기대 231
사회적 연령 24
사회적 영향(social influence) 245
사회적 지원 235
사회적 지원(social support) 237
사회적 지원망 188
사회적 지원의 완충 효과(buffering effect) 243
사회적 지원의 직접 효과(direct effect) 243
사회적 지원 제공 243
사회정서 선택성 207
사회정서적 선택이론 157
사회참여 244, 314
사회 참여의 촉진 243
사회통제 197
사회통합 197
사회통합이론 196
삼차적 노화(tertiary aging) 101
생물학적 연령 24
생산성 254
생애과정 관점(Life-course Perspectives) 60
생애궤적(life trajectories) 60
생애사건 접근 150
생애전이(life transition) 60
생애주된일자리 260
서울시 50플러스재단 260
선택에 기반한 자발성 227
선택효과(selection effect) 198
성공적 노화 312
성비 불균형 44
세계보건기구(WHO) 279, 296
세계인구의 고령화(global population aging) 36
세대 간 거주 근접성 174
세대 간 결속도(intergenerational solidarity) 모델 169
세대 간 동거유형 172
세대 간 일자리 경합 255
세대 간 접촉 빈도 175
세대 간 지원교환 167, 175
세대관계 약화설 166
세대관계 양계화 179
소득 보장 340
손상/오류 이론들(Damage or Error Theories) 104
손자녀 양육의 보상과 비용 184

수단적 일상생활수행능력(Instrumental Activities of Daily Living: IADL) 281
수정확대가족 174
스트레스에 대한 취약성 207
시간차이 연구디자인(time-lag design) 85
시기효과 79, 211
시설급여 355
신노년학 27
신체건강 280
심리적 양가성 170
심리적 연령 24
심층인터뷰 91

ㅇ

알츠하이머병 302
앙코르 커리어 260
애정적 결속 169
양가성 모델 167
언어성 지능 121
에릭슨 143
여성주의이론(Feminist Theory) 72
역량 367
역사규범적 영향요인(Normative History-Graded Influences) 58
역사적 시간(historical time) 61
역연령 24
역할이론 263
연계적 결속 169
연금제도 258
연령경영 258
연령계층화 이론(Age Stratification Theory) 67
연령규범(age norms) 62
연령규범적 영향요인(Normative Age-Graded Influences) 58
연령변화 209
연령에 따른변화(age change) 78
연령차별(Ageism) 256
연령차이 78, 209
연령효과 79
연소노인(young-old) 26
와병일수 283
외형상의 변화 107
우울(depression) 290
우울증상(depressive symptoms) 291
위계적 보완 모델(Hierarchical Compensatory Model) 237
위기 모델(crisis model) 198
유기체적 관점(The Organismic Perspective) 55
유니버셜 디자인 377
유동성 지능 121
유병률 283
유소년부양비 40
은퇴 경로 260
은퇴와 가족관계 269
은퇴의 8단계 모델 264
은퇴의 시간성(temporality) 264
은퇴이론(disengagement theory) 241
은퇴 이후 부부관계 269
은퇴자 261
은퇴적응 262, 265
은퇴제도 258
은퇴준비 262
은퇴준비교육 271
은퇴촌 378
은퇴 후 적응유형 267
의료급여 347

이동권 369
이익 168
이차적 노화(secondary aging) 100
이타심 관점 168
이혼 장애요인 217
이혼 후 적응 217
이환율의 압축(compression of morbidity) 48
이환율의 확대가설(extension hypothesis) 48
인구고령화 32
인구변천 32
인구피라미드 37
인지증 299
일상생활수행능력(Activities of Daily Living: ADL) 281
일상 재구조화 206
일자리 정책 253
일차적 노화(primary aging) 100

ㅈ

자기동화 155
자기조절 155
자살 296
자살률 296
장기기억 129
장기적 호혜성 168
장소애착 372
장이론(field theory) 366
재가급여 355
재가노인복지서비스 374
재인 129
재혼 220
재혼의 장애요인 221
적응수준 367
전국 노인실태조사 18
전생애발달 모델(Life-span Developmental Model) 56
정보 추구 동기 240
정서적 지원 175, 238
정서 조절 동기 240
정신건강 280, 289
정치경제적 관점(Political Economy of Aging) 69
제3기 인생 50
제3기 인생대학(University of the Third Age) 274
제3의 공간 370
젠더 패러독스(gender paradox) 289
조부모역할 181
조손가족 조부모 183
조이혼율(crude divorce rate) 214
종단적 연구디자인(longitudinal design) 84
주거 보장 358
주거이동 트라우마 가설 378
주관적 건강평가 286
주관적 연령 25
주요우울장애(major depressive disorder: MDD) 290
중간노인(middle-old) 26
중앙치매센터 302
지리적 근접성(geographic proximity) 228
지속이론 65, 263
지역사회자본 371
지원교환의 이익(benefit) 178
지원의 가용성에 대한 인지 243
지자체 은퇴준비교육 271
진술기억 129

ㅊ

참여관찰 91
초고령 노인(oldest-old) 26
초고령사회 38
총부양비 40
최대수명 98
치매 280, 299

ㅋ

코호트 효과 79, 210
콘보이 모델(Convoy Model) 233
콩깍지형 가족 165

ㅌ

통합적 은퇴 적응 모델 266
퇴행성 뇌질환형 치매 302
특별현금급여 355

ㅍ

평균수명 98
프로그램 이론들(Programmed Theories) 102

ㅎ

한국노년학회 16
한국노인과학학술단체연합회 16
합리성 168
합의적 결속 169
현상학적(Phenomenological) 연구 93
혈관성 치매 302
형제관계의 독특성 187
형제자매의 죽음 187
호혜성 227, 168
호혜적 지원관계 176
환경노년학 366
환경심리학 366
환경압박 367
환경압박-역량 모델 366
환경압박이론 366
활동이론(activity theory) 64, 241
활동적 노화(active aging) 253
활동제한 280
황혼이혼 214
회상 129
횡단적 연구디자인(cross-sectional design) 83
횡단조사 293
효(filial piety) 규범 168

A

Age friendly workplace 257
aging in place 373
Atchley 264

B

Baltes와 Baltes 160
Bengtson 169
Bohannan 217

C

Carstensen 240
CCRC 379
CES-D 295
confidants 218

D

DSM-IV 295

E

Emile Durkheim 242
Eugene Litwak 237

J

Jung 206

K

Kahn & Antonucci 233

L

Lawton 366
Lewin 366

M

Marjorie Cantor 237
Marriage Cohort 195
MMSE 301

N

NORC 379

P

Peter Laslett 50
Putnam 371
Rowe와 Kahn 245

W

WHO 369

1차 인구하적 변천 33
2차 인구학적 변천 36
5요인 모델 148
2017년 사회동향조사 175
2017 노인실태조사 175

저/자/약/력

한경혜

펜실베니아 주립대학교 인간발달 및 가족학과에서 박사학위 취득
현) 서울대학교 아동가족학과 명예교수

최혜경

코넬대학교 인간발달학과에서 박사학위 취득
현) 이화여자대학교 사회과학대학 소비자학과 교수

안정신

미주리 콜럼비아대학교 인간발달 및 가족학과에서 박사학위 취득
현) 부산대학교 아동가족학과 교수

김주현

서울대학교 아동가족학과에서 박사학위 취득
현) 서울대학교 생활과학대학 웰에이징 · 시니어산업 최고위과정 전문위원

노년학

초판발행 2019년 3월 10일 **1판 1쇄 발행** | 2019년 12월 10일 **1판 2쇄 발행**
2022년 9월 10일 **1판 3쇄 발행** | 2024년 9월 10일 **1판 4쇄 발행**

지은이 한경혜 최혜경 안정신 김주현
펴낸이 최용구 | **펴낸곳 도서출판 신정**
주소 (04316) 서울시 용산구 원효로 89길 19 (원효로1가)
전화 02)3211-4782, 0266(영업부), 3211-4783(편집부), 3211-4784(팩스)
이메일 shinjeong72@naver.com | **홈페이지** www.sjbook.co.kr
등록 2001년 5월 11일 제13-702호
기획마케팅 최용구 징만통 최충구 송내봉 | **책임편집** 석기은 황가연

ISBN 978-89-5912-472-5 93330
정가 22,000원